Bauer Gollanek Klostius Stracke
Walter Ulbrichts letzter Coup

Sie sind ein eingespieltes Team: MANUELA KLOSTIUS, OLIVER GOLLANEK und FRIEDRICH STRACKE schreiben schon seit Jahren zusammen unter der fachlichen Anleitung von CLAUDIA JOHANNA BAUER. Für *Walter Ulbrichts letzter Coup* haben sie jahrelang sorgfältig recherchiert – und dann mit viel Kreativität eine kontra-faktische Geschichte erschaffen.

Lieber Friedrich,
dein trockener Humor hat diesen
Roman geprägt. Danke.

Manu, Olli und Claudia

Bauer Gollanek Klostius Stracke

Walter Ulbrichts letzter Coup

Roman

Jaron Verlag

Originalausgabe
1. Auflage 2023
© 2023 Jaron Verlag GmbH, Berlin
Alle Rechte vorbehalten. Jede Verwertung des Werkes und
aller seiner Teile ist nur mit Zustimmung des Verlages erlaubt.
Das gilt insbesondere für Vervielfältigungen, Übersetzungen,
Mikroverfilmungen und die Einspeicherung und Verarbeitung
in elektronischen Medien.
www.jaron-verlag.de
Umschlaggestaltung: Henning Lindeke, Wachtendonk
Satz und Layout: Prill Partners | producing, Barcelona
Druck und Bindung: GGP Media GmbH, Pößneck

ISBN 978-3-89773-149-3

Prolog

»Später ... später sieht man erst alles ein«, sang Marlene Dietrich.

Die letzten Takte verklangen, es blieb ein rhythmisches Knacken und das Knistern des Lautsprechers. Ulbricht stand am Fenster. In der Scheibe spiegelte sich das Licht einer Stehlampe, vor der Lampe ein runder Rauchtisch mit zwei Sesseln, auf dem Tisch eine rote Aktenmappe und ein Hochglanzprospekt der X. Weltfestspiele der Jugend, die in diesem Sommer 1973 stattfinden sollten.

Ulbricht konzentrierte seinen Blick auf die triste Straßenbeleuchtung. Von den Häusern der Waldsiedlung Wandlitz gab sie nur Umrisse frei, kahle Bäume flankierten die niedrige Mauer und das Gartentor. Dieser Winter hatte noch keinen Schnee gebracht, dabei war es bereits Februar. Es war nur kalt gewesen.

Auf der Straße näherten sich Scheinwerfer. Ein Wartburg hielt vor dem Tor. Der Gast kam pünktlich, wie immer. Wenigstens auf diesen einen war noch Verlass. Ulbricht atmete tief ein und seufzte. Er schlurfte zum Plattenspieler, drückte einen Knopf. Der Tonarm glitt in die Halterung, das Knistern des Lautsprechers verstummte. Liebevoll hob er die Schallplatte vom Teller, schob sie zuerst in die Papierhülle, dann in den Pappschuber. Er blickte auf Marlenes Gesicht, sein Finger streifte ihre blonden Wasserwellen, strich über die schmalen Wangen.

Es klingelte. Im Flur hörte er Schritte klappern, das Mädchen eilte zur Haustür. Ulbricht bückte sich mühsam. Er verstaute die Schallplatte im Schrank unter dem Plattenspieler, verschloss sorgfältig die Tür und richtete sich mit einem Ächzen wieder auf. Den Schlüssel steckte er in die Westentasche.

Es klopfte. Zu früh, dachte er. Ich bin eine Schnecke geworden.

Er steuerte den Sessel an, der weiter von der Stehlampe entfernt stand, und setzte sich. Es klopfte noch einmal.

»Bitte«, rief er mit heiserer Stimme.

Die Tür öffnete sich. Vom Flur fiel zusätzliches Licht in den Raum.

»Der Herr ist jetzt da«, sagte das Mädchen.

»Danke.«

Der Gast trat ein. Sein Gehstock, mit dem er das steife rechte Bein unterstützte, pochte mit jedem Schritt auf das Parkett. Trotzdem sieht er immer noch drahtig aus, dachte Ulbricht, immer noch hart und effizient mit seinem militärisch kurzen Haar, auch wenn es inzwischen weiß ist. Er bleibt ein Krieger. Das ist gut für mich, für mein Anliegen.

Das Mädchen wollte die Tür schließen.

»Haben wir Besuch?« Eilige Schritte näherten sich.

»Gnädige Frau ...«

»Wer ist es denn?«

»Ihr Mann wünscht, nicht gestört zu werden.«

»Aber wieso sagt er mir denn nicht –« Die Tür wurde geschlossen. Draußen ging die Auseinandersetzung weiter, aber die Worte waren nicht mehr zu verstehen.

»Willkommen«, sagte Ulbricht und deutete auf den freien Sessel.

Der Gast setzte sich. Während er noch damit beschäftigt war, eine bequeme Position für sein Bein zu finden, begann er schon das Gespräch: »Mein Freund, ich muss sagen, es ist heute wirklich lausekalt hier draußen. In Berlin merkt man das nicht so.«

»Du solltest dir vielleicht einen kleinen Wärmespeicher

zulegen.« Ulbricht fuhr sich mit der Hand über den Bauch, schmunzelte.

»Ach, lass mal. Ich bin froh, dass ich noch fit bin.«

»Ja«, nickte Ulbricht, »man könnte neidisch werden.«

»Aber was ist mit dir? Du siehst blass aus.«

»Das ist nicht wichtig. Nicht mehr.«

»Jetzt red nicht so.«

»Doch, doch. Mit fast achtzig darf ich so reden.«

»Na, dann hab ich ja noch vier Jahre Zeit.«

Die beiden Männer tauschten ein Lächeln. Für eine Weile sagte keiner etwas, dann seufzte Ulbricht. Er legte den Finger über den Mund und zeigte dem anderen ein bedeutsames Kopfschütteln. Der Gast zog fragend die Augenbrauen hoch, blickte sich im Raum um. Ulbricht nickte und deutete auf die Stehlampe.

»Du wolltest mich sehen, alter Freund?« Der Gast lehnte den Kopf zurück und untersuchte mit forschendem Blick das Innere der Lampe. Auf seiner Stirn trat eine Ader hervor.

»Ja. Ich brauche deine Unterstützung«, sagte Ulbricht. »Diesbezüglich.« Sein Knöchel pochte auf die Tischplatte.

Der Gast schien die Abhörwanze im Lampenschirm entdeckt zu haben. Jetzt richtete er seinen Blick auf die Papiere. »Die Weltfestspiele. Was für ein schöner Prospekt.« Doch seine Hand griff nach der roten Aktenmappe, die neben dem Hochglanzheft lag. Er schlug sie auf und begann zu lesen, blätterte einmal, noch einmal und zog einen handgeschriebenen Brief hervor, an den eine Pappkarte geklammert war. »Ein großartiges Ereignis. Die ganze Welt wird auf uns schauen.«

»Die Vorbereitungen laufen bereits«, sagte Ulbricht. »Ich würde mir das sehr gerne angucken.« Er deutete auf die Akte. »Wenn du vielleicht ...?«

»Ich werde sehen, was sich machen lässt«, nickte der Gast. »Aber das wird nicht leicht. Die Plätze sind heiß begehrt.«

»Ich weiß.«

»Möchte Lotte auch …?« Er zögerte.

»Nein, nein«, sagte Ulbricht schnell.

Es entstand eine Pause. Der Gast schwieg, wartete ab.

»Das ist nichts für sie. Das ist ihr zu viel …« Ulbricht suchte das passende Wort. »… zu viel Trubel. Also bitte nur für mich. Nur einen Platz.«

»Verstehe«, sagte der Gast. »Ich melde mich dann.«

»Ja.« Wieder ein Seufzen, diesmal klang es erleichtert.

Paul hörte Schritte, auf jeden folgte ein kurzes Echo. Dann und wann tauchte ein schwacher Lichtschein die Umgebung in kontrastarmes Grau. Ein Rauschen füllte seinen Kopf. Er wollte selber gehen, wollte seine Arme bewegen, aber sein Körper gehorchte ihm nicht. Er wollte sich umsehen, konnte aber den Kopf nicht wenden.

Paul strengte sich an, dachte nach. Der Hall, die schemenhaften Umrisse, das musste ein Tunnel sein. Seine Füße liefen in einem fremden Rhythmus. Er wurde gezogen. Seine Kopfhaut juckte, es kribbelte unter der Schädeldecke. Er hätte sich da drinnen, mitten im Kopf, gerne gekratzt, aber irgendetwas hielt seine Hände fest. Je mehr er darüber nachdachte, desto stärker quälte ihn das Kribbeln.

Es war stickig hier, modrige Luft machte das Atmen anstrengend. Und da war noch etwas: Ammoniak. Ja, es roch nach Ammoniak. Ihm wurde übel, er musste würgen. Urämie. Obwohl er den Sinn des Wortes nicht zu fassen bekam, jagte es ihm Angst ein.

Er wurde um eine Kurve gezogen, sein Kopf kippte zur Seite. Er hörte eine Frauenstimme, die in einer fremden Sprache redete. Direkt neben seinem Ohr antwortete ein Mann. Es waren hastig geflüsterte, harte Worte, wohl bloß ein Austausch von Anweisungen.

Sie blieben abrupt stehen.

Paul hörte, wie sich jemand in rasendem Tempo entfernte.

Ein schmerzvolles Quieken hallte von den Wänden, ließ Paul erzittern.

Dann näherten sich gemächliche Schritte. Für einen Moment fiel ein Lichtschein auf das Gesicht des Mannes dort im Tunnel, Paul sah ihn plötzlich ganz deutlich. Er war schön. Die feine Narbe, die das Gesicht durchzog, änderte daran nichts, eher im Gegenteil. Paul fröstelte, als der Mann ihn wieder mit festem Griff am Unterarm packte.

»Entschuldigung«, sagte er mit seinem harten, fremden Akzent.

Paul verstand nicht, was er meinte, aber er kam nicht zum Nachdenken, seine Beine verfielen erneut in den fremdbestimmten Rhythmus, er musste laufen, in seinem Kopf begann es wieder zu jucken. Er würde sich so gerne kratzen! Was tat ihm sein Bruder da an? Er hatte Hilfe versprochen, hatte ihm die beiden Fremden geschickt, um sein Leiden zu überwinden. Aber das hier war eine andere, viel schlimmere Qual. »Otto, hilf mir doch!«, wollte er schreien, aber seine Stimmbänder versagten. Er wurde weitergezogen.

Jeder Schritt bedeutete große Anstrengung, das Jucken im Kopf war kaum noch auszuhalten. Bunte Punkte tanzten vor seinen geschlossenen Augen. Indigoblau, karminrot, zitronengelb. Er hätte das Muster gerne gemalt, versuchte es stattdessen im Kopf festzuhalten, aber das Jucken machte es unmöglich. Er war völlig erschöpft.

Dann durchzuckte ihn etwas wie ein Stromschlag. Während die Punkte sich langsam auflösten, verschwand auch das Jucken.

Er hörte das Knarren einer großen Tür und fiel in kühle Luft. Herrlich kühle Luft. Er musste immer noch laufen, aber jetzt in seinem eigenen Rhythmus. Auch den Kopf konnte er wieder bewegen. Da war ein Bahndamm. Diese ungewöhnlichen Straßenlaternen, das musste West-Berlin sein. Da war eine Straße mit einem einzelnen Taxi. Für einen Moment sah er dem Mann auf dem Fahrersitz direkt in die Augen. Dann stolperte er, wurde weitergezogen, griff sich an den Kopf. War da nicht eben noch ...? Er hatte seinen Hut verloren.

Im Radio lief Cream mit *I feel free*. Abends brachte der RIAS manchmal längere Stücke. Jochen Strelow drehte das Radio lauter, kurbelte das Fenster runter und zündete sich ein Tütchen an. Es war ihm egal, dass er jetzt den Funk nicht mehr hörte. Den letzten Fahrgast hatte er in der Gleimstraße abgesetzt. Hier, direkt an der Mauer, war nicht viel los. Hier gab es keine Einsteiger, die spontan ein Taxi brauchten.

Jochen klopfte auf dem Lenkrad den Takt mit, den Ginger Baker trommelte. Der treibende Rhythmus und der schrille Gesang, untermalt von Eric Claptons genialem Gitarrenspiel, wirkten hypnotisierend. Das waren die Vorteile des Taxifahrens, man konnte ein Päuschen machen, ohne gleich vom Chef drangsaliert zu werden.

Cream kam langsam zum Ende, und der Moderator blendete aus. Dann machte er eine kurze Pause, damit man zu Hause den Kassettenrekorder ausschalten konnte, bevor er den nächsten Titel ankündigte. Jochen stellte die Rückenlehne flacher, um ein bisschen zu dösen. Jetzt im März war es um halb acht schon völlig dunkel. Der Song hatte ihn in angenehme Stimmung versetzt, besser als die süßliche Schlager-Soße, die man sonst auf allen Sendern hörte.

Zuletzt hatte er *I feel free* mit seiner Freundin in der Disko gehört. Elfi war toll. Endlich mal eine, die ihn nicht dauernd triezte, dass er sein Studium beenden und einen richtigen Job annehmen sollte. Leider hatte sie schon wieder einen neuen Freund, einen Zahnarzt.

Aber was war schon ein »richtiger« Job, sinnierte Jochen. Sein bester Kumpel Oliver hatte einen. Er war Fotograf, sogar mit eigenem Fotoladen, und fotografierte außerdem für die

Zeitung. Trotzdem hatte Jochen meistens mehr Geld in der Tasche.

Eine Bewegung am Bahndamm irritierte ihn. Mitten im Niemandsland traten drei Leute aus dem Gebüsch, offenbar ein Paar, das jemanden mit sich schleppte. Der Mann im Ledermantel war sehr groß, seine dunkle Mähne hinten zusammengebunden. Im Licht der Straßenlaternen sah Jochen eine weiße Linie in seinem Gesicht, eine Narbe. Die Frau erinnerte ihn an die Models in der Zeitschrift Twen. Sie trug Plateaustiefel, die nach Schlangenleder aussahen, und rieb sie an den Hosenbeinen, um den Staub abzuwischen. Der ältere Mann, den sie an den Armen gepackt hielten, wirkte dagegen grau, die beiden mussten ihn massiv stützen. Im Laternenschein sah Jochen sein Gesicht. Es kam ihm bekannt vor. Bloß woher?

Er setzte sich auf, um genauer hinzuschauen.

Wahrscheinlich lag es an der Bewegung. Plötzlich ruckten die Köpfe herum, das Paar starrte Jochen an. Schlagartig war er hellwach, packte den Zündschlüssel, ein Fluchtreflex. Er spürte den Blick der Frau wie eine eisige Berührung auf der Stirn.

Weiter vorn blinkte ein Auto mit der Lichthupe, ein Opel Admiral. Die drei gingen weiter. Der große Mann half der Frau und ihrem grauen Begleiter, hinten einzusteigen. Dann setzte er sich auf den Beifahrersitz.

Als der Wagen an dem Taxi vorbeifuhr, konnte Jochen dem grauen Mann noch einmal ins Gesicht sehen. Woher kannte er den bloß? Da fiel ihm der *Spiegel*-Artikel ein, den er gestern beim Zahnarzt gelesen hatte: *Kunst im DDR-Sozialismus*. Was hatte das denn damit zu tun? Wahrscheinlich sollte er nicht so viel kiffen.

1

»Mamamama Mamama Loo ...« Thea von Glinsky gab Gas und grölte den Nummer-Eins-Hit der Les Humphries Singers mit, der im Radio lief. Die rote Baustellenampel hätte sie fast übersehen. »Verdammt!«

Sie bremste scharf. Der R4 kam geräuschvoll zum Stehen. »Mama Loo, you got to get through ...«

Thea nutzte die Wartezeit, knipste die Innenbeleuchtung an und kramte in ihrer Handtasche nach dem Lippenstift. Dschungelrot. Sie zeigte dem Rückspiegel einen Schmollmund. Für Bernie wollte sie heute Abend schön sein, Bernie stand auf blond. Vielleicht konnte sie den Preis für die Lieferung dadurch etwas drücken.

Von hinten ertönte eine Hupe wie eine Orchesterfanfare. Der Blick in den Rückspiegel zeigte einen Rolls-Royce.

»Auch das noch«, murmelte Thea. »Der Eden.«

Der Fahrer des Rolls-Royce gestikulierte wütend.

Thea schenkte ihm im Außenspiegel ein dschungelrotes Lächeln und rührte an der Revolverschaltung des R4 herum. »Mist, abgewürgt.«

Der stadtbekannte Playboy stieg aus und kam nach vorne. Verlegen machte Thea das Fenster auf. Ihr Lächeln fühlte sich gequält an.

»Soll ich Ihnen nächstes Mal einen Brief schreiben, dass die Ampel grün ist, Fräulein?« Eden starrte auf ihre Lederjacke und in ihren Ausschnitt. »Sieh an, die Frau von Glinsky. In so einer Nuckelpinne. Bezahlt die B.Z. ihre Journalisten so schlecht?«

»Ach was, das ist bloß Tarnung.«

Sein Blick klebte immer noch an ihrem Blusenknopf, der etwas spannte. »Was halten Sie davon, wenn wir den Frühlingsanfang mit einem Gläschen Schampus begießen?« Er grinste. Dieser Charmeur.

»Nächstes Mal gerne.« Die Ampel war wieder grün. Thea knallte den Gang rein und trat aufs Pedal. Sie war sowieso schon spät dran. Für sieben Uhr hatten sie sich verabredet, und es war schon fünf nach. Mit Vollgas sauste sie durch die Nürnberger Straße und bog mit quietschenden Reifen in die Parkgarage des Europa-Centers.

Ihre Absätze klackerten über den Betonboden der Empore. Bernie hatte merkwürdige Vorlieben für seine Treffpunkte, heute nun ausgerechnet Kuttis Kneipe. Thea blickte über die Balustrade. Unten auf der Eisfläche des Europa-Centers liefen ein paar Leute Schlittschuh.

Es war zehn nach sieben, als sie die Kneipe betrat. Zigarettenqualm hing in der Luft. An den rustikalen Tischen saßen ausschließlich Männer. Nur an der Bar lehnte eine Frau im Hosenanzug. Bernie stand hinten am Billardtisch, ein Bier neben sich, und spielte gegen sich selbst. Er trug wie immer einen Rollkragenpullover. Die blonden Strubbelhaare hingen ihm ins Gesicht, als er mit dem Queue eine Kugel anvisierte.

Als Thea sich zu ihm durchschlängelte, fühlte sie sich gemustert. An einem der vorderen Tische saßen drei Kerle, einer schaute zu ihr auf. Ihre Blicke trafen sich – nach Theas Empfinden einen Moment zu lang. Der Typ hatte dunkles Haar, aber seine Augen waren hell, spielten ins Grünbraune. Eine feine Narbe zog sich vom Augenwinkel zum Kinn. Wo er die wohl her hatte? Ein warmes Gefühl durchströmte sie. Du wirst doch jetzt nicht anfangen zu flirten, Thea! Sie hatte Wichtigeres zu tun. Doch es fiel ihr schwer, den Blick abzuwenden.

Seine Stimme war tief und der Akzent ausgesprochen sexy: »Na, ob das hier der richtige Laden für dich ist?«

Sie konterte: »Ich bin immer im richtigen Laden.« Vielleicht würde sie später noch einen Drink mit ihm nehmen.

»Schade, ich wollte dir gerade meine Briefmarkensammlung zeigen.«

Die Dreiertruppe lachte. Thea strich den Drink aus ihrem Kopf.

»Oder vielleicht hat Kutti ein Separee für uns ...«

Thea strich den ganzen Typen.

In diesem Moment legte Bernie ihr den Arm um die Taille. »Wenn du solche Lust auf Körperkontakt hast«, blaffte er den Kerl an, »können wir beide gerne mal vor die Tür gehen!«

Jetzt schauten alle drei Männer auf Bernie. Thea spürte, wie er sich anspannte. Klar, Bernie war nicht ganz hilflos, aber gleich gegen drei?

Ein Klirren lenkte sie ab. Die Frau im Hosenanzug hatte ein Glas umgestoßen. »Oh, tut mir leid«, hörte Thea sie sagen. Flüssigkeit verteilte sich auf dem Tresen.

»Macht ja nichts«, brummte der Wirt säuerlich.

»Kein Körperkontakt.« Der Kerl mit der Narbe hob beschwichtigend die Hände. »Macht euch einen schönen Abend«, sagte er zu Bernie. Dann ein Zwinkern in Theas Richtung. »Aber dich behalte ich im Auge. Das blonde Hemd hier ist nichts für eine schöne Frau wie dich.«

»Pass bloß auf, dass du nicht meine Faust im Auge behältst«, zischte Bernie. Doch der Kerl grinste nur selbstgefällig.

»Wir sehen uns wieder«, sagte er zu Thea.

»Träum weiter«, meinte Bernie.

»Was für ein Affe!« Bernie griff sein Bierglas und zog Thea an einen der letzten freien Tische. »Ich hab dich gerettet, Süße. Bist du jetzt stolz auf mich?«

14

»Ja. Das war sehr männlich von dir«, nickte sie. »Aber nenn mich nicht Süße!« Sie verdrehte die Augen. Bernie hatte Beziehungen zu allen möglichen Leuten. Er war ein zuverlässiger Informant, und sie vertraute ihm. Ganz zu schweigen davon, dass er auch ein sehr einfühlsamer Liebhaber war. Allerdings war er so überzeugt von sich, dass es ziemlich anstrengend war mit ihm. »Lass uns lieber darüber reden, was du mir mitgebracht hast, Bernie. Hattest du Erfolg?«

»Erfolg? Klar. Ich bin erfolgreich entkommen.« Er winkte mit seinem Bierglas Richtung Tresen und hielt zwei Finger hoch. »Du hättest ruhig etwas konkreter werden können, als du sagtest, dass es dort aufmerksame Nachbarn gibt.«

»Ich habe dir einen ziemlich konkreten Batzen Geld dafür geboten, dass du mir diesen kleinen Gefallen tust. Du kennst mich doch. Für einfache Jobs zahle ich nichts.«

»Ich sage ja nur, dass es hilfreich gewesen wäre, wenn ich gewusst hätte, worauf ich mich da einlasse.«

»Ach, Bernie«, seufzte Thea. »Du wusstest, dass die Dame, aus deren Wohnung du die Dinge beschaffen solltest, eine große Nummer in puncto Entführungen und Menschenraub war. Das wird sie wohl kaum fürs Rote Kreuz gemacht haben.« Sie schnaubte. »Tausend Mark habe ich dir angeboten. Für ein altes Notizbuch aus der Handtasche meiner verstorbenen Tante. Und ein kleines Andenken, ein silbernes Kreuz. Das ist ein einfacher Auftrag, Bernie, der hier im Westen maximal einen Hunni wert gewesen wäre.«

»Hier im Westen, du sagst es!« Er knallte sein Glas auf den Tisch.

»Der Rest ist deine Gefahrenzulage.«

»Die Wohnung war versiegelt. Hättest du mir nicht sagen können, dass du mich zu einem Tatort schickst?«

»Wieso versiegelt?«, fragte sie irritiert.

»Ver-sie-gelt. Mit schönen Grüßen von der Volkspolizei.«

»Warum sollte das ein Tatort sein?« Thea schüttelte den

Kopf. »Meine Tante war alt. Die wurde doch nicht umgebracht.«

»Träum weiter.« Bernie nahm einen Schluck aus dem Bierglas, das der Kellner ihm hinstellte. »Das ganze Haus ist ein Hochsicherheitsbereich für DDR-Bonzen. Du glaubst nicht, wie schwierig es war, da überhaupt reinzukommen.«

»Du bist doch sonst kein Kind von Traurigkeit«, grinste sie. »Und von wegen Hochsicherheitsbereich.« Sie malte Anführungszeichen in die Luft. »Da sitzt ein alter Pförtner und guckt. Das ist alles.«

»Der guckt nicht nur, der horcht auch.«

»Hä …?«

»Na, Stasi. Horch und Guck. MfS. Ministerium für Staatssicherheit.«

»Ach, hör auf. Das ist ein Pförtner, nichts weiter.« Sie winkte ab.

»Ein Stasi-Pförtner mit einem lockeren Finger am Telefon.«

»Willst du mir nicht langsam mal erzählen, was passiert ist?«

Bernie nickte heftig. »Dein harmloser alter Pförtner hat mich mit meinem Blaumann und dem Werkzeugkasten zwar ins Haus gelassen, aber er hatte nichts Besseres zu tun, als mich zu melden.«

Thea riss die Augen auf. »Und dann stand die Stasi vor der Tür?«

»Nicht direkt. Aber da waren merkwürdige Gestalten.«

Jetzt musste sie wieder grinsen. »Bernie, das ist Ost-Berlin. Da sind überall merkwürdige Gestalten.«

»Auf dem Balkon?« Bernie hob die Augenbrauen.

»Wie, auf dem Balkon?«, wunderte sich Thea.

»Auf dem Balkon!«

»Und dann?«

»Hab ich gemacht, dass ich wegkomme.« Wieder hob er sein Bierglas und trank, als müsse er sonst verdursten. »Ich werde übrigens immer noch beobachtet«, sagte er mit ernster Miene. »Glaube ich.«

»Bitte, was ...?«

»Seit ich zurück bin, sehe ich ständig merkwürdige Gestalten rumlungern, wie die drei Typen da am Tisch.«

Thea warf einen raschen Blick über Bernies Schulter. Der Kerl mit der Narbe prostete ihr zu. »Sag mal, kiffst du wieder regelmäßig?«

»Ach, hör doch auf«, brummte er. »Komm, wir schließen das Geschäft hier ab, und danach lässt du mich mit deinem Privatscheiß in Ruhe. Im Osten mache ich jedenfalls nichts mehr.«

»Gut, okay«, nickte sie. »Hast du denn alles gefunden?«

»Naja ...«

»Hast du?« Sie musterte ihn angespannt.

»Hier.« Er reichte ihr ein abgegriffenes Buch.

Thea nahm es und blätterte darin. Wie erwartet sah sie Einsatzpläne, Auftragsdaten, Namen und Codeworte, alles in Russisch. Sie steckte das Notizbuch in ihre Handtasche, schaute Bernie erwartungsvoll an. »Und das Kreuz?«

Er schüttelte den Kopf.

»Was soll das heißen?«

»Da war kein Kreuz.«

»Das darf doch nicht wahr sein!« Einige Gäste drehten die Köpfe und schauten herüber. »Ich hab dir das Versteck ganz genau beschrieben!«

»Und ich habe ganz genau nachgesehen. Da war nichts.«

»Versager!«

»Da war nur das Notizbuch und nichts weiter«, erklärte Bernie, mühsam beherrscht. »Jetzt gib mir die zweite Rate, und dann ist gut.«

»Halbe Leistung, halber Preis.«

»Hast du sie noch alle?« Die Leute schauten schon wieder. »Gib mir mein Geld, sonst ist hier gleich was los!«

»Du hast dein Geld. Die Hälfte als Anzahlung, die andere Hälfte bei Lieferung, das war abgemacht. Aber du hast nur die Hälfte geliefert.«

»Ich glaub, ich spinne!« Er drosch seine Faust auf die Tischplatte. »Ich riskiere Kopf und Kragen, und die Frau Superjournalistin zahlt nicht!«

»Halbe Lieferung, halbe Kohle.«

»Weißt du was, Thea? Leck mich! Das war das letzte Mal, dass ich für dich was erledigt habe. Das letzte Mal, dass überhaupt jemand was für dich erledigt hat. Ich kenne die halbe Stadt. Wenn die Leute hören, wie du mich verarscht hast, wird keiner mehr für dich arbeiten.« Er nahm seine Geldbörse, knallte fünf Hunderter auf den Tisch und sprang auf. »Du kannst dir deine Kohle sonstwohin stecken!« Zwei Scheine landeten auf dem Boden. Thea blickte ihnen nach, rührte sich nicht.

Bernie zog seine Lederjacke an und drückte sich den Motorradhelm auf den Kopf. »Du bist erledigt, Thea. Besser, du ziehst gleich um! Nach Bayern oder so.« Mit schnellem Griff packte er ihre Handtasche und schnappte sich das Notizbuch. »Und das behalte ich.«

Dann stampfte er zum Ausgang.

Thea saß da wie gelähmt. Was sollte sie tun? Ihm nachlaufen? Ihn umstimmen mit den berühmten Waffen einer Frau? Da sah sie die Frau im Hosenanzug, die vorher an der Bar gelehnt hatte, eine strenge Matrone mit straff zurückgekämmtem Haar. Jetzt war sie an der Eingangstür, und es sah fast so aus, als wollten sie und Bernie gleichzeitig hinaus. Ruppig schob er die Frau beiseite.

»Bernie!«, schrie Thea und stieß ihren Stuhl zurück. Wenn er wütend war, kannte er weder Freund noch Feind, das hatte sie schon erlebt. Wenn er jetzt die Frau verdrosch, gab es richtigen Ärger.

Thea rannte los. Sie musste ihn aufhalten. Aber der Kerl

mit der Narbe trat ihr in den Weg. »Na, noch ein Bierchen zu zweit?«

»Lassen Sie mich durch!« Sie wollte sich vorbeidrängeln, er fasste ihr Handgelenk. »Ich muss da raus! Er tut der Frau was an!«

Der Kerl zuckte die Achseln. »Würde mich wundern.«

»Lassen Sie mich los!« Ihre Stimme überschlug sich.

Er grinste. Doch er lockerte seinen Griff. »Bitteschön.«

Sie rannte auf die Empore, schaute hektisch in alle Richtungen. Kein Bernie. Auch die Frau war verschwunden. Wie konnte das sein?

Thea beugte sich über das Geländer – und dann sah sie ihn.

Unten auf der Eisfläche lag Bernie, neben ihm der Motorradhelm. Sein Kopf war seltsam verdreht. Darunter breitete sich eine Blutlache aus.

Reiß dich zusammen, Thea! Du bist Journalistin, also handle wie eine Journalistin! Aber ihre Hände zitterten, als sie die Handtasche öffnete. Da war ihre Leica. Das kühle Metall unter den Fingern gab ihr Ruhe. Sie machte die nötigen Einstellungen, sah durch den Sucher und drückte auf den Auslöser. Ein, zwei, drei Aufnahmen, das genügte. Um das Opfer scharten sich die Schlittschuhläufer, sodass Thea keine freie Sicht mehr hatte. Sie schaute sich um. Keine Spur von der Frau im Hosenanzug. Dafür immer mehr Schaulustige, die sich übers Geländer lehnten. Immer mehr Gerede und Gezischel. Thea drängelte sich durch und eilte nach unten. Das Notizbuch! Sie musste es holen!

Auf der Eisbahn schlitterte sie mehr, als dass sie lief.

Ein Mann rief: »Jemand muss einen Arzt rufen!«

»Und die Polizei!«, schrie ein anderer.

»Lassen Sie mich durch, ich bin Ärztin.« Die Worte kamen ohne jedes Zögern. Die Schlittschuhläufer machten ihr Platz.

Sie kniete sich neben Bernie und suchte mit zwei Fingern an seinem Handgelenk nach dem Puls. Nichts. Dann der Blick zur Halsschlagader. Thea sah den herausstehenden Knochen. Dort kam auch das Blut her, das sich immer weiter ausbreitete. »Nichts mehr zu machen.«

Aufgeregtes Gemurmel von den Umstehenden.

Sie tastete den Toten ab, durchsuchte die Jacke, alle Taschen. Das Notizbuch war verschwunden.

»Ey, was machen Sie denn da?« Jemand packte sie an der Schulter. »Wollen Sie den beklauen? Das gibt's doch wohl nicht. Polizei! Jemand muss die Polizei rufen!«

»Finger weg!« Thea drehte sich um. »Ich muss doch nach seinen Papieren suchen, damit ich weiß, wer das Opfer ist.« Wieder schaute sie sich um. Da lag nur der Motorradhelm. »Ich kümmere mich um die Polizei.« Schlingernd eilte sie von der Eisbahn. Ihr war nicht gut.

In Kuttis Kneipe war es jetzt leer, sie gafften alle übers Geländer. Ich hätte Bernie zudecken müssen, schoss es Thea in den Kopf. Den sensationsgeilen Spannern den Spaß verderben.

Hinter dem Tresen hing ein grünes Telefon an der Wand. Thea schlüpfte unter der Tresenklappe durch und nahm den Hörer ab. Bevor sie wählte, ließ sie den Blick noch einmal durch den Laden schweifen. Kein Mensch weit und breit. Sie wählte eine Nummer. »Chef? Glinsky hier. Räumen Sie die Titelseite! Ich hab eine wirklich heiße Story.«

Kowalski knipste in seinem Wohnzimmer das Licht aus, bevor er sich hinter dem Gardinenspalt postierte. »Schon wieder dieses Auto.« Im orangen Schein der Straßenbeleuchtung erkannte er den Wartburg. Auf der Fahrerseite glomm eine Zigarette auf. »Jetzt reicht's mir aber!« Er griff zum Telefon, das auf dem Tischchen unter dem Fenster bereitstand.

Es klingelte dreimal. »Ja, bitte?«

»Ich bin's, Waldi.« Er hasste seinen Decknamen. »Dieses Subjekt ist wieder da. Darf ich den jetzt endlich mal kontrollieren?«

»Bitte was?«

»Ich möchte endlich wissen, wer hier seit etlichen Nächten unser Haus observiert. Das kommt mir komisch vor. Der Kerl hat Genossin Paschke früher häufig besucht. Und seit sie tot ist, hockt er nachts in seinem Wagen vor unserem Haus.«

»Er hat sie zu Lebzeiten besucht?«, kam es aus dem Hörer. »Und kein Eintrag im Hausbuch?«

»Kein Eintrag«, bestätigte Kowalski, nun etwas kleinlaut.

»Wie erklären Sie sich das?«

»Keine Ahnung«, brummte Kowalski. Und nach einer kurzen Pause: »Aber ich könnte ihn jetzt kontrollieren, wenn's gestattet ist.«

Er hörte seinen Führungsoffizier atmen.

»Das war doch dieser 311er-Wartburg mit dem Kennzeichen IB 18-97?«

»Genau der.«

»Weiterhin beobachten, täglich Bericht erstatten.«

»Aber ich könnte mir doch mal die Papiere zeigen lassen.«

»Ist nicht nötig. Wir wissen, wer er ist. Haben die Sache im Griff.«

»Ach so?« Jetzt wurde es Kowalski aber langsam zu bunt! »Na, das hab ich gesehen, wie ihr die Sache im Griff habt! Und der junge Mann mit dem blonden Wuschelkopf, der gestern in die Paschke-Wohnung eingebrochen ist, kam der etwa auch von euch?«

Aus der Leitung atmete das Schweigen.

»Wann unternehmt ihr endlich was?«, ereiferte sich Kowalski.

»Zu gegebener Zeit. Bleiben Sie bei Ihrer Aufgabe, Waldi!«

»Hören Sie mal, ich –« Klick.

Kowalski starrte entgeistert auf den Telefonhörer. »Ist

das zu fassen, aufgelegt!« Er war wütend. »Jeden Furz soll ich melden, aber wenn es wirklich wichtig ist, heißt es nur: Waldi, bleiben Sie bei Ihrer Aufgabe! Dabei ist das meine Aufgabe, genau das. Ordnung und Sicherheit. Solchen Kerlen muss man direkt an die Eier gehen!« Er klemmte sich die Zigarre zwischen die Zähne und eilte aus der Wohnung.

Vor dem Eingangstor hielt er inne. Da drüben stand der Wartburg. Kowalski starrte hinüber und ließ sein dickes Schlüsselbund um den Zeigefinger kreisen. Drüben öffnete sich die Fahrertür. Ein Gehstock wurde auf das Autodach gelegt. Ein alter Mann stieg aus und salutierte spöttisch mit zwei Fingern. Kowalski wäre beinahe die Zigarre aus dem Mundwinkel gefallen. Meinte der tatsächlich ihn? Der Alte nahm den Gehstock und hinkte die Reihe der parkenden Autos entlang bis zum letzten Wagen, einem Lada. Kowalski folgte ihm auf seiner Straßenseite.

Im Lada saßen zwei Männer. Der Alte klopfte an das Fahrerfenster. Keine Reaktion. Erst als er noch einmal energischer klopfte, wurde die Scheibe heruntergekurbelt. Kowalski hörte, wie der alte Mann mit rauer Stimme sagte: »Tut mir leid, Jungs, dass ich euch Umstände mache, aber mir sind die Streichhölzer ausgegangen. Habt ihr mal Feuer?« Er beugte sich zum Fahrer hinunter und murmelte etwas. Als er sich aufrichtete, blies er den Qualm in Kowalskis Richtung.

Die Männer im Lada lachten laut. Der alte Mann lachte mit.

Kowalski schnaubte vor Wut. Das Schlüsselbund fegte mit Schwung von seinem Zeigefinger, schlug gegen die Fensterscheibe eines Autos und landete klirrend auf dem Gehweg. »Unglaublich«, brummte er, »die verarschen mich doch alle.«

Thea suchte nach der Hausnummer 12. Da vorne standen aufgeregte Leute, da musste es sein. Dreist parkte sie ihren R4 in der Einfahrt und klemmte ihre Pressekarte hinter die

Windschutzscheibe. Im Hof sah sie Blitzlichtgeflacker. Sehr gut, anscheinend war der Fotograf schon da.

Plötzlich ertönte hinter ihr eine Sirene. Blaulicht. Sie versperrte den Rettungsfahrzeugen die Einfahrt. Schnell fuhr sie ein Stück weiter und parkte in zweiter Reihe. Es würde ja nicht lange dauern.

Als sie den Hinterhof betrat, drängte die Polizei gerade die Schaulustigen zurück. Einer der Polizisten erkannte Thea und ließ sie durch. Der wild herumknipsende Pressefotograf war Oliver, ihr hoch verschuldeter Ex-Mann. Ausgerechnet! Er flirtete nach Kräften mit einer Journalistin vom *Tagesspiegel*.

»Der Herr hier hat übrigens Kinder und zahlt schon seit Monaten keinen Unterhalt«, mischte Thea sich ein.

»Nur ein Kind«, empörte sich Oliver. »Und ich bin höchstens zwei Monate im Rückstand.«

Die Kollegin grinste Thea an. »Eher zwei Jahre«, sagte die. »Warum haben sie ausgerechnet dich geschickt, Oliver? Hast du wenigstens schon was Gutes für die Titelseite?«

Die Kollegin verzog sich.

»Der CvD hat mich angerufen.« Mit der einen Hand jonglierte Oliver seine Nikon, mit der anderen zog er die aktuelle *B.Z.* aus der Tasche. »Warum hast du mir davon nichts gesagt?« Er streckte ihr das Foto von Bernie auf der Eisfläche entgegen. »Wir waren alte Bekannte.«

»Das hätte ich schon noch. Es war doch erst gestern.«

»Ach ja? Du hältst mich von allen alten Kontakten fern, seit wir uns getrennt haben.«

»Geschieden, Oliver. Wir sind rechtskräftig geschieden. Du trägst die Schuld daran. Und ja, ich habe ein paar Freunde gewarnt, sich nicht von dir anpumpen zu lassen. Ich muss jetzt arbeiten, lass mich in Ruhe.«

Abrupt wandte sie sich an einen der Polizisten. »Was ist hier eigentlich los?« An der hinteren Hofseite waren Feuerwehrleute dabei, einen Trümmerhaufen aufzuschütten.

»Hier wollten drei ziemlich ungeschickte Leute von ihrem Keller aus einen Fluchttunnel in den Osten graben«, erklärte der Polizist. »Leider ist das Bauwerk eingestürzt und hat diese Dilettanten unter sich begraben. Zwei sind schwer verletzt, einer hat's nicht überlebt.« Er zuckte mit den Schultern.

»Nur gut gemeint hilft auch nicht«, sagte Thea. »Aber danke für die Auskunft.« Sie machte sich auf die Suche nach Zeugen. Es stellte sich heraus, dass die Leute vor Ort alle nur Wichtigtuer oder ratlose Rettungskräfte waren. »In welche Klinik werden die beiden Überlebenden denn gebracht?« Dort konnte sie später Interviews machen.

»Ich habe drei Filme voll«, sagte Oliver und gab sie ihr. »Mensch, jetzt erzähl doch mal von Bernie! Was war denn los?«

Thea ignorierte seine Frage. »Hast du Bilder von den Verletzten?«

»Du bist ganz schön kaltschnäuzig.«

»Und von dieser selbst gebauten Motorfräse, oder was das da ist?« Sie zeigte auf ein demoliertes Gerät, das auf dem Schutt lag.

»Ja, hab ich alles, aber du weichst mir aus. Was war mit Bernie?«

Sie schaute ihre Notizen durch, während sie zu ihrem Auto gingen. »Ich bin nicht kaltschnäuzig, bei dir muss man bloß vorsichtig sein.« Ihre Handtasche flog auf den Beifahrersitz. »Übrigens: Tante Erna ist tot.«

»Was? Deine Tante Erna, bei der du aufgewachsen bist?«

»Welche sonst? Ich habe nur eine Tante«, sagte Thea. »Die Nachbarin, Frau Helm, hat mir telegrafiert. Hier.« Sie reichte ihm das Telegramm. »Und bevor du dich jetzt wunderst, was das mit Bernie zu tun hat: Er sollte mir etwas aus Ernas Wohnung besorgen. Übergabe im Europa-Center. Und dann hat er sich da mit irgendwelchen Leuten angelegt.«

»Was für Leute denn?«, fragte Oliver. »Und warum holst du dir dein Zeug nicht selbst?«

»Ich hab's versucht, aber als Springer-Journalistin kriege ich keinen Passierschein.«

»Hm, verstehe«, nickte Oliver.

»Ich wollte gerne das alte Silberkreuz haben, erinnerst du dich daran? Stalin hat es Erna geschenkt, kurz vor seinem Tod. Sie hatte es immer bei sich. Ich glaube, es ist einiges wert, und ich bin ihre einzige Erbin.«

»Du bist raffgierig und hast schon wieder Dollarzeichen in den Pupillen. Was wolltest du Bernie denn dafür geben?«

»500 Mark.«

»500 Mark?« Er hielt kurz inne. »Und wenn ich es dir besorge?«

»Ach, Oliver«, seufzte sie, »das hast du doch schon früher nicht geschafft.«

Er rollte mit den Augen. »Ich meine, wenn ich dir das Kreuz hole.«

»Dann erlasse ich dir drei Monate Unterhalt.« Sie grinste.

Dann schüttelte sie den Kopf. »Nein, vergiss es. Das ist nichts für dich. Wenn Bernie das schon nicht hinkriegt! Und ich weiß auch nicht genau, ob sein ... also, ob es damit zusammenhängt.«

»In dem Fall erlässt du mir alles«, ereiferte sich Oliver.

»Spinnst du? Das sind über 2.000 Mark. Ich erlasse dir ein halbes Jahr, das sind fast 800 Mark.« Sie dachte daran, was Bernie ihr erzählt hatte. »Aber nichts da! Du machst das nicht, das ist viel zu gefährlich!«

Oliver betrachtete nachdenklich das Telegramm, während Thea ihm die Quittung für die Filme ausstellte. »Aber ich –«

Jetzt schaute sie ihm direkt in die Augen. »Du gehst da auf gar keinen Fall hin! Entweder gibt es ein offizielles Nachlassverfahren, oder ich muss die Sache eben abhaken. Halt dich da raus!«

2

Auf der Trauerkarte stand *Dienstag, 3. April 1973*. Das war heute.

Ulbricht griff seine Aktentasche und nahm den Hut von der Garderobe. Er machte einen Knoten in seinen Gürtel, ging durch den Seitenausgang zur Garage und setzte sich hinten in den Dienstwolga. Der Fahrer würde gleich kommen.

In Erinnerungen versunken kramte er in seiner Tasche. Da war das Foto von Erna, das er herausgesucht hatte, nachdem die Trauerkarte gekommen war. Sie hatte ja mal richtig gut ausgesehen in ihrem hübschen Sommerkleid. War es nicht blau gewesen? Ja. Er erinnerte sich, weil das Blau so gut zu ihren Augen gepasst hatte.

Er nahm seine Prothese aus dem Mund und schnüffelte daran. Dann rieb er mit dem Ärmel über die künstlichen Zähne. Als er sein eingefallenes Gesicht im Rückspiegel sah, schob er die Prothese zurück in den Mund.

Erna war immer sehr energisch gewesen. Er dachte an die Zeit in Moskau. Dort hatte er sich in sie verliebt. Aber sie hatte den Mächtigeren vorgezogen, wollte gleich ganz an die Spitze.

Ulbricht lief eine Träne über die Wange, als er daran dachte. Wo blieb bloß der Fahrer? Sie würden noch zu spät zur Beerdigung kommen.

Das waren aufregende Zeiten gewesen, als sie nach dem Krieg die DDR aufgebaut hatten. Damals war seine Frau ihm eine große Stütze gewesen. Lotte hatte einen siebten Sinn für all die Intrigen, die gegen ihn gesponnen wurden. Nur einmal, im Juni 1953, war es richtig eng geworden. Wenn damals nicht Genosse Stalin mit der Abteilung V ausgeholfen hätte, wäre es aus gewesen. Aus und vorbei.

Ulbricht bohrte gedankenverloren in der Nase. Das Ergebnis seiner Suche steckte er in den Mund. 1953, dachte er, da stand es wirklich auf Messers Schneide. Einige Rädelsführer des Aufstands hatte man später diskret, aber handfest überzeugen können, andere waren einfach verschwunden. Auch in der Zeit danach war Erna tatkräftig im Kampf gegen die Revanchisten im Einsatz gewesen. Die Abteilung V, die nun von ihr befehligt wurde, hatte den Nazi Linse in die DDR geschafft. Und auch diesen BRD-Verfassungsschützer, wie hieß der noch gleich? John. Otto John. Ja, das war sein Name. Ulbricht seufzte. Sein Gedächtnis machte ihm zu schaffen. Jetzt musste die Abteilung V nur noch eine wichtige Aufgabe für ihn erledigen.

Wo der Fahrer nur blieb? Er schaute auf die Armbanduhr.

Endlich öffnete sich die seitliche Garagentür. Aber es war nur Lotte. »Warum sitzt du hier im Auto?«, fragte sie.

Er senkte den Blick. »Ich warte auf meinen Fahrer.«

Sie seufzte. »Den haben sie dir doch schon vor drei Monaten weggenommen.«

»Tatsächlich?«

»Wo willst du denn hin?«

»Zu Ernas Beerdigung.«

»In deinem alten Bademantel? Walter, ich bitte dich.« Sie schüttelte resigniert den Kopf. »Ach, dann bleib doch hier sitzen.«

»Wie war der Name, Otto Boettcher?«, fragte der Wachposten arrogant, als Oboe mit seinem 311er-Wartburg am Schlagbaum der Waldsiedlung vorfuhr. »Nie gehört. Warten Sie hier.«

Oboe seufzte. Wie oft war er durch dieses Tor schon ein- und ausgefahren, ohne dass jemand seine Identität angezweifelt hatte. Aber vor anderthalb Jahren war sein alter Freund entmachtet worden, und er war ebenfalls in Ungnade gefallen. Seitdem wurde er verstärkt beobachtet. Nicht dass ihm früher gar keiner auf die Finger gesehen hätte, aber es war jetzt viel schwerer geworden, im Verborgenen zu agieren. Und er war nun mal ein Mann fürs Verborgene, fürs Geheime, für Spezialaufträge.

Endlich hatte der Wachposten seine Kontrollanrufe erledigt. Sicher hatte er auch das Ministerium verständigt, das gab wieder einen Eintrag in seiner Akte: *Boettcher besucht Ulbricht.*

Mit versteinerter Miene wurde Oboe durchgewunken.

»Hirnloser Idiot«, brummte er.

Vor dem Haus Nummer 7 empfing ihn Ulbrichts Dienstmädchen.

»Genosse Boettcher, die Herrschaften erwarten Sie in der Garage.«

»In der Garage?«, wiederholte Oboe überrascht.

»Ja. Die gnädige Frau versucht seit einiger Zeit, ihn aus dem Auto zu locken«, erklärte das Mädchen und eilte voraus. Oboe hatte mit seinem Gehstock Mühe mitzuhalten. Die Verbindungstür zwischen Haus und Garage stand offen. Er hörte Lottes Zetern, bevor er sie sah. Was für ein Glück, dass er nicht verheiratet war. Lottes Hinterteil ragte aus der Beifahrertür. Die bunte Dederonschürze wirkte grotesk vor dem eleganten schwarzen Autolack.

»Guten Tag.« Oboes raue Stimme unterbrach ihren Redeschwall.

Lotte zuckte zusammen, stieß sich den Kopf an der Türkante. »Otto! Gott sei Dank!« So freundlich redete sie sonst nicht mit ihm. Sie musste sehr verzweifelt sein. »Bitte bring Walter zur Vernunft. Er will unbedingt zur Beerdigung von Erna Paschke, das geht doch nicht! Er sitzt da und wartet auf den Fahrer.«

28

»Lass mich alleine mit ihm reden.« Er sah ihr ruhig in die Augen, fasste ihre Schulter und übte leichten Druck aus. Es war ein Routinegriff, der immer überzeugte. »Fünf Minuten.«

Sie nickte und verließ die Garage.

Oboe stellte seinen Gehstock an die Wand und setzte sich zu Ulbricht auf den Rücksitz. Enge Sitzgelegenheiten machten ihm zu schaffen.

Im Wagen nahm er Lottes süßliches Parfüm und Ulbrichts typischen Altmännergeruch wahr. »Alter Freund«, begann er sanft, »hast du denn vergessen, dass du, seit du zurückgetreten bist, keinen Fahrer mehr hast?«

»Zurückgetreten?« Ulbricht sah ihn an. »Du kannst mich fahren. Du bist mein einziger wahrer Freund.«

Obwohl Oboe bereits wusste, wie schlecht es um den anderen stand, gab es ihm einen Stich, ihn so zu sehen. Ulbricht hatte ihn damals zu seinem persönlichen Adjutanten ernannt, hatte ihm alle Türen geöffnet. Durch ihn wurde Oboe der Beste seines sehr speziellen Fachgebiets. Sie teilten viele Geheimnisse. Immer noch.

Ulbricht schaute auf das Foto in seiner Hand. Zärtlich strich sein Daumen über die junge Frau im Sommerkleid. »Ich würde ihr gerne das letzte Geleit geben, Otto. Bring mich zum Dorotheenstädtischen Friedhof.«

»Ich glaube, das ist keine gute Idee.« Oboe deutete auf Ulbrichts Bademantel, meinte jedoch mehr als nur die Kleidung. »Da ist die Presse vor Ort.«

Ulbricht nickte bedächtig. »Ich nehme an, mein Platz bei den ...« Er zögerte. »... den Weltfestspielen ist jetzt auch gefährdet?«

»Ja, deswegen bin ich hergekommen. Die Zeit ist knapp geworden. Aber ich tue alles, was in meiner Macht steht. Wenn du möchtest, gehe ich auch für dich zu Ernas Beerdigung.« Oboes Hals kratzte, ein Kloß hing ihm in der Kehle. »Das bin ich ihr schuldig.«

Ulbricht zog einen gefalteten Zettel aus der Manteltasche. »Hier.«

»Was ist das?«

»Meine Rede. Jemand muss ein paar Abschiedsworte sagen.«

»Ja, schon. Aber ich ...«

Ulbricht tätschelte Oboes Knie. »Du schaffst das, alter Freund.«

»Puh! Hier stinkt's!« Conny hielt sich demonstrativ die Nase zu.

Oliver von Glinsky schob seine Tochter am Griff ihres Rucksacks in den schmalen Durchgang am Grenzübergang Friedrichstraße. Er roch ihn auch, diesen antiseptischen Geruch, den Duft der Zone. »Sei still, Mäuschen.« Seine Hände schlossen sich um ihre Schultern. »Sowas sagt man hier nicht.«

Hinter der Panzerglasscheibe lauerte ein Paar wässriger Augen, doppelt geschützt durch eine altmodische Brille. Oliver spürte, wie er unter dem Blick des Grenzbeamten zu schrumpfen begann.

»Aber es stimmt doch«, protestierte Conny.

»Und wenn schon«, brummte er.

»Aber es stinkt!«

Zwei graue Augenbrauen wuchsen in unverhohlenem Erstaunen dem Mützenschirm entgegen. Die Hand des Grenzers näherte sich bedächtig seinem Kinnbart.

»Du hältst jetzt die Klappe«, zischte Oliver. Seit die Scheidung durch war, wurde Conny zusehends frecher. Dahinter steckte natürlich Thea. Sie untergrub seine Autorität, wo sie nur konnte.

»Aber –«

»Ich warne dich, Frollein!«

Conny zuckte die Achseln und schenkte dem Mann hinter

der Glasscheibe ein Lächeln. »Mein Vater ist bloß nervös«, erklärte sie ihm.

»So? Dann liegt wohl etwas Besonderes an?«

Dieser sächselnde Tonfall! Oliver kniff irritiert die Augen zusammen.

»Tante Erna ist gestorben«, sagte Conny. »Wir müssen zur Beerdigung.«

»Ach so?« Die wässrigen Augen richteten sich auf Oliver. »Ihre Papiere.«

Über Olivers Unterarme kroch eine Gänsehaut. Das genäselte Sächsisch, der zugespitzte Kinnbart, die Brille. Nein, unmöglich! Sie hatten Ulbricht abgesetzt, schön und gut. Seit anderthalb Jahren führte Honecker die Staatsgeschäfte. Doch selbst der wäre nicht dreist genug, den Vorgänger auf seine alten Tage in dieses Grenzkabuff zu verfrachten. Schließlich hatte Ulbricht noch Ämter, war Ehrendies und Ehrendas. So einen konnte man nicht einfach zum Frondienst in die Friedrichstraße abschieben. Oliver musterte den Grenzer, der jetzt mit gerunzelter Stirn den Passierschein studierte. Andererseits war im Sozialismus alles möglich. Da gab es keine Privilegien. Warum nicht den ehemaligen Parteichef in den sozialistischen Alltag eingliedern?

»Name?« Die altersfleckigen Finger drehten und wendeten Olivers Behelfsmäßigen Personalausweis, den er, wie jeder West-Berliner, anstatt eines westdeutschen Personalausweises besaß.

Oliver seufzte. Er sieht doch, wie ich heiße, dachte er. Da steht es doch geschrieben. »Oliver Glinsky.«

Aber der vermeintliche Ulbricht war offenbar verbittert. Er hatte nicht abtreten wollen, sie hatten ihn gezwungen. Aus gesundheitlichen Gründen, hieß es in den Nachrichten. Jetzt hörte er nicht auf, Oliver mit prüfenden Blicken anzustarren. Fahrig lockerte Oliver den geliehenen schwarzen Schlips, der ihm die Luft abschnürte. »Und das ist meine Tochter Cornelia.«

Der Grenzer rückte seine Brille zurecht. Der Blick wurde misstrauisch. »Hier steht aber etwas anderes.« Das Bärtchen zitterte bedeutsam.

»Ach so, ja.« Noch ein Seufzer. »Da steht natürlich: von Glinsky.« Schlechter ließ sich ein Besuch im Arbeiter- und Bauernstaat nicht beginnen.

»Das ist Ihr Name?«

»Ja«, nickte Oliver. Und ich bin hier angetreten, um den sozialistischen Arbeitern und Bauern einen uralten, wertvollen Kunstgegenstand wegzuschnappen, ein russisch-orthodoxes Kreuz aus reinem Silber. Meine herzlose Ex-Frau erlässt mir meine Schulden, wenn ich das Erbstück für sie sicherstelle, und meine Tochter habe ich zur Tarnung mitgebracht. Ich bin ein Söldner des Kapitalismus. So sieht's aus, lieber Ulbricht. Der Schweiß brach ihm aus in seinem geliehenen Beerdigungsjackett. »Ich bin achtunddreißig Jahre alt, schuldig geschieden und arm wie eine Kirchenmaus.«

Er stutzte. Hatte er das jetzt etwa laut gesagt?

Der Kopf des Grenzers rückte dichter an die Scheibe. »Wie bitte?«

»Mensch, Papa! Jetzt sei du aber mal still!«

Er wischte sich mit dem Ärmel die Stirn. »Tut mir leid.«

Was ihm blieb, war die Rache des kleinen Mannes. Er hatte Conny bei den Großeltern abgeholt und war nun im Begriff, sie ohne Theas Wissen in den Osten zu verschleppen. Auge um Auge, Zahn um Zahn. Conny wusste von alledem nichts.

»Dabei kannte ich die Tante Erna gar nicht«, vertraute sie dem Grenzbeamten an, offenbar bestrebt, von dem peinlichen Thema abzulenken. »Sie wohnte ja im Osten.«

»So?«, machte der Mann. »Aber der Papa kannte sie doch, oder?«

Olivers Finger krallten sich in Connys Anorak.

»Nö.« Sie schüttelte heftig den Kopf. »So gut wie gar nicht.«

Oliver biss die Zähne zusammen. Das war leider die falsche Antwort, Mäuschen, die völlig falsche Antwort.

In der Kapelle war es dämmrig. Vorne stand die Urne, umrahmt von Blumengestecken. Sie sah aus wie ein Milchkochtopf mit Deckel, obendrauf ein Kranz roter Nelken. Conny fand die Vorstellung, dass da ein verbrannter Mensch drin war, ziemlich gruselig.

»Na komm, da hinten sind noch zwei Plätze frei«, sagte Oliver und ließ den Blick über die Trauergemeinde schweifen.

»Suchst du jemanden?«, wunderte sich Conny.

»Was? Nein. Ich guck nur so«, murmelte Oliver.

Die kleine Kapelle war voll. Sie konnten sich gerade noch in die letzte Reihe quetschen, eingerahmt von einem Blumenständer auf der linken Seite und drei alten Frauen auf der rechten. Die kleinste schaute zu ihnen herüber, ihre Miene hellte sich schlagartig auf. »Sie sind die Verwandtschaft aus dem Westen, oder?«

»Ja«, sagte Oliver und nickte.

»Sie erkennen mich wohl nicht? Ich bin Frau Helm, Ernas Nachbarin. Wir sind uns ein paarmal begegnet, als Sie das Fräulein Thea besucht haben. Dann ist mein Telegramm also angekommen?«

»Ja.« Er zog es aus der Jackentasche.

»Warum ist Thea denn nicht mit?«

»Sie hat keinen Passierschein bekommen. Sie arbeitet doch bei Springer.«

»Ach ja, richtig«, nickte Frau Helm. »Ich glaube, Erna hat das sehr geärgert, sie hat Thea in den letzten Jahren gar nicht mehr erwähnt. Aber ich konnte das Mädel verstehen. Für so einen schönen Mann hätte ich auch alles stehen und liegen lassen.« Sie kicherte.

»Thea hat mich gebeten, sie heute zu vertreten«, erklärte Oliver.

»Ja, damit jemand aus der Familie da ist. Erna hatte doch sonst niemanden mehr. Und nun ist sie auch noch so unglücklich gestorben.«

»Wie meinen Sie das, unglücklich gestorben?«

»Na, sie ist doch gestürzt und hat sich den Kopf aufgeschlagen, die Ärmste. In ihrer Wohnung. Dabei hatte sie noch so viele Jahre vor sich.«

»Äh ... wie alt war sie denn eigentlich?«

»Für einen Verwandten wissen Sie aber reichlich wenig.« Frau Helm schaute streng. »Sie war gerade fünfundsechzig geworden.«

»Und sie ist ... gestürzt? Gestolpert, oder wie?«

»Ja«, nickte Frau Helm. »Mit dem Kopf an den Kachelofen, und dann: knack. Wie das manchmal so geht.«

Conny riss die Augen auf. Auch Oliver musste sichtlich schlucken.

In diesem Moment wurde ein Kassettenrecorder eingeschaltet, es ertönte leiernder Gesang. *Die Moorsoldaten.*

»Sie gehen doch nachher noch mit ins Restaurant?«, flüsterte Frau Helm. Oliver nickte. Die Musik endete, und ein Trauerredner trat ans Pult. Conny sah, dass Frau Helm Tränen in den Augen hatte.

Während der Beerdigung regnete es. Anschließend begab sich die Trauergemeinde zum Restaurant Ganymed am Schiffbauerdamm. Direkt vor dem Lokal parkte ein Trabant, in dem zwei Männer saßen. Oliver fühlte sich taxiert. Ein weißhaariger Mann hielt ihm die Tür auf. »Die Jugend voran«, sagte er mit Raucherstimme. Sie betraten einen Vorraum. Die Zimmerdecke bestand aus breiten Holzpaneelen. Der tiefe Teppichboden dämpfte die Schrittgeräusche. Ein Kellner führte sie an den reservierten Tisch. Er wartete im Hintergrund, bis alle Gäste ihren Platz gefunden hatten.

»Was guckst du denn schon wieder so?«, fragte Conny.

»Wie gucke ich denn?«, fragte Oliver zurück.

»Kann ich einen Kakao haben?«

»Kakao ist aus«, sagte der Kellner.

»Dann will ich eine Cola.«

Oliver beugte sich zu ihr. »Aber jammere mir nachher nicht die Ohren voll, wenn dir die Cola hier nicht schmeckt.«

»Eine große Cola, bitte«, gab Conny unverzüglich ihre Bestellung auf.

Der Kellner nickte. »Und Sie?«, wandte er sich an Frau Helm, die Oliver mit ihren beiden Begleiterinnen aus der Kapelle gegenübersaß. Die Damen bestellten Hochprozentiges. Oliver schauderte. Er hatte keine Lust, den Nachmittag mit einem Trio kichernder alter Schachteln zu verbringen. Wenn er nur wüsste, wie er in Ernas Wohnung gelangen könnte, um seinen Auftrag zu erledigen.

In diesem Moment erhob sich der Weißhaarige und klopfte mit seinem Gehstock dreimal gegen das Tischbein. »Liebe Genossinnen und Genossen, wir sitzen heute hier beisammen, um dem Ableben der verstorbenen Erna –«

»Cola?«, rief der Kellner mitten in die Rede.

Oliver hob die Hand und zeigte auf Conny.

Der Redner setzte neu an: »... um dem Ableben der verstorbenen –«

»Drei Klare und drei Bier«, tönte der Kellner.

Frau Helm hob die Hand. Da traf sie der vorwurfsvolle Blick des Redners. Oliver bemerkte, wie die alte Frau den Kopf einzog. Die unerwartete Autorität des Mannes beeindruckte ihn – weit mehr als seine holprige Rede. Der Kellner stellte vor jede der drei Damen ein Schnapsglas. Frau Helm nahm es und leerte es in einem Zug.

Der Redner musterte sie irritiert. »... um dem Absterben

der Verlebten ... äh ...« Hilflos schüttelte er den Kopf. »... gedenken.«

Schon eilte der nächste Kellner mit einem Tablett Schnapsgläser heran, doch der Redner ließ sich nun nicht mehr ablenken. »Hier im Restaurant Ganymed hat Erna Paschke gewirkt«, rief er mit rauer Stimme. »Hier hat sie mit Umsicht und Dominanz ihre Aufgaben erfüllt.«

Schade, dass er nicht sagt, was für Aufgaben das waren, dachte Oliver. Das Ganymed war ein interessanter Ort. Er wusste, dass das Lokal als Treffpunkt der Ost-Prominenz diente. Brecht, Weigel und Konsorten hatten hier verkehrt. Tante Erna musste viele einflussreiche Menschen gekannt haben. »Was genau hat sie denn hier gemacht?«, wandte er sich gedämpft an Frau Helm. Doch die legte bloß den Finger auf den Mund.

Oliver nickte ergeben. Er wusste, dass Thea bei Erna aufgewachsen war. Ihr Vater war in Stalingrad gefallen, die Mutter bei einem Bombenangriff ums Leben gekommen. Erna hatte das Kind bei sich aufgenommen, aber die Mutter konnte sie ihm nicht ersetzen, die eigene Karriere ging bei ihr immer vor.

Im Oktober 1963 war Oliver ihr zuletzt begegnet. Damals hatte Thea gerade ihr Volontariat bei der *Morgenpost* beendet und sollte als Redakteurin übernommen werden. Sie wohnten in Olivers geerbtem Reihenhäuschen in Reinickendorf. Mitten durch die Stadt zog sich seit zwei Jahren die Mauer, und Erna lebte im Osten, jenseits des Eisernen Vorhangs. Trotzdem war sie eines Abends plötzlich vor Olivers Haustür aufgetaucht, Wut in den Augen, die Lippen ganz schmal. Thea hatte sie eilig in ihr Arbeitszimmer bugsiert. Oliver verstand trotzdem jedes Wort. »Es wurde bereits ein Mitarbeiter platziert. Nur für den Fall, dass du bestimmte Geheimnisse in der Westpresse ausplauderst.«

»Warum sollte ich das tun?«, hatte Thea gefaucht.

»Um dich hier beliebt zu machen?«

Eine halbe Stunde später war Erna wieder abgerauscht, der Bruch war perfekt, sie kam nie wieder. Und Thea schwieg sich aus, zehn Jahre lang.

»Im Gedenken!«, rief der Redner. »Zum Wohle!«

Die Tischgäste hoben ihre Schnapsgläser. Gerade noch rechtzeitig entdeckte Oliver den Schokobecher mit Eierlikör in Connys Hand. »Dafür bist du noch etwas zu jung, Mäuschen.«

Conny schmollte. »Ich bin zwölf.«

»Ach, wenn Sie dafür keine Verwendung haben …?« Frau Helm hatte schon vier leere Gläser vor sich, ihre Finger angelten nach dem Eierlikör. »Danke«, sagte sie und trank. Oliver musterte sie. Mensch, dass er da nicht früher drauf gekommen war! Vor ihm saß der Schlüssel zu Ernas Wohnung: die Nachbarin. Da würde er wohl oder übel ein Gläschen mit ihr nehmen müssen.

»Ähem!« Ein Räuspern. »Könnten wir jetzt, bitte?«

Oliver blickte um sich, die Trauergäste starrten mit erhobenen Gläsern zurück. »Äh … na klar. Auf Genossin Paschke!«

3

Eine kalte Brise fuhr über die Spree. Oliver genoss die frische Luft. Bier und Doppelkorn waren ihm zu Kopf gestiegen.

»Wollen Sie mit?«, fragte die kleine Frau Helm. »Wir gehen zu mir. Frau Pfeiffer, Frau Poblotzky und ich. Na, kommen Sie schon.«

Er zögerte. Das Zeitungsfoto von Bernie auf der Eisbahn war ihm eingefallen. »Ja, wenn Sie mir nichts tun ...« Er grinste schief.

Frau Poblotzky kicherte. »Oh, das kann ich Ihnen nicht versprechen, junger Mann.« Sie hakte sich bei ihm ein.

Conny warf ihr einen bösen Blick zu. Frau Poblotzky lächelte.

An der nächsten Ecke bogen sie nach rechts, Tristesse wohin man sah. Vor einem fünfgeschossigen Altbau blieben sie stehen. Frau Helm schloss das Eingangstor auf, dahinter ein großzügiger Durchgang. Die Wände waren mit Marmor und Spiegeln verziert. Sie nahmen den linken Aufgang und stiegen eine halbe Treppe hoch. Die rechte Wohnungstür hatte ein Fenster, hinter dem ein Concierge döste. Als die Gesellschaft in ihren Beerdigungskleidern vorbeiging, schreckte er auf.

»'n Abend, Frau Helm.«

»Guten Abend, Herr Kowalski.«

Die noble Ausstattung des Hausflurs setzte sich nach oben hin fort, die Wohnungstüren waren schlicht, aber aus Mahagoni, je eine Tür links und rechts pro Etage. In der zweiten lag die Wohnung von Frau Helm. An der Tür gegenüber sah Oliver ein Messingschild: *Paschke*.

»Ist das ein Polizeisiegel?« Er strich mit dem Finger über den Aufkleber.

»Ja, natürlich«, sagte Frau Helm. »Die haben die Wohnung gesperrt.«

»Aber das Siegel ist aufgeritzt«, stellte Oliver fest.

»Ach, tatsächlich?« Frau Helm trat einen Schritt näher.

»Jaja, stimmt«, nickte Frau Pfeiffer.

»Ein Einbrecher?«, raunte Frau Poblotzky.

Ob das Bernie gewesen war? »Ist die Tür denn offen?«, fragte Oliver.

»Nein«, sagte Frau Helm. »Aber wir sollten nachschauen, ob etwas gestohlen wurde.« Sie suchte einen modernen Sicherheitsschlüssel aus ihrem Bund und schloss auf. Aus der Wohnung strömte ein Geruch nach Parfüm und alter Frau. »Hallo?« Frau Helm spähte durch den Türspalt. »Ist da jemand?« In der Wohnung blieb es still. Frau Helm hatte plötzlich ein Lächeln im Gesicht. »Wenn ich's mir recht überlege, sollten wir sicherheitshalber mal in der Küche nachsehen. Da stehen ein paar hübsche Flaschen im Schrank. Wir könnten auf Ernas Andenken trinken, sonst werden die edlen Tropfen noch schlecht.« Ihr Lächeln bekam etwas Verschmitztes. »Kommse rein, kommse rein …«

So einfach kann es manchmal gehen, dachte Oliver. Er starrte auf die groß gemusterte Tapete. Das Parkett knarrte unter den Füßen. Schatten huschten über den goldverzierten Spiegel. An der Flurgarderobe ein Regenschirm, davor ein Paar Pumps mit halbhohen Absätzen. Es war, als könnte Erna jeden Moment aus dem Wohnzimmer treten. Nur die ausgeschüttete Handtasche auf der Kommode und ein auf dem Boden liegendes Buch störten den Eindruck.

»Doch ein Einbrecher?«, hauchte Frau Poblotzky. »Ob der noch hier ist?«

»Nein, das glaube ich nicht.« Die Küchentür quietschte, als Frau Helm sie öffnete.

»Hier ist alles ordentlich«, stellte Frau Poblotzky fest.

In der Mitte stand ein großer Tisch mit vier Stühlen. Frau Helm nahm routiniert vier Gläser aus dem Schrank und holte auch alle Flaschen heraus. Es waren edelste Liköre, hergestellt in West-Deutschland. »Unsere Erna hat es sich gut gehen lassen.«

Frau Poblotzky riss die anderen Schränke auf. Über ihre Schulter sah Oliver Nescafé, Quality-Street-Konfekt, Werthers Echte. »Seht euch das an«, hauchte Frau Poblotzky. »Damit wäre ich auch bedingungslos linientreu.«

»Jaja, stimmt«, nickte Frau Pfeiffer.

Oliver schraubte eine Flasche Asbach Uralt auf. Man prostete sich zu.

»Auf unsere Linientreue!«, rief Frau Helm, und die Damen stimmten ein. Frau Poblotzky kicherte mädchenhaft, während sie Olivers Wangen streichelte. Er drehte den Kopf und lächelte irritiert. Das schien sie zu ermuntern, nun traute sie sich auch an sein Ohrläppchen. Oliver wusste nicht, was er tun sollte. Vor seinen Augen drehte sich alles. Das Denken wurde immer schwieriger. »Ähm ...«, wandte er sich an Frau Helm, »sie muss ja sehr unglücklich gefallen sein, die Erna. Ein einsamer Tod.« Ein gefühliger Seufzer drängte aus seiner Brust.

Frau Helm runzelte die Stirn. »Na, ich weiß nicht.« Das Glas, das sie gerade zum Mund führen wollte, sank auf die Tischplatte. »Vielleicht war sie ja nicht ganz so allein, als sie stürzte.«

»Wie meinst du das?«, fragte Frau Poblotzky.

Frau Helm holte tief Luft. »Naja, ich bin ein aufmerksamer Mensch. Eine gute Nachbarin sollte immer auf der Hut sein.«

»Und?« Frau Poblotzky hielt sichtlich den Atem an.

»Ich habe da jemanden gesehen«, flüsterte Frau Helm. »Erna hatte Besuch an dem Tag.«

»Besuch?« Frau Poblotzky packte Olivers Hand.

»Herrenbesuch«, raunte Frau Helm.

»Vielleicht einer von der Stasi?«, überlegte Oliver laut.

»Wieso denn das?«, fragte Frau Helm.

»Nein, jemand vom KGB«, sagte Frau Poblotzky.

»Jaja, stimmt«, nickte Frau Pfeiffer.

»Vom KGB? Was sollte der von Erna wollen?«, fragte Oliver verdutzt.

»Jaja, stimmt ...?«, wunderte sich auch Frau Pfeiffer.

»Meinst du, das war gar kein Unfall?«, wisperte Frau Poblotzky und klammerte sich an Olivers Arm. Er spürte ihre Fingernägel in seiner Achselhöhle. »Meinst du, da hat jemand nachgeholfen?«

Frau Helm nickte wortlos.

»Und hast du ihn erkannt?«, hauchte Frau Poblotzky.

Für eine Sekunde blieb die Zeit stehen. Oliver hörte Frau Poblotzky heftig atmen; er konnte ihren Atem auch riechen.

Frau Helm schloss die Augen und öffnete sie wieder.

»Nein«, sagte sie. Und nickte dazu.

Conny streifte durch die Wohnung, schaute sich um, spähte in Schubladen und Schränke. Sie hatte noch immer das Gefühl, dass hier irgendwo ein Einbrecher lauerte. Aber wahrscheinlich war das Quatsch. Durch das Glasfenster der Küchentür fiel Licht in den Flur, die Stimmen der Erwachsenen drangen gedämpft herüber.

Das gelbliche Licht der Straßenlaternen beleuchtete das Wohnzimmer. Conny mochte die Farbe nicht. Unheimlich war das. Warum hatten die hier überhaupt andere Straßenlampen? Sie schaute auf ihre gespreizten Hände. Man sah ganz käsig aus in diesem Licht, ganz fremd. Die Fingernägel waren grau, wie abgestorben. Ihr Blick glitt zur Balkontür. Kauerte da nicht etwas? Eine dunkle Gestalt im Schatten der Brüstung? Conny fuhr zurück und hockte sich hinter den

Kachelofen. Ihre Hände tasteten haltlos durch den Staub, fanden rechts etwas Eckiges und links etwas Rundes, Bröseliges. Ein uraltes Stückchen Kohle? Unter dem Ofen war lange nicht mehr gewischt worden. Zumindest konnte das Ding auf dem Balkon sie hier nicht sehen. Wenn es rein wollte, müsste es zuerst die Tür einschlagen, das machte Krach. Dann kämen die Erwachsenen aus der Küche gerannt.

Conny seufzte. Sie war sich nicht sicher, ob Oliver überhaupt etwas davon mitbekommen würde. Wo er doch gerade völlig vergessen zu haben schien, dass er mit seiner Tochter hier war. Bevor sie sich aus der Küche verzog, hatte Conny noch gesehen, wie Frau Poblotzky ihm die Haare aus der Stirn strich. Sie hatte auch erkannt, dass ihm das gar nicht recht war, aber er konnte sich irgendwie nicht richtig wehren. Konnte er ja meistens nicht. Gegen die wenigsten Leute. Wie sollte er Conny da verteidigen? Außerdem war er ziemlich besoffen.

Sie reckte den Kopf, schaute zur Balkontür, bereit sofort loszuschreien. Das Einbrecherding da draußen war immer noch da, aber es rührte sich nicht. Conny zerrte ihren Teddy aus dem Rucksack, presste ihn an die Brust. Man konnte nie wissen. Der Teddy gab ihr Halt. Sie stand auf, sah zum Balkon. Hockte der große Schatten jetzt näher an der Tür? Verschwinde, Balkonmonster! Sie kniff die Augen zu. Verschwinde endlich! Und tatsächlich, als sie die Augen wieder öffnete, war der Schatten nicht mehr zu sehen. Man durfte sich eben nicht anstellen wie ein Baby, das war der ganze Trick.

Conny setzte sich auf das Sofa. Das Wohnzimmer war nicht sehr groß und vollgestopft mit alten Möbeln. Hier beim Ofen hatte Tante Erna tot auf dem Boden gelegen, das hatte Conny im Ganymed aufgeschnappt. Angeblich ein Schädelbruch. Auf dem Teppich beim Ofen entdeckte sie dunkle Flecke. Tante Ernas Blut? Puh, war das gruselig.

Die Trinkrunde in der Küche stimmte ein Lied an. Conny schüttelte seufzend den Kopf, stand auf und knipste die Stehlampe an. So konnte sie die Schwarz-Weiß-Fotos an der Wand besser sehen. Es waren nicht viele, aber auf allen war Tante Erna zu sehen. Einmal mit einem Mann mit Walross-schnurrbart und Uniform. Er hielt die junge Erna fest im Arm, und beide lächelten. Conny fand Erna richtig hübsch, sie hatte Ähnlichkeit mit Mama.

Langsam bekam sie Hunger. Gut, dass sie den Teddy mit-genommen hatte, obwohl Oliver sich immer darüber lustig machte, dass eine Zwölfjährige noch mit einem Stofftier herumlief. Aber der Teddy hatte ein Geheimnis. Es hing damit zusammen, dass Conny, wenn es nach Mamas Willen ginge, keine Süßigkeiten essen sollte. Die bekam sie nur von den Großeltern und versteckte sie dann im Geheimfach. Conny bog den Teddykopf weit nach vorne. Jetzt klaffte hinten die Naht auf, und sie zog einen Leckerschmecker heraus, Kara-mell mit Schokoladenüberzug. Der würde ihr Magenknurren erst einmal stillen.

Die Party in der Küche schien immer lebhafter zu werden. Conny mochte betrunkene Erwachsene nicht. Sie langweilte sich. Ihr Blick fiel auf den Fernseher: Er war riesig. Conny drückte auf den runden Knopf am unteren Rand. Mit einem Knall brannte die Glühbirne der Stehlampe durch. Gleich-zeitig ertönte ein Gong in ohrenbetäubender Lautstärke, ließ das Holzgehäuse des Fernsehers zittern und die Zierteller im Schrank klirren. Eine dröhnende Männerstimme verkündete: »Hier ist das Erste Deutsche Fernsehen mit der Tagesschau.«

Im Großraumbüro des Axel-Springer-Hochhauses ging der Gong zur *Tagesschau* im allgemeinen Trubel unter. Die Lippen von Karl-Heinz Köpcke bewegten sich, aber Thea verstand kein Wort. An der Schmalseite des Büros waren vier nagelneue Farbfernseher aufgereiht. Nummer 1 zeigte das ARD-Programm, Nummer 2 Horst Schättle, der bei *Heute* gerade den Kommentar vortrug. Auf den anderen beiden Geräten liefen die Fernsehsender der DDR. Die *Aktuelle Kamera* war schon vorbei. DDR1 zeigte eine tschechoslowakische Fernsehserie. Auf dem zweiten Ost-Kanal lief eine dieser Ratgebersendungen, die drüben gerade Mode waren. In der Redaktion herrschte das übliche Durcheinander. Die Konferenz für die Morgenausgabe war gerade durch. Die Journalisten saßen an ihren Schreibtischen und machten eilig letzte Änderungen. Schreibmaschinen klapperten, Telefone klingelten, alle redeten durcheinander.

Thea blickte erschöpft auf die *Tagesschau*. Ihren Artikel hatte sie bereits abgeliefert, nun griff sie zum Telefonhörer. Conny war in den Osterferien für eine Woche bei den Großeltern in Lübars, einem der ländlichsten Ortsteile West-Berlins. Thea hatte versprochen, sich jeden Abend bei ihr zu melden. Während der Nachrichten würde Olivers Mutter ans Telefon gehen. Thea drehte die Nummer, und die Wählscheibe tickerte vor sich hin. Das Freizeichen ertönte mehrmals, bis sich eine weibliche Stimme meldete: »Von Glinsky?« Im Hintergrund schimpfte der Schwiegervater, der sich bei seiner heiligen *Tagesschau* gestört fühlte.

»Hallo, ich bin's, Thea. Wollte meiner Kleinen nur schnell gute Nacht sagen. Oder ist sie schon im Bett?«

Die Schwiegermutter lachte. »Nett, dass du anrufst. Aber ich muss dich enttäuschen, Conny ist noch gar nicht zu Hause.«

»Wieso? Wo ist sie denn?«

»Na, bei Oliver.«

»Wieso ... Oliver?«

»Na, weil er mit ihr zur Beerdigung nach Ost-Berlin gefahren ist.« Die Schwiegermutter lachte wieder. »Hast du das etwa vergessen?«

»Was? Er hat Conny mitgenommen?« Hektisch kramte sie

die Krone-Schachtel aus ihrer Handtasche. »Ist er jetzt völlig verrückt geworden?!« Sie zündete sich eine an.

»Lass den Jungen doch mal einen Tag mit seiner Tochter verbringen.«

»Ich habe ihm gesagt, er soll da nicht hinfahren! Und jetzt hat er auch noch Conny mitgenommen!« Sie verschluckte sich fast am Rauch und musste husten.

»Aber da ist doch nichts dabei.«

»Doch! Da ist sehr viel dabei! Und alles nur, weil er seine Schulden nicht bezahlen kann. Deshalb spielt er jetzt den Helden.«

»Was denn für Schulden?«

»Das kann ich dir jetzt nicht erklären.«

Die Stimme der Schwiegermutter klang plötzlich verunsichert. »Oliver hat gesagt, dass er alles mit dir abgesprochen hat.«

»Herrje! Gar nichts hat er abgesprochen mit mir.« Der Telefonhörer knackte unter dem Druck ihrer Finger.

»Du kannst jetzt sowieso nur warten«, sagte die Schwiegermutter.

»Das werde ich«, zischte Thea. »Ich werde ihm einen schönen Empfang bereiten!« Mit Schwung knallte sie den Hörer auf die Gabel. »Blödes Arschloch!« Sie drosch mit der Faust auf den Tisch.

»Unsere Frau von Glinsky, freundlich wie immer.«

Thea fuhr herum. Neben ihrem Schreibtisch stand ein schmächtiger Mann, die fettigen Haare hingen ihm ins Gesicht, ein Zahn fehlte.

»Ich wünsche dir auch einen guten Abend, liebe Thea«, sagte er mit schiefem Grinsen. Joe Stobbe war der Bürobote der Zeitungsredaktion. Der fehlende Schneidezahn und die speckige Lederweste gaben ihm etwas Greisenhaftes, fand Thea. Obwohl er noch jung sein musste, irgendwas in den Zwanzigern. Er hielt sich für einen Frauenschwarm. Und er versuchte ständig, sein schmales Gehalt durch Geheimtipps aufzubessern, die er den Journalisten verkaufte. Angeblich unterhielt er beste Kontakte zur Berliner Halbwelt. »Das blöde Arschloch hat vielleicht was Interessantes für dich«, raunte er und beugte sich vertraulich zu Thea. Sein schiefes Lächeln war atemberaubend, im wörtlichen Sinne.

»Dich habe ich diesmal nicht gemeint«, fauchte Thea. »Ich habe telefoniert.«

»Hab ich doch gesehen«, tröstete er sie. »Wann gehen wir mal was zusammen trinken?«

»Wenn Honecker die Mauer aufmacht. Du zahlst.«

»Charmant, charmant. Na, meine Zeit kommt schon noch.« Seiner Miene nach glaubte er das wirklich. »Aber mal was anderes, ich hätte da ...«

»Nicht jetzt, Joe! Bitte! Ich habe gerade keine Nerven für deine Geschichten.«

»Wie du willst.« Er senkte demütig den Blick. »Aber das ist wirklich ein brandheißer Tipp. Der Otto Schwanz – ich hab doch schon mal erwähnt, dass ich den ganz gut kenne, oder? Also, der Otto, der hat in seinem Bordell *Der blaue Engel* gerade ein Ding am Laufen, so ein richtig großes, sag ich dir ...«

Thea stöhnte vor Ungeduld. »Ja, Joe! Das schreibe ich morgen auf die Titelseite: *Otto Schwanz hat ein großes Ding!* Das wird die Neuigkeit für die Berliner Frauenwelt. Und jetzt mach die Fliege!«

»Summ, summ, summ. Wer nicht fragt, bleibt dumm.« Joe grinste. »Ich geb dir noch zehn Sekunden Bedenkzeit. Dann geh ich zu Arnulf Jessen, der zahlt sowieso besser als du. Aber du siehst besser aus, deshalb kriegst du noch 'ne zweite Chance.«

»Aha. Okay.« Thea tat so, als würde sie angestrengt überlegen. »Geh doch mit dem Jessen was trinken«, schlug sie vor. »Hol dir sein Geld.«

»Pfff ...« Joe schmiss ihr drei Postmappen auf den Tisch. »Du wirst dich schwarz ärgern, wenn der Jessen morgen die Titelseite hat.« Er machte auf dem Absatz kehrt und zog endlich ab.

Conny stand da wie erstarrt. Das bläuliche Licht des Fernsehers blendete sie, die Nachrichten dröhnten. Wo konnte man das leiser stellen? Hektisch verschob sie einen der Regler, der Sprecher bekam ein glutoranges Gesicht. Nee, das war der falsche Knopf.

Oliver stürzte herein, flankiert von den drei alten Damen. Er hielt sich sein linkes Ohr und versuchte, Frau Poblotzky abzuwehren.

»Das habe ich nicht gewollt«, beteuerte die. »Ich habe mich bloß so erschrocken.« Mit ihrem Taschentuch tupfte sie Blut von Olivers Ohr. »Gleich morgen schneide ich mir die Fingernägel. Menschenskind, das schöne Hemd! Aber das kriegt man mit Fleckensalz ganz leicht raus.«

Conny sah, dass ihr Vater sich am Türrahmen festhielt, er war betrunken. Und es war nicht zu übersehen, wie sehr ihm das Gefummel der alten Schachtel auf die Nerven ging.

»Ziehen Sie das Hemd aus, ich wasche Ihnen das schnell.«

»Nein! Vergessen Sie's!« Offenbar war ihm der lüsterne Blick von Frau Poblotzky nicht entgangen, die bereits an seinen Knöpfen herumfingerte. »Ich ziehe mein Hemd nicht ...« Wieder schwankte er.

Conny stand immer noch tagesschaublau vor dem kreischenden Fernseher. Frau Poblotzky betatschte ihren Vater, und der glotzte nur in die Gegend. Mittlerweile hatte Frau Poblotzky alle Hemdknöpfe offen und zog ihm das Hemd aus der Hose. Conny konnte seine nackte Brust sehen. Die Frauenhände tauchten wie weiße Spinnen in seine Brustbehaarung. Oliver versuchte, sie zu greifen, war aber jedes Mal zu langsam. Seine nackten Schultern kamen zum Vorschein. Frau Poblotzky hatte es fast geschafft, ihm das Hemd auszuziehen. Sie bekam es nur nicht über den Arm, der noch immer am Türrahmen lehnte.

»Aufhören, verdammt!«, herrschte Oliver sie an. Mit einem Ruck zog er das Hemd wieder an. »Conny! Mach die Glotze aus!«

Conny brauchte zwei weitere Versuche. Endlich!

Oliver schloss die Augen. Conny grinste. Es war wieder dunkel im Wohnzimmer. Und totenstill.

»Haben Sie gesehen? Das ist ein Buntfernseher.«

Oliver starrte Frau Helm an. »Ja. Und?«

»Wissen Sie, wie selten so ein Buntfernseher ist?« Frau Helm bekam gierige Augen.

»Naja, vielleicht ungefähr so selten wie ein Taxi am Bahnhof Zoo …?«

»Junger Mann, erzählen Sie keinen Unfug. Dieser Apparat ist aus dem Westen. Hier hat keiner so einen.«

»Jaja«, sagte Frau Pfeiffer. »Stimmt.«

Oliver war der Fernseher egal. Im Moment wünschte er sich nur, dass die verdammte Wohnung aufhörte, sich um ihn zu drehen.

Frau Helm sah Frau Poblotzky an. »Den können wir hier aber nicht stehen lassen. Was sollen denn die Leute denken, wenn herauskommt, dass unsere Erna einen nagelneuen Grundig-Buntfernseher hatte?«

Oliver musterte sie skeptisch. Niemand entgegnete etwas.

»Wir müssen das Gerät gegen meinen Fernseher austauschen«, bestimmte Frau Helm. »Diesen letzten Gefallen müssen wir Erna tun. Keiner soll schlecht über sie sprechen.«

»Jaja, stimmt.«

Oliver überlegte, ob Frau Pfeiffer heute schon etwas anderes gesagt hatte.

»Und wie sollen wir das anstellen?«, fragte Frau Poblotzky.

»Ganz einfach, wir tragen ihn zu mir rüber. Wenn wir leise sind, merkt das kein Mensch.« Frau Helm wankte zum Fernseher. »Nun packt schon mit an!«

»Junge, ist der schwer«, stöhnte Frau Poblotzky.

Conny rief: »Achtung! Halt! Da sind doch ...« Es gab einen heftigen Ruck. »... noch die Kabel dran.« Nur mit Mühe konnten die Frauen das Gerät wieder in Balance bringen. Conny krabbelte unter den Kabeln durch und zog die Stecker.

»Oliver! Fassen Sie mal mit an!«, rief Frau Poblotzky. »Dann geht's besser. So ein starker junger Mann wie Sie.«

Schritt für Schritt schleppten sie den Fernseher aus dem Wohnzimmer. »Mach mal die Tür auf«, flüsterte Frau Helm zu Frau Pfeiffer. Aber Conny hatte die Klinke schon gedrückt.

»Leise, leise, dass der olle Kowalski unten nichts merkt.«

Conny wollte das Licht im Treppenhaus anmachen.

»Nein!«, zischte Frau Helm, und Frau Poblotzky riss Connys Arm zurück. Oliver merkte zu spät, dass Frau Poblotzky den Fernseher losgelassen hatte. Der kippte vornüber. Oliver hatte keine Chance, ihn zu halten. Als die Mattscheibe auf dem Boden zerbarst, schien das ganze Treppenhaus zu explodieren. Irgendjemand kreischte grell, Oliver überlegte, ob er das gewesen war. Vieles sprach dafür.

Einen ewigen Moment später kehrte Stille ein. Oliver spürte, wie ihm heiß wurde. Der Fernseher lag inmitten der vielen Scherben genau auf der Kante zur ersten Stufe. Und dann kippte er. Ganz langsam. Oliver sah es, konnte sich aber nicht rühren. Der Fernseher fiel auf die erste Stufe. Ein weiterer Knall erfüllte das Treppenhaus. Der Fernseher kippte auf die zweite Stufe, die nächste Explosion donnerte von den Marmorwänden. Und noch eine. Immer schneller und lauter knallte es, bis die Ruine schließlich auf dem Treppenabsatz liegen blieb.

»Ob das jemand gehört hat?«, flüsterte Frau Helm.

Frau Poblotzky fasste sich als Erste. »Wir müssen das weg-räumen!« Im spärlichen Licht, das aus der Wohnungstür fiel, begann sie, Scherben und Splitter in ihre hohle Hand zu sammeln. Überall im Haus wurden die Wohnungstüren geöffnet, aber nur um einen Spalt. Man linste.

Plötzlich Gebrüll von unten: »Was ist da los?«

Das Licht flammte auf. Jemand kam die Treppe herauf-gekeucht.

»Der olle Kowalski«, flüsterte Frau Helm.

Oliver wollte retten, was noch zu retten war. Er stieg über die Trümmerstücke und versuchte den Fernseher anzuheben.

»Nicht, Papa«, warnte Conny. »Du bist betrunken und fällst hin.«

»Schnell zurück in die Wohnung!« Frau Poblotzky zerrte wieder an Olivers Hemd.

»Hier geht niemand nirgendwohin!«, brüllte Kowalski, der eine Axt in der Hand hielt. Conny quiekte. Oliver wollte sich schützend vor seine Tochter stellen. Dabei verlor er fast den Halt, weil er neben das Treppengeländer griff.

»Sie sind aus dem Westen!«, dröhnte der Hauswart. »Was machen Sie hier? Rentnerinnen beklauen? Na warte, Bürsch-chen! Ich rufe die Polizei!« Drohend hob er die Axt.

Oliver sah, dass Conny es mit der Angst bekam. Sie um-klammerte ihren Rucksack, starrte auf den Boden.

»Mensch, Herr Kowalski, jetzt legen Sie mal das Beil weg«, rief Frau Helm. »Der junge Mann kennt sich aus. Der wollte mir meinen Fernseher reparieren, und da gab's ein kleines Malheur.« Sie lächelte beschwichtigend.

»Kleines Malheur?«, brüllte der Hauswart. »Das sieht hier eher nach dem dritten Weltkrieg aus. Rühren Sie sich nicht von der Stelle! Ich rufe die Genossen von der Volkspolizei. Und wehe, wenn jemand abhauen will!« Wieder schwenk-te er die Axt und blickte grimmig in die Runde. Die ersten

Stufen nahm er rückwärts. Dann machte er kehrt und stapfte mit schweren Schritten die Treppe hinunter. »Bin gleich wieder da.«

Die Zeit verging langsam. Oliver hörte die Uhr an Kowalskis Handgelenk ticken. Er hatte Conny den Arm um die Schultern gelegt und spürte, wie sie zitterte. Nebeneinander hockten sie auf der obersten Treppenstufe. Ihm war nicht gut, ganz und gar nicht gut. Er starrte auf Kowalskis Axt und überlegte, ob das wirklich nur vom Alkohol kam. Wie lange hockten sie jetzt schon hier?

Die drei alten Damen hatten inzwischen Besen und Handfeger besorgt, aber Kowalski hatte seine Waffe gehoben und ihnen verboten, den »Tatort« zu verändern. Seitdem stand er vor ihnen und hielt Wache.

Unten klappte die Haustür. Oliver zuckte zusammen.

Ein lauter Ruf: »Volkspolizei!«

Instinktiv sprang Oliver auf. Er merkte noch, wie sein Magen krampfte. Dann erbrach er sich. Ihm wurde schwarz vor Augen.

Der Sekundenzeiger der Uhr am U-Bahnhof Friedrichstraße lief um das Zifferblatt, zog Theas Gedanken in den Kreis. Das war doch wieder typisch Oliver! Solange er nur seinen Spaß hatte, kam ihm nicht mal der Gedanke, dass Conny um diese Zeit längst ins Bett gehörte.

Oder hatte sie die beiden etwa schon verpasst? Sie kramte in ihrer Handtasche, fand die zerknautschte Zigarettenpackung, aber kein Feuerzeug. Wieso schleppt man bloß so viel Zeugs mit sich herum? Da war es endlich. Ein tiefer Zug aus der Zigarette. Nur die Ruhe, Thea. Sie musste ihre Gedanken ordnen.

Wieder ein kurzer Blick auf die Uhr.

Was, wenn sie Oliver am Grenzübergang festhielten? Was,

wenn sie ihn durchsuchten? Wenn sie das Kreuz bei ihm gefunden hatten? Es war nicht erlaubt, so kostbare Antiquitäten auszuführen, Familienerbstück hin oder her. Was, wenn sie Conny drüben ins Heim steckten? Oder noch schlimmer: Wenn die beiden an dieselbe Truppe gerieten, die schon Bernie auf dem Gewissen hatte?

Sie würde Oliver die Leviten lesen! Warum musste er das Kind da mit reinziehen? Thea spürte ihr Herz wummern. Das Allerschlimmste war ihre eigene Hilflosigkeit. Die machte sie ganz verrückt! Normalerweise hatte sie ihr Leben unter Kontrolle, hatte immer alles gemeistert. Darauf war sie stolz. Sie war eine erfahrene Journalistin, der keine Story zu heiß war. Meistens erfolgreich. Selten um eine Lösung verlegen. Aber jetzt stand sie hier und konnte nichts tun! Nur warten. Unruhig tigerte sie von einem Ende des U-Bahnsteigs zum anderen. Bis spätestens 24 Uhr mussten West-Besucher sich am Grenzübergang einfinden, so war das DDR-Reglement. Wer zu spät kam, kriegte richtig Ärger.

Die Uhrzeiger rückten auf Mitternacht zu. In Thea brodelte es. Inzwischen kam nur noch selten eine U-Bahn vorbei. Es war still geworden auf dem Bahnsteig. Bei jedem Geräusch sah sie auf, jedes Mal wurde ihre Hoffnung enttäuscht.

Als Oliver zu sich kam, lag er auf einer Couch und blickte auf eine Schrankwand im VEB-Design. Davor saß Conny im Sessel, kreidebleich, ihren Rucksack im Arm. In der Tür stand der Hauswart. »Kommen Sie«, rief er in den Flur. »Der Dieb aus dem Westen ist wieder wach.«

Zwei junge Vopos betraten den Raum.

»Was denn?«, murmelte Oliver. »Was ist hier los ...?« Sein Kopf fühlte sich an, als wäre er voller Watte.

»Laut Genosse Kowalski haben Sie versucht, einen Fernseher zu stehlen. Was sagen Sie dazu?«

»Zu stehlen ...?« Oliver erinnerte sich mühsam. »Ach, Blödsinn.«

»Natürlich streitet er alles ab!«, brüllte Kowalski, der mit geballten Fäusten nähertrat. »Und die ganze Wand hat er vollgekotzt! Aber die Renovierung wirst du bezahlen, Freundchen! Und den Fernseher auch! Das wird teuer!«

Oliver drehte den Kopf zur Seite, presste die Hände auf die Ohren. Conny war bloß noch ein Häufchen Elend. Sie saß da, drückte ihren Teddy und wünschte sich wahrscheinlich nichts sehnlicher, als endlich nach Hause zu kommen. Oliver hörte sie leise weinen. In was für einen Mist waren sie hier bloß hineingeraten? Und wo war Frau Helm? Er setzte sich mühsam auf. In seinem Kopf rauschte ein Wasserstrudel, er musste sich anlehnen, um nicht mitgerissen zu werden.

»Gehört das Mädchen zu Ihnen?«, fragte der Vopo.

»Conny? Ja, natürlich. Sie ist meine Tochter.«

»Gut.« Der Vopo nickte. »Wir nehmen Sie beide mit auf die Wache ...«

»Richtig so«, tönte der Hauswart.

»... und dort sehen wir weiter.«

»Das wird nicht nötig sein«, mischte sich plötzlich eine sonore Stimme ein. Ein großer Mann im dunklen Ledermantel trat durch die Wohnzimmertür, sein Gesicht unter der Hutkrempe war blass.

Einer der Vopos stellte sich ihm in den Weg. »Und wer sind Sie?«

Der Mann zog einen Ausweis aus der Manteltasche. »Die Angelegenheit ist von höchster Wichtigkeit für unsere Republik. Sie alle sind zu absolutem Stillschweigen verpflichtet, verstanden?«

Die Polizisten schlugen die Hacken zusammen. »Jawohl, Genosse Oberst! Können wir sonst noch etwas tun?«

»Wo haben Sie Ihr Fahrzeug?«

»In der Einfahrt vor der Tür.«

»Sehr gut, Sie werden uns fahren.«

»Jawohl, Genosse Oberst.« Wieder knallten die Hacken.

»Kommen Sie.« Der Oberst legte Oliver die Hand auf die Schulter und nickte Conny zu. »Wo ist Ihre ... Überkleidung?«

Das letzte Wort klang seltsam in Olivers Ohren. Hastig fuhr er in sein geliehenes Beerdigungsjackett, hängte sich auch den schwarzen Schlips wieder um. Seine Hand streifte die Stelle am Ohr, wo Frau Poblotzky ihn gekratzt hatte, er spürte einen Stich. »Wohin bringen Sie uns?«

»Sie bluten ja«, sagte der Oberst. »Wie ist das denn passiert?« Er zog ein Taschentuch hervor und tupfte Olivers Ohr ab. Dem war die Berührung mindestens so unangenehm wie die von Frau Poblotzky. »Ach, das ist eine lange Geschichte.«

Jetzt lächelte der Oberst. Zwei Blutstropfen leuchteten auf dem weißen Stoff. Er führte das Taschentuch an die Nase, schnupperte daran und sein Lächeln wurde breiter. Dann steckte er das Tuch in die Manteltasche.

Draußen regnete es in Strömen. Der Polizeiwagen parkte direkt vor der Tür, das Dach glänzte im schwefelgelben Licht der Straßenlaternen. Ein Barkas, dachte Oliver, so hießen die Dinger doch, oder?

Der Oberst öffnete die hintere Tür und schob Conny und Oliver hinein. Dann stieg er selbst hinterher. »Setzen Sie sich.«

Oliver schaute auf die Uhr. »Oh Gott, so spät! Schon nach Mitternacht. Die lassen uns gar nicht mehr rüber.« Er sah sich schon im Stasiknast.

»Keine Sorge.« Der Oberst fasste nach Olivers Ohr. »Sie bluten immer noch.« Gedankenverloren steckte er seinen Finger in den Mund. »Fahren Sie uns zum Übergang Friedrichstraße«, befahl er den Polizisten. »Und stellen Sie den Funk aus.« Sie fuhren los.

»Was haben Sie mit uns vor?«, fragte Oliver zaghaft. Dieser Oberst flößte ihm Angst ein. Conny schien es auch zu spüren.

»Ich will zu meiner Mama«, sagte sie matt.

»Ja, mein Kind«, nickte der Mann. »Wie heißt du denn?«

»Conny.« Diesmal klang es trotzig. »Und ich will nach Hause!«

»Ja.« Wieder ein Nicken. »Wir sind schon auf dem Weg. Wir bringen euch zur Grenze.«

Der Wagen hielt vor dem Bahnhof Friedrichstraße.

»Da sind wir«, rief der Fahrer über die Schulter. »Wir müssten uns jetzt aber unbedingt mal melden. Die Zentrale erwartet –«

»Das hat noch ein bisschen Zeit.«

»Jawohl, Genosse Oberst.«

Der Oberst hob Conny aus dem Wagen. Sie wirkte federleicht in seinen Armen. »Ich werde euch noch ein Stück begleiten«, sagte er. »Und Sie warten hier auf mich!«

»Jawohl, Genosse Oberst.«

Conny drückte ihren Rucksack an sich. Oliver sah, dass sie vor Müdigkeit kaum Schritt halten konnte. »Sagen Sie, wie heißen Sie eigentlich?« Es war ein ziemlich krampfhafter Versuch, Konversation zu machen.

»Sie können mich Attila nennen.«

»Oberst Attila?«

»Nein, einfach nur Attila.« Der Mann überragte Oliver. Er beugte sich ein wenig vor, als er weitersprach. »Wie der Hunnenfürst.«

Oliver sagte lieber nichts mehr.

Attila führte sie zur Übergangskontrollstelle. Die Halle mit der hohen Glasfront war spärlich beleuchtet. Nur ein Abfertigungsschalter war noch besetzt. Der Grenzbeamte brachte sich in Positur. »Wo kommen Sie denn um diese Zeit her?«, blaffte er.

Attila zeigte ihm seinen Ausweis. »Genosse Glinsky hier hat mit seiner Tochter am Staatsbegräbnis einer Verwandten teilgenommen, hochverdiente PG. Sie wurden bei den Feierlichkeiten aufgehalten, da die Genossen Honecker und Stoph noch persönlich ihre Anteilnahme bekunden wollten. Ich bin beauftragt, die beiden sicher über die Grenze zu geleiten.«

»Jawohl, Genosse Oberst!« Der Beamte salutierte. »Äh ... na, dann aber schnell.« Er winkte sie durch.

Oliver konnte es nicht fassen. Was passierte hier gerade?

Attila blieb zurück. »Hoffentlich sehen wir uns bald wieder«, sagte er mit einem vieldeutigen Blick auf Oliver. Der presste instinktiv seine Hand auf das verletzte Ohr.

»Danke, Herr Attila«, sagte Conny.

»Gern geschehen, Kleine.«

Um zwanzig nach zwölf durchbrachen Schritte die Stille des Bahnsteigs. Zwei Paar Füße kamen die Treppenstufen herunter. Thea erkannte Connys Schuhe, Gott sei Dank! Und ihren Ex-Mann.

Das Kind wirkte blass und müde. Oliver schwankte. Das Hemd hing ihm aus der Hose. Er sah aus, als hätten sie ihn gefoltert! Doch dann roch sie den Alkohol. Nach all den Stunden voller Bangen und Hoffen gewann Theas Wut die Oberhand. Sie verpasste dem Kerl eine Ohrfeige. »Das war für Conny!«

Olivers gequältes Lächeln wich einem verwirrten Gesichtsausdruck.

»Wieso für mich?«, fragte Conny.

Im selben Moment donnerte die U-Bahn in den Bahnhof. Thea streckte fordernd die Hand aus. »Warst du wenigstens erfolgreich? Hast du es?«

»Was ...?«

»Was schon? Das Kreuz.«

Oliver schaffte nur ein müdes Kopfschütteln.

»Versager«, ächzte Thea, griff Connys Hand und zerrte sie in die Bahn. Die Türen krachten zu, der Zug fuhr an. Thea drückte Conny an sich. »Dieser Armleuchter«, murmelte sie. »Um ein Haar hätten sie dich ins Heim gesteckt.«

»Haben sie aber nicht«, sagte Conny.

»Nein. Es ist nochmal gut gegangen.« Langsam ließ das Zittern nach. Conny schmiegte sich an sie.

»Komm, wir setzen uns.« Thea sank auf eine Sitzbank. Der ganze Wagen war leer bis auf einen Betrunkenen, der auf einer der Bänke lag, die Flasche noch im Arm, und laut schnarchte.

»Du musst nicht immer so mit Papa schimpfen, ich mag das nicht.«

Thea legte ihrer Tochter den Arm um die Schultern. »Mensch, ich hab mir solche Sorgen gemacht. Ich wollte nicht, dass du mit rübergehst.«

»Ach so?«, wunderte sich Conny. »War die Tante Erna eigentlich nett?«

Thea zögerte. »Naja, sie hat sich Mühe gegeben.« Ein Seufzer. »Ich war acht, als ich zu ihr kam. Sie hatte selbst keine Kinder und wusste mit mir nichts anzufangen. Später haben wir uns oft gestritten. Ich fürchte, ich war nicht sehr nett zu ihr, sie war manchmal ganz verzweifelt. Dann hat sie mich zu Onkel Paul geschickt. Der hatte den besseren Draht zu mir.«

»War das ihr Mann?«

»Nein, ein guter Freund. Ein Künstler.« Ein weiterer Seufzer. »Bei Onkel Paul war ich immer gern. Bei ihm konnte mir nichts passieren.«

Conny runzelte die Stirn. »Wieso? Was hätte denn passieren können?«

»Na ja, wegen der Jungs.« Thea schmunzelte. »Onkel Paul wohnt weit draußen, und er mag lieber Männer.«

»Ist er schwul?«

»Wo lernst du denn solche Worte?«

»Im Aufklärungsunterricht.« Conny grinste.

»Sowas gab's zu meiner Schulzeit nicht.«

»Hat die Tante Erna dich aufgeklärt?«

»Nein.« Thea musste lachen. »Das hat Onkel Paul auf sehr nette Weise übernommen. Er hatte in seinem Atelier ein paar Statuen, bei denen man ganz gut sehen konnte, wie's geht.«

Oliver hielt sich die brennende Wange. Er hatte Thea immer wegen ihres Temperaments geliebt. Jetzt fragte er sich, was ihm daran so gefallen hatte. Der Bahnsteig war fast leer, nur ganz hinten warteten noch zwei Leute. Oliver wandte sich an einen der Grenzsoldaten: »Wann kommt der nächste Zug?«

»In vierzig Minuten. Und das ist der letzte. Den müssen Sie nehmen.«

»Danke.« Oliver senkte den Kopf. Vierzig Minuten warten, das war lang. Er schlurfte hinüber zum Intershop, bewunderte das Sortiment und kaufte schließlich eine Flasche Jacobi 1881. Damit setzte er sich auf eine Bank und nahm einen tiefen Schluck. Und dann noch einen.

Plötzlich wurde er grob an den Schultern gepackt und gerüttelt.

»Kommse! Kommse! Der Lumpensammler is da!«

Er musste eingenickt sein. Jetzt schaute er verwirrt um sich.

»Das ist die letzte Bahn. Die nimmt euch alle mit.« Zwei Grenzsoldaten rissen Oliver von der Bank und schoben ihn zum Zug. Er stemmte sich gegen ihren Griff. »Halt! Ich muss aber in die andere Richtung.«

»Es gibt keinen anderen Zug mehr. Sie nehmen jetzt diesen!«

Oliver begann zu schreien. Er wollte sich losreißen, schlug

um sich, strampelte mit den Füßen. Die Grenzsoldaten drehten ihm den Arm auf den Rücken und bugsierten ihn in den
Waggon.

Nach einigen Minuten fuhr der Zug in den Kreuzberger
U-Bahnhof Hallesches Tor ein. Dort gingen drei Angestellte
der Berliner Verkehrsbetriebe durch die Sitzreihen, packten
Oliver und zerrten ihn auf den Bahnsteig. Einer führte ihn bis
auf die Straße. Der Bahnhof wurde abgesperrt. Schwankend
steuerte Oliver die nächste Telefonzelle an.

4

Fred, der Unermüdliche, kämpfte sich seinem vierten Höhepunkt in dieser Nacht entgegen. Ekatarina feuerte ihn an:
»Komm, gib's mir! Oh, mein Hengst! Oooh!« Er schien das
zu mögen. Ihr imponierte sein Eifer.

Sie hatte ihn in der Eierschale aufgegabelt und nach kurzem Geplänkel mit nach Hause genommen. Er sah gut aus,
war aber nicht der Hellste. Das passte ihr gut. Fred war ohne
große Umstände direkt zur Sache gekommen. Kaum stand
er im Wohnzimmer, hatte er sich das hellblaue Pilotenhemd
über den Kopf gezogen und im Feinrippunterhemd seine
Muskeln spielen lassen. Ekatarina hatte ihm amüsiert zuge-
schaut, ihn ausgiebig bewundert und dann ins Schlafzimmer
geführt.

Er hatte protestiert: »Hey, bekomme ich nicht mal was zu
trinken?«

»Hinterher.« Sie gab die Verruchte.

»Du bist grausam. Das gefällt mir an dir ... äh ...«

»Elke«, hatte sie gesagt. »Ich heiße Elke.« Das war der
Name, der draußen auf dem Klingelschild stand: Dr. Elke
Leising. »Ich bin Ärztin.«

In den Pausen zwischen ihren Aktivitäten hatte er ihr
erzählt, dass er bei der Müllabfuhr arbeitete. »Du bist meine
erste Ärztin.« Und dann hatte er die Berufe all seiner Verflos-
senen aufgezählt. Es war eine eindrucksvolle Liste. Fred hielt
große Stücke auf sich.

Das Telefon im Wohnzimmer klingelte. Fred war kurz
vorm Höhepunkt und hektisch in Aktion. Ekatarina drückte
ihn von sich weg.

»Hey, was soll das?«

»Ich muss ans Telefon.«

»Aber doch nicht jetzt!«

»Es ist drei Uhr nachts. Um diese Zeit ist es sicher ein Notfall.«

Nackt eilte sie in den Flur, wo das Telefon stand.

»Oh, Frau Doktor, gut dass Sie da sind.« Die Stimme im Hörer schnarrte, als käme sie von sehr weit her. Trotzdem erkannte sie sie sofort. »Meiner Frau geht es gar nicht gut. Sie hat einen Puls von 172, und ihre Werte sind viel zu hoch, 344 und 211.«

»Ich bin gleich da.«

Sie ging ins Bad. Dort auf dem Regal stand ein graues Philetta-Radio von Philips. Das diskret verlegte Antennenkabel führte die Wand hinauf und verschwand in der Decke. Oben im Gebälk des Dachbodens gab es eine gut versteckt angebrachte kleine Parabolantenne, die genau auf den Fernsehturm am Alexanderplatz wies. Ekatarina zog das Radio etwas vor und drückte zwei Kippschalter auf der Rückseite hoch. Das Radio war jetzt ein leistungsfähiges Richtfunkgerät. Ekatarina stellte die Werte für die Frequenzmodulation nach den eben genannten Zahlen ein. Jetzt gab es praktisch keine Möglichkeit mehr, das Gespräch abzuhören. Zuletzt drehte sie die Lautstärke auf sehr leise und lauschte den knappen Anweisungen. Danach hatte sie noch einige Fragen.

»Mit wem redest du?« Fred polterte gegen die Tür. »Ich muss pinkeln. Lass mich rein!«

»Geh in die Küche, mach in die Spüle!«

»Und mit wem redest du?« Fred wurde lästig.

»Das ist das Radio.« Zum Glück war jetzt auch der Funkverkehr zu Ende. Ekatarina stellte das Radio wieder um und schaltete auf den RIAS. Hier liefen gerade Nachrichten. Rasch putzte sie sich die Zähne, drehte die langen, dunklen Haare zu einem Knoten und steckte ihn fest. Ein letzter, prüfender Blick in den Spiegel, sie war zufrieden mit dem, was sie sah.

»Hey, was ist jetzt mit uns?«, maulte Fred sie an, als sie aus dem Bad trat.

Er war ihr egal. Sie zog sich an, schlüpfte in ihre Turnschuhe und nahm den hellen Mantel vom Haken. »Zieh bitte die Tür zu, wenn du gehst.«

Horst Krause öffnete langsam die Augen. Im Schlafzimmer war es stockdunkel. Neben sich hörte er die gewohnten Schnarchtöne. Was mochte ihn wohl geweckt haben? Seine Füße suchten die Pantoffeln. Schlaftrunken ging er ins Bad und erleichterte sich erstmal.

Da waren sie wieder, die Stimmen. Nicht in seinem Kopf, wie er zuerst gedacht hatte. Das war kein Traum. Die Stimmen kamen von draußen.

Er schlurfte ins Wohnzimmer. Lichtstrahlen durchzuckten den Raum, warfen gespenstische Schatten an die Wand. Krause nahm das Fernglas von der Fensterbank. Hier stand er oft und beobachtete die feindlichen Linien, die dunkle Spree und die grell erleuchteten DDR-Grenzanlagen am anderen Ufer. Die Oberbaumbrücke, die sie mit ihrem Grenzübergang für Fußgänger verschandelt hatten, die Türme abgerissen, alles mit Stacheldraht überzogen. Und dahinter den Osthafen: Ladekräne, Kiesberge, rostige Frachtkähne. Da tat sich gerade eine ganze Menge, Krause hörte Warnschüsse, Lautsprecherdurchsagen hallten herüber. Mit zwei großen Scheinwerfern wurde die Spree von der Ostseite her abgesucht.

Krauses Herz machte einen Sprung. Nun war er hellwach. Das Fernglas verfolgte die Lichtkegel, die über das schwarze Wasser huschten. »Verdammt!« Es war zu dunkel, das Fernglas zu schwach. Außerdem nahm ihm die

Brücke die Sicht. Enttäuscht setzte er das Glas ab und eilte ins Schlafzimmer. »Gerda?« Er packte ihre Schulter und rüttelte sie. »Gerdaaa!« Nichts passierte. »Wach auf, Gerda!«

Jetzt rollte sie herum und plierte ihn mit kleinen Augen an. »Spinnst du?«

»Schnell, steh auf!«

»Was denn?« Sie pulte sich das Ohropax aus den Ohren.

»Komm! Da ist schon wieder so ein armer Irrer von drüben geflohen.« Krause eilte zurück ins Wohnzimmer.

»Was siehst du?«, fragte Gerda, die hinterherkam.

»Nichts.«

»Und dafür weckst du mich?«

»Die schießen, Gerda. Die suchen mit Scheinwerfern. Da muss einer abgehauen sein!«

Gerda sagte nichts. Krause hörte die Wählscheibe des Telefons tickern. »Wen rufst du an?«, wollte er wissen. »Etwa schon wieder deine Mutter?«

»Quatsch, die Zeitung natürlich! Die bezahlen gut für solche Informationen.«

»Was willst du denn sagen?« Er starrte konzentriert durch das Fernglas. »Wenn doch nichts Genaues zu erkennen ist ...«

»Ach, Mist! Jetzt hab ich doch tatsächlich die Nummer von meiner Mutter gewählt.« Gerda tackerte mit dem Finger auf der Gabel herum, als wäre es eine Morsetaste. Dann wählte sie erneut.

»Also, was willst du sagen?«, rief Krause.

»Na was schon! Schüsse. Scheinwerfer. Sogar die Hunde bellen. Das müsste doch wohl rei –« Sie unterbrach sich, legte den Finger auf die Lippen. »Hallo? Fräulein? Hier Krause, Gerda Krause. Geben Sie mir mal den Chefredakteur!« Pause. »Jawohl, den Chefredakteur!« Sie lauschte in den Hörer. »Dann sagen Sie ihm, ich hätte was für ihn. Was richtig Schö-

nes! Ja! Das kostet aber auch was, sagen Sie ihm das.« Pause.
»Ja, ich warte ...«

Krause spähte durch sein Fernglas und grinste. Geschäftstüchtig war sie ja, seine Gerda. Sehr geschäftstüchtig.

Jochen erwachte. Er schnupperte mit geschlossenen Lidern.
Dann schlug er die Augen auf – und blickte in eine grässliche
Fratze. Vor ihm lag Olivers halb offener Mund, aus dem sich
zwei lange Speichelfäden von der Lippe bis zum Kopfkissen
zogen. Jochen konnte jedes einzelne der sprießenden Bart-
haare erkennen. Jede Talgdrüse, jede verstopfte Pore. Vor
allem aber lag er genau im Dunstkreis von Olivers Atem.
Jochen drehte sich angewidert auf die andere Seite.

Es war nicht das erste Mal, dass er mit seinem Freund
in einem Bett schlief. Als Jungen hatten sie sich auch Luft-
matratzen und Strohsäcke geteilt. Nach dem Abitur waren
sie in Jochens altem Ford-Kombi die Mittelmeerküste entlang bis Gibraltar gefahren und hatten hinten im Auto über-
nachtet. Später dann, als beide schon in festen Beziehungen
lebten, waren ihre Männerabende gefolgt. Nach solch einem
Besäufnis hatte Jochen meistens einen ordentlichen Brumm-
schädel gehabt. Heute allerdings nicht. Sein Hirn kam langsam in Schwung. Die Erinnerung an die letzten Stunden kehrte zurück.

Die halbe Nacht hatte er mit seinem Taxi am Bahnhof Zoo
gestanden und auf Kundschaft gewartet. Im Zuge der Benzin-
preiserhöhung waren die Taxipreise gerade gestiegen, und die
Menschen verzichteten auf diesen Luxus. Schlechte Zeiten
für Taxifahrer. Um kurz nach eins hatte Jochen Feierabend
gemacht und war losgefahren, um das Taxi in die Garage zu
bringen. Das Taxilicht hatte er schon ausgeschaltet. Er hatte
keine Lust auf einen zufälligen Fahrgast vom Bordstein.

Kurz vor dem Leopoldplatz erhielt er über Funk den Ruf,
dass am U-Bahnhof Hallesches Tor ein Kunde auf ihn war-

te. »Der Typ besteht darauf, dass du ihn abholst«, sagte die Frau am Funkgerät. »Er hat deinen Namen genannt.« Jochen fluchte, weil er vergessen hatte, sich in der Zentrale abzumelden. Da redete die Frau auch schon weiter: »Der Kunde heißt von Glinsky. Sagt dir das was?«

Jochen stöhnte. »Ja, klar. Ich fahr hin.«

Er wendete direkt am U-Bahnhof Amrumer Straße. Doch als er am Halleschen Tor ankam, war von Oliver nichts zu sehen. Jochen fand ihn schließlich schlafend auf einer Bank direkt am Eingang der Hochbahn, in einem Zustand, den Jochen als kurz vor der Alkoholvergiftung diagnostizierte. Er legte sich Olivers Arm um die Schultern, schleppte ihn zum Taxi und breitete sicherheitshalber erstmal die BSV aus, die Besoffenenschutzvorrichtung, eine Plane, die die Rückbank vor Erbrochenem schützen sollte. Oliver lag zusammen-gekrümmt auf der BSV und schlief. Er wachte auch nicht auf, als sie die Grußdorfstraße erreichten, wo er seit der Trennung von Thea in den Hinterzimmern seines Fotoateliers wohnte. Jochen zerrte ihn wieder aus dem Taxi, durchsuchte Olivers sämtliche Taschen nach dem Hausschlüssel, schleppte den Freund quer durch den Laden, wo irgendetwas scheppernd hinter ihnen zu Boden fiel, und verfrachtete ihn ins Bett.

Zwischen den weißen Kissen sah er dann allerdings so be-sorgniserregend grünlich aus, dass Jochen es nicht über sich brachte, ihn in diesem Zustand zurückzulassen. Was tat man nicht alles für einen guten Freund? Im Grunde war es doch egal, wo er pennte. Auf ihn wartete ja keiner mehr, Elfi hatte letzte Woche mit ihm Schluss gemacht. Jochen hatte sich ne-ben Oliver ins Bett gelegt und war bald darauf eingeschlafen.

Jetzt schreckte er auf. Hatte da nicht etwas gescheppert? War es am Ende gar nicht Olivers ranziger Atem gewesen, der ihn geweckt hatte? Da waren Geräusche im Badezimmer. Es klapperte und raschelte, als versuchte jemand, bloß keinen Krach zu machen. Jochen schaute zum Nachttisch, wo ein volles Wasserglas und der Radiowecker standen. Die Klappziffern sprangen gerade auf 04:03. Eigentlich keine typische Zeit für Einbrecher. Und Bares gab es hier auch nicht zu holen. Aber die Fotoausrüstung war allemal einen Einbruch wert.

Jetzt quietschte die Badezimmertür, ganz langsam, wie im Gruselfilm. Jochen packte Olivers Arm und begann, heftig daran zu rütteln.

Der Freund grunzte bloß.

»Wach auf, Alter! Komm schon!«, zischte Jochen und starrte zur Tür. Das Bad lag schräg gegenüber. Wenn hier tatsächlich jemand einsteigen wollte, musste er über den Flur am Schlafzimmer vorbei. »Wach auf! Da ist einer in der Wohnung!«

»Mann, lass mich!« Immerhin eine Reaktion.

»Da ist einer eingebrochen! Im Bad! Wach endlich auf!«

Wieder ein Grunzen. »Mann, ich hab nicht ins Bad gebrochen. Das war draußen, an der Hauswand.«

»Nein, du Idiot. Eingebrochen! Da steigt einer ein.«

Aber Oliver war schon wieder eingeschlafen. Er hatte sich halb herumgedreht und dabei Jochens Arm unter seiner Schulter eingeklemmt. Verdammt! Jochen zog und zerrte.

Die Badezimmertür quietschte lauter. Jochen starrte in die Dunkelheit. Jetzt fiel ein Lichtstreifen durch die Badezimmertür in den Flur. Ein Einbrecher, der das Deckenlicht anknipste, das hatte man auch nicht alle Tage. Jochen rüttelte stärker an Oliver. Da! Eine Diele knarrte. Jemand war in den Flur getreten.

Oliver stöhnte laut auf. Jochen schnaufte vor Anstrengung. »Mensch, geh da runter! Ich bin doch nicht deine Matratze!«

Eine Gestalt erschien im Türrahmen. »Oh«, sagte eine vertraute Stimme, »ich störe wohl gerade. Soll ich in der Küche warten, bis ihr fertig seid?«

Es war Thea. Lichtumflutet stand sie im Türrahmen und

verfolgte, wie Jochen unter der Bettdecke an Oliver herumrüttelte. Als ihm die Tragik seiner Lage bewusst wurde, riss er den eingeklemmten Arm heraus und faltete beide Hände vor sich auf der Bettdecke.

Thea grinste. »Süß, ihr beiden. Hätte ich nicht von euch gedacht. Aber die Verzweiflung treibt manchmal seltsame Blüten.«

Jochen riss die Augen auf. »Wie bist du ...?«

»Durchs Klofenster. Ich wusste ja, dass er in seinem Zustand die Klingel nicht hört.« Sie deutete auf Oliver.

Jochen starrte auf seine Hände, nickte bedächtig. »Und was willst du hier mitten in der Nacht?«

»Ich konnte auf die Schnelle keinen anderen Fotografen auftreiben«, erklärte sie. »Sieh zu, dass du ihn wach bekommst. Ich mache derweil in der Küche einen Kaffee. Wenn ich welchen finde.«

»Jawohl, zu Befehl.« Jochen nickte devot. Er starrte ihr hinterher, lauschte dem Klackern ihrer Absätze im Flur, zuckte die Achseln. Dann entleerte er das Wasserglas vom Nachttisch auf Olivers Hinterkopf.

Sie nahmen Theas R4. Oliver saß auf der Rückbank, einen Eimer zwischen den Knien. Jochen spielte Beifahrer. »Wozu jagt dich dieses reaktionäre Mistblatt denn mitten in der Nacht hoch?«, wollte er wissen.

»Halt mir jetzt bloß keine Vorträge!«, wiegelte sie ab, weil sie Jochens Einstellung nur zu gut kannte. Er sah sich klar in der Tradition der 68er. Das Attentat auf Rudi Dutschke lag noch nicht lange zurück. Jochen war dabei gewesen, als die Verteilung der Zeitungen gewaltsam verhindert wurde, wobei auch einige Lieferwagen in Flammen aufgegangen waren. Er verabscheute die piefige Scheinheiligkeit der Springerpresse, die für Schlagzeilen alles tat.

»Keine Vorträge«, sagte er. »Also, wohin geht die Fahrt?«

Thea brauste durch das stille Berlin. »Nach Kreuzberg. Der Chef vom Dienst hat mich angerufen: An der Oberbaumbrücke ist schwer was los, wahrscheinlich wieder eine missglückte Flucht.«

Von hinten war ein Gurgeln zu hören. Dann erfüllte saurer Geruch den Wagen. Sie rissen alle Fenster auf.

»Warum musst gerade du da hin?«, fragte Jochen. Thea raste über eine leere Kreuzung, ignorierte dabei eine rote Ampel. Es blitzte.

»Oha!« Jochen grinste. »Na, die Zeitung übernimmt ja die Spesen.«

»Halt den Mund, Jochen!«, fauchte sie. »Kümmere dich lieber um den Saufbold da hinten!« Kein Zweifel, dass sie vor Wut kochte.

Er versuchte sie abzulenken. »Nein, jetzt mal ehrlich. Wieso haben die ausgerechnet dich angerufen? Ist das nicht eher Männersache, mitten in der Nacht?«

Thea schoss ihm einen empörten Seitenblick zu. »Du alter Chauvinist! Über die reaktionäre Springerpresse kannst du meckern, aber die Gleichberechtigung der Frau geht dir zu weit.«

»Ich meine ja nur«, brummte er. »Solche Nachteinsätze können doch auch gefährlich sein.«

»Aber das ist genau mein Thema«, wandte sie ein. »Ich bin an einer großen Story über Fluchthilfe dran, und da scheint sich gerade irgendetwas abgespielt zu haben. Da muss ich hin!«

»Wenn du zur Oberbaumbrücke willst, dann fahr da vorne links über die Entlastungsstraße und am Tempelhofer Ufer lang.«

Thea setzte den Blinker.

»Fluchthilfe?«, sinnierte Jochen. »Klingt spannend. Was läuft denn da? Wer hilft da wem?«

Nun war Thea in ihrem Element. »Das ist ja gerade das

Problem«, setzte sie an. »Es gibt verschiedene Organisationen, die die Fluchthilfe professionell betreiben, also gegen Bezahlung. Und dann gibt es einige, die es aus Idealismus machen. Ja, und irgendwie hängen da auch noch einige Geheimdienste mit drin.«

»Hört sich gefährlich an.«

»Bis jetzt habe ich viel in Archiven recherchiert. Und mit ein paar Leuten gesprochen, die sich auskennen.«

Jochen runzelte die Stirn. »Ich kann mir gar nicht vorstellen, dass Springer so was aufdecken will«, sagte er.

»Ach, die!« Thea winkte ab. »Die wollen von mir nur rührende Geschichtchen. Die wissen auch nicht, wie weit meine Recherchen schon sind. Für die bin ich die Fachfrau fürs Menschliche. An politische Sachen lassen die mich nicht ran.« Sie schnaubte empört. »Wenn ich meine Story fertig habe, will ich mich damit beim *Stern* oder *Spiegel* bewerben. Das ist hochbrisantes Material.«

»Hört, hört«, grunzte es vom Rücksitz.

Thea warf einen zornigen Blick über die Schulter. »Halt einfach die Klappe, Oliver.«

»Vorsicht!«, rief Jochen. »An der Kreuzung ist wieder ein Blitzerkasten. Die kleine Straße da ist die Bevernstraße. Da fährst du rein. Am Ende liegt das Gröbenufer.«

Vor einem der Hauseingänge stand eine ältere Frau im großgeblümten Morgenmantel, die ihnen zuwinkte. »Das wird sie sein«, mutmaßte Thea.

Die beiden Volkspolizisten liefen ihre Runde vor dem Hafengelände. Es war eigentlich nicht ihre Strecke. Man hatte sie extra hier eingesetzt, um aufgrund der besonderen Ereignisse das Gebiet zu sichern. Eine Straßenbahn donnerte an ihnen vorbei. Sie bogen in die Dannecker Straße ein, direkt gegenüber dem Haupttor des Osthafens.

»Lauf du mal weiter. Ich hab was Dringendes zu erledi-

gen«, sagte der kleinere Vopo zu seinem Kollegen. Ihn drückte der Kaffee, gleich der nächste Baum war seiner. Obwohl
die ersten Vögel schon anfingen zu zwitschern, war es noch
dunkel, die Gegend menschenleer.

Als er danach seine Uniform wieder in korrekten Sitz
brachte, fiel ihm das Auto auf, ein 311er-Wartburg de Luxe.
Dafür hatte er einen Blick, alle Fahrzeuge aus dieser Baureihe
ließen sein Herz höher schlagen. »Schade um das schöne
Auto, da unterm Baum, wo alles verdreckt«, sinnierte er, als
plötzlich ein fetter Vogelschiss auf die Frontscheibe platschte. Der Vopo starrte angewidert auf die Stelle – und zuckte
zusammen. Hinter der verdreckten Scheibe saß ein Mann.
Der Vopo machte ein paar Schritte auf das Fahrzeug zu.

Der Mann saß vollkommen reglos da.

Der Vopo winkte seinem Kollegen. »Verdächtiges Subjekt.«
Er deutete mit dem Daumen über seine Schulter. Der Kollege
nickte. Vorsichtig näherten sie sich dem Beifahrerfenster. Auf
dem Sitz lag eine dunkelrote Aktenmappe. Aus dem Aschenbecher quollen Zigarettenkippen, russische Papirossa. Der
Vopo umrundete die Motorhaube, den Insassen immer fest
im Blick. Der weißhaarige Kopf des Mannes mit dem militärisch kurzen Haarschnitt war zur Seite geneigt, die Augen
geschlossen. Auf seinem Schoß lag ein Fernglas. Die beiden
Polizisten tauschten einen Blick. Dann beugte sich der kleinere vor und klopfte an die Fensterscheibe.

Der Mann zuckte. Langsam öffneten sich die Lider. Nur
die Augen bewegten sich, verrieten jedoch keine Überraschung beim Anblick der zwei Volkspolizisten. Der Mann
kurbelte die Fensterscheibe herunter.

»Was tun Sie hier?«, fragte der kleinere Vopo streng.

»Ich parke.«

»Das ist nicht gestattet.«

»So?« Der Mann warf einen kurzen Blick die Straße
hinunter, wo weitere Autos abgestellt waren.

»Äh … ich meine, sich stundenlang hier aufzuhalten, das ist nicht gestattet«, korrigierte sich der Vopo. »Sie haben das Fahrzeug nach dem Parken unverzüglich zu verlassen!«

»Wer sagt, dass ich mich hier stundenlang aufgehalten habe?«

»Ihr Aschenbecher!«, blaffte der Vopo. »Und jetzt aussteigen! Personalausweis! Fahrzeugpapiere!«

Der Mann öffnete die Autotür. Er wirkte steif und ungelenk, als er sich aus dem Sitz wuchtete. Dann griff er in die Innentasche seines Jacketts und reichte dem Polizisten die Papiere. Der drehte sie im Schein der Laterne. Das Schwarz-Weiß-Foto zeigte eine jüngere Abbildung seines Gegenübers. Otto Boettcher, geboren am 1.5.1897. Demnach ist er fünfundsiebzig Jahre alt, dachte der Vopo, das sieht man ihm nicht an.

Jetzt blickte er auf. »Also, was tun Sie hier, Genosse Boettcher?«

»Ich parke.« Der Mann blieb völlig gelassen.

»Sie haben mit Ihrem Feldstecher die Aktivitäten am Hafen beobachtet.«

»So?«, fragte Boettcher. »Ich glaube, ich habe geschlafen.«

»So kommen wir nicht weiter, Genosse Boettcher! In dieser Angelegenheit muss ich Sie meinem Vorgesetzten übergeben.«

»Bitte. Wenn Sie das tun müssen.« Boettcher nickte. »Sie gestatten?« Er beugte sich vor und tauchte in das Wageninnere. Sein rechtes Bein stand steif vom Körper ab, als er einen Gehstock hervorholte. Die zwei Volkspolizisten nahmen ihn in die Mitte, wo er trotz seiner Behinderung gut mit ihnen Schritt hielt. Sie brachten ihn zum Osthafen. Am Tor machten sie dem Wachhabenden Meldung, der sogleich seinen Vorgesetzten holen ließ.

»Genosse Schneider, wie schön, Sie zu treffen.« Boettcher lächelte schmal.

Der Vopo drängte ihn zur Seite. »Dieser Mann wurde aufgegriffen, während er die laufende Operation observierte.« Er reichte dem anderen Boettchers Papiere. Der zog die Brauen hoch. In seinem Blick lag Erstaunen, als er den alten Mann musterte.

Boettcher verzog keine Miene.

»Dieser Vorfall übersteigt meinen Zuständigkeitsbereich«, stellte Schneider fest. Er wandte sich an den Wachposten am Tor. »Nehmen Sie den Mann drüben im ersten Robur in Gewahrsam. Ich informiere den Genossen Generalleutnant.«

Gerda Krause stellte den Kragen ihres Morgenmantels auf. Es war kalt, von der Spree wehte es eisig herüber. Langsam wurde es heller, und sie fragte sich, wo die angekündigte Reporterin blieb. Ihr Anruf bei der Zeitung lag schon über eine Stunde zurück, seit dreißig Minuten stand sie hier, drückte sich in die Türnische und fror.

Am unteren Ende der Straße bellte ein Hund. Dort schritt eine Frau im hellen Mantel die Uferlinie ab und starrte ins Wasser. Gerda Krause hatte zuerst gedacht, das sei die Reporterin, aber auf ihre Zurufe hatte die Frau mit Kopfschütteln reagiert. Wahrscheinlich war sie von der Konkurrenz.

Mein Gott, was für eine Kälte! Dabei war es schon Frühling. Wenn Sie gewusst hätte, dass das so lange dauert! Sie hatte mit einem rasenden Reporter gerechnet, der in fünf Minuten zur Stelle war.

Jetzt hielt ein Auto an der Ecke. Aber so ein kleines? Fuhren Reporter nicht große, schicke Autos? Gerda Krause winkte.

Die Hintertür wurde geöffnet. Ein Mann schüttete den Inhalt eines Eimers in den Rinnstein. Gerda trat vor, damit sie besser zu sehen war. Der Wagen fuhr so plötzlich an, dass dem Mann mit dem Eimer die Tür gegen den Kopf schlug.

Gleich darauf hielt das Auto mit quietschenden Reifen direkt vor Krauses Hauseingang. Eine Frau sprang heraus.

»Glinsky. Von der Zeitung. Sie sind sicherlich Frau Krause.« Die Reporterin war ein Wirbelwind. »Das ist mein Fotograf. Und das sein Assistent.« Gerda kam es so vor, als wäre einer der Männer mehr als nur angetrunken. »Wo müssen wir denn hin, Frau Krause?«

»Man kann es oben von unserem Balkon aus gut sehen. Aber nicht so hastig.« Gerda rieb demonstrativ Daumen und Zeigefinger aneinander. »Erstmal die Penunze.«

Die Reporterin drückte ihr einen Zwanzigmarkschein in die Hand.

»Das reicht nicht.« Gerda wollte sich die kalte halbe Stunde üppig versilbern lassen.

»Wie viel wollen Sie denn?«

»Hundert.«

»Sind Sie verrückt? Das ist viel zu viel.«

Gerda legte den Kopf schief. »Na, dann aber mindestens fünfzig. Sonst biete ich das Ihrer Kollegin da hinten an.« Sie wies auf die Frau, die immer noch an der Brüstung stand. Das schien die Reporterin zu überzeugen. Sie kramte weitere dreißig Mark aus ihrem Portemonnaie. »Nun aber los!« Schon sauste sie die Treppe hoch. Die Fotografen mit ihrer Ausrüstung kamen kaum nach. Gerda beobachtete misstrauisch, mit welcher Mühe der Betrunkene sich die Stufen hinaufschleppte.

»Kommen Sie von einer Feier?«, fragte sie den Nüchternen.

»Ja, so ähnlich«, nickte der.

Durch die getönten Seitenscheiben des Volvo waren die salutierenden Wachsoldaten kaum zu erkennen. Der große Wagen rollte mit stetigem Tempo auf die Schranke zu, erst in letzter Sekunde öffnete einer der Soldaten den Schlagbaum. Dahinter wurde es heller. Der Fahrgast beobachtete die

Soldaten, die hierhin und dorthin strebten. Vereinzelt drangen ihre Rufe bis in den Volvo. Der Fahrer manövrierte den Wagen durch das Hafengelände und parkte direkt am Hafenbecken. »Wir sind da, Genosse Generalleutnant.«

»Dann wollen wir meinen Gast doch nicht länger warten lassen.«

Der Fahrer nickte und stieg aus. Durch die Windschutzscheibe sah der Generalleutnant ihn mit seinem Adjutanten reden. Schneider blickte kurz zum Wagen und lief dann zu einem vergitterten Robur.

Der Fahrer kam zurück. »Genosse Boettcher wird gleich zu Ihnen gebracht, Genosse Generalleutnant!«

»Danke.«

Die hintere Tür des vergitterten Robur wurde geöffnet. Boettcher trat heraus und musterte den Volvo, bevor er gemächlich herankam. Der Fahrer öffnete ihm die hintere Tür. Boettcher ließ sich mit dem Einsteigen Zeit. Erst als er saß und seinen Gehstock abgelegt hatte, wandte er sich seinem Gastgeber zu. »Guten Morgen, Genosse Fuchs.«

»Otto Boettcher, Deckname Oboe. Ich freue mich, dass Sie meiner Einladung folgen konnten.« Die Antwort kam genauso sorgfältig betont wie der Gruß des anderen.

»Ja, ich hatte gerade nichts anderes vor«, nickte der. »Und so ein Volvo ist dem rustikalen Charme des Robur doch vorzuziehen.«

Fuchs lächelte. »Meine Zeit ist begrenzt. Ich würde gern zur Sache kommen.«

»Unser aller Zeit ist begrenzt. Und wenn ich darauf hinweisen darf: Ihre Leute haben auch meine Zeit bereits über Gebühr in Anspruch genommen.«

»Oh, wenn Sie sich damit schon überfordert fühlen, möchte ich Ihnen raten, mir möglichst präzise zu antworten. Danach könnten Sie wieder Ihren Pflichten nachgehen. Wie ich hörte, geht es dem alten Herrn schlecht?«

»Und wie ich hörte, hören Sie mehr, als manchmal gut wäre!«

Fuchs parierte sofort. »Genosse Boettcher! Ich kann dieses Gespräch auch delegieren. Dann wird sich Genosse Major Kaulitz in Friedrichsfelde mit Ihnen unterhalten. Sie kennen Kaulitz? Sehr patenter Mann. Manchmal ein wenig grobschlächtig, aber effektiv. Er ist gerade im Erholungsurlaub, vierzehn Tage Balaton. Sie wären bis zu seiner Rückkehr selbstverständlich unser Gast. Was ziehen Sie vor, Genosse Boettcher?« Fuchs blickte seinen Gesprächspartner durchdringend an.

»Lassen Sie Ihre Fragen doch mal hören«, sagte Boettcher.

»Schön, dass Sie Ihre Situation erkannt haben. Sie sind weit weg von daheim, und es ist spät geworden gestern auf der Beerdigungsfeier.« Wieder das kalte Lächeln. »Sie sagten vorhin nicht zu Unrecht, ich höre viel. Nun habe ich gehört, dass Sie dort eine Rede gehalten haben. Warum?« Für einen Moment war es still. »Warum gerade Sie?«

Boettcher nickte langsam. Sein Blick umwölkte sich.

Nach einer kurzen Pause erwiderte er: »Irgendjemand sollte ein paar positive Worte über die Verstorbene sagen. Das ist bei Beerdigungen üblich.«

Fuchs schnaubte verächtlich. Er beugte sich vor und betätigte einen Knopf an der Rücklehne des Fahrersitzes. Leise surrend hob sich eine Trennscheibe zum Fahrer. Als sie ganz geschlossen war, wandte Fuchs sich wieder an seinen Gast. »Genosse Boettcher. Ich sage Ihnen das nur einmal, also hören Sie mir gut zu. Sie reden jetzt Klartext mit mir! Und denken Sie darüber nach, was ich vielleicht schon weiß! Andernfalls ...«, er senkte die Stimme, »... könnten nicht nur für Sie, sondern auch für Ihren ältesten Freund sehr nachhaltige Konsequenzen eintreten.«

»Das wagen Sie nicht.«

Fuchs ignorierte den Einwand. »Also, Oboe! Was hatten Sie auf der Beerdigung zu suchen?« Er neigte sich dem anderen ein wenig entgegen. »Was haben Sie dort wirklich gesucht?«

Es regnete schon wieder. Das passte Thea gar nicht. Gleißendes Licht enthüllte jeden Winkel des Osthafens, ließ die imposanten Krankolosse in der Nässe erstrahlen, als wären sie neu. Nur die Rauchwolke, die am Fuß des vorderen Portaldrehkrans emporstieg, trübte das glanzvolle Bild. Da stimmte irgendetwas nicht.

Konzentriert verfolgte Thea das Geschehen durch Krauses Fernglas. Diese Geschichte würde morgen das Titelblatt zieren, da gab es für sie keinen Zweifel. Sie kniff die Augen zusammen.

Im Hintergrund parkten die hochbeinigen Truppentransporter der NVA. Da wurde ein ganz schöner Aufwand getrieben. Bloß warum, das musste sie noch herausfinden. Alle zehn Meter waren Grenzsoldaten am Rand des Hafengeländes postiert. Auch oben im Wachturm, dem einzigen im Hafen, war rege Bewegung zu erkennen. Auch dort blitzten Ferngläser im grellen Licht. Unten waren drei Männer in Overalls mit dem Kran beschäftigt, aus dem die Rauchwolke stieg. Zwei weitere Scheinwerfer wurden gebracht. Offenbar war die Reparatur schwierig.

Was hatten die mit dem Ding vor? Wozu brauchte man mitten in der Nacht einen Kran, obwohl weit und breit kein Lastschiff zu sehen war? Mit dem Fernglas kontrollierte Thea die Kaimauer. Nirgends ein Schiff. Nur ein schwarzer Volvo stand etwas abseits am Kai. Die Spree lag dunkel und schwer am Ufer. Das Licht der Scheinwerfer zeichnete die kleinen Wellen nach. Auf dem Wasser dümpelte ein Boot der Volkspolizei, aus dessen Führerhaus eine schwarze Gestalt hervortrat.

Na, das war ja spannend! Ein Grinsen schlich sich in Theas Mundwinkel. Dort wurde ein Tauchgang vorbereitet.

Oboe spürte, wie sein Magen sich verkrampfte. Er befand sich in einer gefährlichen Situation. War die von Fuchs ausgesprochene Drohung nur ein Bluff? Oder wusste er wirklich mehr, als es Oboe lieb war? Er entschied sich, noch einen Versuch zu wagen und die Geduld seines Gesprächspartners auf die Probe zu stellen. »Das Essen im Ganymed ist hervorragend«, begann er. »Die Genossin Paschke hat dort großartige Arbeit –« Weiter kam er nicht. Ohne dass er den Ansatz der Bewegung wahrgenommen hätte, traf ihn Fuchs' Ellenbogen hart in die Rippen. Oboe sank vornüber.

»Lassen Sie die Spiele! Wir wissen beide, dass Erna Paschke nicht das Geringste mit dem Restaurantbetrieb zu tun hatte.«

Einen Moment lang sagte niemand etwas.

»Ich halte Ihnen zugute, Boettcher, dass sie einen anstrengenden Tag hinter sich haben. Und eine sehr unangenehme Nacht. Das steckt man in Ihrem Alter nicht mehr so weg. Also werde ich Ihnen etwas auf die Sprünge helfen.«

»Gut«, nickte Oboe, »helfen Sie mir.«

»Wir beide kennen die Abteilung, die Erna Paschke geleitet hat«, sagte Fuchs. »Diese Leute haben oft genug gewisse Aufträge für den alten Herrn erledigt.«

Oboe schwieg.

»Sie haben auf der Beerdigung nicht nur eine Rede gehalten, Genosse Boettcher. Sie sind anschließend dem Westbesuch gefolgt und haben vor dem Wohnhaus der Genossin Paschke die halbe Nacht gewartet. Sie haben beobachtet, dass die Besucher zum Grenzübergang Friedrichstraße begleitet wurden. Und vermutlich haben Sie auch gesehen, wie der Begleiter, ein Mann im dunklen Ledermantel, später das Gebäude wieder verließ und in den Polizeibarkas stieg, der auf ihn gewartet hatte.« Fuchs neigte sich seinem Gesprächspartner entgegen. »Haben Sie das gesehen, Genosse Boettcher?« Sein Blick lag auf der Lauer.

Oboe sagte nichts.

»Und heute Morgen werden Sie hier am Osthafen, wieder in Ihrem Wagen wartend, von meinen Leuten aufgegriffen«, fuhr Fuchs fort. »Oboe! Was soll das? Wollen Sie meine Arbeit erledigen?« Seine Stimme war schneidend.

Oboe fühlte sich in die Enge getrieben. Warum hatte er nicht gemerkt, dass er beobachtet wurde? Schon wieder war ihm ein Fehler unterlaufen, das nahm in letzter Zeit überhand. Er spürte Fuchs' kalten Blick. Was sollte er sagen? Was konnte er denn sagen? Die Situation war außer Kontrolle geraten. Und das passierte ihm, Oboe! Dass Fuchs ihn mit seinem Decknamen angesprochen hatte, machte die Sache nicht leichter. Natürlich wusste Fuchs über seine früheren Aktivitäten Bescheid. Er wusste überhaupt das Allermeiste. Und er erinnerte Oboe schmerzhaft direkt daran, dass er hier weder eine Vorzugsbehandlung noch Mitleid erwarten durfte.

»Kennen Sie den Mann im Ledermantel?«, fragte Fuchs leise.

Oboes Blick fixierte das eigene schwache Spiegelbild auf der Trennscheibe zum Fahrerbereich. Die Sekunden verstrichen. Wertvolle Sekunden, die besser damit genutzt wären, sich Gedanken um eine plausible Erklärung zu machen, aber sein Kopf war leer.

»Ist es Ihnen gelungen, Kontakt aufzunehmen?« Fuchs musterte ihn mit ausdrucksloser Miene. »Genosse Boettcher!« Drängend.

Oboe schüttelte den Kopf. »Ich weiß nicht, wovon Sie reden.«

»Wofür haben Sie sich dann die Nacht um die Ohren geschlagen?«, fragte Fuchs. »Erklären Sie es mir.«

»Alte Berufskrankheit, würde ich sagen.«

»Mein lieber Genosse Boettcher.« Fuchs hatte den Ton geändert. Das schmale Lächeln kehrte zurück. »Ich danke für Ihre Offenheit.«

»Keine Ursache«, sagte Oboe.

»Für heute sind wir fertig. Es könnte kurzfristig nötig werden, dieses Gespräch fortzusetzen. Sie werden ja sicherlich nicht verreisen wollen.« Fuchs klopfte dreimal an die Trennscheibe. Einen Moment später öffnete der Fahrer Oboe die Tür und salutierte zackig. Der nickte bloß. »Danke für die Gastfreundschaft«, sagte er und stieg aus.

Plötzlich ertönte ein lautes Platschen. Über die Schulter konnte Oboe gerade noch erkennen, wie der Polizeibarkas, der offenbar vom Haken des Krans abgerutscht war, gurgelnd wieder im Wasser versank. Am westlichen Spreeufer konnte Oboe einige Schaulustige ausmachen. Auf einem Balkon reflektierte ein Fernglas das gleißende Licht im Hafen. Oder war es ein Fotoapparat? Oboe lächelte bitter. Die Westpresse, vermutlich Springer. Diese Leute würden sich wie die Bluthunde auf die Geschichte stürzen.

Thea ließ das Fernglas sinken. »Wie weit seid ihr?«, rief sie und warf einen Blick ins Wohnzimmer. Oliver saß auf Krauses Sofa, den Kopf an die Rückenlehne gestützt. Jochen mühte sich mit der Kamera ab. Es klappte nicht so richtig. »Das kann doch wohl nicht wahr sein«, stöhnte Thea. »Muss man denn alles alleine machen?« Sie holte sich die Kamera, eine Dunstwolke aus Alkohol, Rauch und schlechtem Körpergeruch schlug ihr entgegen. »Reiß dich zusammen!«, zischte sie Oliver ins Ohr.

Herr Krause folgte ihr auf den Balkon. Sie schaute durch die Kamera, testete verschiedene Einstellungen. Herr Krause neben ihr verfolgte das Geschehen am Hafen durch sein Fernglas. »Na, einer hat's jedenfalls geschafft«, brummte er. »Ob die jetzt noch 'n zweiten suchen?«

Thea sah ihn entgeistert an. »Was meinen Sie damit, einer hat's geschafft? Haben Sie jemanden gesehen?«

»Na ja, mir war jedenfalls so, als ob da einer aus'm Wasser

geklettert ist.« Herr Krause kratzte sich am Ohr. »Da vorn, wo die Treppe ist.«

»Und das sagen Sie jetzt erst? Sind Sie sicher?«

»Ich sage doch, mir war so. Sicher bin ich nicht.«

»Wo ist er denn hingegangen?«

»Hat er mir nicht gesagt. Der ist da raus.« Sein dicker Finger deutete auf eine Stelle am Ufer. »Naja, und dann war er weg. Ich kann nicht sagen, in welche Richtung. Es war ja dunkel«, wiegelte er ab. »Vielleicht habe ich mich auch getäuscht, und da war gar keiner.«

Thea überlegte. Angenommen, es war tatsächlich jemandem gelungen, ans Kreuzberger Ufer zu schwimmen, wo könnte er hin sein? Wenn es ein DDR-Bürger war, musste er sich früher oder später bei der Polizei melden. Oder im Notaufnahmelager Marienfelde. West-Berlin war eine Insel. Man brauchte westdeutsche Papiere, um hier wegzukommen. Thea würde sich darum kümmern.

Ihr Objektiv tastete sich weiter das Hafengelände entlang. Der Volvo stand immer noch am gleichen Fleck, um ihn herum war keine Bewegung auszumachen. Die Taucher vom Boot waren im Wasser verschwunden. Am Kai standen die Kranreparateure in ihren Overalls und gestikulierten heftig zum Kranführer hin. Thea hörte ein Rumpeln und Quietschen. Langsam glitt der Kran über die Schienen, kam auf Höhe der Scheinwerfer zum Stehen. Er schwenkte in die richtige Position, der Ausleger drehte sich langsam über das Wasser, Seile wurden heruntergelassen.

»Und? Wie läuft es? Schon was zu sehen?« Jochen, der plötzlich neben ihr auftauchte, riss sie aus ihren Beobachtungen. Vor Schreck drückte sie auf den Auslöser. Und fluchte. »Keine Ahnung. Sie haben Seile versenkt. Aber ich sehe nichts. Dieses Scheißboot liegt direkt davor.«

Jochen zuckte die Achseln. »Nur die Ruhe«, brummte er.

Eine Weile passierte nichts. Dann hallten undeutliche Worte herüber. Thea schaute durch den Sucher. Wie in Zeitlupe tauchte hinter dem Polizeiboot eine glatte, helle Fläche auf, die gleich darauf wieder verschwand. Es platschte. Lautes Geschrei folgte. Thea knipste und knipste. »Was war das denn jetzt? Warum machen die nicht weiter?«

»Scheint, als hätten sie ihre Ladung verloren«, stellte Herr Krause hinter seinem Fernglas fest.

»Scheißtechnik, was?«, ätzte Jochen. »Bei den Russen funktioniert doch wirklich gar nichts.«

Thea ließ die Arme sinken. »Konnten Sie erkennen, was das war?«, wandte sie sich an Herrn Krause. »Jedenfalls keine Leiche. Etwas Großes muss es gewesen sein.«

Aus dem schwarzen Volvo waren inzwischen zwei Männer ausgestiegen, einer mit Uniform und Chauffeursmütze und ein zweiter, dessen raspelkurzes, weißes Haar im Scheinwerferlicht strahlte wie ein Heiligenschein. Thea hatte ihn im Objektiv und drückte auf den Auslöser. Sie wusste zwar nicht, wen sie da fotografierte, aber sie spürte, dass er wichtig war. Den Mann hatte sie irgendwo schon einmal gesehen.

»Was ist denn mit Ihrem Kollegen?«, fragte in diesem Augenblick Frau Krause. »Der sitzt im Wohnzimmer und pennt.«

Thea hörte Oliver schnarchen. Na, dem würde sie später was erzählen!

Nach einer Weile begann die Gruppe an der Kaimauer wieder zu gestikulieren. Oben am Ausleger des Krans drehten sich die Räder. Wieder tauchte hinter dem Polizeiboot die helle Fläche auf. Thea kniff die Augen zusammen und machte Fotos. Es war ein DDR-Polizeiwagen, ein Barkas. Jetzt war er vollständig zu sehen. Überall triefte das Wasser, strömte aus jeder Öffnung, jedem Spalt. Plötzlich gab es einen Ruck. Der Knall erreichte Thea verspätet und sehr gedämpft. Unter der Last schien die Windschutzscheibe zerplatzt zu sein. Die Wasserflut stürzte in die Spree. Ein lebloser Körper hing aus dem Loch, die Arme baumelten vor dem Kühler. Der Wagen stieg langsam immer höher. Vorsichtig setzte der Kranführer die schaukelnde Last auf dem Kai ab. Die Türen wurden geöffnet. Wasserschwalle ergossen sich auf den Betonboden. Uniformierte zerrten den Körper aus dem Wagen. Zwei Zinksärge wurden gebracht. Offenbar gab es noch eine zweite Leiche.

Der Film war zu Ende. Thea war zufrieden. Sie hatte alles im Kasten.

5

»Oh, dieser griesige Griespudding.«

Schnalzende, schmatzende Geräusche ließen den Lauscher vermuten, dass der Alte den klebrigen Pudding mit der Zunge aus seinen Zähnen polkte, während er ins Bad schlurfte. Der Lauscher sah, wie das Mikro-Kontrolllämpchen Schlafzimmer verlosch, dafür flammte das Lämpchen Nasszelle auf.

»Ich muss mal mein Gebiss putzen.« Der Alte kommentierte alles, was er tat, jeden Handgriff. Manchmal hatte der Lauscher fast den Eindruck, als täte er es für ihn. Und überall begleiteten ihn aus verschiedenen Lautsprechern die Klänge von Marlene Dietrichs Gesang. Im Bad drehte er das Wasser auf. »Jetzt werde ich das obere Ding mal rausnehmen ...« Etwas fiel mit lautem Klong ins Waschbecken. »Oh Gott«, nuschelte der Alte. Die Prothese war ihm schon mehrfach ins Klo gefallen. Einmal hatte er reflexhaft gleich auf die Spülung gedrückt – und weg waren sie gewesen, die teuren Zähne. Natürlich hatte er sofort neue bekommen.

Inzwischen sang Marlene: »Ich hab noch einen Koffer in Berlin.« Der Alte summte krächzend mit. Es klirrte. »Werde sie mit der Nagelbürste mal ein bisschen polieren«, kommentierte er. Und summte schon wieder.

Der Lauscher konnte mit dem Geräuschwirrwarr gar nichts mehr anfangen. Das Mikro in der Lampenfassung übertrug nur noch eine grässliche Kakophonie.

In sein Protokollbuch notierte der Lauscher: *Mittwoch, 4. April 1973, 7:05 Uhr. Person geht ins Bad. Dort nicht identifizierbarer Lärm.*

Inzwischen hatte der Alte den Lärm erfolgreich beendet.

Der Wasserhahn wurde abgedreht. Ein saugendes Schmatzen war zu hören. Nach kurzer Pause wurde der Klodeckel hochgeklappt. Stoff raschelte. Nach einer Weile setzte ein Tröpfeln ein. Das würde einige Zeit dauern.

Der Lauscher packte sein Frühstück aus.

Oboe rauchte eine Papirossa nach der anderen, aber das Warten im Auto schläferte ihn ein. Müde rieb er sich die Augen. Früher hätte ihm eine durchwachte Nacht nichts ausgemacht. Heute war das anders. Er tastete gerade unter dem Beifahrersitz nach dem Fernglas, als ein unauffälliger Kastenwagen aus dem Hafengelände auf die Straße einbog. Fast hätte er ihn übersehen. Aber er erkannte sofort, dass es ein Leichenwagen war. Offensichtlich hatten sie Tote aus dem versunkenen Barkas geborgen. Oboe musste wissen, wer das war. Hastig ließ er seinen Wartburg an und folgte so unauffällig wie möglich. Der Motor war kalt. Er ruckelte und stotterte. Neue Zündkerzen waren dringend fällig, aber im Moment gab es nirgends welche.

Auf der Warschauer Straße hielt Oboe großen Abstand. Geschickt wich er den Schlaglöchern aus, aber wenn er über die Straßenbahnschienen fuhr, schaukelte das Auto wie ein Schiff auf hoher See. Die Stoßdämpfer waren auch völlig im Eimer. Noch vor wenigen Jahren hätte es Oboe nur einen Anruf gekostet, und sein Auto wäre in der Fachwerkstatt sofort mit neuen Ersatzteilen repariert worden. Er hätte für die Ausfallzeiten einen Ersatzwagen bekommen, sogar mit Handgas, wie er es wegen seines steifen Beines brauchte. Selige Zeiten. Das war leider vorbei, nachdem der Alte in Ungnade gefallen war.

Als der Leichenwagen in die Frankfurter Allee einbog, wurde Oboe klar, dass sie zur Stasizentrale in der Normannenstraße fuhren. Er vergrößerte den Abstand. An den Seiten der breiten Straße lagen die Prachtbauten, die in den Fünfziger-

und Sechzigerjahren entstanden waren. Hier wohnten auch etliche Stasigrößen. Es war wenig los. Vor einem Konsum standen einige Leute und unterhielten sich, die meisten anderen Geschäfte waren noch geschlossen. Der Verkehr stadtauswärts war gering, die meisten fuhren um diese Zeit in die Stadt hinein. Oboe hielt sich hinter einem mit Kies beladenen Kipplaster. Von Zeit zu Zeit scherte er ein wenig aus, um einen Blick auf den Leichenwagen zu riskieren. Wie erwartet bog er Richtung Normannenstraße ab. Oboe folgte ihm.

Er stellte sein Auto in einer Seitenstraße ab und wartete ein paar Minuten. Die Lieferung musste ja noch ins Haus gebracht und der übliche Papierkram erledigt werden. Dann stieg er aus, straffte den Rücken und hielt zu Fuß auf das große Tor zu.

Ob sie ihn überhaupt noch reinlassen würden? Vor einem knappen Jahr war er das letzte Mal hier gewesen, ein ziemlich unerfreulicher Besuch. Es hatte Streit wegen seiner Befugnisse gegeben. Die neuen Kräfte waren bereits eifrig damit beschäftigt gewesen, die alten zu entmachten.

Bei der Wache zeigte er seinen alten Dienstausweis vor. Der Wachsoldat beugte sich über ein dickes Buch, schaute irgendetwas nach und trug den Namen in eine Liste ein. Soweit war alles wie gewohnt, Oboe wurde durchgewunken. Ein zweiter Wachsoldat knallte sogar mit den Hacken und grüßte militärisch.

Im Foyer war einiges neu. Im Raum verteilt standen mehrere Sitzgruppen. Auf einem der Ledersofas in der Ecke, neben der imposanten Dserschinski-Statue, saß eine junge Frau. Sie fiel Oboe sofort auf. Er hatte immer noch dieses Gespür für das absichtlich Unscheinbare. Ihre Blicke begegneten sich. Mit ihren hochgesteckten, dunklen Haaren und den etwas schräg stehenden Augen fand er sie attraktiv. Der schlichte, helle Mantel stand ihr gut. Oboe betrachtete sie im Vorbeigehen aus den Augenwinkeln. Das Letzte, was er von ihr wahrnahm, war ein gutes Parfüm. Er überquerte den Innenhof und betrat ein Nebengebäude. Dort wartete er vor dem Paternoster, bis er allein war, fuhr nach unten und ging durch endlose Kellerkorridore zum Labor 23, der inoffiziellen Leichenhalle. Er passierte die Labore für Elektronik, für Geruchsspuren, für Spezialwaffen, für Geheimtinten und Sondermittel. Sämtliche Türen waren geschlossen, kein Mensch zu sehen.

Im Labor 23 war er schon einmal gewesen, um die Überreste eines Spions zu identifizieren, der bei einem allzu energischen Verhör verstorben war. Selbst unter den Mitarbeitern des Ministeriums war die Existenz dieses Labors kaum jemandem bekannt. Die getarnten Leichenwagen fuhren über eine Rampe direkt an die kleine Halle heran. Weiter hinten befand sich ein als Heizungskeller deklarierter Raum mit einem großen Spezialofen, in dem die Leichen verbrannt werden konnten.

Als Oboe sich der Halle näherte, stützte er sich an der Wand ab. Er wusste, dass das Klacken seines Gehstocks weithin zu hören war. Hier unten herrschte, im wahrsten Sinne des Wortes, eine Totenstille. In der Leichenhalle war nur ein Seziertisch belegt. Auf einer Arbeitsfläche an der Wand lag ein zweiter, noch ungeöffneter Leichensack. Unter dem Abdecktuch auf dem Seziertisch zeichneten sich, durch Nässe dunkel, die Körperformen eines Menschen ab. Oboe hob das Laken an. Dort lag ein junger Mann, der eine zerfetzte Uniform der Volkspolizei trug. Oboe erkannte den Fahrer des Barkas, dem er heute Nacht bis zum Grenzübergang gefolgt war. Er fasste das schmale, bläulich-weiße Kinn und bog den Kopf ein wenig zur Seite.

Draußen auf dem Gang wurde es plötzlich laut, er hörte Schritte und Stimmen. Zwei Personen, ein Mann und eine Frau, näherten sich eilig.

»Letzter Bahnhof in Berlin-West!« Die Durchsage des Zugabfertigers hallte durch den U-Bahnhof Kochstraße. »Nach Tegel einsteigen! Zurückbleiben!« Die Türen der U-Bahn schlossen sich geräuschvoll. Trotz des Berufsverkehrs war der Zug nur mäßig besetzt. Jochen ließ sich auf eine der Doppelbänke fallen. »Mann, dein Mädel hat echt Nerven, uns hier mit dem ganzen schweren Zeugs einfach auszusetzen!« Er deutete auf die Fotokoffer. Oliver erwiderte nichts. Er sank auf die Bank gegenüber und stützte den Kopf mit den Armen auf die Oberschenkel.

»Fünf Mark hat sie uns gegeben«, schimpfte Jochen. »Für eure Fahrkarten.« Er imitierte Theas Tonfall. »Und wie großzügig sie dabei gelächelt hat! Sei bloß froh, dass du die los bist!«

»Immerhin sind noch fast vier Mark übrig. Reicht für ein Frühstück am Leo«, brummte Oliver. »Obwohl ich gar keinen Hunger habe.«

Jochen zuckte mit den Schultern, wandte den Blick zur Scheibe. Der Zug beschleunigte kaum. Der nächste Halt war Friedrichstraße. Die Bahnhöfe Stadtmitte und Französische Straße, die auf dem Weg lagen, waren Ost-Berliner Gebiet und gesperrt. Jochen empfand auf dieser Strecke immer eine Mischung aus Faszination und Beklemmung. Es dauerte eine ganze Weile, bis der Zug den Bahnhof Stadtmitte erreichte. Vier Soldaten mit Maschinenpistolen standen auf dem staubigen Bahnsteig, der in diffuses gelbes Licht getaucht war. Sie verfolgten den vorbeischleichenden Zug mit ihren Blicken und wirkten – ja wie? Zu allem entschlossen. Es war dieser Blick, dazu die Körperhaltung und die Art, wie sie ihre Waffen hielten, die diesen Eindruck hervorriefen. Jochen konnte sich nicht vorstellen, dass irgendjemand hier hätte aussteigen wollen. Der Zug kroch ohne anzuhalten durch den Bahnhof. Kein Wunder, dass man Geisterbahnhof dazu sagte. Der ganze Ort wirkte unheimlich. Das gelbe Licht, der verfallene

Perron und die quer darüber gespannten Stromkabel glichen einer Filmkulisse. Aber das hier war real.

»Das ist doch die totale Verarsche!«

»Was denn?«, murmelte Oliver.

»Na, dass die ganz normalen Leute da oben in Ost-Berlin nichts von dieser U-Bahn hier mitbekommen sollen.«

»Nicht dein Problem«, sagte Oliver gleichgültig.

»Doch, ich hab damit ein Problem! Diese DDR-Ober-macker glauben ernsthaft, die Menschen würden nicht merken, dass unter ihnen eine U-Bahn fährt. Die schweigen die Strecke tot. Aber letzte Woche stand bei uns in der Zeitung, dass die SED-Bonzen mit viel Aufwand den Bahnhof Walter-Ulbricht-Stadion in Stadion der Weltjugend umbenannt haben. Den Geisterbahnhof! Ja, für wen denn? Nur für den durchfahrenden Klassenfeind!« Einige Fahrgäste sahen zu ihnen herüber und schienen interessiert zuzuhören. Jochen war es egal. »Schau dir diese Soldaten an, alles junge Kerle! Wahrscheinlich findet sich sonst keiner für diesen Scheißjob.«

»Reg dich nicht auf. Du kannst es sowieso nicht ändern.« Oliver drückte seine Stirn an die Scheibe. Der Zug fuhr wieder in den Tunnel ein. Hier war das Licht zwar schwächer als im U-Bahnhof, aber immer noch wesentlich heller als in einem Tunnel auf West-Berliner Gebiet. Der Zug schlich weiter, und Jochen schloss die Augen. Bis Tegel war es noch weit.

»Jochen! Da! Da!«, kreischte Oliver plötzlich und fuhr ruckartig zurück. »Hast du das gesehen?« Er packte Jochens Arm.

Jochen war nicht der einzige, dem der Schreck in die Knochen fuhr. Die Frau schräg gegenüber starrte ihn mit zornig verkniffenen Lippen an.

»Jochen! Da hing ein Mann an der Decke!«

Die Bahn ratterte. Jochen musterte Oliver mit hochgezogenen Augenbrauen, sah die blutunterlaufenen Augen, den glasigen Blick.

»Doch! Ehrlich! Ich habe ihn genau gesehen. Er hing kopf-über von der Decke. Hier, direkt neben der Scheibe. Ich hab ihm ins Gesicht gesehen, bloß dass es verkehrt herum war.«

»Oliver ...?«

»Ja?« Seine Stimme klang zaghaft.

»Tu mir bitte einen Gefallen, ja? Lass das mit dem Saufen. Es bekommt dir nicht.«

Oboe schaute sich hektisch um. Da war der Kühlraum – nein, wenn er sich da versteckte, wäre er auch bald Kühlware. Aber daneben befand sich ein Bad mit Toilette und Dusche. Die Tür ließ er angelehnt und stellte sich in die Duschnische, hinter den grauen Plastikvorhang. Er hörte, wie der Mann und die Frau den Leichensaal betraten. Sie unterhielten sich. Die Männerstimme erkannte Oboe sofort.

»Kannst du bitte mal schauen, woran er gestorben ist?«, bat Fuchs. »Du weißt ja, worauf wir achten müssen.«

»Willst du eine gründliche Autopsie? Die kann drei Stunden dauern, und ich muss wieder zurück. Oder reicht ein gründlicher Augenschein?« Sie betonte das Wort Augen-schein, als wäre es ein Fachbegriff.

»Der gründliche Augenschein muss reichen.«

»Wenn du mir hilfst, geht es schneller«, wies sie ihn an. »Da drüben in dem Instrumentenschrank ist sicher eine Schere ...«

Oboe hörte Geklapper, dann das Reißen von Stoff.

»Heb mal mit an, dass wir die Kleider runterkriegen.«

Eine Weile war geschäftiges Arbeiten zu hören.

»Hm, so gut warst du auch mal gebaut.« Lag da tatsäch-lich ein Lächeln in ihrer Stimme? Etwas Anzügliches? Oboe lauschte gespannt.

»Meine Güte! Der ist ja regelrecht zersiebt. Hier ein Durchschuss, hier noch einer, da ein Steckschuss.«

»Die Wachposten haben Schießbefehl.« Sachlich.

»Das hier sind wahrscheinlich Verletzungen vom Unfall.«

»Woran ist er denn gestorben?«

Sie schien zu zögern. »Er hat auch einen extremen Blut-verlust erlitten. Aber das ist oft so bei Schwerverletzten, die ins Wasser fallen. Die bluten aus. Das hier am Hals wäre vielleicht ein Indiz. Und kein Schaum in Mund oder Nase. Aber letztendlich könnte er auch ertrunken sein. Um das si-cher sagen zu können, müsste ich den Brustraum öffnen.«

»Na gut. Mach das bitte.«

»Schieb mal den Instrumentenwagen rüber. Und zieh dir Handschuhe und eine Gummischürze an, damit dein Anzug nichts abbekommt.«

Oboe hörte quietschende Geräusche und wieder Geklap-per.

»Gib mir mal das große Skalpell. Und nun die bogenför-mige Säge. Nein, die daneben.« Ein fürchterliches Schaben erklang. Dann nach einiger Zeit ein Knacken, das von einem schmatzenden Geräusch begleitet wurde.

»Zieh mal hier, dass wir den Brustkorb aufbekommen.«

Etwas brach knirschend und gab nach.

»Und?«, drängelte Fuchs.

»Kein Wasser in der Lunge. Er war tot, bevor das Auto ins Wasser fiel.«

»Wie ist er denn nun gestorben?«

»Also diese Verletzungen am Hals, hier und hier, das sind keine Schussverletzungen, obwohl sie so aussehen. Und die Unfallverletzungen sind mehr an der Stirn und an den Schul-tern. Aber es muss ja irgendeinen Grund gegeben haben, warum der Wagen die Absperrungen überhaupt durchbro-chen hat. Einen Grund, der vorher schon da war. Das wäre meine Vermutung.« Die Frau stieß die Tür zur Toilette auf.

Oboe zuckte kurz und erstarrte. Sein Atem ging flach.

»Ich muss jetzt weg, sonst fällt meine Abwesenheit auf«, sagte die Frau. »Und ich muss einen Umweg fahren, weil der

Grenzübergang bestimmt beobachtet wird.« Sie sprach in den Saal hinein, während sie sich am Waschbecken gründlich zuerst die Hände wusch und danach mit Desinfektionsmittel einrieb. Fuchs gesellte sich dazu und wusch sich ebenfalls die Hände.

Oboe presste sich an die kalten Kacheln, schnupperte. Dieser Duft kam ihm bekannt vor. Er riskierte einen Blick durch den Vorhangspalt. Und tatsächlich, es war die Frau aus dem Foyer. Mit Fuchs! Wie seltsam, fand Oboe. Zumal sie so eindeutig nach Westen roch.

In diesem Augenblick hob sie den Kopf. Wirkte irritiert. Lauschte.

Hörte sie seinen Atem? Oboe zog den Kopf ein, hielt die Luft an.

Plötzlich ein Scheppern, dann ein Fluchen. Der beißende Geruch des Desinfektionsmittels erfüllte den Raum.

»Welcher Idiot hat das hier angebaut? Schau dir das an, noch nicht mal Dübel hat er benutzt!«

»Wird wohl gerade keine gegeben haben.« Oboe hörte das Lächeln in der Stimme und ein schmatzendes Geräusch, das diesmal mit ziemlicher Sicherheit ein Kuss war. Er war verwirrt.

Im Vorbeigehen strich Fuchs über den rauen Bezug der Stühle, die den Konferenztisch in seinem Büro säumten. Der dicke Teppich schluckte das Geräusch seiner Schritte. Er ging zur Schrankwand, die die gesamte rechte Seite einnahm. Hinter zwei der Türen versteckten sich eine prall gefüllte Kleiderstange, ein Aktenregal und ein versteckter Waschplatz. In einem beleuchteten Regal blubberte leise der Samowar. Fuchs nahm sich ein Glas mit Kupfergriff. Das heiße Wasser lief zischend hinein, der Teebeutel färbte es braun.

Mit dem dampfenden Glas trat Fuchs ans Fenster und schaute auf den Innenhof. Autos parkten entlang der kargen Zierbuschrabatten. Ein Lieferwagen mit der Aufschrift *Frischfisch Egon Drewers* rollte langsam durch das Tor Richtung Abteilung C, wo sich im Keller die Vernehmungsräume befanden. Ein Gärtner tauschte das Gestrüpp in einem der Pflanzenkübel gegen frische Stiefmütterchen aus.

Jetzt trat ein älterer Mann ins Bild. Fuchs sah genauer hin. Ein Mann mit einem Gehstock! Fuchs stieß pfeifend die Luft aus. »Das kann doch nicht wahr sein!« Zügig umrundete der Mann die Pflanzenkübel und hielt auf den Ausgang zu. »Diese Dreistigkeit habe erstmal einer!«, schnaubte Fuchs. »Eine Anweisung von mir derart zu ignorieren. Unglaublich!«

Er ging zum Telefon, drückte einen Knopf. »Fuchs hier.« Knapp und scharf klang seine Stimme. »Otto Boettcher hat soeben das Gelände verlassen. Welche Uhrzeit haben Sie bei seinem Zutritt notiert?« Er hielt inne, hörte zu. »Und wo wollte er hin? Was hat er hier gemacht?« Am anderen Ende der Leitung wurde hastig geblättert. »Ach? Darüber haben Sie keine Angaben? Das nächste Mal lassen Sie sich den Grund des Besuchs nennen, verstanden? Sonst notiere ich mir etwas über Sie!« Er knallte den Hörer auf die Gabel und wählte erneut. »Funken Sie Genosse Schneider an. Warnen Sie ihn, dass Otto Boettcher soeben unser Gelände verlässt und sehr wahrscheinlich auf dem Weg nach Hause ist.« Er ließ sich auf den Drehstuhl fallen und fixierte mit schmalen Augen die russischen Skulpturen auf der Fensterbank. Was hatte Boettcher hier gewollt? Steckte Ulbricht dahinter? Und wenn ja, was hatte der Alte vor?

Seit vier Uhr früh war Schneider jetzt auf den Beinen. Der Chef hatte ihn direkt vom Hafen aus losgeschickt, aber es dauerte ein Weilchen, bis Schneider seine Truppe zusammengetrommelt hatte. Auf der Straße postierte er Wachtposten. »Einer da im Hauseingang, einer an der Bushaltestelle.« Wenn Boettcher sie in seiner Wohnung erwischte, wäre das für Schneider der Fahrschein nach Sibirien. Ein Schauer streifte seinen Nacken. Er durfte keine Fehler machen.

Ein Spezialist öffnete lautlos die Wohnungstür.

»Mach zuerst die Bilder mit der Sofortbildkamera«, wies Schneider den Fotografen an, »damit wir hinterher alles wieder an seinen Platz stellen können.« Er schnupperte in den Wohnungsflur. »Komisch, es stinkt gar nicht«, murmelte er, »obwohl Boettcher doch starker Raucher ist.« Rechts lag die Küche der Altbauwohnung, sehr gemütlich. Hier kochte jemand gerne, es fehlte an nichts. »Und natürlich lauter Westgeräte, sogar ein Geschirrspüler von Miele«, brummte Schneider. An der Wand hingen Kupfer- und Gusspfannen. Auf einem Hackbrett lag ein ungewöhnliches Messer. Schneider pfiff leise durch die Zähne. »Ein japanisches.« Im Gewürzregal standen Sachen, deren Namen er noch nie gehört hatte. »Mach ein Foto«, befahl er. »Vielleicht sind Drogen dabei.«

Es gab eine Terrassentür zum Hof. Hier sah Schneider, warum es nicht roch. Neben einem Gartenstuhl stand ein randvoller Betonaschenbecher.

Auch die Speisekammer war gut gefüllt, genau wie der Kühlschrank, viel teure Westware. »Der lässt es sich gut gehen.« Routinemäßig durchsuchte Schneider auch das Gefrierfach. Dort lag ein Zettel, auf dem stand: »Hier werdet Ihr nichts finden.« Schneider lief es kalt über den Rücken. Waren sie so leicht durchschaubar? Für Boettcher offenbar schon.

Erfolglos suchten sie die Bodendielen nach losen Stellen ab. Dann kam das Schlafzimmer dran. Blitzblanker Boden, links ein französisches Bett, rechts ein Kleiderschrank mit Spiegeltür und eine Kommode. Darin fanden sie Unterwäsche, Strümpfe und mehrere Tuben Rheumasalbe. Ganz unten stand ein Paar sehr abgelaufener Militärstiefel, offenbar russischer Herkunft, staubig und schon lange nicht mehr benutzt. Auf dem Nachttisch lag eine Lesebrille und ein Buch von Cervantes: Don Quixote. »Der kann auch Spanisch«, staunte Schneider. In der Schublade entdeckten sie eine Makarow-Pistole mit zwei Ersatzmagazinen und ein Päckchen Kondome, Westware. Hatte Boettcher noch Damenbesuch? Im Kleiderschrank hingen links Anzüge und Hemden auf Bügeln an der Stange, rechts waren Fächer mit Pullovern. Im untersten Fach stand eine große Schachtel. Als Schneider sie hervorzog, fiel irgendetwas herunter. »Mist! Das war eine Falle.« Er bückte sich, um nachzuschauen, was es war. Eine Spielkarte, ein Kreuzbube. Wo und wie hatte die unter der Schachtel gelegen? Schneider fühlte sich ertappt, Boettcher war ihm über. In der Schachtel lag ein Zylinderhut. »Den braucht er wohl für Staatsbegräbnisse«, vermutete Schneider. Er schob die Schachtel zurück und schob die Spielkarte darunter, richtig herum, wie er hoffte.

Das Wohnzimmer war weniger karg. »Mensch, das ist ja größer als meine ganze Wohnung«, raunte der Fotograf. Auf dem Boden lag ein edler Teppich mit Mustern in leuchtenden Farben. An der Wand hing ein riesiges Breitschwert, ein antiker Bidenhänder. »Meine Güte, ist das Ding echt?«, flüsterte der Fotograf und machte Bilder. Auf dem Couchtisch entdeckte Schneider Verräterisches. »Sieh mal an, aktuelle Ausgaben von Spiegel und Stern. Mach Fotos!« Eine große Anrichte, ein volles Bücherregal – hauptsächlich Militärisches, auch auf Russisch und Englisch –, und ein Schreibtisch mit Stuhlsessel. Darüber hingen einige Landschaftsaquarelle von Paul Boettcher, dem Bruder, und ein Gemälde, das auf Schneider ziemlich bunt und kindlich wirkte, von einem gewissen Chagall.

Es gab noch einen Vitrinenschrank. Hier war einiges zu sehen, das anscheinend mit Boettchers bewegter Vergangenheit zu tun hatte: ein orientalischer Krummdolch. Zwei antike Duellpistolen. Mit Waffen kannte Schneider sich aus.

Daneben stand eine Zigarrenkiste mit persönlichen Widmungen von Ernesto Che Guevara und Fidel Castro, datiert auf den Januar 1962. Damals hatte der KGB die Kubaner beim Aufbau ihres neuen Geheimdienstes unterstützt, wusste Schneider. Ein Regalbrett tiefer fand sich eine eindrucksvolle Sammlung sämtlicher Orden und Auszeichnungen, die die DDR zu verleihen hatte, außerdem zwei sowjetische Orden. Otto Boettcher war hochdekoriert.

In der Ecke stand eine große Musik- und Fernsehtruhe. Obendrauf viele Platten. Schneider schaute: Miles Davis, Dave Brubeck, John Coltrane – Imperialistengedudel.

Vorsichtig durchsuchte er den Schreibtisch. Auf der Arbeitsfläche eine Tüte Russisch Brot, halb leer, und eine volle mit Erdnussflips. In einer Schublade fand er elf Pässe, auch westdeutsche, britische und einen US-amerikanischen. Er kam sehr in Versuchung, diese Schätze einzustecken, aber er war ja nicht allein, der Fotograf hatte es schon dokumentiert.

In einer weiteren Schublade lagen noch eine Pistole, eine Schachtel Silbermunition und ein Fläschchen mit der Aufschrift *Weihwasser*. Also wusste Boettcher mit der Abteilung V Bescheid. Sonst gab es nur die üblichen Unterlagen, Geburtsurkunde, ein Testament zu Pauls Gunsten und ein kleines Fotoalbum, das vor allem Bilder von Boettchers Eltern zeigte. Auf einem erkannte Schneider auch Ulbricht, der mit den beiden Boettcher-Brüdern an einem Gartentisch beim Bier saß. Schneider fiel auf, dass es in der ganzen Wohnung nichts Lebendiges gab, keine Pflanzen, nicht einmal die unvermeidlichen Efeututen oder Grünlilien.

Das Funkgerät meldete, dass Boettcher soeben die Normannenstraße verließ. Sie hatten noch maximal zehn Minuten, wenn er tatsächlich direkt nach Hause fuhr, waren aber auch fast durch. Den Flur noch. Dort gab es nur eine Garderobe, an der ein Mantel hing. Die Taschen waren leer. Auf dem Ablagegitter reihten sich ein Hut und ein Paar Handschuhe. Erst jetzt entdeckten sie einen Hängeboden über der Eingangstür, bei der Deckenhöhe dieser Altbauten fiel er kaum auf. Wie kam man da hoch? »Räuberleiter!«, befahl Schneider.

Die beiden Kollegen stellten sich mit verschränkten Händen hin, und er kletterte an ihnen hoch, stand wackelig auf ihren Schultern. Als er den Vorhang vor dem Hängeboden zur Seite schob, wallte eine Staubwolke auf. Er riss sich zusammen, um nicht zu niesen. Ganz vorne stand ein Koffer, offenbar halb gepackt und bereit für den Fall der Fälle. Dahinter lagen einige Florette und Degen, eine Fechtmaske und eine Schutzweste, alles sehr eingestaubt, lange nicht mehr benutzt. Oboe war früher ein sehr guter Fechter gewesen, das wusste Schneider.

In diesem Augenblick knatterte das Funkgerät, der Wachposten meldete: »Das Zielobjekt parkt vor dem Haus, steigt aus ...« Die beiden Techniker erschraken, und die menschliche Pyramide brach zusammen. Schneider konnte gerade noch abspringen. Hastig verließen sie die Wohnung und eilten die Treppe nach oben, um Boettcher nicht zu begegnen. Kaum war er in der Wohnung verschwunden, schlichen sie sich wieder runter. Da wurde die Wohnungstür aufgerissen. »Ach, Genosse Schneider«, rief Boettcher. »Waren Sie erfolgreich?«

Fuchs lehnte sich in seinem Chefsessel zurück. »Haben Sie inzwischen etwas über die Boettcherbrüder zusammentragen können?«

Schneider trat seitlich an den Schreibtisch, straffte die Brust und stellte die Hacken dicht nebeneinander. »Wo soll ich anfangen, Genosse Generalleutnant?«

»Am Anfang, Genosse Schneider, am Anfang. Ich möchte die biografischen Fakten vertiefen, das könnte in diesem Fall wichtig sein. Aber setzen Sie sich doch, wir sind hier nicht beim Militär.«

Schneider zog einen Stuhl heran. Die Akten legte er vor sich auf den Tisch.

»Beginnen Sie mit Otto Boettcher«, befahl Fuchs.

Schneider räusperte sich. »Ja, also ... geboren am 1. Mai 1897 in Berlin. Erster Sohn von Karl Wilhelm und Irma Helene Boettcher. Zwei Jahre später kommt sein Bruder Paul zur Welt. Keine weiteren Geschwister. Der Vater meldet sich 1914 freiwillig zum Militärdienst. Er tritt in ein Artillerie-bataillon ein, wo er den jungen Richard Sorge kennenlernt.«

»Einen der besten Spione, die der russische Geheimdienst je hervorgebracht hat«, nickte Fuchs. »Wurde posthum zum Helden der Sowjetunion ernannt. Ungefähr derselbe Jahrgang wie Otto. Das passt.«

»Ja«, bestätigte Schneider. »Sie schlossen Freundschaft, nachdem Boettchers Vater 1916 gefallen war.«

»Ach ...?«, machte Fuchs erstaunt.

»Ja. Sorge wurde in demselben Gefecht schwer verletzt. Er muss ein sehr enges Verhältnis zu Karl Boettcher gehabt haben, denn die Familie Boettcher nimmt ihn nach seinem Aufenthalt im Lazarett für ein paar Monate auf wie einen dritten Sohn.«

Fuchs legte die Fingerspitzen gegeneinander. »Das hat sie zusammengeschweißt, Sorge und Boettcher.« Er drückte nachdenklich die Zeigefinger gegen das Kinn. »Wie ging es dann weiter?«

»Boettcher macht Abitur. Er wird Soldat, kommt aber nicht mehr an die Front. Um die Familie zu ernähren, arbeitet er in einem Handelskontor.«

»Artig«, murmelte Fuchs. »Weiter.«

»1920 stirbt Boettchers Mutter an Tuberkulose. Seitdem sind Sorge und die Boettcherbrüder so gut wie unzertrenn-lich –«

»Beide Brüder?«, fiel Fuchs ihm ins Wort.

»Beide«, nickte Schneider. »1923 tritt Otto Boettcher in die KPD ein, wo er auf Walter Ulbricht trifft. 1924 nimmt ihn Ulbricht mit nach Moskau, wo sie beide an einem Lehrgang an der Lenin-Schule der Kommunistischen Internationalen teilnehmen.«

»1924 wohnte doch auch Sorge mit seiner Frau bereits in Moskau«, ergänzte Fuchs. »Da waren unsere Freunde ja wieder zusammen.«

»Ja, aber nicht lange.« Schneider blätterte hastig um. »1926 geht Boettcher mit Ulbricht wieder zurück nach Deutschland. Ulbricht macht Karriere in seiner Partei. Boettcher beginnt ein Studium.«

»Was studierte er?«

»Nationalökonomie und politische Wissenschaften.«

»Wo?«

»Berlin und Hamburg.«

»Interessant. Er nimmt den gleichen Lebensweg wie sein Freund Richard. Das gleiche Studienfach, die gleichen Städte.« Fuchs Blick schweifte über die Landschaftsaquarelle, die über Schneiders blondem Kopf die Wand zierten. »Fahren Sie fort, Schneider.«

»1931 und 32 besucht er die Hochschule Komsomol in Moskau.«

»Da lernte er Genossin Erna Paschke kennen«, sagte Fuchs.

»Ja, aber die beiden werden kein Paar«, entgegnete Schneider eilig.

»Nein, natürlich nicht. Wie kommen Sie darauf?« In Fuchs' Mundwinkel zuckte der Anflug eines Lächelns. »Die Genossin strebte nach Höherem.« Die irritierte Miene seines Gegenübers amüsierte ihn.

»Na gut«, sagte Schneider. »Jedenfalls nutzt Boettcher die Gelegenheit, seinen Freund Richard zu besuchen. Und der bringt Otto in der besten Spionageabteilung unter, die es zu diesem Zeitpunkt gibt, in der GRU. Boettcher und Sorge werden die besten Agenten ihrer Generation.« In Schneiders Augen glühte die Bewunderung.

»Das ist lange her«, sagte Fuchs.

»Ende der 30er trifft er Ulbricht in Moskau wieder, der dort inzwischen im Exil lebt. Boettcher ist eigentlich eher ein Einzelgänger, aber die beiden werden innige Freunde.«

»Sagen Sie, war Boettcher nicht auch mal im KZ?«, fragte Fuchs. »Wann war das?«

»Im Dezember 1944 wird er in Berlin von der Gestapo beim Spionieren erwischt und ins KZ Sachsenhausen gebracht.«

»Stimmt! Und der gewiefte Hund konnte fliehen!«, rief Fuchs. »Aber angeschossen haben sie ihn, und zwar so unglücklich, dass er heute noch humpelt. Danach war er für die GRU nicht mehr zu gebrauchen. Wann ist er zurück nach Deutschland?«

»Schon 1945.«

»Ulbricht hat ihn in seine Gruppe aufgenommen, um beim Wiederaufbau der KPD zu helfen. Und unsere Freundin Erna Paschke war auch dabei. Fahren Sie fort, Schneider.«

»1952 ist er an der Entführung von Walter Linse beteiligt.«

»Ich weiß. Weiter!«, forderte Fuchs.

»1955: Beteiligung an der Entführung von Karl Wilhelm Fricke.«

»Hier trat erstmals die Abteilung V in Erscheinung«, sagte Fuchs, »soweit es mir bekannt ist. Vielleicht aber auch schon zwei Jahre früher.«

»1956: Entführung von Achim –«

»Ja, schon gut.« Fuchs seufzte. »Das ist mir alles noch im Gedächtnis. Kommen Sie zur Gegenwart, Genosse Schneider. Wie ist der Status quo?«

»Nun ja ...« Schneider überblätterte einige Seiten. »Otto Boettcher war nie verheiratet und hat keine Nachkommen. Privat, wie schon erwähnt, ist er ein Einzelgänger. Nur einige kurze Affären sind bekannt. Er hat eine enge Bindung zu seinem Bruder Paul. Auch zu Erna Paschke hielt er privaten Kontakt.«

»Tja, man fragt sich, warum«, murmelte Fuchs.

»Hier der Status quo.« Schneiders Knöchel pochte auf die Akte. »Seit Ulbricht nur noch sein Ehrenamt hat, ist es auch um Boettcher ruhiger geworden. Fast alle einstigen Annehmlichkeiten sind vom MfS gestrichen worden. Die letzten Beobachtungen ergaben, dass Boettcher seit Februar dieses Jahres wieder aktiver in Erscheinung getreten ist und auch verschiedene alte Kontakte reaktiviert hat.«

»Welche?«, fragte Fuchs.

»Das ... äh ...« Schneider räusperte sich. »... ist uns leider nicht umfassend bekannt.« Er fuhr hastig fort: »Der letzte Eintrag ist von heute früh, wo er von zwei Genossen der Volkspolizei am Osthafen in seinem Auto geweckt wurde.«

»Was Sie nicht sagen«, brummte Fuchs missmutig. »Sie können noch Folgendes zur Akte nehmen: 4.4.1973, 6:00 Uhr – Boettcher trifft Generalleutnant Fuchs. Er wird aufgefordert, seine Aktivitäten preiszugeben. 7:45 Uhr – Boettcher hält sich auf dem Gelände des MfS auf.« Das erstaunte Gesicht des jungen Mannes entging Fuchs nicht.

Eilig zog Schneider einen Kugelschreiber aus seiner Brusttasche und kritzelte die ihm mitgeteilten Informationen in die aufgeklappte Akte. Dann sah er Fuchs erwartungsvoll an.

Der runzelte verärgert die Stirn. »Wie kommt es eigentlich, Genosse Schneider, dass Ihr Bericht so große Lücken aufweist?«

»Nun ja, Genosse Boettcher hat sein Fach eben von der Pike auf gelernt.«

Fuchs zog hörbar die Luft ein.

Dem jungen Mann stieg die Röte ins Gesicht. »Boettcher findet leider jede Wanze und weiß auch seine Beobachter abzuhängen.«

»Ist das so?« Fuchs zog eine Augenbraue hoch. »Welche Dilettanten haben Sie denn auf Boettcher angesetzt, dass die nicht mal mit einem alten Mann fertig werden?«

Die Rückwand des Aufzugs war verspiegelt. Thea zupfte an ihren Haaren herum. Da war nichts mehr zu retten, die Frisur sah aus wie ein überfahrenes Kaninchen. Im neunten Stock stieg sie aus, gab die Filme vom Osthafen im Fotolabor ab und unterstrich dreifach den Vermerk »Dringlich!!!« auf dem Formular. Es war kurz nach acht, nur noch wenige Stunden bis zur Redaktionskonferenz, wo sie die Bilder präsentieren wollte.

Als sie in der zweiten Etage die Tür zur Redaktion öffnete, schlug ihr der übliche Lärm entgegen. Sie hörte mindestens zwei Telefone klingeln, die Kollegen hämmerten auf ihre Schreibmaschinen ein, Zigarettenqualm trieb unter der Decke, Endlospapier quoll aus dem Fernschreiber. Die vier Fernseher zeigten die Testbilder der verschiedenen Programme. An der großen Pinnwand links neben der Tür zum Konferenzsaal hing noch die Zeitung von gestern mit dem zweiköpfigen Kalb auf dem Titel.

Thea schaute in ihr Fach. Nur der übliche Kram, ein Reisekostenformular für die geplante Fahrt nach Friedland und die Fotonegative der Fluchttunnelreportage für Oliver. Sie schaltete die Schreibmaschine an, eine IBM-Kugelkopf mit Korrekturfunktion, und spannte einen Bogen Papier ein. Was war da heute Morgen überhaupt passiert? Eigentlich wusste sie gar nichts. Was konnte sie schreiben?

Sie rief Arnulf Jessen an, den Kollegen von der Lokalredaktion, der bevorzugt nachts arbeitete und normalerweise das Gras wachsen hörte. »Hat es letzte Nacht Flüchtlinge gegeben, die durch die Spree gekommen sind? Oder sind irgendwo Leichen angetrieben worden?«

»Nein«, sagte Jessen.

»Andere seltsame Ereignisse?«

»Nein, da war nichts. Ganz bestimmt nicht.«

»Okay, danke.« Thea legte auf und dachte einen Moment nach. Dann telefonierte sie noch einige Leute durch, die sie bei den Recherchen für ihr Buch kennengelernt hatte. Aber niemand wusste etwas. Alle waren neugierig und versprachen, sich umzuhören. Aber das nützte ihr im Augenblick gar nichts. Was sollte sie machen? Sie wusste nur, dass es große Aufregung im Osthafen gegeben hatte. Auf einem Blatt skizzierte sie in Stichworten die Fakten, zeichnete Kreise und Verbindungslinien. Ein Barkas der Volkspolizei war offenbar mit hohem Tempo ins Wasser gerast. Das ließ sich aus der Entfernung zum Ufer schließen, in der der Wagen wieder aufgetaucht war. Wichtige Leute hatten die Bergungsarbeiten beaufsichtigt.

Wieder hängte Thea sich ans Telefon. Nun versuchte sie es bei den offiziellen Stellen. Ihr Kontaktmann bei der Wasserschutzpolizei druckste auf ihre Frage hin plötzlich auffällig herum. Da war doch etwas im Busch? »Komm schon, Kalle, sag's mir. Was ist da los? Natürlich werde ich meine Quelle nicht nennen. Ehrenwort.«

Er sagte es ihr. »Da wollten Vopos in den Westen rübermachen. Aber nur einer hat's geschafft.«

»Einer hat's geschafft?«, wiederholte sie ungläubig.

»Laut Meldung von der Wache in SO 36 hat ein Anwohner der Cuvrystraße einen Mann gesehen, der aus der Spree ans Ufer stieg.«

»Wie sah er aus?«, hakte Thea hastig nach. »Hat er sich schon im Auffanglager Marienfelde gemeldet?«

»Bis jetzt hat sich nirgends ein Flüchtling gemeldet«, sagte Kalle. »Und andere Quellen haben wir nicht.«

Jemand hielt Thea einen Fotoumschlag unter die Nase. Joe Stobbe, der Bürobote, schaute auf sie herunter. Mit einer knappen Handbewegung bedeutete sie ihm, wo er die Bilder ablegen sollte. Sein Mund näherte sich ihrem freien Ohr. »Ich habe was ganz Heißes für dich«, wisperte er. »Der Tipp des Jahres! Aber nicht ganz billig.«

Fuchs trommelte mit dem Stift auf die Schreibtischplatte. »Und was haben Sie über den Bruder, Paul Boettcher? Aber machen Sie's kurz.«

Schneider zog die zweite Akte hervor, räusperte sich. »Paul Boettcher, geboren am 14. Juli 1899 in Berlin, ist das zweite und letzte Kind von Karl Wilhelm und Irma Helene Boettcher. Abitur. Kunststudium. Mitglied der KPD seit 1926. Wird unter anderem von Kokoschka unterrichtet. Er schließt sich dem Kreis um den Zeichner A. Paul Weber an, zieht sich aber zurück, als der beginnt, den Nazis zuzuarbeiten.«

»Wer zum Teufel ist A. Paul Weber?«, murmelte Fuchs.

Schneider zuckte die Achseln. »Keine Ahnung.«

»Dann zurück zu Boettcher.«

»Ja. Er reist viel und trifft Picasso in Paris.«

»Hört, hört.«

»Und er folgt seinem Bruder Otto in die Sowjetunion.«

»Wann war das?«, hakte Fuchs ein. »Das muss früher gewesen sein. In den Zwanzigern.«

»1924«, nickte Schneider. »Der Kontakt zu Richard Sorge ist ebenfalls belegt. Angeblich nutzte Sorge Pauls künstlerisches Talent und ließ ihn Pässe fälschen.« Schneider grinste. »Aber das ist nicht belegt.«

Fuchs zog bloß die Augenbrauen hoch.

»Ja, äh …« Schneider atmete tief ein. »Damit Paul unbeobachtet arbeiten kann, verschafft Sorge ihm eine Datscha außerhalb von Moskau, in der Nähe von …«

»Ich weiß«, nickte Fuchs. »Die Gegend ist mir bekannt. Ich war dort selbst mal eine Zeit lang im Lazarett.«

»Tatsächlich?« In Schneiders Blick flackerte die Überraschung. »Ja, na jedenfalls findet Paul Boettcher während dieser Zeit in der Datscha seinen Stil in der Landschaftsaquarellmalerei.«

»Wie schön«, brummte Fuchs.

»Auch Erna Paschke hält sich zeitweilig dort auf. Der Kontakt zu seinem Bruder und den Genossen bleibt ungebrochen.«

»So, so.«

Schneider blätterte um. »Im Gegensatz zu seinem Bruder Otto ist Paul ein Lebemann. Seine Bilder tauscht er unverfroren gegen Luxusgüter. Bei seiner Karriere als Maler kommt ihm der frühe Kontakt zu Ulbricht sehr zugute. Der vermittelt ihm Aufträge in der ganzen Republik. Paul nutzt das schamlos aus, um sich Annehmlichkeiten zu verschaffen.«

»Schamlos?«, fragte Fuchs. »Ist das Ihre Meinung, Schneider?«

»Nein, die Formulierung wurde einem IM-Bericht über ihn entnommen.«

»Tatsächlich? Der Maler hat also Neider?«

»Hatte«, verbesserte Schneider. »Krankheitsgründe zwingen ihn seit einiger Zeit, seine Aktivitäten einzuschränken.«

»Krankheitsgründe?«

»Ja, die Nieren machen nicht mehr mit. Er ist auf die Dialyse angewiesen.«

»Wo ist er jetzt? In seinem Atelier in Schmöckwitz?«

»In der Charité. Er ist schon seit Wochen im Krankenhaus.«

»Ach?« Fuchs schaute wieder auf die Landschaftsaquarelle hinter Schneiders Kopf. Er kniff die Augen zusammen. *Paul Boettcher 1969* stand in der rechten unteren Ecke. »Bedauernswert«, seufzte er.

»Tut mir leid, Kalle. Ich melde mich gleich wieder bei dir.«
Thea knallte den Hörer auf. »Was ist denn, Joe?« Sie fand
ihn widerlich, diesen schmächtigen Macho.

Joe hob den Zeigefinger. »Also, meine Bekannte, die Rita,
weißt du, die arbeitet in einer Klinik. Am Kleinen Wannsee.
Als Krankenschwester.«

Du liebe Güte, das fing ja schon verworren an! »Komm
zur Sache, Joe!«

»Ja, also die Rita, die arbeitet in so 'ner Promiklinik, ich
glaube, da werden auch Abtreibungen gemacht. Bei Promis.
Das ist illegal!«

»Ja, das ist es. Worum geht's, Joe?« Thea wurde sauer.

»Äh, also was lässt du denn springen?«

»Wofür? Bis jetzt habe ich nur Mist gehört.«

»Na, ich glaube, da läuft so 'n Fluchthelferding. Das ist
doch genau dein Thema, oder nicht?«

»Das kann ich dir erst sagen, wenn ich was Konkretes
gehört habe.«

»Na, also die Rita, die versorgt da seit neuestem einen
Patienten, der ist aus dem Osten. Der ist geflohen! Aber das
hat er ihr nicht gesagt.«

»Woher weiß sie es dann, die Rita? Hat er es auf seiner
Stirn tätowiert?«

»Nee, hat er nicht.«

»Zieh ab, Joe.«

»Aber der Typ raucht heimlich Karo-Zigaretten«, ereiferte
er sich. »Und er fragt immerzu, wie lange er in diesem kapi-
talistischen Wunderladen noch auf seine neue Niere warten
muss. Der kriegt nämlich Dilüse.«

»Das heißt Dialyse. Blutwäsche.«

»Ja, weiß ich doch.« Joe beugte sich so weit vor, dass sein
Mund fast Theas Ohr berührte. »Und er wird bewacht«, flüsterte er.

»Ach? Wird er das?« Thea überlegte. Sie maß der Geschichte keine große Bedeutung bei. Aber möglicherweise war es ein weiterer Puzzlestein für ihr großes Projekt. Ein weiterer Schritt auf ihrem Weg raus aus dem Tageszeitungsgeschäft, das für eine geschiedene Mutter verdammt hart war. »Okay«, nickte sie. »Gib mir die Klinikadresse und den Kontakt zu deiner Freundin. Ich werde schauen, was dabei rauskommt. Aber Geld gibt's erst hinterher.«

»Hier.« Er hatte schon einen Zettel vorbereitet. »Das ist bestimmt ein Knaller. Und dann will ich mindestens 'nen Fuffi.«

»Jaja.« Sie nahm demonstrativ den Telefonhörer ab und wedelte mit der Linken, damit er endlich abzog.

»Frag die Rita!«, mahnte er.

»Mach ich, Joe. Zieh Leine.«

»Schon gut, schon gut.«

Kalle hatte auf ihren Rückruf gewartet, aber er war jetzt merklich reservierter. »Du, ich habe gerade nachgeschaut«, begann er. »Die Spree hat im Moment genau acht Grad. Ohne Ausrüstung ist man da ganz schnell weg. Und vom Osthafen bis zur Westseite sind es bestimmt vierzig Meter. Ich glaube, dieser Anwohner, der da einen Schwimmer gesehen haben will, hatte einen zu viel getrunken.« Er lachte. »Beruf dich nicht auf mich, Thea. Alles, was ich dir gesagt habe, war ganz inoffiziell. Ich verlass mich auf dich.«

»Schon klar«, nickte sie. »Trotzdem danke.«

Ihr fiel niemand mehr ein, den sie noch anrufen könnte. Sie versuchte, in ihren Notizen, den Stichworten, Kreisen und Bögen, ein Schema zu finden, irgendetwas. Als Schlagzeile notierte sie Das Geheimnis vom Osthafen. Den Artikel begann sie mit den bekannten Fakten, die sie jetzt mit wilden Spekulationen spickte.

Die Fotoabzüge, die Joe gebracht hatte, rissen es raus. Auf einem war wunderbar der Barkas am Kranseil zu erkennen. Mit ihrem Artikel und den Fotos ging Thea zum Chef vom Dienst.

»Thealein, wie siehst du denn aus?« Der Chef duzte jeden, und mit Kosenamen war er sehr erfinderisch.

»Na, ich bin heute Morgen durch die Spree geschwommen.« Der Chef vom Dienst mochte kecke Antworten. Solange der Scherz nicht auf seine Kosten ging. Er fasste Thea auch gerne mal an den Hintern.

»Setz dich, Schätzchen.«

Sie stellten das Material so zusammen, dass vor allem die Fotos mit entsprechend reißerischen Unterschriften und der fette Titel den Aufmacher für die erste Seite ergaben. Dazu setzte der Chef vom Dienst ein schwer verstümmeltes Textfragment.

Die Bilder schienen ihn nicht loszulassen. »Hier, der Volvo ...« Er pochte auf ein Foto, auf dem die Lang-Limousine gut zu erkennen war. »So einen fahren da drüben höchstens zehn Leute. Da war ein sehr wichtiger Mensch bei der Bergung anwesend. Hast du ihn gesehen?«

Thea schüttelte den Kopf. »Nicht den, der schon drin saß.« Aber sie registrierte die Information. Einerseits war sie stolz, dass sie morgen den Aufmacher hatte. Aber sie war auch unzufrieden. Wenn sie es erstmal zu den seriösen Medien geschafft hatte, würde sie sich nicht mehr in ihrem Text rumpfuschen lassen.

6

Peter war eines seiner Lieblingslieder von Marlene. Bevor Ulbricht ins Esszimmer ging, drehte er es lauter, sodass man den Gesang dort gut hören konnte. Das Esszimmer war eine Beleidigung für die Augen. Lotte hatte eine groß gemusterte, orangefarbene Westtapete anbringen lassen, die mit dem Mobiliar in Eiche rustikal und Plastik-Stahlrohr in etwa so gut harmonierte wie Karl Marx mit der *Financial Times*.

Zum Abendbrot gab es Senfeier mit Salzkartoffeln, auch das noch. Ulbricht verzog das Gesicht.

»Passt dir wieder etwas nicht?« Sie keifte, kaum dass sie ihn sah. »Kannst du diese Musik nicht mal abstellen?«

Während er sich die große Serviette um den Hals band, dachte er, dass er das gerne auch mal bei ihr machen würde. Nur etwas fester. Bei der Vorstellung musste er unwillkürlich lächeln.

»Was grinst du so blöde?« Lotte war wieder besonders gut gelaunt. »Guten Appetit.« Er füllte sich Eier und Soße über die Kartoffeln und begann zu essen.

»Du hast schon wieder gekleckert.«

Sie ging ihm auf die Nerven. Am liebsten würde er aufstehen und gehen. Aber so schnell wurde er sie nicht los. Vorhin hatte er sich noch einmal den Briefwechsel angeschaut. Hoffentlich war Oboe bald mit den Vorbereitungen fertig. Geistesabwesend ließ er den Löffel mitten in die Soße fallen. Es spritzte, und überall auf dem Wachstischtuch verteilten sich Soßenflecken.

»Brauchst du jetzt schon jemanden, der dich füttert?«

Oh, diese Giftspritze! Ihm war der Appetit vergangen.

Mühsam erhob er sich, dabei kippte der Stahlrohrstuhl mit Getöse aufs Parkett. Er kümmerte sich nicht darum. Langsam schlurfte er aus dem Raum, der Musik entgegen, während seine Frau hinter ihm weiterzeterte.

»Genossin Ekatarina Levantova«, krächzte die Gegensprechanlage.

Seine Armbanduhr zeigte zwanzig nach sechs. Drei Stunden hatte sie gebraucht, seit er sie gerufen hatte. »Soll reinkommen«, befahl Fuchs. »Und wir möchten nicht gestört –«

Die Tür flog auf, knallte gegen die Holzpaneele an der Wand. »Aber sonst geht's dir gut, ja?« Sie stampfte herein. »Wie soll ich meine Scheinidentität wahren, wenn du mich jetzt schon zweimal täglich herbestellst? Die Geheimdienstler drüben sind auch nicht auf den Kopf gefallen!«

Er grinste. »Ach, nein?« Oh, wie er sie liebte, wenn sie so aufgebracht war! Das lange dunkle Haar wehte, die schräg stehenden Augen funkelten. Er ging zur Tür, schaute ins Vorzimmer und sagte zu seiner Sekretärin: »Ich bin nicht zu sprechen. Für niemanden.« Als er sich wieder umdrehte, stand Ekatarina am Schreibtisch. Sie sah sich die Fotos an, die er dort ausgefächert hatte. »Ja, mein Schatz, genau deshalb habe ich dich gerufen.«

»Ein Auftrag?«, fragte sie. »Worum geht es?«

Er tippte auf eines der Bilder. »Kommt dir der Wagen bekannt vor?« Das Foto zeigte einen Barkas der Volkspolizei vor dem Bahnhof Friedrichstraße. Ein Mann und ein Mädchen stiegen gerade aus. Ein Polizist stand neben der Wagentür, ein weiterer saß am Steuer.

Ekatarina zuckte die Achseln. »Die sehen alle gleich aus.«

»Du sollst dich um diesen Mann hier kümmern«, sagte Fuchs, der über ihre Schulter blickte und dabei ihren Rücken streichelte, sanft die Haare zur Seite schob und anfing, ihren Nacken zu küssen.

Sie fuhr herum. »Lass das! So geht das nicht! Ich bin Ärztin. Ich habe eine Praxis, habe Verpflichtungen. Hast du das vergessen?«

»Nein, habe ich nicht.« Fuchs küsste sie auf den Mund. Er knöpfte ihren Mantel auf und strich dabei wie zufällig über ihre Brüste. Unter dem Mantel trug sie einen ziemlich engen, weißen Kittel.

Ekatarina machte einen Schritt zur Seite. »Ich bin auch meinen Patienten gegenüber verpflichtet.«

»Aber in erster Linie mir«, erwiderte Fuchs und küsste ihren Hals. Der Mantel glitt zu Boden. Fuchs hielt inne und betrachtete entzückt, was er da entblättert hatte. Seit sie beide aus Moskau zurückgekehrt waren, hatte Ekatarina sich nicht mehr verändert. Dabei waren seitdem über zwanzig Jahre vergangen. Das stressige Doppelleben hatte keine Spuren hinterlassen, nicht eine Falte mehr als früher, es war verblüffend. Fuchs fand, dass er selbst viel zu schnell gealtert war. Er setzte langsam einen Bauch an, dagegen ließ sich auch mit Sport nichts machen. Und er hatte das unangenehme Gefühl, sich beim Sex mit Ekatarina jedes Mal etwas mehr anstrengen zu müssen. Es kam ihm vor, als müsse er sie jedes Mal mit noch mehr Gewalt nehmen, als ließe sie ihn nur noch aus Mitleid gewähren. Aber egal, er konnte nicht anders. Fordernd drückte er seine Lippen auf ihren Mund. Ungerührt stand sie da und ließ es mit beleidigtem Gesicht über sich ergehen.

»Jetzt komm schon! Ekatarina!« Er griff ihr hart in den Schritt und suchte von dort den untersten Knopf ihres Kittels. »Der Mann auf dem Foto war auf Paschkes Beerdigung.« Ein Kuss, und er nestelte am nächsten Knopf. »Er kommt aus West-Berlin. Aus Tegel, um genau zu sein.« Wieder ein Kuss, und er fand noch einen Knopf. »Er war auch in Paschkes Wohnung.« Seine Küsse wurden begieriger, aber er blieb mit den Händen an der Knopfleiste. »Dort hat er sich bis zur

Besinnungslosigkeit betrunken und einen Fernsehapparat die Treppe hinuntergeworfen.«

»Wozu das?«, fragte sie irritiert.

»Ich habe keinen Schimmer.« Er drängte ihr seine Zunge in den Mund. Der Kittel öffnete sich wieder ein Stück weiter.

»Was wollte der Typ in der Wohnung?«

»Das sollst du herausfinden, mein Engel.«

Sie musterte ihn misstrauisch. »Mit allen Mitteln?«

Fuchs nickte. »Der junge Mann saß im selben Barkas, dessen Fahrer du heute früh untersucht hast.«

»Heißt das, dieser Typ hat den Fahrer umgebracht? Nicht dein Ernst!«

»Nein, er war es nicht. Er ist mit seiner Tochter am Grenzübergang Friedrichstraße ausgestiegen. Jetzt ist er wieder drüben.«

Endlich gab der letzte Knopf Ekatarinas schlanken Körper frei. Es war immer noch der Körper eines Mädchens. Spitzenbesetzte Unterwäsche bedeckte die schönsten Stellen. Eine Woge der Lust überkam Fuchs. »Bei deinen Reizen sollte es dir ein Leichtes sein, dir den jungen Mann mal genauer anzusehen.« Er zog sie an sich und küsste sie innig. Diesmal erwiderte Ekatarina seinen Kuss.

»Was genau willst du denn wissen?«, fragte sie.

»Warum er da war. Was es mit dem Fernseher auf sich hatte. Ob es einen Kampf gegeben hat. Denn genau zu diesem Zeitpunkt tauchte jemand aus der Abteilung V auf. Finde heraus, wie das alles zusammenhängt.«

Er sehnte sich danach, dass sie ihn anfasste. Aber ihre Hände stützten sich auf die Tischkante, völlig unbeteiligt. Das machte ihn wahnsinnig! Ungeduldig zerrte er ihr den Kittel vom Leib und machte den BH auf, saugte an den freigelegten Brüsten. Dann drückte er Ekatarina rücklings an seinen Schreibtisch und riss ihr den Slip herunter.

Sie lächelte. Endlich spürte er ihre Hände an seiner Hose,

die ihm jetzt viel zu eng wurde. Mit gekonntem Griff zog sie sich ihren Slip über die Füße und setzte sich auf die Tischplatte. Fuchs unternahm noch einen schwachen Versuch, die Fotos zu retten, aber es war zu spät. Egal, egal.

»Was soll ich mit ihm machen?«, hauchte Ekatarina. »Das Gleiche wie mit dir?« Dabei umfasste sie hart seine Erektion.

»Bitte jetzt nicht mehr reden.«

Draußen nieselte es. Oliver saß auf dem Beifahrersitz von Jochens Taxi. »Sie hat nur gesagt: Wir treffen uns um halb acht beim Griechen. Kein Grund, keine Erklärung. Das bedeutet nichts Gutes bei Thea.« Er presste Luft durch die Lippen, wippte nervös mit dem Knie. »Was meinst du, was will sie von mir?«

»Keine Ahnung.« Jochen zuckte die Schultern.

Das Radio dudelte *Mothers little Helpers* von den Stones.

»Warum sind die Weiber so?«, sinnierte Oliver. »Du machst einen winzigen Fehltritt, weil du zu viel getrunken hast, und sie quittieren es dir gleich mit Scheidung. Wegen einem belanglosen Seitensprung gibt man doch nicht gleich Haus und Familie auf!«

»Einem?«, fragte Jochen. »Ist das nicht das falsche Zahlwort?«

Oliver stöhnte. »Mann, du weißt doch, wie es war. Sie hat mir nichts bedeutet.«

»Dafür warst du aber ganz schön oft bei ihr.«

»Fang du nicht auch noch an! Ich weiß nicht mal mehr, wie sie hieß.«

»Karin«, half ihm Jochen auf die Sprünge.

»Ach, sieh mal an, du weißt es noch.«

»Klar, schließlich musste ich sie ja trösten.« Jochen grinste.

»Und wie wir Männer nun mal sind, habe ich dir das längst verziehen«, grinste Oliver zurück. »Aber Frauen sind da anders. Deren Gehirn funktioniert viel komplizierter. Bei uns Männern ist alles einfach.«

»Nur das Geld verdienen nicht, was?«, warf Jochen ein.

»Das ist genau der Punkt«, seufzte Oliver. »Da hat sie mich am Wickel. Nicht nur, dass sie die Scheidung durchgezogen hat. Sie will mich leiden sehen! Jeden Tag lässt sie mich spüren, dass ich ein Versager bin. Der Fotoladen steht kurz vor der Pleite. Wenn Thea mir nicht ab und zu ein paar Aufträge von der Zeitung zuschanzen würde, wär's längst aus.«

»Ist doch eigentlich nett von ihr«, meinte Jochen.

»Nein, es ist ein verdammtes Machtspiel!« Oliver drosch sich mit der Handfläche aufs Knie. »Früher habe ich sie zum Essen eingeladen. Heute kann ich noch nicht mal absagen. Weil mir nämlich wirklich der Magen knurrt. Und wenn's nur das wäre! Seit Wochen überlege ich, wo ich die letzten zwei Monatsmieten herbekommen soll. Nur deshalb bin ich auf die Sache mit dem Kreuz eingestiegen. Aber ich hab's vermasselt.«

»Ja, weil du dich volllaufen lassen musstest.«

»Und jetzt bestellt sie mich ein, als wäre ich ihr Mitarbeiter.«

»Na, sie wird dir schon nicht den Kopf abreißen. Ich lass dich vor dem Zeus raus und verschwinde. Dann könnt ihr euch mal aussprechen.«

»Nee, Jochen, du kannst mich doch jetzt nicht hängen lassen!«, fiel Oliver ihm ins Wort. »Ich brauche die Kohle! Du als neutraler Dritter könntest Thea beschwichtigen, wenn sie in Rage gerät. Ich bin der Versager, aber von dir hält sie mehr.«

Jochen runzelte die Stirn. »So? Glaubst du?«

»Aber sicher doch, Mann. Na, komm schon.«

Die Anstrengungen der letzten Tage steckten Oboe in den Knochen. Unschlüssig betrachtete er die Leuchtschrift über dem Eingang des Ganymed. Er war hier, um sich Ernas Büro genauer anzusehen, und hatte beschlossen, den Besuch mit einem Abendessen zu verbinden. Das würde den Staatsorganen nicht verborgen bleiben, aber er hoffte, dass sie ihm das Essen nicht verwehrten.

Als er die Tür aufstieß, wieselte ihm der Empfangschef entgegen. »Genosse Boettcher, einen guten Abend wünsche ich. Haben Sie reserviert? Ich entsinne mich nicht, Ihren Namen auf der Liste gesehen zu haben.«

»Ich habe nicht reserviert, mich überkam spontan der Appetit«, sagte Oboe. »Wo darf ich mich setzen?«

Der Mann zog bedauernd die Luft durch die Zähne. »Tja, Genosse Boettcher, es tut mir leid, aber heute Abend ... wissen Sie, die Premiere drüben im Berliner Ensemble. Und dann hat sich noch kurzfristig hoher Besuch angesagt. Wir sind leider, leider sehr belegt derzeit. Ich könnte mir vorstellen, dass wir so in ... sagen wir, in dreißig Minuten ... oder auch vierzig vielleicht einen Tisch für Sie hätten. Derweil kann ich Ihnen nur einen Platz an der Bar anbieten.«

Früher wäre Oboe ohne Zögern zu seinem Tisch geleitet worden, dem Tisch, an dem er immer saß. Jetzt lächelte er schwach, bevor er antwortete. »Vierzig Minuten?«

»Unter uns«, raunte der Mann, »Heinrich Kühl hat heute Dienst an der Bar. Sie kennen sich doch. Ich sollte so etwas eigentlich nicht sagen, aber vielleicht fragen Sie ihn ganz unverbindlich nach seinen neuesten Errungenschaften. Ich hörte, er hätte da ein paar sehr edle Flaschen. Wegen der vierzig Minuten.« Augenzwinkernd deutete er zur Bar.

»Nun gut«, nickte Oboe. »Ich bleibe.«

Auf dem Weg zählte er die Mäntel an der Garderobe: Das Restaurant war gewiss nicht bis zum letzten Platz gefüllt. Er setzte sich mittig an die leere Bar. Heinrich Kühl war nirgends zu sehen, das passte Oboe ganz gut. Er schaute sich unauffällig um. Von der Bar hatte man Einblick ins Restaurantgeschehen. An einem Tisch saß ein älterer Herr im parteigrauen Anzug mit einer lebhaften jungen Dame. Nicht nur ihr rötliches Haar stach hervor, sie trug ein freizügiges schwarzes Abendkleid und kicherte beständig. Oboe musterte die beiden, ein merkwürdiges Paar. Die beiden Tische daneben waren unbesetzt, wenn auch mit je einem Reserviert-Schild versehen. Weiter hinten saß eine einzelne korpulente Dame, die gerade ein Dessert zu sich nahm.

Oboe fuhr zusammen, als eine schwere Hand auf seine Schulter fiel. Er drehte sich um und blickte in das strahlende Gesicht des Barkeepers. »Der Genosse Boettcher! Sieht man sich auch mal wieder.«

»Mein lieber Heinrich.« Oboe lächelte. »Ich wurde hier zwischengeparkt. Es ist ja nichts mehr frei.« Er deutete auf die leeren Tische. »Der Herr vom Empfang meinte, du könntest mir helfen, die Wartezeit zu überstehen?«

»Soso, der Herr meinte also«, grinste Kühl. »Na, dass er da mal nicht an den Falschen gerät mit seinen Meinungen.« Sein Grinsen wurde breiter. »Aber du bist ja immer noch der Richtige. Wie wär's mit einem Schotten?«

»Sehr gerne.« Oboe lächelte so verschmitzt, wie er es nach diesem anstrengenden Tag eben noch konnte.

Kühl griff unter den Tresen und zog eine Flasche hervor. »Sechzehn Jahre. So was machen die Russen erst gar nicht. Apropos machen, was macht der werte Bruder? Er war schon lange nicht mehr hier. Ich habe noch immer die bestellte Kiste mit dem Portugiesen. Ganz feiner Tropfen. Hervorragender Jahrgang.«

Oboe zögerte. Sollte er Heinrich von der Charité erzählen?

»Paul? Ach, der hat gerade ziemlich viel um die Ohren. Ich werde ihn von dir grüßen, wenn ich ihn sehe.«

»Ja, mach das«, nickte Kühl. »Sag ihm, er soll sein Zeug hier abholen. Und er soll mal wieder ein Bild vorbeibringen. Ich mag das alte nicht mehr sehen.« Er deutete mit dem Kinn auf ein Gemälde, das am Ende des Tresens an der Wand hing. Die Signatur erkannte Oboe trotz der bescheidenen Lichtverhältnisse an der Bar: *Paul Boettcher 1971.* »Mach ich, mach ich.«, sagte er.

Kühl stellte ein Glas vor ihn auf die Theke. »Und der Chef? Wie geht's dem?«, fragte er.

»Der erledigt seine Dinge.« Oboe blieb nichtssagend, denn Heinrich wusste im Prinzip genau Bescheid. Das ganze Getue hier war nur ein Ablenkungsmanöver, während im Hinterzimmer die Drähte heiß liefen, um in Erfahrung zu bringen, wie sie mit Oboe verfahren sollten.

»Ist ja auch gut, wenn man im Alter noch etwas zu tun hat.«

»Vorsicht«, warnte Oboe. »Noch ist es nicht vorbei.« Ein ziemlich müder Paradeschlag. »Welcher hohe Besuch wird denn heute Abend erwartet? Der Herr am Empfang machte da so eine Andeutung.«

»Ach ja«, seufzte Kühl, »er deutet mir etwas zu viel an in letzter Zeit. Aber es ist kein Geheimnis, du wirst es gleich selbst erleben. Da.« Gerade kamen zwei Männer herein. »Die Vorhut.«

Oboe erkannte die beiden Leibwächter. »Fuchs?«

»Ja. Höchstpersönlich.«

Durch die Fenster sah man einen Wagen halten. Oboe schwenkte den Whisky in seinem Glas, unschlüssig, wie er die Begegnung am unauffälligsten vermeiden könnte. Schließlich stand er auf. »Ich gehe mich mal etwas frisch machen«, sagte er, glitt vom Barhocker und hielt auf den Vorhang zu, über dem ein Messingschild mit der Aufschrift *Zu den Toiletten* angebracht war. Er spürte Kühls Blick in seinem Rücken, als er hinter dem Vorhang verschwand.

Das war mal wieder typisch! Thea flirtete mit dem griechischen Kellner, dem das Brusthaar aus dem halb offenen Lurexhemd quoll, und Oliver machte ein Gesicht, als würde er am liebsten gleich wieder abhauen. »Mir wird schlecht, Jochen, ich muss –«

»Musst du nicht«, zischte Jochen. »Jetzt geh schon! Sie hat uns gesehen.«

»Da seid ihr ja endlich«, rief Thea. »Irgendwie hatte ich schon geahnt, dass du dich alleine nicht hertrauen würdest.« Sie grinste Oliver an. Er grinste nicht zurück. »Setzt euch doch.«

»Darf ich Ihnen schon etwas zu trinken bringen?« Der rustikale Kellner reichte ihnen die Speisekarten.

»Ich ... äh ... nehme ein Mineralwasser«, stotterte Oliver. »Und hätten Sie vielleicht ein Aspirin dazu?«

Thea nickte verständnisvoll. »Fühlt euch eingeladen«, sagte sie. »Wir müssen reden.« Sie sah aus wie das blühende Leben.

Oliver guckte, als hätte ihr Anblick ihm den Appetit verdorben. Aber er bestellte eine große Portion Gyros ohne Zwiebeln. Jochen nahm Gyros mit Zwiebeln. Und Thea nahm Lammkoteletts mit Backofenkartoffeln.

»Was ist denn jetzt mit Tante Ernas Silberkreuz?«, fragte Thea, als der Kellner gegangen war. »Hast du überhaupt danach gesucht? Conny sagt, die alten Tanten hätten dich schon im Ganymed abgefüllt.«

Oliver ließ seinen Blick schweifen. An der Decke hing ein Netz, in dem nikotingelbe Plastikfische verstaubten. »Zauberhaft hier«, murmelte er und nahm mit dankbarem Lächeln die Tablette entgegen, die der Kellner brachte, warf sie sich in den Mund und kippte Wasser nach.

»Also nicht«, stellte Thea fest. »Hast du im Schlafzimmer nachgeschaut? In der Nachttischschublade?«

»Äh ...«

»Oh Mann! Und im Wohnzimmer? Ich hab dir das kleine Geheimfach hinterm Kachelofen doch schon mal gezeigt.«

»Worum geht's hier eigentlich?«, fragte Jochen, der sich überflüssig vorkam. »Was ist das für ein Kreuz?«

»Es ist ein Erbstück. Ein altes, silbernes Kreuz.«

»Und warum ist es dir so wichtig?«

»Es gehörte meiner Tante.« Thea runzelte nachdenklich die Stirn. »Ich hab doch sonst nichts von ihr.«

»Du bist bei dieser Tante aufgewachsen?«, fragte Jochen. Thea nickte. »Ich hatte nur die eine.«

»Aber du hattest kein gutes Verhältnis zu ihr«, brummte Oliver. »Wozu brauchst du da ein Erinnerungsstück?«

Thea verdrehte die Augen. »Weil es eben wichtig ist«, schnappte sie. »Und du hast es versaut.«

»Ich hab's wenigstens versucht«, murmelte er. »Aber da war nichts.«

»Dann musst du's eben nochmal versuchen. Und besser hinschauen.«

Oliver saß plötzlich kerzengerade. »Sag mal, spinnst du? Ich soll da nochmal rüber? Letzte Woche hast du's mir noch verboten, und jetzt ...? Hast du vergessen, was mit Bernie passiert ist?«

In diesem Augenblick brachte der Kellner das Essen. Sie sahen schweigend zu, wie er die Teller platzierte.

»Na, offenbar hast du dir ja einen einflussreichen Beschützer angelacht«, sagte Thea mit zweideutigem Grinsen, als der Lurexadonis wieder gegangen war. »Conny hat's mir erzählt.«

»Ich weiß nicht, wovon du redest«, sagte Oliver.

»Warum ist dir dieses Kreuz so wichtig?«, wandte sich Jochen an Thea. »Du bist doch gar nicht gläubig.«

Thea säbelte an einem Lammkotelett herum. Sie sprach jetzt sehr leise. »Meine Tante Erna arbeitete im Ganymed. Sie kannte alle wichtigen Leute im Osten. Sogar Ulbricht. Und damals Stalin.«

»Stalin?« Jochen riss die Augen auf. »Wie das?«

»Angeblich hatte sie sogar was mit ihm, während der Nazizeit, als sie in Moskau gelebt hat. Erna sah früher sehr gut aus.«

»Und was hat das alles mit dem Silberkreuz zu tun?«, fragte Jochen.

»Angeblich ist es von Stalin«, raunte Thea. »Er hat es ihr anvertraut.«

»Das ist doch Blödsinn«, grunzte Oliver.

»Ist es nicht!«, fuhr Thea auf. »Ich habe gesehen, wie sie damit hantiert hat. Es ist ein besonderes Kreuz. Ich durfte es nie anfassen.«

»Wie sieht es denn aus?«, fragte Jochen.

»Ungefähr so groß wie eine Hand. Sehr alt, schon ziemlich abgegriffen. Und es hat außer dem großen Querbalken noch kleinere Querstreben.« Sie stopfte sich eine Ladung Kartoffeln in den Mund und kaute hektisch. »Wenn es wirklich Stalin gehört hätte, wäre das natürlich ein Knaller! Aber auch so ist es wahrscheinlich das einzig Wertvolle, das Tante Erna hinterlässt. Ich will es unbedingt haben.«

»Vielleicht sollten wir erstmal rausbekommen, was das für ein Kreuz ist?«, schlug Jochen vor.

»Wie sollen wir das machen?«, meldete sich Oliver.

»Ich könnte mal recherchieren. In der Uni-Bibliothek.«

»Gute Idee, mach das«, nickte Thea. »Und dann holst du es, Oliver!«

»Na, ich weiß nicht.« Er stocherte in seinen Gyros. »Was ist denn mit meinem Geld?«, fragte er zaghaft. »Als Ausgleich für das Risiko.«

»Das bekommst du«, nickte Thea. »Ich erlasse dir ein halbes Jahr Unterhalt. Jetzt, hier, sofort. Jochen ist Zeuge.«

»Und was ist mit meiner Miete? Ich brauche Bargeld.«

Sie zog 240 DM aus ihrem Portemonnaie. »Hier. Machst du's?«

Oliver schnappte sich das Geld. »Okay.« Es klang nicht sehr enthusiastisch.

»Warum gehst du nicht selbst?«, wollte Jochen wissen.

»Machst du Witze? Ich, die böse Springerschreiberin?

Wenn die mich beim Antiquitätenschmuggel erwischen, ver-
anstalten sie einen Schauprozess mit mir.«

»Aber mich dürfen sie kaschen, ja?«, rief Oliver. »Ich glaube langsam, das ist eine Masche von dir, mich endgültig los-
zuwerden.«

Thea kniff die Augen zu. Obwohl sie offenbar fast platzte
vor Wut, versuchte sie einzulenken. »Dir tun die doch nichts.
Du hast doch deinen zärtlichen Beschützer.«

Vor Oboe tat sich ein dämmriger Flur auf. Ein Schild wies
zur Damentoilette, ein weiteres zur Herrentoilette. Ein paar
Meter weiter befand sich die Tür mit der Aufschrift *Raum 5.
Organisation und Kontaktstelle. Genossin Paschke.* Oboe
drückte die Klinke – und die Tür schwang auf. Damit hatte
er nicht gerechnet.

Im Raum brannte die Deckenlampe. Hinter dem Schreibtisch stand ein Mann, klein und korpulent. Oboe sah ihm
direkt in die Augen. Ihm wurde schwindelig. Lag es an seiner
Erschöpfung? Oder war er wirklich schon so alt, dass man
ihn mit Blicken einschüchtern konnte? Er atmete tief durch.
Versuchte, sich wieder zu konzentrieren. Und es funktionier-
te, er kam wieder auf Touren. »Einen schönen guten Abend«,
eröffnete er das Gespräch. »Wir sind uns schon einmal begegnet, oder?«

»Mais oui, Monsieur Boettcher.« Die Stimme klang sanft.

Oboe drehte den Kopf leicht zur Seite. Ja, so ging es besser. Er versuchte, den Dicken einzuschätzen, was ihm nicht
leichtfiel. Der Mann stand etwa drei Meter entfernt zwischen
dem Schreibtisch und einem Regal. Sein schwarzer Anzug
glänzte speckig. Darunter trug der Kerl ein weißes Hemd,
dessen Knopfleiste von Rüschen überdeckt wurde, und eine
rote Krawatte. Der ganze Aufzug wirkte überholt, fast wie
ein Kostüm. In der Hand hielt der Dicke eine Weinflasche.

»Ich hätte Ihren Gruß gerne erwidert«, sagte Oboe, »aber

mein Französisch ist etwas eingerostet, und ich habe Ihren Namen seinerzeit nicht recht verstanden.«

»Ah, das macht gar nichts.« Der Dicke deutete ein Lächeln an. »Mui moshem gawarit porusski, jesli wui chotitje. Wir können Russisch sprechen, wenn Sie es wünschen. Oder wir einigen uns auf Deutsch.«

»Ja, das käme mir gelegen.« Obwohl er sehr gut Russisch sprach, hatte Oboe die Sprache nie sonderlich gemocht. Außerdem spürte er immer noch den Schwindel, den der erste Blickkontakt ausgelöst hatte.

»Deutsch also«, nickte der Dicke. »Fein. Die deutsche Sprache ist eine gute Sprache. Viel besser als das deutsche Essen. Wir Franzosen hingegen haben beides, vorzügliches Essen und eine wohlklingende Sprache. Wir sind privilegierte Menschen.«

»Sie wollten sich vorstellen«, sagte Oboe und machte einen weiteren Schritt in den Raum hinein. Er stand jetzt ungefähr zwei Armlängen von dem Mann entfernt, eine durchaus normale Gesprächsentfernung.

»Mais oui. Gestatten: Charles de Sanguerre, c'est moi. Zu Ihren Diensten.« Der Dicke lächelte Oboe an, während er eine Verbeugung andeutete. »Chef de cuisine, aber im Ruhestand. Meistens jedenfalls. Haben Sie heute schon gegessen?« Er sah Oboe wieder eindringlich an. Der zog seinen Gehstock ein Stück zurück.

»Nein. Vorne im Lokal hatte man keinen Platz für mich.«

»Eine Schande. Ich könnte etwas für Sie kochen.«

»Ein verlockendes Angebot«, sagte Oboe. »Doch wenn ich's mir recht überlege, ist mir der Appetit inzwischen vergangen. Da vorne weilt derzeit ein Herr, den ich heute Abend eigentlich nicht mehr treffen wollte. So etwas schlägt mir immer auf den Magen.«

»Ah, quel dommage. Das ist schade, aber ich verstehe. Ich nehme an, deshalb sind Sie hierher geflüchtet?«

»Flucht ist so ein negatives Wort. Sagen wir doch, ich wollte mich frisch machen, und dabei bin ich in das Büro der Dame gestolpert, bei deren Beerdigung ich unlängst die Grabrede halten durfte.«

»Das ist in der Tat ein ungewöhnliches Zusammentreffen«, nickte der Koch. »Aber dass sich dieses Büro hier befindet, wussten Sie natürlich.« Er verzog den Mund zu einem schmierigen Lächeln. »Kommandantin Paschke hinterlässt eine Lücke, ein führungsloses Kreuz.« Beim letzten Wort blickte er kurz auf die Flasche in seiner Hand, offenbar Rotwein. Danach fixierte er Oboe umso eindringlicher.

Plötzlich ertönten Schritte im Flur. Hinter Oboe traten drei Männer in den Raum. Es war Matthias Fuchs, umrahmt von seinen beiden hünenhaften Leibwächtern. Beide trugen identische schwarze Anzüge, graue Krawatten, exakt gescheitelte blonde Haare. Sogar ihre Gesichter sahen gleich aus. Fuchs bedachte Oboe mit einem erstaunten Seitenblick. Dann sah er zu Charles de Sanguerre hinüber. »Siehe da, der Herr Deserteur.« Oboe ahnte, worauf Fuchs anspielte.

Der Koch nickte milde. »Das ist sicherlich eine Art, mein Verhalten zu sehen, Monsieur Fuchs. Aber was haben Sie erwartet, jetzt, da der Kontakt abgebrochen ist?«

»Sie kennen die Befehlskette.«

»Natürlich.« Wieder dieses schmierige Lächeln.

»Sie hätten Kontakt aufnehmen müssen!«

»Monsieur Fuchs. Sie sind der Mann ohne Gesicht, bekannt dafür, dass man nicht leicht an Sie herankommt.«

»Lassen Sie die Albernheiten! Sagen Sie mir lieber, wie wir auch Ihre Kollegen schleunigst zur Rückkehr bewegen können.«

»Sie wissen so gut wie ich, dass das im Moment nicht so einfach ist.« Der Koch zuckte die Achseln. »Es fehlt der Anlass.«

»Aber es gibt Verträge«, wandte Fuchs ein.

Der Koch seufzte. »Ach, Papier ist geduldig.«

»Ich fürchte, ich muss darauf bestehen!«

»Das liegt leider nicht in meiner Macht«, entschuldigte sich der Koch.

»Ich denke, Sie sind schwierige Aufgaben gewohnt?« Fuchs Ton wurde schärfer. »Und wir helfen gerne. Meine Begleiter werden Sie tatkräftig unterstützen. Vielleicht fällt es Ihnen ja leichter, die Mitglieder der Abteilung V zu erreichen, wenn Sie dafür einen zweckmäßig eingerichteten Platz in unserer Zentrale haben? Die Herren werden Sie eskortieren. Genießen Sie die Fahrt.« Fuchs lächelte schmal.

»Wie Sie meinen, Monsieur Fuchs. Die beiden sehen in der Tat so aus, als könnten sie mir behilflich sein.« Der Koch stellte die Weinflasche beiseite und lächelte geradezu liebevoll. »Apropos – können Sie Ihre Begleiter eigentlich unterscheiden? Ich habe gehört, dass Zwillingsmütter ihre Kinder immer unterscheiden können. Aber Sie sind ja nicht die Mutter. Oder kennen Sie die Herren anderweitig näher?«

Fuchs zog unvermittelt eine kleine, silbrig glänzende Pistole und richtete sie auf den Koch. »Sie wissen, was diese Waffe anrichten kann.«

Der Koch wich zurück, reckte die dicken Arme in die Höhe.

»Nehmt den Kerl fest!«, fauchte Fuchs. »Ich werde mich später mit ihm beschäftigen. Hans, du nimmst die Waffe! Passt gut auf ihn auf! Legt draußen sofort die Ausrüstung an!«

Oboe sah zu, wie der Koch von den Leibwächtern abgeführt wurde. Doch in der Tür blickte Sanguerre noch einmal zurück und zwinkerte Oboe zu. Der runzelte irritiert die Brauen. Konnte das sein? Derselbe Mann, der ihm eben noch angsteinflößende Blicke zugeschossen hatte, tat plötzlich ganz vertraulich.

»Und Sie, Genosse Boettcher«, rief Fuchs. »Gehen Sie schlafen! Es wäre besser für Sie, wenn wir uns so bald nicht wieder über den Weg liefen.«

»Gewiss, Genosse Fuchs. Gewiss.«

7

Donnerstag war Papatag, daran ließ sich nicht rütteln. Obwohl Conny jetzt in den Osterferien gerne etwas länger geschlafen hätte. Aber Papatag war immer, auch in den Ferien. Thea hatte Conny bei den Großeltern aus den Federn gescheucht und sie vor Olivers Fotoladen abgesetzt. Dann war sie weitergebraust zur Arbeit.

Im Laden roch es nach Chemie. Hinter dem Tresen saß Herr Glockemann, ein Kriegsversehrter, der vormittags für wenig Geld im Laden aushalf. Allerdings hatte er auch nicht viel zu tun. Er saß auf einem Barhocker mit Motorradsitz und studierte die Zeitung mit den großen Buchstaben, für die Connys Mutter schrieb.

»Tag, Herr Glockemann«, rief Conny. »Hallo, Papa!«

Sie hörte ihren Vater hinten im Fotolabor vor sich hin brummeln. Da durfte sie jetzt nicht rein, sonst war er sauer. Also warf sie sich in den Ohrensessel hinter dem Regal mit den Fotoalben und Bilderrahmen. Leider hatte sie die neue *Bravo* noch nicht. Sobald Oliver aus dem Labor kam, wollte sie ihn anpumpen. Das klappte normalerweise problemlos, aber sie musste sich gedulden. Conny ließ die Beine baumeln. Hier in der Ecke saß sie ein bisschen versteckt, hatte aber alles gut im Blick.

Neben der Eingangstür hatte der Laden ein Schaufenster, in dem die Hochzeitsfotos ausgestellt waren. Conny fand die Bilder scheußlich, aber draußen blieben die Leute stehen, um sie sich anzuschauen. Der ganze Laden war etwas chaotisch, über allem lag ein leichter Staubfilm, der störte Conny aber nicht. Hinten links führte ein Flur zum Fotostudio und

zum Labor. Am Gangende war ein Vorhang, der die Wohn-
räume abtrennte. Conny überlegte gerade, ob sie sich im
Studio an die Frisierkommode setzen und ein bisschen mit
ihren Haaren herumprobieren sollte, als die Türglocke an-
schlug.

Herr Glockemann legte seine Zeitung weg.

»Sie haben von meinem Enkel ein Schmuckbild gemacht,
das heute fertig sein sollte.« Die alte Dame sprach leise, aber
deutlich.

»Ach ja, kleinen Moment, Frau Lehmann.« Mit seiner
gesunden rechten Hand durchsuchte er den Kasten, in dem
die fertigen Abzüge aufbewahrt wurden. »Hier.« Er legte
einen Umschlag auf den Tresen und nahm ein postkarten-
großes Bild heraus. Die alte Dame setzte ihre Brille auf. »Sehr
schön. Jetzt noch einen passenden Rahmen dazu.«

Während Herr Glockemann die Kundin bediente, stibitzte
Conny seine Zeitung, sie blätterte planlos. Gab es hier nicht
wenigstens einen kleinen Comic? Oder eine Abteilung mit
Witzen?

Schon wieder läutete die Türglocke. Conny blickte auf.

Eine junge Frau im hellen Mantel trat ein. Sie schaute
sich interessiert um, entdeckte Conny hinter dem Regal und
lächelte ihr zu. Es war ein seltsames Lächeln, fand Conny.
So künstlich. Sie wollte nicht zurücklächeln. Die ganze Frau
kam ihr seltsam vor.

In diesem Moment trat Oliver aus dem Labor. Er sah die
Frau, struwwelte sich mit der Hand durch die Haare – und
auch er begann auf eine Weise zu lächeln, die Conny gar
nicht mochte.

»Ich brauche ein Passbild«, sagte die Frau.

»Wofür soll's denn sein?«, fragte Oliver. »Für den Personalausweis muss man ein Ohr sehen können, für den
Führerschein nicht.«

»Für meinen Motorradführerschein.« Sie hatte eine klare,

helle Stimme. Conny sah ein Aufblitzen in Olivers Augen. Vielleicht, weil er selbst Motorrad fuhr? »Na, dann kommen Sie mal mit ins Studio.« Er wies auf die Tür und ging voraus. »Dort auf den Hocker, bitte.«

Nun war die Frau zur Hälfte aus Connys Blickfeld verschwunden. Dabei war es wichtig, die beiden im Auge zu behalten. Olivers Benehmen war Conny oft peinlich. Er war so furchtbar ungeschickt, aber gerade das fanden die meisten Frauen besonders niedlich an ihm. Außer ihrer Mutter natürlich. Die machte es wütend.

Conny hantierte mit der Zeitung herum. Dabei sah sie, wie Oliver recht geschäftig an der Kundin herumzupfte. Er fasste sie an!

»Diese Strähne hier hinters Ohr. Ja, sehr gut. Und ... äh ... vielleicht den obersten Mantelknopf öffnen?«

Der wollte ihr doch bloß in den Ausschnitt gucken!

Die Frau lächelte »Wenn Sie meinen. Sie sind der Fachmann.« Mit einer eleganten Bewegung zog sie den Mantel ganz aus. »So besser?«

Oliver stand der Mund offen. Conny ärgerte es, wie dämlich er guckte. Erwachsene waren so blöd! Wütend starrte sie auf die Zeitung. Es dauerte ein Weilchen, bis ihr bewusst wurde, was sie da anstarrte. Das Titelfoto. »Papa!« Conny sprang auf. »Guck dir das an!«

Sie raste mit der Zeitung ins Studio.

Er seufzte. »Conny, ich hab Kundschaft.« Der Frau warf er einen hilflosen Blick zu. Die zuckte lächelnd die Achseln.

»Papa, du musst dir das Foto anschauen!« Sie hielt ihm das Titelblatt unter die Nase. Es zeigte ein Polizeiauto, das an einem Kranseil aus dem Wasser gezogen wurde.

»Ja, das hat deine Mutter gemacht«, nickte er und versuchte, sie an den Schultern aus dem Raum zu bugsieren. »Nun geh mal.«

»Du sollst dir das Foto angucken!«, kreischte sie. »Hier! Siehst du das nicht?« Ihr Zeigefinger tippte auf die Windschutzscheibe des Autos. Dahinter schimmerte das verschwommene Oval eines menschlichen Gesichts.

»Ganz schön gruselig«, nickte Oliver.

Auch die junge Frau warf einen Blick auf das Bild und nickte.

»Das meine ich nicht«, rief Conny. »Siehst du hier die Thermoskanne hinter der Scheibe? So 'n eingehäkeltes, kunterbuntes Ding gibt's doch bestimmt nur einmal auf der Welt. Das ist das Auto, mit dem sie uns vorgestern zur Grenze gebracht haben!«

»Ach, Quatsch«, brummte Oliver. Aber Conny sah, dass er unsicher wurde. »Kleinen Moment, bitte«, sagte er zu der Kundin.

»Sind Sie in der Zeitung?«, fragte die.

»Nein, nicht direkt.« Er machte schmale Augen und plierte auf das Foto. »Komm, Spatz«, wandte er sich an Conny. »Wir schauen im Labor mal durch die große Lupe.« Und zu der Kundin: »Haben Sie einen kleinen Moment Zeit?«

Die Frau nickte und wirkte plötzlich aufgeregt. »Darf ich mitkommen?« Sie wartete die Antwort nicht ab. »Wow! Ist ja toll! Ich war noch nie in einem echten Fotolabor.« Conny sah ihr Lächeln. Roch ihr Parfüm. Hörte ihr Lachen. Am liebsten hätte sie die Frau sofort rausgeschmissen.

Der Kaffee war alle. Thea ärgerte sich. Morgens brauchte sie eine starke Dosis Koffein. Fahrig kramte sie im Hängeschrank der Küchenzeile, die in eine Ecke des Großraumbüros gequetscht war. Ganz hinten fand sie ein Glas löslichen Kaffee – besser als nichts. Mit dem warmen Becher in den Händen ging sie zu ihrem Fach. Darin lagen drei Leserbriefe und ein gelber Zettel: *Sofort unfreie Sendung in der Poststelle abholen!!!* Sie musste grinsen, als sie sich den verbiesterten

Poststellenleiter vorstellte, wie er die dicken Ausrufezeichen malte. Dieses olle HB-Männchen.

Mit der Leserpost und dem Kaffee setzte sie sich an ihren Schreibtisch. Wer wird denn auch gleich in die Luft gehen? Sie fläzte sich auf den Drehstuhl, nippte am Kaffee und überflog die Leserbriefe. Sie bezogen sich alle auf einen Artikel vom letzten Freitag über einen enttarnten Ostspion. Rübe ab!, war die durchgängige Meinung. Thea seufzte. Sie trank den letzten Schluck Kaffee und machte sich auf den Weg zur Poststelle.

»Macht drei Mark vierzig!« Das HB-Männchen knallte den Umschlag auf die Theke, hielt ihn aber fest.

»Wieso das denn?«, wollte Thea wissen.

»Weil keine Briefmarke drauf ist!«

Allmählich wurde auch Thea ärgerlich. »Hier.« Sie gab ihm das Geld. Er reichte ihr einen der großen, braunen Verlagsumschläge, der offenbar mit der Post gekommen war, denn er trug mehrere entsprechende Vermerke. Der Umschlag war an die drei Zentimeter dick, aber ungewöhnlich leicht. Unter die aufgedruckte Verlagsanschrift hatte jemand, anscheinend in großer Eile, das Wort Glinsky geschmiert. Kein Absender.

»Von wem isses denn?«, fragte das HB-Männchen.

»Woher soll ich das wissen?« Sie hatte einen Verdacht. Aber sie würde sich eher die Zunge abbeißen, als dem Kerl etwas davon zu sagen.

»Na sehnse doch mal nach!« Er starb vor Neugier.

»Nee, das mach ich lieber an meinem Schreibtisch.« Mit dem Umschlag unter dem Arm rauschte Thea davon.

An ihrem Platz versuchte sie, ihn aufzureißen, er war sehr stabil. Das musste er auch sein, weil oft Tonbänder oder Filme in diesen Umschlägen verschickt wurden. Sie zog und zerrte. Schließlich schnitt sie ihn mit einer Schere auf, bemerkte allerdings zu spät, dass sie den Inhalt dabei beschädigte. Eine halb zerschnittene, leere Zigarettenschachtel der Marke Karo kam zum Vorschein. Thea schüttelte den Umschlag. Sonst nichts? Sie spähte hinein. Nein, nichts. Sie wusste, dass Karo eine beliebte DDR-Marke war. Wo hatte sie das zuletzt gehört? Ach ja, Joe hatte davon geredet. Dieser Idiot! Wahrscheinlich hatte er ihr die Schachtel geschickt, um sie doch noch auf seine Ein-geflohener-Ostler-in-der-Wannseeklinik-Story anzusetzen. Sicher brauchte er dringend Geld. Wütend knüllte Thea Umschlag und Packung zusammen und feuerte sie in den Papierkorb. »Na, du wirst mich kennenlernen! Ich will meine drei Mark vierzig zurück.«

Dann musste sie plötzlich über Joes Hartnäckigkeit lächeln. Und wenn an der Geschichte nun wirklich was dran war? Wenn er ihr die Schachtel per Post geschickt hatte, von irgendwo unterwegs, weil er gerade auf einer interessanten Spur war? »Hat irgendjemand Joe Stobbe gesehen?«, rief sie in das Großraumbüro. »Ist er heute schon aufgetaucht?«

Ringsum nur Kopfschütteln.

Jetzt telefonierte sie sich durch die Etagen. Niemand hatte Joe gesehen. Dabei hätte er längst da sein müssen, erfuhr Thea. Seltsam. Sie griff zum Telefonverzeichnis, suchte seine Nummer, rief bei ihm zu Hause an.

»Stobbe«, meldete sich jemand am anderen Ende. Es knisterte und knackte in der Leitung. Thea hielt sich das freie Ohr zu, lauschte angespannt in den Hörer.

»Von Glinsky hier. Joe? Bist du's?«

»Bist du das, Joe?«, fragte auch die Stimme.

»Was? Nein, von Glinsky. Ich möchte bitte mit Joe sprechen, Joachim Stobbe. Bin ich da richtig?«

»Joe? Wo bist du, Joe?« Es klang weinerlich.

»Nein, hier ist nicht Joe. Thea von Glinsky ist mein Name.«

»Gehen Sie aus der Leitung! Ich erwarte einen dringenden Anruf!«

Die Verbindung wurde unterbrochen.

»Mist!« Thea runzelte die Stirn. »Hört sich fast an, als

wäre irgendwas passiert mit Joe ...« Im selben Moment klingelte das Telefon.

Thea riss den Hörer wieder von der Gabel. »Ja?«

»Ich geh da nicht mehr rüber!« Es war Oliver. Ausgerechnet! Und noch dazu völlig aufgelöst, fast hysterisch, wie es schien. »Wir haben da gerade was entdeckt, Conny und ich. Eine Thermoskanne, direkt neben dem Toten im Polizeiwagen. Das ist mir zu gefährlich, Thea! Da geh ich nicht mehr rüber, das kannst du vergessen.«

Sie blieb ruhig. »Dann gib mir die Miete zurück.«

Sie hörte ihn heftig nach Luft schnappen. »Aber das kannst du nicht –«

»Ach, und den Unterhalt will ich auch haben, wenn aus unserer Abmachung nichts wird. Die volle Summe.«

»Das ist Erpressung!«, schrie es aus dem Hörer.

»Das ist mein gutes Recht«, sagte sie. Und legte auf.

Jochen linste durch die Scheibe auf die Wanduhr in der Pförtnerloge. Es war zehn vor zwölf. »Ich hab einen Termin bei Frau Glinsky.« Er verachtete das adelige »von« und mied es, wo er nur konnte.

»Und ich gehe heute Abend mit dem Papst essen.« Der Pförtner war ein kleiner, dicker Kriegsversehrter. An seiner wulstigen Unterlippe klebte ein Zigarrenstummel. »Zeigen Sie mal Ihren Ausweis.«

Sehe ich so abgerissen aus?, überlegte Jochen. Oder haben die Angst vor Terroristen? »Sie könnten Frau Glinsky doch wenigstens mal anrufen«, schlug er vor und lächelte schief. »Ich habe für sie recherchiert.«

Als Jochen endlich vor Theas Schreibtisch stand, war er schwer genervt. Den ganzen Vormittag hatte er in der staubigen Bibliothek der Kunstgeschichtler zugebracht – was tat man nicht alles für gute Freunde –, aber es gab kaum Material über russisch-orthodoxe religiöse Kunst. Die Bibliothekarinnen waren damit überfordert, sie hatten ihn schließlich alleine in den Regalen stöbern lassen.

»Hier. Drei Stunden hab ich gesucht. Mehr war nicht da.« Er legte Thea ein schmales Bändchen auf den Tisch. *Religiöse Symbolik in der russisch-orthodoxen Kirche.* Eine Doktorarbeit von Waldemar Kranz. Er öffnete das Buch an einer markierten Stelle. Auf der Doppelseite waren Fotos von Kruzifixen abgebildet. »Was suchen wir denn? So eins?« Er tippte auf ein Silberkreuz, das vor dem stattlichen Bauch eines Geistlichen baumelte.

»Nein ...« Thea beugte sich über das Buch. »Nein.« Sie blätterte weiter. »Nein, das nicht. Und das auch nicht. Das Kreuz von Tante Erna sieht ganz anders aus. Es ist über und über verziert, und ich glaube, es ist auch beschriftet ...« Sie blätterte und blätterte. Ganz hinten fand sie eine herausklappbare Falttafel, auf der die religiösen Symbole systematisch angeordnet waren. »Ah, endlich! Hier.«

Das Kreuz wirkte ziemlich wuchtig. Laut Bildunterschrift war es achtzehn Zentimeter hoch. »So ähnlich sieht es aus.« Sie las den Text vor. »Bischofskreuz in georgischer Tradition aus dem 16. Jahrhundert, Antonin Petronewkow zugeordnet. Siehe auch Silberschmiedekunst im Zarenreich, Klugmann und Ritter, Dresden 1965.«

Jochen betrachtete das Kreuz. Ein langer Balken wurde von drei Querstreben gekreuzt, von denen die unterste, auf der die Füße der Erlöserfigur ruhten, schräg stand. Etwas oberhalb der Mitte befand sich der große Querbalken, an dem die ausgestreckten Arme befestigt waren. Am oberen Ende war noch ein kleiner, ziemlich breiter Querbalken mit einer Darstellung von Jesus, wie er von zwei Engeln gestützt gen Himmel fuhr. Die Inschriften auf dem großen Querbalken und über dem Kopf des Gefolterten ließen sich auf der Abbildung nicht entziffern; nicht einmal, ob es lateinische oder russische Buchstaben waren. Die Jesusfigur sah schrecklich aus, fast skeletthaft. Der Gesichtsausdruck schien alles Leiden der Welt auszudrücken.

»Ich glaube, auf der Rückseite stand auch noch etwas«, sagte Thea. »Vielleicht findet man in diesem Buch von Klugmann mehr darüber.«

Jochen schüttelte den Kopf. »Auf das Buch habe ich mehrere Verweise gefunden, aber hier im Westen gibt es anscheinend kein Exemplar davon. Sie verweisen immer auf die Bibliothek der Humboldt-Universität in Ost-Berlin. Dieser Klugmann hat da offenbar einen Lehrstuhl, irgendwas Geschichtliches.«

Thea runzelte die Stirn. »Professor Klugmann«, murmelte sie, »der Name kommt mir so bekannt vor ...« Sie legte Jochen die Hand auf den Arm. »Sag mal, könntest du nicht zusammen mit Oliver in Ost-Berlin etwas gründlicher nachforschen?«

»Wegen des Buches sollen wir –«

»Nicht deswegen«, fiel Thea ihm ins Wort. »Das Kreuz sollt ihr suchen. Du weißt doch, wie Oliver ist. Ich würde mich auch erkenntlich zeigen.«

»Ach?« Jochen machte schmale Augen. »Was heißt das genau?«

»Ich lege noch hundert Mark drauf.«

Jochen nickte bedächtig. Dafür musste er sonst zwei Nachtschichten Taxi fahren. Und er fand die Sache mit dem Kreuz ziemlich spannend. Trotzdem machte er eine skeptische Miene. »Ach, ich weiß nicht ...«

»Zweihundert Mark.« Thea lächelte gewinnend.

»Na gut«, sagte Jochen. »Wenn du auch den Zwangsumtausch zahlst.«

»Kein Problem.« Thea wurde plötzlich ernst, ihre Stimme bekam einen warnenden Unterton. »Aber Conny bleibt diesmal hier, verstanden?«

Oliver parkte sein Motorrad direkt vor dem Laden. Zum Mittagessen war er mit Conny zu seinen Eltern nach Lübars gefahren. Um halb drei hatte sie dort Reitunterricht, darum würden die Eltern sich kümmern.

Er schloss die Tür auf. Nachmittags musste er den Laden alleine schmeißen, aber bis drei Uhr hatten die Geschäfte sowieso alle zu. In dieser Zeit entwickelte er im Labor die bestellten Fotos.

Langsam schälten sich die Konturen der hübschen Motorradfahrerin aus dem roten Schummerlicht. Mit der Zange bewegte Oliver das Fotopapier in der Entwicklerflüssigkeit, doch alles blieb merkwürdig unscharf. Wo das Gesicht der Kundin sein sollte, war bloß ein helles Oval. Oh nein, da musste Licht in die Kassette gekommen sein. Oliver seufzte, wischte sich mit dem Handrücken das Haar aus der Stirn. Irgendetwas knackte. Die Rotlichtlampe flackerte plötzlich. Er drehte den Kopf. Lauschte. Aber er hörte nichts weiter.

Die neue Kassette untersuchte er sehr sorgfältig, bevor er sie in den Fotoapparat schob. Dann prüfte er die Entwicklerflüssigkeit. Sie war noch in Ordnung. Es kam ihm vor, als hätte sich das Licht der Rotlichtlampe gerade verdunkelt. Er schnupperte. Da war ein frischer Duft, den er heute schon einmal gerochen hatte. Eine Hand streichelte ihm über den Hintern. »Der ist aber knackig. Machen Sie viel Sport?«

Oliver wäre fast in Ohnmacht gefallen. Im Rotlicht sah er die attraktive Frau vom Vormittag neben sich. »Wie kommen Sie hier rein?«

Sie lächelte ihn an. »Störe ich denn?«

»Äh ... naja ... also ... tut mir leid, aber ich hab die Bilder irgendwie vermurkst.« In seinem Kopf fuhren die Worte Karussell. Kein Wunder, denn ihre Hand schob sich von hinten zwischen seine Beine. »Wir könnten neue machen. Sie könnten warten ...«

»Wie lange würde das dauern?«

Jetzt spürte er ihren ganzen Körper. »Zirka zwanzig ... äh ... Minuten.«

»So lange?« Sie packte ihn an der Hüfte und drängte sich zwischen ihn und die Arbeitsplatte. Sie war stark, und sein halbherziger Widerstand schien sie noch zu ermutigen. »Na gut. Aber vorher könnten wir uns etwas näher kennenlernen, oder?« Nun streichelte sie sein Ohr. »Was hast du denn hier?« Mit den Zähnen löste sie behutsam das Pflaster und leckte über sein lädiertes Ohrläppchen. Olivers Knie drohten unter ihm nachzugeben. Seine Hände tasteten hilflos nach einem Halt und fanden ihre Oberschenkel, die seltsam kühl waren. Die Berührung elektrisierte ihn. Es fühlte sich an wie ... ja, wie? Es war unbeschreiblich. Er nahm kaum wahr, dass sie seinen Gürtel öffnete, atmete bloß schwer. Jetzt roch er ihren Duft noch stärker, frisch und zugleich erdig. Er konnte sich kaum rühren, sein Schwanz drängte aus der Hose. Wenn dies ein Traum ist, muss ich jetzt aufwachen, sonst geht's in die Laken!

»Holla!« Sie umfasste ihn mit einer Hand und rieb sanft. Er musste die Zähne zusammenbeißen, um nicht laut zu stöhnen. Sein ganzer Unterkörper summte und pochte. Jetzt nahm sie seine Hände und schob mit ihnen den Minirock hoch, den sie trug. Er spürte keinen Slip, nur ihren kühlen, straffen Hintern. Seine Handflächen kribbelten, die Luft wurde ihm knapp.

Die Frau rutschte auf die Arbeitsplatte, zog Olivers Kopf heran und küsste ihn hart. Jetzt kribbelten auch seine Lippen. Ihm wurde flau. Mit den Beinen umschlang sie ihn, drückte ihn an sich und führte seinen Schwanz in sich ein. Es war kein Traum. Es war Wahnsinn! Er hielt sich an ihr fest und stieß in sie hinein, bis er zusammensackte.

Danach brauchte er mehrere Minuten, um wieder zu sich zu kommen. »Oh Gott, entschuldige.«

»Ja, ist schon gut.« Sie machte sich mit einem Papier-taschentuch sauber. »Du hattest anscheinend akuten Not-stand.« Sie rutschte von der Arbeitsplatte. »Nächstes Mal nehmen wir uns etwas mehr Zeit.«

»Nächstes Mal?« Oliver seufzte erleichtert auf. Sie hatte ihn noch nicht abgeschrieben, Gott sei Dank! So etwas hatte er noch nie erlebt. Er war völlig hin und weg von der Frau. Und natürlich wollte er mehr.

»Wann denn?« Die Worte waren kaum heraus, da fiel ihm auf, wie das klang. »Äh, ich meinte natürlich –«

»Ich weiß schon«, nickte sie. »Ich dachte, wir könnten unsere Bekanntschaft heute Abend erstmal bei einem Essen vertiefen. Was hältst du davon? Ich heiße übrigens Elke.«

8

Ein Geräusch wie ein Fanfarenstoß ließ Ulbricht zusammenzucken. Erschrocken fummelte er in der Hemdtasche an seinem Hörgerät herum. Er hasste das Ding, aber bei öffentlichen Auftritten brauchte er es wohl tatsächlich. Sein Begleiter bewegte den Mund und gestikulierte, Ulbricht verstand nichts. Wieder drehte er die winzigen Rädchen.

»... das Elefantenhaus, Genosse Ulbricht. Wir müssen weiter Richtung Vogelhaus. Da werden wir um fünfzehn Uhr erwartet.«

Ulbricht nickte, obwohl er den ersten Teil nicht mitbekommen hatte. Der Direktor des Tierparks nahm ihn behutsam am Ellenbogen und führte ihn zu einem Freigehege, wo bereits zwei Schulklassen, einige Fotografen und weitere Schaulustige warteten.

»Was ist das eigentlich für ein Tier?«, erkundigte sich Ulbricht. »Und wo kommt es her?«

Der Direktor neigte sich zu ihm und zeigte auf einen gut anderthalb Meter hohen, straußenähnlichen Vogel, der interessiert zu ihnen herüberschaute. »Das ist Rosa, unser Neuzugang. Ein blauzüngiges Nanduweibchen. Wir hoffen, dass es mit Karl, dem Männchen da hinten, bald für Nachwuchs sorgt.«

»Blau ... was?«

»Ein blauzüngiger Nandu. Aus der sozialistischen Republik Chile.«

»Ah ja.«

»Von wegen sozialistische Republik!«, kam es plötzlich von hinten. »Chile ist ein sozialdemokratisches Experiment, das bald vom Militär beendet werden wird. Und zwar blutig, fürchte ich.«

Ein Lächeln schlich sich in Ulbrichts Mundwinkel. Er drehte sich zu Oboe um. »Alter Freund, du hier? Das ist aber nett.«

Sie umarmten sich. Ulbricht spürte, wie ihm ein Umschlag in die Mantelinnentasche geschoben wurde.

»Wegen Marlene«, raunte Oboe in sein besseres Ohr.

Ulbricht wandte sich wieder an den Tierparkleiter. »Karl und Rosa, soso«, brummte er. »Wenn das mal kein böses Ende nimmt, also in irgendeinem Gewässer. Nachwuchs hatten die übrigens auch nicht.« Er sah Oboe schmunzeln. »Und was frisst so ein Tier?«

»Das ist etwas makaber. Mit seinem scharfen Schnabel, der durch Schmutz und Bakterien vergiftet ist, beißt der Nandu größere Tiere. Die können nach der Attacke meist fliehen. Aber der Nandu folgt ihnen und wartet, bis sein Opfer am Gift zugrunde geht. Manchmal fangen Nandus auch schon vor dem Tod ihrer Beute an, sie zu fressen.«

»Na, das klingt doch sehr vertraut.« Ulbricht kicherte. »Ganz wie der neue Genosse Generalsekretär.«

Dem Direktor stockte sichtlich der Atem. Oboe schmunzelte wieder.

»Hier kommt die Presse!« Froh über die Ablenkung zerrte der Direktor einen Fotografen heran. »Das *Neue Deutschland* möchte ein Foto haben.«

»Soll es kriegen, soll es kriegen.« Ulbricht stellte sich in Positur. Nandu Rosa war im Hintergrund kaum noch zu sehen.

»Ja, bitte?« Die Frau im Türrahmen trug eine geblümte Kittelschürze. Schmaläugig musterte sie Thea. Aus der Wohnung drang Jammern.

»Ist irgendwas passiert?«, fragte Thea. »Sind Sie Frau Stobbe?«

»Nee, die Nachbarin. Ich helfe der Frieda, die ist ja völlig fertig.«

»Ich suche Joe.«

»Ja, wissen Sie das denn nicht?!« Die Frau starrte sie an. »Der Joachim ist tot. Hatte gestern Abend 'n Unfall.«

»Tot?« Thea sog heftig die Luft ein. »Das kann doch nicht ...« Dann straffte sie sich. »Ich möchte Frau Stobbe mein Beileid aussprechen.« Sie drängte sich an der Nachbarin vorbei ins Wohnzimmer.

Auf einer gelben Lederimitatcouch saß eine ungewöhnlich dicke Frau, vor sich ein Papptablett mit Kuchen. Als Thea den Raum betrat, stopfte sie sich gerade unter heftigen Schluchzern ein Crémeschnittchen in den Mund. »Frau Stobbe?« Thea setzte sich und schob ihre Visitenkarte über den Tisch. »Ich bin Thea von Glinsky, eine Arbeitskollegin von Joe. Was ist passiert?«

Die Frage ließ den Tränenfluss anschwellen. »Der Joachim ist mein einziges Kind«, kam es gepresst. »Aber er hört ja nicht auf seine alteMutter.«

»Wieso? Was hat er gemacht?«, fragte Thea.

»Na, was schon?« Neue Schluchzer. »Hat sein Moped frisiert, damit er seinen Räubergeschichten besser nachjagen konnte.« Sie fuhr sich mit dem Handrücken übers Gesicht. »Musste immer rumschnüffeln. Ist deshalb schon ein paarmal ziemlich vermöbelt worden, mein Joachim, mein armer Junge!«

Thea nickte bedrückt. »Und gestern?«

»Gestern Abend ist er mit dem Moped gegen einen Baum gefahren.«

»Wo denn?«

»In Zehlendorf. Was macht mein Joachim in Zehlendorf?«

»Angeblich war er an einer heißen Geschichte dran.«

»Ach, Blödsinn! Hirngespinste waren das, wie immer.«

»Haben Sie von der Polizei schon seine Sachen bekommen?«

»Außer seinem Portemonnaie haben die mir nichts gegeben.« Der nächste Schluchzer war fast schon ein Schrei.

»Keine Unterlagen? Notizen? Fotos?«

»Nur das Portemonnaie, und das war leer«, wimmerte Frau Stobbe.

Jetzt schob sich die Nachbarin wieder ins Bild. »Lassen Sie die arme Frau doch in Ruhe!« Sie reichte Joes Mutter das Kuchentablett, und die bediente sich ein weiteres Mal.

Thea erhob sich. »Frau Stobbe, darf ich kurz in Joes Zimmer schauen? Vielleicht gibt es Material zu der Story, an der er dran war.« Sie lächelte gewinnend. »Wäre doch ein schönes Vermächtnis, wenn posthum noch eine Artikelreihe unter seinem Namen erscheinen würde.«

Die Frau blickte mit geröteten Augen zu ihr auf. »Davon hat er immer geträumt, mein Joachim.« Jetzt heulte sie wie ein Baby.

Thea verzog sich hastig. Es war nicht schwer, Joes Zimmer zu finden. An seiner Tür hing ein Tour-Plakat der Rolling Stones, auf dem das legendäre Berlin-Konzert vom September 1965 angekündigt wurde. Die Fans hatten die ganze Waldbühne zerlegt. Auf dem Plakat prangten die Unterschriften aller damaligen Stones, auch die von Brian Jones. Das ist für Sammler bestimmt einiges wert, dachte Thea.

Joes Zimmer wirkte wie ein Jungenzimmer. Es gab Poster von dicken Motorrädern und barbusigen Mädchen. Eine große HiFi-Anlage stand neben einer beachtlichen Plattensammlung.

Auch die misstrauische Nachbarin drängte sich herein.

»Wollten Sie sich nicht um Frau Stobbe kümmern?« Thea versuchte, höflich zu bleiben.

»Ach, die kommt schon klar. Ist doch wichtiger, dass Sie hier nichts klauen.« Das war mehr als unverblümt.

»Meine Güte«, schnaubte Thea, »ich suche nur Hinweise.« Jetzt ließ sie sich extra viel Zeit, schaute jedes Motorrad-poster einzeln an.

»Was denn für Hinweise?«

Thea hörte den neugierigen Unterton. »Weiß nicht. Irgend-etwas, das Aufschluss gibt, warum Joe während der Recher-che sterben musste.« Sie öffnete den Kleiderschrank. »Puh!« Darin befanden sich seltsame Lederklamotten und Hosen mit Löchern an eigenartigen Stellen.

»Aber es war doch ein Unfall«, wandte die Nachbarin ein.

»Ja, wahrscheinlich.« Bei der Kommode neben dem Bett zog Thea alle drei Schübe auf. Joes Unterwäsche war etwas Besonderes. Auch die Nachbarin staunte. »Aber ich würde trotzdem gerne wissen, was das für eine Spur war, die er ver-folgt hat.«

Als Thea sich zur untersten Schublade beugte, sah sie den großen, flachen Karton unter dem Bett. Sie zog ihn her-vor, hob behutsam den Deckel ab. Darin lagen Massen von Matchboxautos. Und ein Paar Handschellen. Was hatte das nun wieder zu bedeuten?

Die Nachbarin staunte. »Meinen Sie etwa, es war kein Unfall?«

»Ich meine gar nichts.« Thea schob den Karton wieder unters Bett. »Solange ich keine weiteren Anhaltspunkte habe.«

Unter dem schmuddeligen Kopfkissen entdeckte sie ein schwarzes Oktavheft, das schien interessanter. Die Nach-barin wollte auch schauen, aber Thea schirmte den Fund mit dem Oberkörper ab. Auf den ersten Seiten standen un-verständliche Floskeln und allerlei Gekritzel, dann in der Mitte eine Liste. Aufgeführt waren weibliche Vornamen mit je einer Telefonnummer. Dahinter hatte Joe unterschied-lich viele Sternchen gezeichnet. An vorletzter Stelle der Ein-trag *Rita 6998429* ****. Thea übertrug die Nummer in ihr Notizbuch.

»Nun reicht es aber«, empörte sich die Nachbarin. »Sie wühlen hier in seinen privaten Sachen rum.« Sie packte Thea am Arm und schob sie aus dem Zimmer. »Hauen Sie endlich ab!«

Thea schaute ins Wohnzimmer. »Frau Stobbe, darf ich mal Ihr Telefon benutzen?«

»Ja, machen Sie nur.« Joes Mutter nickte matt.

Das Telefon war ein spinatgrüner Wandapparat neben der Küchentür. Thea blätterte in ihrem Adressbüchlein, nahm den Hörer ab und wählte.

»Polizeiwache 31«, meldete sich eine Männerstimme.

»Von Glinsky hier.« Thea lächelte, als sie den Namen ihrer Zeitung nannte. Ein bisschen Charme konnte jetzt nicht schaden. »Einer unserer Mitarbeiter ist gestern in Ihrem Bezirk mit seinem Moped verunglückt. Können Sie mir sagen, was da passiert ist?«

»Moment, da muss ich nachschauen ...« Sie hörte Geraschel und Geblätter. »Hier. In der Von-Luck-Straße. Moment, ich kann das nicht richtig lesen, die Handschrift vom Kollegen ...« Im Hintergrund wurde gewispert. »Da ist ein Joachim Stobbe mit seinem Moped gegen einen Baum gefahren. Er trug keinen Helm, war sofort tot.«

»Keinen Helm?«, wunderte sich Thea. Sonst hatte er immer einen Helm getragen, ein hässliches Ding, das er gold-farben gespritzt und mit züngelnden Flammen bemalt hatte. »War er betrunken? Oder gab es andere Beteiligte?«

Wieder Getuschel. »Äh ... nein, da war sonst nichts.«

»Gab es Zeugen?«

»Nein ... äh ... nein. Auch über Zeugen ist uns nichts bekannt.«

»Tja, dann haben Sie vielen Dank.«

Die Nachbarin riss Thea den Hörer aus der Hand und leg-te auf. »Macht dreiundzwanzig Pfennig«, fauchte sie.

Es dämmerte bereits, als Thea in die Von-Luck-Straße einbog. Langsam fuhr sie die Straße hinauf und hielt Ausschau. Da vorne an der dicken Platane musste der Unfall passiert sein. Sie parkte ihren R4 in einer Einfahrt, ging zu dem Baum und untersuchte ihn. Auf der Fahrbahnseite fand sie frische Kerben in der Rinde. Es wurde nun rasch dunkel. Die Gaslaternen gingen an. Mit ihrer Taschenlampe leuchtete Thea den Boden rings um den Baum ab. Ein paar Glasscherben lagen herum, daneben war ein langspielplattengroßer, dunkler Fleck. Öl oder Blut?

»Hallo, ist das Ihr Auto da?«

Sie erschrak. Im Laternenschein sah sie einen Mann mit Lodenmantel und Gamsbarthütchen, der einen Rauhaardackel an der Leine führte. Er zeigte anklagend auf den R4. »Der steht in unserer Einfahrt.«

Theas Blick schweifte zum Auto. Im Schatten dahinter meinte sie, eine Bewegung zu erkennen. Ein schwarzer Umriss vor dem Schwarz der Hecke. Der Dackel hob seinen Kopf und knurrte.

»Ruhig, Poldi«, sagte der Mann. »Was machen Sie hier eigentlich? Eine junge Frau, so allein im Dunkeln?«

Solche Fragen regten Thea auf. »Ich bin Journalistin«, sagte sie schnippisch. »Hier hat es gestern einen Unfall gegeben –«

»Einen Unfall?«, fiel der Mann ihr ins Wort. »Na, da kann ich Ihnen aber was erzählen! Das war mit Sicherheit kein Unfall.«

Poldi kläffte die hohe Lebensbaumhecke an, vor der sie standen.

»Still, Poldi!« Der Mann zog an der Leine. »Die Nachbarn haben mehrere Katzen«, erklärte er Thea. »Er führt sich hier immer unmöglich auf.«

»Was haben Sie denn gesehen?«, fragte sie.

»Na, das ist eine längere Geschichte. Wollen Sie nicht auf

einen Kaffee mit reinkommen?« Er deutete auf den Hauseingang. In der Hecke raschelte es. Poldi bellte wie ein Wahn-
sinniger. Mit einem Zischen verlosch eine der Gaslaternen.

»Du meine Güte, was war das denn?« Thea schlang fröstelnd die Arme um die Schultern. Die Aussicht auf einen heißen Kaffee in einem hellen, warmen Raum sagte ihr zu. Und
mit dem alten Knacker würde sie, falls nötig, schon fertig
werden. »Ja, gerne«, nickte sie. »Darf ich fragen, wie Sie heißen? Die Polizei hat nichts von einem Augenzeugen gesagt.«

»Böhmert. Doktor Adalbert Böhmert. Ich war Frauen-
arzt. Habe voriges Jahr meine Praxis verkauft.« Er schloss
die Haustür auf. Im Flur zierte eine Reihe von Geweihen die
Holztäfelung. Die eichene Einbauküche mit den vielen Zier-
leisten war ein Alptraum in Gelsenkirchener Barock. Thea
rutschte in die getäfelte Sitzecke. »Wohnen Sie hier allein?«

»Nein. Aber meine Frau ist gerade mit dem Kirchenchor
auf Amrum.« Böhmert hantierte an der Kaffeemaschine.
Poldi fraß aus einem Napf in der Ecke. Böhmert stellte Tas-
sen, Milch, Zucker und eine Schale mit Keksen auf den Tisch.
»Probieren Sie mal, hat meine Frau gebacken.« Er brachte die
Kaffeekanne und setzte sich zu Thea. »Also, wenn ich Ihnen
das erzähle, möchte ich aber nicht, dass mein Name morgen
in der Zeitung steht.« Er schaute sie erwartungsvoll an.

»Warum nicht?« Die meisten Leute waren ganz wild
darauf.

Böhmert verzog das Gesicht, als hätte er Schmerzen. »Na,
wenn die Mörder wiederkommen und mich auch umbringen,
wäre das für mich nicht so schön.«

»Welche Mörder?« Thea musterte ihn irritiert. War Böhmert bloß ein Wichtigtuer? Vermutlich. Er schien wenig ver-
ängstigt und patschte mit seiner Hand auf ihrem Knie herum.

»Natürlich kann ich Ihren Namen da raushalten«, versi-
cherte sie ihm und schob seine Hand zurück. »Vielleicht wird
auch gar nichts gedruckt. Das lässt sich erst beurteilen, wenn

ich weiß, worum es geht ...« In ihren Blick legte sie die Aufforderung, doch nun endlich zu erzählen.

»Ja, also ...« Böhmert räusperte sich. »Der Poldi ... also
der machte gerade sein Geschäft, drüben bei Götzes in der
Einfahrt hinter dem großen Rhododendron, das ist sein Lieb-
lingsplatz, da kann er ganz in Ruhe drücken, und ich stand
so daneben ...«

Oh Gott, das kann ein langes Kaffeekränzchen werden,
dachte Thea. »Und das Moped? Wann kam das?«

»Ja, also da kam dieser verrückte Mopedfahrer die Straße runter. In einem Affenzahn, sag ich Ihnen. Ich wusste gar
nicht, dass die Dinger so schnell fahren können.«

»Das Moped war frisiert.« Sie erinnerte sich, dass Joe
damit öfter angegeben hatte, angeblich lief das Ding über
hundert Stuki.

»Ja, so muss es wohl gewesen sein. Also der sah komisch
aus, der Fahrer. Der hatte oben rum so ein Krankenhausnachthemd an.« Böhmert grinste. Thea schob seine Hand
von ihrem Knie.

»Ein Krankenhausnachthemd?«

»So ein kurzes, weißes Ding, hinten offen. Die kenne ich
gut. Aus dem Krankenhaus. Vielleicht war er aus der Klinik
abgehauen?« Er zögerte. »Und ich glaube, er trug nur einen
Schuh. Aber da bin ich nicht sicher.«

Thea nickte nachdenklich. »Na gut. Er ist die Straße run-
tergebraust und gegen den Baum geknallt?«

»Nein, also ... so war es nicht. Er war ja nicht allein.«

»Sondern?«

»Hinter ihm kam ein großer schwarzer Mercedes ange-
rast. Hier, direkt vor dem Haus, hat er ihn eingeholt und den
armen Mopedfahrer regelrecht auf die Haube genommen.«

»Die haben ihn angefahren?«

»Die haben ihn absichtlich gerammt! Und gegen den Baum
gestoßen!«

Thea wurde flau. Was war das für eine Geschichte? Wo hatte Joe sich da bloß eingemischt? Das Ganze wurde immer größer, immer gefährlicher. Sie würde sich sorgfältig absichern müssen. Wieder schob sie Böhmerts Hand vom Knie. »Und dann? Ist der Mercedes abgehauen?«

»Also, nein! Die sind ausgestiegen. Zwei Männer, einer ganz in Weiß wie ein Arzt oder Pfleger. Die sind zu dem Mopedfahrer hingerannt, der Weiße fühlte ihm den Puls am Hals – und dann hat er den Kopf geschüttelt.« Böhmert schöpfte geräuschvoll Atem. »Man sah es ja auch schon. Ich glaube, der Sturz hatte ihm gleich das Genick gebrochen.«

Thea biss sich auf die Unterlippe. »Und dann?«, flüsterte sie.

»Dann haben sie ihm seine Umhängetasche abgenommen.«

»So eine große, blaue Tasche?«

Böhmert nickte. »Dann zurück ins Auto. Vollgas. Und weg.«

»Haben Sie die Autonummer erkennen können, Herr Böhmert?«

»Ja. Die Nummer habe ich noch im Kopf, B-H 4487. Ich habe nämlich ein sehr gutes Gedächtnis, bin nicht senil oder so.«

Thea machte sich eine Notiz. »Und Sie haben das alles der Polizei erzählt, die ganze Geschichte?«

Er nickte heftig. »Das war Mord! Eiskalter Mord! Aber die Polizei tut nichts. Es kam nichts in den Nachrichten. Und es steht auch nichts in der Zeitung. Können Sie mir das erklären?«

»Nein, leider nicht.« Sie zuckte die Achseln, nahm einen Schluck Kaffee. »Und Sie dachten, er sei aus einer Klinik abgehauen?«

»Na, weil er dieses Nachthemd trug«, bestätigte Böhmert.

»Haben Sie eine Ahnung, wo hier in der Umgebung so

eine Klinik sein könnte?« Thea zog ihren Stadtplan aus der Tasche, breitete ihn aus.

»Oh, da gibt es mehrere«, sagte Böhmert. »Hier liegt die Wannseeklinik.« Er deutete mit dem Stiel seines Kaffeelöffels auf die Stelle. »Das hier ist ein Militärlazarett der Amerikaner.« Der Löffel rutschte ein paar Zentimeter zur Seite. »Und hier, das ist eine sehr exklusive Privatklinik mit Ufergrundstück. Für die Prominenz.« Er pochte mit dem Löffel auf den Plan. »Da kam er her, der Mopedfahrer.«

Thea runzelte die Stirn. »Wie können Sie da so sicher sein?«

»Wie gesagt, ich kenne die Nachthemden«, lächelte Böhmert, während seine heißen Finger über ihren Oberschenkel grabbelten.

Inzwischen hatte es angefangen zu nieseln. Mit ihrem R4 fuhr Thea die Straße am Kleinen Wannsee entlang und suchte nach der Hausnummer. Die Scheibenwischer verschmierten die Frontscheibe. Sie kniff die Augen zusammen und spähte durch die Schlieren. 28, 30, 32 ... Die dreistöckige, hell erleuchtete Villa ragte hinter einer festungsartigen Backsteinmauer hervor. Darauf stand in schwarzen, von hinten beleuchteten Buchstaben *Klinik am Kleinen Wannsee*.

Thea fuhr langsamer. An der Einfahrt befand sich eine Schranke mit Pförtnerhäuschen, im Vorbeifahren sah sie einen Pförtner.

Dieser blöde Regen! Sie parkte vor dem Nachbargrundstück, schob ihre Handtasche unter den Sitz und stieg aus.

Der Pförtner blickte nicht auf, als sie an sein Häuschen trat. Er las den *Kurier*. Na super, dachte Thea, der ist so gefesselt von der Konkurrenz, dass er mich nicht mal bemerkt. Sie klopfte gegen die Scheibe. »Einen schönen guten Abend wünsch ich.«

»Oh! Juten Abend, Frollein! Wat kann ick für Sie tun?«

Der Mann blickte erfreut, offenbar war sie eine willkommene Abwechslung.

Thea lächelte. »Ich möchte meine Freundin Rita besuchen.« Hoffentlich ging das gut. Die Idee mit der Freundin war sehr spontan entstanden.

»Is aber keene Besuchszeit mehr.« Der Pförtner pochte von innen gegen ein Schild hinter der Scheibe.

»Die Rita ist auch keine Patientin. Sie arbeitet hier.«

»Ach so.« Er nickte. »Na, aber wenn se arbeitet, denn hat se bestimmt keene Zeit für Besucher.« Sein Mund dehnte sich in die Breite. »Ooch nich für so'n flotten Feger wie Sie.«

Täuschte sie sich, oder hatte ihr der Mann gerade zugezwinkert? »Ist auch kein richtiger Besuch«, räumte sie ein. »Wir waren heute zusammen frühstücken, und ich habe meine Handtasche liegenlassen. Rita hat sie mitgenommen, und ich will sie jetzt abholen.« Sie war stolz auf sich, das klang doch endlich mal plausibel.

»Ick kann Sie aber trotzdem nich rinlassen.« Thea hörte das Bedauern in seinem Ton. Er rückte dichter ans Mikrofon und raunte: »Wir ham vornehme Kundschaft, wissen Se? Eene Dame von Welt. Der hamse heute die Haut neu über die Backen jespannt. Und det soll nich jeder mitkriejen.«

Thea nickte verständnisvoll. »Aber ich brauche meine Papiere. Und den Haustürschlüssel.« Sie zwang sich zu einem niedlichen Lächeln. »Bitte.«

Der Pförtner spähte nach allen Seiten. Kein Mensch war in Sicht. »Denn sind Se in fünf Minuten wieda draußen?«

»Bestimmt.« Thea nickte eifrig.

»Na, denn ab!« Sein Daumen zeigte Richtung Villa.

Thea konnte ihr Glück kaum fassen. Forschen Schrittes marschierte sie los. Rechts neben dem Gebäude befand sich ein Parkplatz. Dort standen zwei Autos, vorne ein nagelneuer VW-Passat und zwei Parkbuchten weiter ein dunkler Mercedes. Ob das der Wagen war, mit dem Joe ...? Nein, Blödsinn.

148

Nur, weil es ein dunkler Mercedes war. Jetzt fängst du an zu spinnen, Thea! Trotzdem hielt sie auf den Wagen zu. Doch, das Kennzeichen könnte stimmen ...

Plötzlich ertönte eine Stimme: »Sie da! Was haben Sie hier zu suchen?«

Thea erschrak. Wirbelte herum. Wo war der Kerl hergekommen? Wie ein Wachmann sah er in seinem Maßanzug nicht aus. Obwohl er groß und durchtrainiert wirkte, breite Schultern hatte und etwas sehr Bestimmendes im Blick.

Sie gab sich ahnungslos. »Ich will nur kurz zu meiner Freundin Rita. Die ist hier Krankenschwester und hat noch meine –«

»Sie verlassen sofort dieses Grundstück!«

»... meine Papiere«, beharrte Thea. »Es dauert auch nicht la –«

»Gehen Sie! Jetzt!« Er funkelte sie aus schmalen Augen an.

Thea seufzte. Hatte sie das Wort Springer auf die Stirn tätowiert oder warum führte der Große sich so zickig auf? »Blödes Arschloch«, nuschelte sie, während sie sich mit Schwung abwandte und zur Straße zurückstolzierte. Na, das war ja großartig gelaufen.

Und nun? Sie war sich fast sicher, dass die Autonummer des Mercedes dieselbe war, die Böhmert ihr genannt hatte. Wenn das hier die Leute waren, die Joe Stobbe über den Haufen gefahren hatten, dann sollten ihre Namen morgen dick und fett in der Zeitung stehen!

Sie sah sich um. Die Backsteinmauer vor der Klinik war zu hoch, um einfach drüber zu klettern. Vielleicht ginge ja etwas vom Nachbargrundstück aus? In dem großen Bungalow, vor dem der R4 parkte, brannte Licht. Das Klingelschild an der verklinkerten Säule neben der Gartenpforte reflektierte die Straßenbeleuchtung. *A.S.* stand dort in geschwungenen Messingbuchstaben. Mehr nicht. Das deutete auf einen prominenten Bewohner. Wieder sah Thea sich um. Die Straße war leer, kein Wunder bei dem Sauwetter. Sie drückte die

Klinke der Zaunpforte, die sofort aufschwang. Also nichts wie rein!

Erst jetzt fiel ihr Blick auf die riesige Hundehütte. Welcher Spinner leuchtete nachts seine Hundehütte an? Über der Öffnung prangte der Schriftzug *Faustus*. Das klang entschieden nach Geltungsbedürfnis. Thea zog den Kopf ein. Sollte sie lieber den Rückzug antreten? Aber von einem Hund war weit und breit nichts zu sehen. Vorsichtig schlich sie weiter, hielt sich dicht am Gartenzaun, erst parallel zur Straße, dann an der Klinikmauer entlang. Mann, war das hier dunkel! Sie fühlte sich furchtbar, und der Regen tat ein Übriges. Wie um Himmels willen sollte sie ihrer Tochter morgen erklären, dass die Polizei sie mitten in der Nacht verhaftet hatte?

Hinter ihr knackte es. Thea fuhr herum, duckte sich. Niemand war zu sehen. Was hatte da geknackt? Zusammengekauert starrte sie in die Dunkelheit, versuchte etwas zu erkennen. Sie sah undurchdringliches Schwarz. Hoch mit dir, Thea! Sie tappte weiter. Die Klinikmauer wurde jetzt durch eine dichte Hecke abgelöst. Das Gelände senkte sich zum See hin. Und es war heller. Thea blieb abrupt stehen. Von hier hatte sie einen erstklassigen Blick direkt ins Wohnzimmer des Bungalows. Dort stand ein Mann, den sie aus dem Fernsehen kannte. Der Berliner Schauspieler Albert Spitzmann trug einen seidenen Morgenmantel, eine Sektflasche in der einen und ein Sektglas in der anderen Hand. Vor ihm saß auf einem Kanapee eine nackte, junge Frau. Sie ließ sich ihr Glas füllen, stand auf und küsste Spitzmann sehr intensiv auf den Mund.

Thea war irritiert. Das war doch ... du lieber Himmel! Nicht mal die berühmte Badehose hatte sie mehr an! Und der verdammte Fotoapparat lag in der Handtasche unter dem Fahrersitz. Für diese Bilder hätte sie ein Vermögen verlangen können.

»Eine tolle Journalistin bist du, Thea«, murmelte sie. Da fiel ihr Blick auf den riesigen Hund, der vor der Heizung direkt am Fenster lag und genüsslich auf einem braunen Ding herumkaute. Plötzlich ertönte ein Schrei, irgendwo über ihr in der Hecke. Im selben Moment hörte sie das Flügelschlagen. Sie hatte bloß einen Vogel in seiner Nachtruhe gestört, aber ihr Herz raste. »Nur die Ruhe«, redete sie sich zu. »Von den beiden da drinnen hast du nichts zu befürchten, die sind beschäftigt.« Sie starrte auf den Hund hinter der Scheibe. »Reg dich ab, Thea. Hier draußen ist doch kein Mensch.« Aber der Hund starrte sie jetzt an. Er hatte aufgehört, auf dem Ding herumzubeißen. Was war das überhaupt, was er da am Wickel hatte? Ein Schuh? Tatsächlich, es war ein Mokassin. Jetzt fuhr es Thea kalt über den Rücken. Es war Joes Mokassin.

»Einen griechischen Salat, bitte. Mit wenig Öl. Ohne Schafskäse. Ach ja, und ein Glas stilles Wasser. Das ist alles.«

Oliver erschrak. Er selbst hatte gerade eine große Portion Gyros mit Pommes, extra Tsatsiki und einen Liter Rotwein bestellt. Was mochte Elke jetzt von ihm denken? Er sah beschämt an sich herunter.

»Kein Problem. Ich mag Männer mit einem kleinen Bauch.«

Er starrte sie an. Fassungslos. Warum konnten Frauen seine Gedanken lesen – er aber nicht ihre? Schon Thea hatte ihn immer wieder aus der Fassung gebracht. Aber Elke war in der Hinsicht geradezu unheimlich. Er spürte wieder den Strom, der von ihr ausging. Seine Fantasie malte ihm den weiteren Verlauf dieses Abends in den schillerndsten Farben ...

Oh nein! Er zwang sich, an Eishockey zu denken.

Elke lächelte süffisant. Oliver fühlte sich schon wieder ertappt. Die Riesenportion, die er bestellt hatte, lag ihm jetzt schon schwer im Magen. »Na ja, ich komme ja nicht so regelmäßig zum Essen.« Die Ausrede war ziemlich durchsichtig, aber Elke nickte verständnisvoll.

»Als Fotograf bist du bestimmt ziemlich beschäftigt.«

»Ja, na ja, sehr unregelmäßig eben.« Glückwunsch, Oliver! Das war die dümmste Antwort, die dir einfallen konnte.

»Was fotografierst du denn noch so, wenn du nicht gerade Passbilder versaust?« Sie grinste.

Oliver konnte sich noch immer nicht erklären, warum ihre Aufnahmen nichts geworden waren. Der Mann, den er nach Elke fotografiert hatte, war gestochen scharf abgelichtet. »Tut mir leid«, stieß er hervor. »Du warst meine erste versaute Aufnahme.« Ihm stieg die Hitze ins Gesicht, als er merkte, was er da gesagt hatte. Sie hätte sich das Lachen ruhig verkneifen können – tat sie aber nicht.

»Ich habe auch nicht erwartet, dass du Pornobilder machst«, sagte sie, sehr um Ernsthaftigkeit bemüht. Offenbar fand sie ihn amüsant, das war immerhin etwas.

»Natürlich nicht. Ich ... ich arbeitete hauptsächlich für Zeitungen.«

»Für Zeitungen? So richtig als rasender Reporter?«

»Ja, für meine Frau.« Er stutzte. »Also, Ex-Frau natürlich.« Er hätte sich ohrfeigen können! Warum musste er Thea erwähnen? »Also, jedenfalls bekomme ich die Aufträge meistens sehr spontan«, versuchte er, seinen Patzer zu überdecken. »Und dann muss ich auch schon mal rasen.«

»Das ist sicher ein sehr spannendes Leben, das du so führst«, nickte sie. »Was war das denn für eine Sache mit dem Titelfoto von dem Barkas?«

»Ach das, äh, ja das habe ich neulich Nacht gemacht.«

»Und ihr habt vorher in diesem Barkas gesessen? Was habt ihr denn in Ost-Berlin gemacht?«

»Ich war auf einer Beerdigung und wollte für meine Ex ein altes Erbstück holen, das war alles total chaotisch –«

»Ein Erbstück?«, fiel sie ihm ins Wort.

»Irgendein altes russisches Kreuz. Meine Ex ist ganz versessen darauf.«

»Und was hatte der Barkas damit zu tun?«

»Wie gesagt, das war alles sehr chaotisch. Irgendwann kam die Polizei, und da war so ein Oberst dabei, der stand auf mich.«

»Der stand auf dich?« Sie schmunzelte.

»Ja, das kommt vor. Hat an mir herumgefingert und mich immer so angesehen. Jedenfalls hat uns der dann mit dem Barkas zur Grenze fahren lassen. Aber ich habe keine Ahnung, wie das Auto später in die Spree geraten ist.«

Der brusthaarige Kellner servierte lächelnd eine Salatschüssel und machte auf dem Absatz kehrt.

»Sag mal, der Kellner lauscht doch nicht etwa?«, fragte Elke.

»Ich weiß nicht, ich bin hier nicht so oft«, log Oliver.

»Und hier, mein Lieber, dein Stammgericht: Gyros mit extra Tsatsiki.« Der Kellner zwinkerte ihm zu, während er Oliver den Teller mit dem Fleisch- und Quarkberg hinschob. »Da hast du dich aber enorm verbessert«, meinte er zwinkernd.

Oliver verdrehte gequält die Augen.

»Soso, verbessert hast du dich?« Jetzt lächelte Elke nicht mehr.

»Ach, ich war gestern mit meiner Ex-Frau hier.« Oliver entschied sich, näher an der Wahrheit zu bleiben, jetzt war ohnehin alles egal. »Es ging um Geld. Sie hat mich wieder mal angezickt.«

»Ach ja?« Elke stocherte in ihrem Salat. »Angezickt wegen Geld?« Sie schaute auf die Uhr. »Ich muss los. Wir sehen uns.«

Oliver blieb vor seinem Gyrosteller sitzen, als sie davonrauschte. Irgendetwas war gerade sehr, sehr schiefgelaufen.

Es war unwahrscheinlich, dass die beiden Turteltauben im hell erleuchteten Spitzmannschen Wohnzimmer Thea hier in der Dunkelheit entdeckten. Trotzdem schlich sie jetzt sehr vorsichtig weiter. Vor ihr erhob sich eine alte Kastanie in den Nachthimmel, der unterste Ast war in Reichweite, er ragte über die Hecke bis auf das Klinikgelände. Was soll's, dachte Thea. Sie sprang hoch, packte den glitschigen Ast und schwang die Beine, bis sie an Händen und Füßen über der Hecke hing. Unter ihr schnaubte etwas. Sie schloss die Augen, atmete tief durch. Erstmal das eigene Keuchen in den Griff kriegen! Sie hangelte sich vorwärts, der Ast knackte leise. Scheiße, was mache ich hier eigentlich?! Gleich würde sie schreiend in der verdammten Hecke landen, der Spitzmann würde seinen Köter auf sie hetzen und die Polizei holen! Verdammt, verdammt! Aber sie hangelte sich weiter. Diesmal knackte der Ast sehr laut, es gab einen Ruck. Thea erschrak. Ihre Füße verloren den Halt, schwangen nach unten. Sie kniff die Augen zusammen, spürte ein Reißen in den Schultern. Jetzt hing sie nur noch an den Armen, baumelte etwa einen Meter über dem Rasen, doch der gehörte zum Klinikgelände. Sie war drüben, hatte es geschafft. Auf allen Vieren landete sie im nassen Gras. Hinter der Hecke bellte ein Hund.

Thea rappelte sich auf, wischte die Hände an der Jacke ab. Ein schneller Rundblick: Hatte sie jemand gesehen? Nein, kein Mensch weit und breit. Im Schutz einer Tannenreihe schlich sie seitlich um das Klinikgebäude herum. An der Rückseite lag eine Terrasse mit Steg auf den See. Nett hier, dachte sie und huschte an den erleuchteten Terrassenfenstern vorbei. Dahinter befand sich eine Art Klinikcafé. Sehr nobel! Fast wie im Hotel.

Hinter der Terrasse trennte ein niedriger Holzzaun den Parkplatz ab, von dem man sie vorhin verjagt hatte. Hier standen die Autos der Ärzte, die Parkplätze waren mit Namensschildern gekennzeichnet. Vor dem Schild *Dr. Flick* stand der Passat, den Thea bereits kannte. Zwei Plätze weiter parkte der Mercedes. Thea spähte nach allen Seiten. Dann trat sie aus dem Schatten. B-H 4487, der Wagen hatte exakt das Kennzeichen, das Herr Böhmert genannt hatte. Ihre Hand zitterte, als sie über die Motorhaube strich. »Nicht zu fassen.« Der Wagen hatte eindeutig einen Unfall gehabt. Am rechten Scheinwerfer fehlte das Glas, im Kotflügel war eine große Delle. Daran klebten Haare. Angewidert riss Thea ihre Hand zurück und wischte sie an der Hose ab. »Ich muss die Polizei –«

Etwas weiter vorne wurde eine Tür geöffnet, zwei Männer in dunklen Anzügen kamen aus dem Klinikgebäude. Das war doch der Kerl von vorhin! Der würde nicht allzu höflich reagieren, wenn er Thea hier entdeckte. Sie duckte sich. Warf einen hektischen Blick über den gut beleuchteten Parkplatz. Egal wohin sie rannte, die Männer würden sie sehen.

In diesem Moment trat am anderen Ende des Parkplatzes ein weiterer Mann aus dem Schatten. Er wirkte groß und athletisch in seinem Ledermantel. Mit ausgreifenden Schritten kam er Thea entgegen. Sie spürte seinen Blick, er sah ihr in die Augen, nickte ihr zu. Thea wurde seltsam zumute. Sie traute sich nicht, sich zu rühren. Jetzt erkannte sie die Narbe in seinem Gesicht. Was zum Henker machte der Kerl aus Kuttis Kneipe hier? Und sie hörte seine Stimme, tief und beruhigend: »Ruhig. Ich regele das.«

Wieso reagierten die beiden Männer an der Kliniktür nicht? Sie mussten den Kerl doch gehört haben. Oder nicht?

»Du bleibst, wo du bist, bis ich die beiden abgelenkt habe. Und dann läufst du los, so schnell du kannst!« Es fühlte sich an, als spräche seine Stimme direkt in ihrem Kopf.

»Hey!«, brüllte er den beiden Wächtern entgegen, während er mit geballten Fäusten auf sie zu rannte.

»Jetzt!«, befahl die Stimme in Theas Kopf.

Die Fäuste schwangen aus, erst rechts, dann links. Die Köpfe der Wächter wurden zurückgeschleudert, die Männer stürzten auf den Parkplatz.

»Lauf!!!« Das Wort dröhnte in ihren Ohren. Erst jetzt

merkte sie, dass sie immer noch vor dem Mercedes kniete. Sie sprang auf, rannte auf das Pförtnerhäuschen zu. Rannte wie noch nie in ihrem Leben. Kurz vor der Schranke wandte sie den Kopf. Sah, wie der Kerl sich über die Gestalten am Boden beugte und ihnen Fußtritte verpasste. Jetzt sah er in Theas Richtung. Und sie musste laufen, immer weiter. Sie konnte nicht anders. Es war wie ein Zwang. Noch im Laufen holte sie die Autoschlüssel aus der Jackentasche, wollte den R4 aufschließen, doch ihre Hände zitterten zu sehr. Nervös schaute sie sich um, fummelte fluchend weiter. Das Klinikgelände war plötzlich taghell. Da – endlich! – passte der Schlüssel ins Schloss. Sie riss die Tür auf, fiel auf den Fahrersitz, rammte den Schlüssel ins Zündschloss. Der Motor jaulte, aber er sprang nicht an. Verdammt! Sie versuchte es nochmal. Der Wagen orgelte und orgelte. Thea warf einen ängstlichen Blick in den Rückspiegel. Die Schranke an der Klinikeinfahrt hob sich. Hektisch drehte sie wieder den Zündschlüssel, trat aufs Gas. Der Motor ächzte. Dieses Mistauto! Jetzt sah sie den Wagen in der Klinikeinfahrt. Die Scheinwerfer wurden eingeschaltet. Das Auto war einäugig: der Mördermercedes! Er bog in ihre Richtung. Scheiße!

Sie sprang aus dem Auto, rannte die Straße runter zum Waldrand. Plötzlich hielt neben ihr ein schwarzer Opel Admiral. Die Beifahrertür wurde aufgestoßen. »Steig ein! Sonst haben sie dich gleich!« Wieder der Kerl mit der Narbe. Thea rannte weiter. Er fuhr neben ihr her.

»Steig ein! Die sind gleich da!«

»Ich denk ja nicht dran!«, keuchte sie.

»Schau mal nach hinten.« Der Mercedes war nur noch wenige Meter entfernt. Da warf sie sich in den Opel. Die Tür schlug zu, als der Fahrer mit starker Beschleunigung losraste.

»Das ist eine Sackgasse!« Thea erinnerte sich an die Karte.

Der Kerl wandte sich ihr zu. »Nur ruhig, das kriegen wir hin.« Sie erreichten den Wendekreis. Ohne das Tempo zu verringern, riss er den Wagen herum, blendete auf und fuhr nun direkt auf die Verfolger zu. Erst im letzten Moment zog er das Steuer zur Seite, bretterte auf den Gehweg und drängte sich an dem Mercedes vorbei. Theas Herzschlag setzte kurz aus. Sie krachten wieder auf die Fahrbahn und rasten weiter Richtung Zehlendorf.

Thea warf einen vorsichtigen Blick auf den Fahrer. Er schien das zu spüren, lächelte sie kurz an. Thea lächelte zaghaft zurück. »Du warst das in Kuttis Kneipe, oder?«

Er nickte und grinste amüsiert.

Wieder überkam sie dieses warme Gefühl. Der Typ sah nicht schlecht aus, wenn auch ein bisschen wild. Sie hätte gerne seine Narbe berührt, wollte mit dem Finger darüberstreichen. Ob die wohl von einem Unfall herrührte? Oder von einem Kampf?

Er hob das Kinn, schaute in den Rückspiegel. Die Verfolger! Thea hatte sie für einen Moment ganz vergessen. Sie fuhr herum. Durch die Heckscheibe sah sie, dass der einäugige Mercedes aufholte. Auch der Opel wurde schneller. Der Fahrer fuhr weite Schlangenlinien, um den Mercedes am Überholen zu hindern. Plötzlich kam ihnen ein Bus entgegen. Thea schrie auf. Der Opel rechts, der Mercedes links, rasten sie an dem hupenden Doppeldecker vorbei. Mit quietschenden Reifen bog der Opel in die Hauptstraße nach Zehlendorf ein, der Mercedes dicht dahinter. Thea spürte, wie die äußeren Räder ihre Bodenhaftung verloren. Sekunden später setzten sie wieder auf.

Hier war mehr Verkehr. Ein Käfer, dem sie die Vorfahrt abschnitten, fuhr in eine Hecke. Thea klammerte sich am Türgriff fest. Sie wurde dennoch hin und her geworfen, knallte mit der Stirn gegen den Türholm.

»Schnall dich lieber an!« Sein Arm streckte sich vor ihre Brust und langte nach dem Gurt. Er schnallte sie an. Thea saß wie gelähmt. In ihrer Stirn pochte es. Sie atmete. Und

157

schaute. Das ganze Auto war, bis auf die großen Boxen, mit cremefarbenem Flokati verkleidet. Auf dem Rückspiegel hing eine Sonnenbrille mit verspiegelten Gläsern. Ein Oberschenkelknochen, der sehr echt wirkte, diente als Schalthebel. Ein großes Radio mit Kasetteneinschub war in die Mittelkonsole eingebaut. Plötzlich merkte Thea, dass schon die ganze Zeit Musik lief. Sie hörte den schweren, mystischen Gesang von Magna Charta, Lord of the Ages. Es war ein Moment außerhalb der Zeit.

Der Mercedes war stärker als der Opel. Immer wieder fuhren sie Schlenker und machten waghalsige Manöver. Der Verfolger ließ sich nicht abhängen. Thea krallte sich an den Gurt, starrte über die Schulter nach hinten. Eine Hand wurde aus dem Beifahrerfenster des Mercedes gestreckt. »Die wollen auf uns schießen!«

Ein Knall, und die Heckscheibe des Opels zersplitterte. Wieder schrie Thea. Ihr Retter blieb gelassen. »Unter deinem Sitz muss eine Kette liegen. Gib mir die mal.« Er öffnete das Schiebedach. Sie beugte sich vor und angelte mit dem Arm, bis sie Metall zwischen den Fingern fühlte. Die dicke Kette, die sie hervorzog, war gut einen Meter lang.

»Mach einen Ball daraus!«

Hastig knäuelte Thea die Kettenglieder zusammen. Der Kerl wog das massive Ding in seiner rechten Hand, als wäre es aus Papier. Schaute konzentriert in den Rückspiegel. Kurz vor der nächsten Kurve holte er aus und schleuderte die Kette aus dem Dach. Sie zerschlug die Scheibe des Mercedes und traf den Fahrer. Der Wagen raste geradeaus, streifte zuerst einen Laternenmast und knallte dann in einen Kiosk.

Sofort schlugen Flammen aus dem Wrack.

»Oh, mein Gott, die werden alle verbrennen!«

»Scheint so«, sagte der Narbenkerl und gab Gas.

Der Opel hielt in einer Garageneinfahrt. Thea saß verkrampft auf dem Beifahrersitz, die Hände zwischen den Oberschenkeln.

»Wir sind da«, sagte der Fahrer. »Du kennst das Haus.«

Thea schaute ihn ratlos an.

»Du warst vorhin schon einmal hier. Geh rein. Du wirst erwartet.«

»Wieso? Was soll ich hier?« Thea verstand gar nichts mehr. »Sie haben mir noch nicht mal gesagt, wie Sie heißen.«

»Attila.«

»Attila? Sonst nichts?«

»Das ist mein Name.«

»Ich bin Thea.«

»Ich weiß.«

»Oh. Aber ...« Sie musterte ihn mit gerunzelter Stirn. »Woher ...?«

»Geh jetzt ins Haus. Dort wirst du erwartet.«

Thea starrte durch die nasse Scheibe. »Von Herrn Böhmert? Was will der denn von mir?«

»Das wird sich drinnen klären. Geh jetzt hinein.«

»Ja. Ich würde nur gerne noch ... haben Sie ... hast du vielleicht eine Zigarette?«

Er schüttelte den Kopf. »Ich rauche nicht.«

»Schade.«

Seine Hand fuhr in die Manteltasche. »Vielleicht einen Kaugummi? Den hätte ich.«

»Spearmint?«

»Nein. Juicy Fruit.«

»Nehm ich auch. Danke.«

Er hielt ihr das Päckchen hin. »Geh jetzt endlich.«

Thea wickelte das Silberpapier vom Kaugummi, steckte den Streifen in den Mund, kaute. »Und du?«

»Ich komme später. Muss noch was erledigen.«

Sie legte ihm die Hand auf den Arm. »Danke für vorhin.« Dann stieg sie aus dem Wagen. Es regnete noch immer.

Als sie zum Haus eilte, hörte sie, wie der schwarze Admiral auf die Straße zurücksetzte. Der Wagen beschleunigte und entfernte sich. Es wurde still. Die Haustür war nur angelehnt. Dahinter war es dunkel. »Herr Böhmert?« Keine Reaktion. Mit einem Finger stieß Thea die Tür weiter auf, betrat vorsichtig den dunklen Flur. Auf ihren Armen bildete sich eine Gänsehaut. Sie tastete nach dem Lichtschalter. Bleiche Geweihe neigten sich über die Holztäfelung. »Herr Böhmert? Poldi?«

Es blieb still. Das ganze Haus strahlte eine Leblosigkeit aus, die es vorher nicht gehabt hatte. Wo war Böhmert? Hatte dieser Attila nicht gesagt, sie werde erwartet?

Thea drückte gegen die Küchentür. Die öffnete sich einen Spalt, stieß dann gegen ein Hindernis. Da lag etwas auf dem Boden. Thea drückte mit mehr Kraft, hörte ein Wischen und Rutschen, als sie das Hindernis mit der Tür in den dunklen Raum schob. Mit der anderen Hand fand sie den Lichtschalter. Die Neonröhre brauchte mehrere Anläufe, bis sie die Küche mit einem Klacken in kaltes Licht tauchte.

Der Schrei blieb Thea im Halse stecken. Sie schlug sich mit der Hand vor den Mund, riss die Augen auf. Vor ihr auf dem Boden lag Herr Böhmert in seinem lodengrünen Anzug. Er lag auf der Seite, die Arme seltsam verknotet vor der Brust. Er hatte keinen Kopf mehr.

Thea sank auf die Knie, die Neonröhre über ihr zirpte, ihr Herz klopfte wie verrückt. Trotzdem konnte sie den Blick nicht abwenden. Das Bild des leblosen Körpers brannte sich in ihre Netzhaut. Sie musste würgen, spuckte dabei den Kaugummi auf den Küchenboden.

In diesem Moment quietschte die Haustür. Thea hörte Bewegungen, Schritte. Sie zwang sich auf die Beine. Neben der Spüle lag ein Brotmesser. Instinktiv griff sie danach, drückte sich rückwärts gegen den Küchentisch, starrte zur offenen Tür. Die Schritte kamen näher. Eine Art Trappeln, das immer lauter wurde. Thea duckte sich hastig unter den Küchentisch. Ein Kläffen ertönte. Dann sprang Poldi in die Küche, ein hechelndes Hundegrinsen im Gesicht, und begann sehr ausführlich, den toten Herrn Böhmert zu beschnuppern.

Thea beobachtete ihn angewidert. Da müsste doch Blut sein, überlegte sie, sehr viel Blut sogar, aber es ist keins da. Weder auf dem Boden, noch sonstwo im Raum. Nur der Böhmertsche Hemdkragen war nicht mehr jägergrün, sondern hatte eine durchgängig braune Färbung angenommen. Thea fröstelte. Sie wandte den Blick ab, starrte auf den Hund. Poldi starrte mit hängender Zunge zurück.

»Na, komm her«, lockte sie ihn.

Prompt trottete der Rauhaardackel zu ihr unter den Tisch. Sie legte das Messer beiseite und drückte den kleinen Hund fest an sich. Sein Fell war warm und weich, und darunter klopfte deutlich spürbar ein lebendiges Herz. Noch nie hatte Thea beim Streicheln eines Haustiers solchen Trost empfunden.

Plötzlich fing Poldi an zu bellen. Er sprang von ihrem Schoß und verkroch sich unter der Sitzbank. Ein unangenehm kalter Luftzug ließ Thea aufblicken. Sie hatte keine Schritte gehört, kein Geräusch. Trotzdem stand die Frau jetzt unmittelbar vor ihr. Thea starrte auf ein Paar elegante Damenpumps, in denen zwei nylonbestrumpfte Beine steckten. Der Schreck war wie ein Stromstoß. Thea schrie auf. Schrie laut, bis sie nicht mehr konnte. Das Entsetzen brach sich endlich Bahn.

Die Frau trat zwei Schritte zurück. Thea sah ein graues Kostüm, darunter eine Seidenbluse und lange, glänzend rot lackierte Fingernägel. »Frau Böhmert?«, fragte Thea.

Poldi kläffte wie verrückt, aber er blieb in Deckung.

»Ich werde dir nichts tun«, sagte die Frau mit tiefer Stimme. »Du kannst getrost herauskommen.« Sie hatte einen seltsamen Akzent. War das Russisch? Thea mühte sich unter

161

dem Tisch hervor. »Frau Böhmert?«, fragte sie noch einmal. Irgendwie kam ihr die Frau bekannt vor. Sie war sehr groß und muskulös. Ihre Haare waren streng nach hinten gekämmt, ein Dutt hielt sie zusammen. Das Gesicht war stark geschminkt. »Frau Böhmert, es tut mir leid. Ihr Mann ... ich weiß nicht, was passiert ist.«

Eine Handbewegung der Frau ließ Thea verstummen. »Ich bin nicht Frau Böhmert. Ich bin Donya.«

Poldi knurrte und kläffte unter der Bank hervor. Die Frau blickte ihn eindringlich an. Da winselte der Hund plötzlich und rannte ohne einen weiteren Laut aus der Küche.

Thea war beeindruckt. »Wie haben Sie das gemacht?«

»Das ist im Moment nicht wichtig.« Ein knappes Kopfschütteln. »Du erkennst mich nicht mehr, oder?«

»Doch, ich habe Sie schon mal gesehen, Moment, ich hab's gleich ...« Thea überlegte fieberhaft. »Kuttis Kneipe, die Frau am Tresen, der Streit mit Bernie. Aber wieso ...?« Thea war verwirrt.

»Setz dich!« Donya deutete auf die Böhmertsche Sitzecke. »Machen wir es kurz. Du willst das Kreuz der Macht.«

»Welches Kreuz?«

»Na!« Mächtig hallte die Stimme durch die Küche. Thea fuhr zurück. »Stell dich nicht dümmer, als du bist! Schließlich hast du bereits zwei Boten danach geschickt. Aber das Kreuz gehört dir nicht. Es steht dir nicht zu. Es gehört uns!« Donyas Augen sahen für einen Moment tiefschwarz aus.

»Nein, nein, ich wollte gar nicht das Kreuz«, widersprach Thea hastig, »ich wollte ... äh ... das Notizbuch.«

Donya versetzte ihr eine Ohrfeige, die sie fast von der Bank schleuderte.

»Na gut, das Kreuz auch.« Thea betastete ihre aufgeplatzte Lippe. »Es ist bestimmt wertvoll«, flüsterte sie. »Aber eigentlich wollte ich das Notizbuch. Wissen Sie, ich bin Journalistin, und ich –«

»Schweig!«, herrschte Donya sie an. »Ich weiß, wer du bist und was du bist. Das Buch habe ich. Und hier ist mein Angebot: Du besorgst mir das Kreuz, dafür bekommst du das Buch.«

»Aber die lassen mich nicht einreisen!«, rief Thea. »Warum holen Sie sich das Kreuz nicht selbst? Es liegt wahrscheinlich immer noch in der Wohnung meiner Tante in einem Geheimfach hinter der Fußleiste.«

»Offenbar muss ich deutlicher werden. Du hast doch eine hübsche Tochter. Stell dir mal vor, was ihr alles passieren könnte ...« Mit beiläufiger Geste deutete sie auf den kopflosen Böhmert. »Du machst, was wir dir sagen. Dann sehen wir weiter.«

Thea starrte auf den Leichnam. Plötzlich strahlte Scheinwerferlicht durch das Küchenfenster, ein Auto rollte in die Garageneinfahrt. »Wer sind Sie?«, presste Thea hervor.

Donya hob die schwarzen Brauen, blickte sie nur an.

Thea dachte an Conny, plötzlich nur noch an Conny. Was sollte diese Drohung? Der Name Donya sagte ihre nichts. Ihre Fingernägel bohrten sich in ihren Handrücken, während sie ihre Frage wiederholte: »Wer sind Sie?«

Wieder hoben sich die schwarzen Brauen, ein fieses Lächeln huschte über Donyas Züge, und nun hörte Thea die tiefe Stimme nur in ihrem Kopf: »Das weißt du doch.«

9

Es war Freitag, der 6. April 1973. Der junge Mann steuerte seinen Opel Kadett über die schmale Straße aus der Exklave Steinstücken in Richtung Zehlendorf. Die junge Frau an seiner Seite starrte auf die Uhr am Armaturenbrett. Es war 5:15 Uhr. Sie waren spät dran.

Es war noch dunkel. Hinter der Mauer, die hier links und rechts direkt neben der Straße verlief, befand sich der hell erleuchtete Todesstreifen. Es waren gleich mehrere Wachtürme zu sehen. Wegen einer Baustelle war die Straße nur einspurig befahrbar. Die Baustelle hatte eine Länge von fünfhundert Metern und nahm damit etwa die Hälfte der Strecke ein. Der junge Mann wollte so schnell wie möglich aus der Enge der Baustelle heraus. Er schaltete in einen niedrigeren Gang und beschleunigte.

»Pass auf!«, schrie die junge Frau plötzlich.

Im selben Moment sah er es auch und trat mit aller Kraft auf die Bremse. Der Wagen kam quietschend zum Stehen. Quer auf der Straße stand ein roter R4 und versperrte ihnen den Weg. Im Licht der Scheinwerfer sahen sie, dass niemand im Wagen saß. Kein Vorbeikommen war möglich. Weder links noch rechts.

»Und was jetzt?«, fragte der junge Mann.

»Keine Ahnung, aber mach was!« Die junge Frau wurde sofort hektisch. »Ich muss in einer Viertelstunde auf Arbeit sein.«

»Das kannst du vergessen.«

»Der Chef schmeißt mich raus, wenn ich schon wieder zu spät komme. Und wie erkläre ich das dann meinem Mann?«

Der junge Mann zuckte die Achseln. »Sag doch, er hat dich gefeuert, weil du ihn nicht ranlassen wolltest.«

»Toll! Ich will aber nicht rausfliegen! Der Job ist nämlich ziemlich klasse. Und dick bezahlt obendrein. Und wer sagt denn, dass ich den Chef nicht ranlasse?«

»Jetzt ist aber gut!«

Sie kicherte. »Na, dann mach was! Schieb die Karre weg! Sonst muss ich den Alten wirklich noch bezirzen, damit er mich nicht rauswirft.«

Der junge Mann stieg aus. In der frischen Morgenluft ging er zu dem R4 und probierte den Türgriff. »Guck an! Der ist gar nicht abgeschlossen.«

Jetzt stieg die junge Frau auch aus. »Steckt der Schlüssel?«

»Nee, natürlich nicht.«

»Dann schiebst du ihn eben zur Seite. Wir müssen weiter.«

»Du bist lustig! Wo soll ich ihn denn hinschieben? Rechts ist die Absperrung von der Baustelle, und links geht's in den Graben.«

»Mir doch egal. Schieb die Karre beiseite und mach hinne!«

»Nee, das mach ich nicht.« Der junge Mann schüttelte energisch den Kopf. »Wenn da was kaputtgeht, darf ich das nachher noch bezahlen.«

Sie stampfte auf. »Hier geht gleich was ganz anderes kaputt!«

Er lief zu seinem Wagen zurück.

»Und was wird das jetzt?«

»Ich fass den nicht an! Vielleicht wurde da drin einer umgebracht. Und wenn meine Fingerabdrücke auf dem Lack sind, heißt es nachher noch, das war ich.«

»Du schiebst jetzt sofort diesen roten Schrotthaufen von der Straße!«

Er verschränkte die Arme vor der Brust. »Nee, ich fass den nicht an. Wenn mich da einer bei sieht, gibt's Ärger.«

»Wer soll dich hier sehen? Es ist Viertel nach fünf!«

»Und was ist mit denen?« Er zeigte theatralisch nach links und rechts auf die Wachtürme.

»Na und? Die sind hinter der Mauer«, konterte sie. »Mach jetzt was! Ich muss zur Arbeit.« Sie zog einen Schmollmund.

»Ja, ich mach was. Ich fahr zurück und ruf die Bullen an.«

»Aber das dauert ewig, bis die hier sind! Bis dahin bin ich zur Arbeit gelaufen.«

»Na, dann lauf doch!«, blaffte er. »Wer hält dich davon ab?«

Er ließ den Motor an, legte den Rückwärtsgang ein und fuhr zurück nach Steinstücken. Die junge Frau starrte ihm mit offenem Mund nach.

Er fuhr nicht schnell, aber das Rückwärtsfahren war ungewohnt. Immer wieder kam der Kadett gefährlich nahe an die Absperrplanken der Baustelle. Plötzlich waren da Scheinwerfer im Rückspiegel. Bremsen kreischten. Er wäre beinahe mit einem amerikanischen Jeep zusammengestoßen.

»Sind Sie verruckt? Warum fahren Sie hier ruckwarts?«, brüllte der Beifahrer und sprang aus dem Jeep.

»Ich wünsche Ihnen auch einen guten Morgen«, rief der junge Mann und sah sich im nächsten Moment einem uniformierten und bewaffneten Soldaten gegenüber, der die Autotür aufriss. »Ist ja schon gut. Nur keine Hektik.« Der junge Mann hob beschwichtigend die Hände. »Da vorne steht ein verlassenes Auto quer auf der Fahrbahn. Da kommt keiner durch. Und Wenden ist nicht, wegen der Baustelle.«

»Ein verlassenes ...?« Der Soldat runzelte die Stirn.

»Jaja. Da ist keiner.«

»Das werden wir uns ansehen.« Jetzt lag Entschlossenheit in seiner Stimme. »Fahren Sie zur Seite.«

Der junge Mann manövrierte seinen Kadett an den Fahrbahnrand und halb in den Graben, der Jeep zwängte sich vorbei. Der Kadett folgte ihm. Da stand der rote R4, verlassen wie zuvor. Und sein Mädel war auch verschwunden.

Natürlich, dachte der junge Mann. Erstens ist es kalt. Und zweitens ist es kein Wunder, dass sie nicht gewartet hat, nachdem ich sie so abgefertigt habe. Er seufzte. Na, macht nichts. Die wäre mir sowieso bald langweilig geworden. Trotzdem ärgerte ihn der Vorfall. Alles nur wegen dieser Scheißkarre. Wer kam denn auf die bescheuerte Idee, hier mitten im Sperrgebiet sein Auto stehenzulassen? Das würde man nicht mal machen, wenn die Kiste geklaut wäre.

Die beiden Soldaten umkreisten den R4 mit prüfenden Blicken.

Der junge Mann zündete sich eine Zigarette an. »Wird das heute noch was?«, rief er durchs Fenster. »Es soll Leute geben, die morgens zur Arbeit müssen.« Von den Soldaten kam keine Reaktion. Der eine hatte die Fahrertür geöffnet und beugte sich in den Innenraum. Offenbar durchsuchte er das Handschuhfach. »Meister! Kannste deinen Hintern jetzt mal in Bewegung setzen und die Straße hier freimachen?«

Plötzlich schnellte der Soldat mit einem Satz aus dem R4, stolperte rückwärts und wäre beinahe gefallen. Der Schrecken stand ihm ins Gesicht geschrieben. »Damned! There's a fucking pineapple on the backseat!« Er rannte zu seinem Jeep und brüllte irgendetwas in sein Funkgerät. Dann kam er im Laufschritt dem jungen Mann entgegen.

»Fahren Sie zuruck! Sofort!«

»Was denn?«, fragte der irritiert. Damned und fucking hatte er ja noch verstanden. Aber was pineapple war, wollte ihm einfach nicht einfallen.

»Sie fahren zuruck. Jetzt. Die Straße ist gesperrt.«

»Ach, kommen Sie. Lassen Sie mich doch einfach schnell da durchhuschen. Ich sag's auch keinem weiter.«

Der Soldat nahm sein Maschinengewehr von der Schulter. »Du fahrst deinen fucking Opel zuruck nach Steinstucken!«

167

»Okay, okay. Alles ohlreit. Ich mach ja. Aber tu das Ding da weg.« Der junge Mann startete den Motor und fuhr wieder rückwärts. Und das alles wegen einem fucking pineapple. Er stutzte. Mensch, pineapple heißt doch Ananas, oder? Da ist eine verfluchte Ananas auf dem Rücksitz. Ja, haben die sie noch alle? Da ticken die Jungs gleich aus? Wegen einer Ananas?! Er schüttelte fassungslos den Kopf.

Während er seinen Wagen langsam rückwärts manövrierte, bemerkte er die langen Teleobjektive auf den Wachtürmen. Die DDR-Grenzer machten Fotos von dem R4, den beiden Amis, ihrem Jeep und dem Kadett. »Na toll«, brummte der junge Mann. »Jetzt werde ich auch noch im Osten berühmt.«

Fuchs warf einen Blick auf die Armbanduhr. Erst viertel nach acht. Ob der Professor so früh schon bei der Arbeit war? Er drückte die Klinke und stieß die Tür auf. Im selben Moment hatte er das Gefühl zu erblinden. »Was zur Hölle ...?« Schützend riss er die Hände vor das Gesicht.

»Oh, Sie sind es, Genosse Fuchs.«

Er konnte den Mann, dem die Stimme gehörte, nicht sehen. »Machen Sie diese Lampen aus, Klugmann! Sofort!«

»Entschuldigung. Einen Moment, bitte. Gleich hab ich's.«

»Nun machen Sie schon!« Ein ekelhaftes Surren unterband jeden vernünftigen Gedanken. Plötzlich ein Klacken, das Licht verlosch, und mit ihm verschwand auch das Surren.

»Sie hätten anklopfen sollen«, sagte der Professor. »Der Alarm wird nur bei unangemeldeten Besuchern ausgelöst.«

Fuchs blinzelte. Grellrote Lichtflecke tanzten in seinem Sichtfeld. Irgendwo dahinter sah er die verschwommene Silhouette eines Mannes neben einer gigantischen Wand aus Scheinwerfern. »Was war denn das?«

»Höhensonnen.«

»Ach, tatsächlich?« Es klang zynisch. Immerhin erkannte Fuchs jetzt wieder einige Details.

»UV-Strahlung«, nickte Klugmann. »Man kann schließlich nicht vorsichtig genug sein. Im Moment.«

»Was bitte haben zwei Dutzend Höhensonnen mit Vorsicht zu tun, Professor?«

Klugmann räusperte sich. »Also, genau genommen sind es vierzig.«

»Egal, wie viele es sind! Wofür soll das gut sein?«

»Na, falls sie kommen.«

»Wer?«

»Na, die Abteilung V.«

»Am helllichten Tag?«

Klugmann rückte seine Brille zurecht. »Also, in der Hinsicht bin ich mir leider nicht ganz sicher. Es ist gut möglich, dass sie sich auch tagsüber in UV-lichtfreien Räumen im Wachzustand aufhalten können. Das ist bislang nicht erforscht. Und es gibt Wechselgänger«, fuhr er fort, »halb Mensch, halb Vam–«

»Klugmann!«

»Oh, das böse Wort.« Er hob abwehrend die Hände. »Tut mir leid. Aber als Wissenschaftler nennt man die Dinge eben gerne beim Namen.«

»Lassen wir das«, fiel Fuchs ihm ins Wort. »Verschwenden wir nicht meine Zeit. Sie wollten mir etwas zeigen.«

»Jaja. Natürlich.« Klugmann nickte hastig. »Sie hatten mir ja netterweise den Vopo ... äh ... den toten Volkspolizisten überstellen lassen, aus dem versunkenen Auto. Zur Untersuchung ... also ... Obduktion ... na, Sie wissen schon.«

Fuchs wurde ungeduldig.

»Ja, und ich denke, ich habe da etwas entdeckt, das Sie sich anschauen –«

»Kommen Sie auf den Punkt Professor!«

»Jaja. Warten Sie, ich hole es rasch aus dem Labor.«

Klugmann verschwand im Nebenraum. Fuchs nutzte die Gelegenheit und schaute sich um. Die Wände bestanden aus vollgestopften Regalen, in denen sich unzählige Bücher türmten. Dazwischen standen konservierte Präparate in Einweckgläsern. Auf dem Schreibtisch lag gut sichtbar eine knallrote Wasserspritzpistole, offenbar ein westliches Fabrikat. Kopfschüttelnd nahm Fuchs das Spielzeug und schnupperte daran. Sie war tatsächlich geladen. Der Geruch von Weihrauch, den Klugmann dem Wasser stets zusetzte, war unverkennbar.

Außerdem lagen auf dem Schreibtisch zwei durchsichtige Plastikbeutel, die mit einer glibberigen Masse gefüllt waren. Fuchs legte die Waffe weg, hob einen der Beutel hoch, ließ ihn vor seinem Gesicht baumeln und spähte auf den Inhalt.

»Kartoffelsalat, würde ich tippen«, sagte Professor Klugmann.

Fuchs erstarrte. »Was?«

»Kartoffelsalat. Oder das, was davon übrig ist. Das hatte unser toter Volkspolizist im Magen.«

Fuchs verzog angewidert das Gesicht. Der Beutel klatschte auf die Tischplatte. »Warum haben Sie das hier auf Ihrem Schreibtisch?«

»Ich wollte es gerade etikettieren und für die Analyse vorbereiten.«

»Sie analysieren also Kartoffelsalat.«

»Ja. Oder eben, was davon übrig ist. Die Blutprobe fiel beim Genossen Volkspolizisten ja aus.«

Fuchs nickte.

»Jaja«, fuhr Klugmann fort. »Ich bin mir nämlich leider immer noch nicht sicher, ob es da vielleicht einen Zusammenhang gibt zwischen Nahrungsaufnahme und der Wirkung des aphasischen Ionenstroms auf den ... also ... auf das Opfer, nicht wahr? Na, Sie wissen schon.«

Erneutes Nicken. »Sie haben mich aber hoffentlich nicht herbestellt, damit ich mir alten Kartoffelsalat anschaue.«

»Nein, natürlich nicht. Ich wollte mit Ihnen einen Blick auf das hier werfen.« Klugmann hob ein Glas mit einer klaren Flüssigkeit, in der etwas schwamm. »Das Gehirn des Genossen Volkspolizisten.«

Fuchs starrte mit zusammengekniffenen Augen auf die Hirnwindungen. Das Organ kam ihm erstaunlich klein vor.

»Hier.« Klugmann deutete auf die Mitte der weißen Masse. »Sehen Sie die Veränderung? Das ist sensationell!«

»Sehen Sie mir bitte nach, dass ich kein Hirnexperte bin.«

»Ach so. Ja. Natürlich.« Klugmann saugte kurz seine Unterlippe ein und ließ sie wieder vorschnellen. »Warten Sie, ich zeige es Ihnen.«

Er stellte das Glas auf den Tisch, schraubte den Deckel ab und langte mit seiner linken Hand hinein. Das Hirn lag auf seiner Handfläche wie eine frisch geborgene Koralle. Die Oberseite war gut zu erkennen. »Sehen Sie hier, die feine intensivblaue Linie?« Er deutete mit einem Kugelschreiber auf die Stelle.

»Was ist das? Eine Ader?«

»Das ist der Beweis«, erklärte Klugmann mit theatralischer Miene.

In diesem Moment klopfte es energisch an die Tür. Klugmann zuckte zusammen. Das Gehirn sackte mit einem Blubbern ins Glas zurück.

»Herein«, rief Fuchs.

»Moment!«, brüllte Klugmann. Doch die Tür öffnete sich bereits, das durchdringende Surren setzte ein, und vierzig Höhensonnen tauchten den Raum in gleißendes Licht.

Oboe stand, die rechte Hand auf den Gehstock gestützt, vor einem der Gräber des Dorotheenstädtischen Friedhofs. Er hatte gerade seine vierte Papirossa geraucht, als der kleine Franzose den Kiesweg entlangkam. Oboe schnippte die Kippe gegen den Grabstein, wo sie von dem eingravierten Namen abprallte und zu den anderen Zigarettenstummeln auf den Boden fiel. »Johannes Dieckmann«, knurrte Oboe,

»hab ihn schon zu Lebzeiten nicht gemocht. Und jetzt glotzt uns seine Visage auch noch von jeder Briefmarke an.« Der Franzose hatte diesen Treffpunkt gewählt. »Wahrscheinlich ahnt Fermier nicht mal, dass hier ein verdammter Liberaldemokrat liegt, der Dummkopf.« Oboe hob kurz die Linke und deutete ein Lächeln an, um dem Besucher zu zeigen, dass er ihn erkannt hatte. Der Franzose erwiderte den Gruß und kam eiligen Schrittes näher. Sie mieden beide den Handschlag.

»Willkommen in Ost-Berlin. Wie war die Fahrt?«

»Bonjour. Miserabel.« Fermier verzog das Gesicht. »Ich verabscheue Kontrollen und diese ewige Warterei. Daher nahm ich einen anderen Weg, nicht sehr komfortabel.«

»Das tut mir leid. Wollen wir ein Stück gehen?«

»Oui, laufen wir. Aber lassen Sie uns gleich zur Sache kommen. Ich möchte dieses Treffen nicht unnötig in die Länge ziehen. Für mich ist es schon unangenehm genug, überhaupt hier zu sein.«

»Das ist schade. Ich hatte gehofft, ich könnte ihnen noch die Gräber von Brecht und Helene Weigel zeigen.« Sie setzten sich in Bewegung, spazierten über den knirschenden Kies.

»Apropos Grab, Monsieur Boettcher ...« Der Franzose blickte finster. Sein Mund wurde schmal.

»Das hört sich ja fast an, als wollten Sie mir drohen, Herr Kollege.«

»Unsinn! Aber ich wollte nicht so bald nach Ost-Berlin zurückkehren. Nun hat Ihre Unfähigkeit, Monsieur Boettcher, mich doch wieder hierher geführt. Und darüber bin ich ungehalten.«

»Unfähigkeit?« Oboe blieb stehen. »Ich weiß nicht, was Sie –«

Fermier unterbrach ihn, indem er ihm mit einer zackigen Bewegung den Zeigefinger gegen die Brust drückte. »Sie wissen genau, was ich meine«, zischte er. »Warum haben Sie mich nicht über den Tod von Madame Paschke informiert? Was wird jetzt aus unserem Arrangement?«

Darauf war Oboe nicht gefasst. Woher wusste dieser Lackaffe von dem Malheur? Und vor allem: Wie viel wusste er? »Die Genossin Paschke leitete nur eine kleine Spezialabteilung ...«

»... die für unser Projekt unverzichtbar ist!«, unterbrach ihn Fermier.

Oboe ging langsam weiter. Sein Gehstock stieß eine Reihe schwarzer Löcher in den Kies. »Die Genossin Paschke ist ersetzbar. Ihre Mitarbeiter sind nach wie vor im Einsatz.« Es klang tatsächlich überzeugend, obwohl Oboe den Blick seines Begleiters mied. Inhaltlich war gegen das Gesagte auch nichts einzuwenden. Nur dass er nicht den Hauch einer Ahnung hatte, wo sich diese Mitarbeiter zurzeit befanden, verschwieg er lieber. Ebenso wie die Tatsache, dass er nicht wusste, wie man sie zu einer künftigen Mitarbeit motivieren konnte.

»Alors, und wann gedenken Sie in Aktion zu treten, Monsieur?«

»Da sind noch einige Details zu klären.«

»Details. Naturellement.« Fermier nickte übertrieben verständnisvoll. »Würden sie mich bitte zum Grab von Madame Paschke führen? Ich möchte sehen, wie Ihre Republik ihre Genossen bestattet.«

Oboe zog eine Braue empor. Aber der Wunsch ließ sich wohl kaum abschlagen. »Das Grab liegt in dieser Richtung.« Sie bogen in einen Sandweg ein, der zum hinteren Teil des Friedhofs führte. Einige Lebensbäume verströmten ihren Duft, der Oboe an Heftpflaster erinnerte.

Fermier räusperte sich. »Dem Patienten geht es nicht gut, Monsieur Boettcher. Wir sollten ihn nicht mehr allzu lange warten lassen. Wann werden Sie liefern?«

Oboe schaute ihn durchdringend an. »Mir ist durchaus bewusst, dass die Zeit drängt. Aber ich brauche noch ein paar Tage.« Er blieb stehen und fügte hinzu: »Das Ganze ist ja schließlich keine Kleinigkeit.«

»Ich weiß.« Fermier ging ungerührt weiter. »Aber, Monsieur Boettcher, das gilt für unsere Seite genauso. Auch Sie erhalten für Ihre Lieferung keine Kleinigkeit. Solche Dinge wachsen schließlich nicht auf den Bäumen.« Mit ausladender Geste deutete er auf eine Reihe Pappeln. »Also, wie lange noch?«

Oboe zögerte einen Moment. Er schloss die Augen, bevor er antwortete: »Der Transfer wird in spätestens fünf Tagen über die Bühne gehen.«

»Bien!« Fermier strahlte. »Das ist doch eine Antwort, mit der sich etwas anfangen lässt.« Er warf einen Blick auf seine goldene Armbanduhr. Oboe sah es. Und seufzte. Sie hatten das Grab von Erna Paschke erreicht. Fermier betrachtete interessiert die vielen Kränze mit den Schleifen. »In ewigem Gedenken, das Innenministerium«, las er vor. »Interessant. Und hier: Letzte Grüße für eine große Kämpferin. Von der Partei. Madame Paschke wurde anscheinend sehr geschätzt.«

Mit lautem Knacken verloschen die Höhensonnen.

»Gesund kann das aber auch nicht sein«, knurrte Fuchs, während er die Aktenmappe entgegennahm, die sein Mitarbeiter ihm gebracht hatte. »Danke. Sie können gehen.« Er schlug den Aktendeckel auf, runzelte die Stirn. Professor Klugmann musterte ihn mit fragender Miene.

»Ach, nichts von Belang«, wehrte Fuchs ab. »Bloß ein Auto, das jemand an ungewöhnlicher Stelle geparkt hat. Machen Sie weiter, Professor. Was ist das nun für eine seltsame Linie, da auf dem Gehirn?«

Klugmann räusperte sich. »Ja, die Linie ... ähm ... blau ist sie. Ein intensives Blau, also keine Ader. Schauen Sie genau hin!« Er stellte das Glas auf die Tischplatte und richtete die Schreibtischleuchte darüber aus. »Bei diesem Objekt ist sie leider noch sehr dünn, das ist natürlich kein gutes Beispiel. Aber trotzdem ist es der Beweis.«

»Beweis wofür?«

»Für den aphasischen Ionenstrom.«

»Verschonen Sie mich mit Ihrem Kauderwelsch. Klartext, Mann!«

Auf der Stirn des Professors glänzten Schweißtropfen. »Der aphasische Ionenstrom ... ähm ... das ist natürlich nicht die blaue Linie. Strom kann man ja nicht sehen, das wäre ja unlogisch.«

»Also so etwas wie elektrischer Strom?«, hakte Fuchs ein.

»Nicht elektrisch!« Klugmann hob abwehrend die Hände. »Aber so ähnlich ... jaja, das schon. Die Linie, die hier noch so dünn und kurz ist, beweist uns, dass der Genosse Volkspolizist unter dem Einfluss des aphasischen Ionenstroms gestanden hat, kurz bevor er starb.« Klugmann machte eine triumphierende Pause.

»Ja und?«

»Und?!!« Er stemmte die Hände in die Seiten. »Das ist der Beweis, den ich so lange gesucht habe. Das fehlende Glied in meiner Argumentationskette. Der Beweis, dass es Vampire gibt!«

»Klugmann!«

»Oh, Entschuldigung.« Klugmann zog den Kopf ein. »Dass es sie gibt.«

»Das beweist dieser blaue Kulistrich da auf dem Hirn?«

»Ja, naja ... ich habe damit den aphasischen Ionenstrom bewiesen. Ihr Volkspolizist stand eindeutig unter dem Einfluss einer geistigen Fremdsteuerung. Nichts anderes ist nämlich der Ionenstrom. Und wer sonst sollte in der Lage sein, die zu erzeugen?«

»Der Westen natürlich!«, konterte Fuchs prompt.

»Ach, verschonen Sie mich doch mit Ihrem ideologischen Humbug.« Klugmann brach in hysterisches Kichern aus.

»Eine geistige Fremdsteuerung! Wenn man die einfach so erzeugen könnte, maschinell vielleicht ...«

»... dann wäre man den anderen ein gutes Stück voraus«, ergänzte Fuchs.

»Genau«, nickte Klugmann. »Aber bis dahin ist es noch ein weiter Weg.« Er senkte den Blick wieder auf das Hirn im Glas. »Das hier ist der erste Schritt. Der Genosse Volkspolizist war gezwungen, so zu handeln, wie sein geistiger Gebieter es ihm befohlen hat. Sein Hirn wehrte sich natürlich dagegen, und die Folge davon ist diese blaue Linie. Der Kampf kann nicht lange gedauert haben, dazu ist die Linie zu dünn und zu kurz. Aber – und wir können diesen feierlichen Moment gar nicht genug würdigen – sie ist da!« Ein Lächeln überzog sein Gesicht. »Schon vor Jahren habe ich in meinen Schriften prognostiziert, dass der A-Strom existiert und eines Tages in Form einer blauen Kapillarlinie in der Hirnrinde nachweisbar sein wird. Dieser Tag ist heute!«

Fuchs starrte Klugmann an. »Sie meinen das alles ernst, oder?«

»Natürlich! Ich bin Wissenschaftler und habe eine unglaubliche Entdeckung gemacht. Das bringt mir den Nobelpreis!«

»Ganz sicher nicht!« Fuchs hatte Mühe, sich zu beherrschen.

»Aber natürlich! Wenn ich das erst veröffentlich habe –«

»Ja, ich sehe ihn schon vor mir, den Aufmacher in der faschistischen Springerpresse: *Jetzt spinnen sie völlig! DDR-Forscher beweist, dass es Vampire gibt!*« Er grunzte vor Empörung. »Wollen Sie, dass mein ärgster Feind mit seiner ganzen Bundesrepublik im Rücken über mich lacht? Soll die ganze Welt denken, wir hätten den Verstand verloren?«

»Aber Genosse Fuchs –«

»Nein, Klugmann! Die Deutsche Demokratische Republik wird sich nicht derartig bloßstellen. Das werde ich nicht zulassen. Eher erleben Sie den nächsten Tag nicht!«

Klugmann fuhr erschrocken zurück. Dann hob er das Glas in die Höhe und hielt es Fuchs entgegen, ein Flehen in den Augen. »Aber ... das ist der Beweis. Mein ganzes Leben habe ich daran geforscht. Sie können mir das jetzt doch nicht nehmen.«

Fuchs schnaubte. »Schaffen Sie mir ein lebendiges Exemplar heran«, sagte er kalt. »Einen Beweis, der hieb- und stichfest ist, und ich gebe Ihnen mehr, als dieser schwedische Komikerpreis es jemals vermag.«

»Aber ein Nobelpreis ist –«

»Hier geht es um Macht, Klugmann. Macht! Nicht um wissenschaftlichen Firlefanz. Wir werden uns holen, was uns schon lange zusteht. Schaffen Sie mir ein lebendiges Exemplar her, und wir machen uns den aphasischen Ionenstrom zu eigen!«

»Ich hab noch einen Koffer in West-Berlin. Deswegen muss ich nächstens wieder hin ...« Er kicherte vergnügt in sich hinein.

»Walter? Was singst du da?«, tönte es schrill aus dem Erdgeschoss herauf. »Doch nicht schon wieder ein Lied von dieser Hupfdohle!«

»Nein, nein, Lotte. Ich übe Pionierlieder.«

»Ach, du wirst senil. Komm endlich runter, das Essen ist fertig.«

»Ja, gleich.« Zufrieden betrachtete er sein Werk. »So, diese Fotos noch. Und die drei Schallplatten müssen auch mit, die soll sie mir signieren. Junge, ich bin richtig aufgeregt.« Er schüttelte sich wohlig und summte wieder das Lied, während er zum Schrank tänzelte. »Soll ich noch extra Unterwäsche in den Koffer packen? Nunu, schaden kann's nicht, auch wenn die Reise nur kurz ist. Was ist mit meinem Reisepass? Hier kennt mich ja jeder, aber bei denen drüben? Ach was, rein mit ihm!« In der Nachttischschublade fand er ein samtbezogenes Schächtelchen. »Der vaterländische Verdienstorden. Hm, vielleicht beeindruckt er sie, schließlich ist sie '45 selbst in Uniform nach Deutschland gekommen. Am besten, ich trage ihn gleich an der Jacke, den Orden. Oder besser am Hemd?« Er piekte sich die Nadel in die Hemdtasche und stach sich dabei in die Brust. »Au! Au! Lieber doch keinen Orden. Aber den Stadtplan, den Otto mir gegeben hat, den brauche ich. Es soll nicht daran scheitern, dass ich das Restaurant nicht finde. Irgendwo hier war doch auch die Einladungskarte mit der Adresse ... ach, da ist sie ja. Nu, so eine Einladung hat nicht jeder.« Er kicherte wieder.

»Walter! Essen!«

»Ja doch! Gleich!« Dann leiser: »Olle Schabracke.« Über dem Nachttisch hing ein gerahmter Kupferstich der Stadt Leipzig. Dahinter befand sich der Tresor. »Müssten eigentlich noch genug D-Mark drin sein. Wie war doch gleich wieder die Kombination? 30-6-18-9-3. Nunu, geht doch. 400 Mark werden ja wohl reichen. Oder soll ich sicherheitshalber noch ein paar von diesen amerikanischen Lappen mitnehmen?«

»Wal–ter! Die Klopse werden kalt!«

»Ich kann nicht, hab wieder meinen Durchfall! Iss ruhig schon mal ohne mich!«

»Aber dann geh auf die Toilette, herrje!«

»Ja, Lotte!«

»Womit habe ich diesen Mann verdient?«

»Womit? Na, da würde mir so einiges einfallen, Lotte.« Erneutes Kichern. Jetzt summte er wieder, drehte sich um die eigene Achse und schwankte ein bisschen. »Nu, ich sollte wohl meine langen Unterhosen einpacken. Schließlich haben wir Kalten Krieg, und im Westen ist es bestimmt kühler.«

Wo zum Teufel war Thea? Der Chef vom Dienst hatte bei Oliver im Laden angerufen, strotzend vor Aggression. »Wo treibt die Dame sich herum?«, hatte er gebrüllt. »Zu Hause ist sie jedenfalls nicht. Zumindest geht sie nicht ans Telefon.« Selbst wenn man krank sei, müsse man sich schließlich krank melden!

Oliver war völlig perplex gewesen. »Thea? Wieso Thea ...?«

»Ist denn heutzutage auf niemanden mehr Verlass?«, hatte der Chef vom Dienst weiter gewettert. »Wie soll man unter diesen Bedingungen eine Zeitung auf die Beine stellen?«

Da hatte Oliver sich endlich aufgerafft. »Wir sind geschieden«, hatte er erklärt. »Ich bin für diese Frau nicht mehr verantwortlich.«

Das hatte dem Kerl den Wind aus den Segeln genommen.

Danach hatte Oliver seine Eltern angerufen und gefragt, wann Thea sich zuletzt bei ihnen gemeldet hatte. Nur Conny sei da, berichtete seine Mutter. Oben in ihrem Zimmer. Sie höre Musik. Aber Theas täglicher Anruf sei längst überfällig. Sie hätten sich auch schon Gedanken gemacht. »Vielleicht liegt sie ganz allein bei sich zu Hause und hat sich das Bein gebrochen ...« Oliver war die versteckte Aufforderung nicht entgangen. Er hatte alles stehen und liegen gelassen, seinen Fotoladen abgesperrt und sich aufs Motorrad geschwungen.

Das kleine Reihenhaus lag in einer Nebenstraße unweit der Reinickendorfer Kirche. Es hatte keine Garage, aber Theas roter R4 war trotzdem nirgends zu sehen. Dann wird sie wohl nicht da sein, überlegte Oliver und fühlte sich fast erleichtert. Als er das Motorrad auf dem Bürgersteig abstellte, bemerkte er den schwarzen Citroën auf der anderen Straßenseite. Das Seitenfenster, in dem sich parkende Autos spiegelten, war ein Stück offen. Zigarettenrauch drang heraus, aber der Raucher selbst war nicht zu erkennen. Trotzdem fühlte Oliver sich beobachtet, als er zum Haus ging. Er ließ

seinen Blick die Fassade hinaufschweifen. In Theas Schlafzimmer stand das Kippfenster offen. Ein Stückchen Gardine
hatte sich in dem Spalt verklemmt. Vor der Haustür stand ein
orangener Blumenkübel, den Oliver bisher noch nicht kannte. Ansonsten nichts Ungewöhnliches. Er klingelte. Lauschte.
Hinter der Tür rührte sich nichts. Sie ist nicht da, dachte er,
zog seinen Schlüssel aus der Tasche, den er für Notfälle immer noch hatte, und sperrte auf. Der Geruch, der ihm ent-
gegenschlug, war ihm vertraut.

»Thea?« Keine Antwort.

Es widerstrebte ihm, das Haus in ihrer Abwesenheit zu
betreten, die Zeiten waren vorbei. Er wollte da nicht rein,
wollte nicht erinnert werden. Schließlich hatten sie sich nicht
immer nur gestritten, sie waren auch mal glücklich gewesen
in diesem Haus. »Thea! Bist du da?«

Im Flur war es dämmrig. Seine Sohlen quietschten auf den
braunen Fliesen. Er schaute ins Wohnzimmer, in die Küche,
ins Gästeklo. Falls sie sich wirklich das Bein gebrochen hatte, lag sie im Obergeschoss. Oliver stieg die Treppe hinauf.
»Thea?«

Sie hatte renoviert, nachdem er ausgezogen war, und
sich das Haus nach ihrem Geschmack eingerichtet. Auf den
Tapeten kreiselten bunte psychedelische Spiralen, die einen
schwindelig machten. Das Bad war leer. Connys Zimmer
lag verlassen. Theas Schlafzimmer ebenfalls, das Bett war
ordentlich gemacht. Jetzt öffnete Oliver die Tür zu ihrem
Arbeitszimmer. Nein, sie war nicht hier. Obwohl er ihr Par-
fum deutlich riechen konnte. Er sog den Duft ein und fühlte
plötzlich Wehmut, vielleicht sogar Bedauern. Als er sich an
Theas Schreibtisch niederließ, protestierte der Drehstuhl mit
lautem Knarren.

»Nicht mein Platz, ich weiß«, murmelte er. »Nicht meine
Welt.« Und doch war ihm das alles hier noch so verdammt
nah, noch so vertraut. Ratlos starrte er vor sich hin. Wo war

Thea? Warum meldete sie sich nicht? Irgendetwas musste ihr zugestoßen sein, sonst hätte sie doch zumindest Conny Bescheid gesagt. Das Kind war für sie das Wichtigste, dessen war Oliver sich sicher.

Er schaute aus dem Fenster, sah im Sitzen gerade noch die Dächer der parkenden Autos. Da stand immer noch der Citroën mit dem Raucher hinterm Steuer. Auch irgendwie merkwürdig. Was der wohl hier trieb?

Auf dem Schreibtisch stand eine neue elektrische Schreibmaschine von IBM. Daneben lagen mehrere Aktenmappen und Papierstapel, alles sehr ordentlich und offenbar systematisch sortiert. Oliver nahm sich Theas Tischkalender vor. Der gestrige Tag war ganz leer. Für heute fand er hinter der gedruckten Vorgabe *9:30h* den Vermerk *Chef* und dazu einen brezelförmigen Krakel, den er als Theas Kürzel für einen Anruf erkannte. Deshalb also hatte der Mann sich am Telefon so aufgeregt. Oliver wusste, dass Thea ihn wegen seiner cholerischen Anfälle hasste.

Leider war ihr persönliches Telefonbuch nicht da. Oliver zog die Schubladen auf. Auch sie waren wohlsortiert. In der obersten fand er Briefumschläge und Marken, in den anderen weitere Büroutensilien. In der untersten Schublade lag ein Paket mit Latexeinmalhandschuhen, wie sie in Krankenhäusern verwendet wurden. Oliver betrachtete es ratlos und legte es wieder zurück.

An der rechten Wand stand immer noch das Aktenregal, das er selbst dort angedübelt hatte. Inzwischen war es dicht an dicht mit sorgfältig beschrifteten Ordnern gefüllt. Theas Schrift war klein, fast mikroskopisch. Hier soll niemand auf den ersten Blick fündig werden, dachte Oliver und kniff die Augen zusammen. *Stasihauptquartier*, las er. Die Ordner daneben trugen Namen: *Walter Linse, Wilhelm Fricke.* Dann das Stichwort *Abt. V.* An die linke Wand war mit Reißzwecken ein riesiges Stück Papier geheftet, das Thea

181

offenbar aus den Resten der psychedelischen Flurtapete zusammengebastelt hatte. Die rechte obere Ecke neigte sich unter dem Gewicht der vielen mit Klebestreifen befestigten Zettel und Zeitungsausschnitte, und eine der kreischbunten Spiralen auf der Rückseite lappte ins Blickfeld. Oliver wusste zwar, dass Thea sich schon länger mit Fluchthelfer- und Entführungsgeschichten beschäftigte, aber er war überrascht, welche Ausmaße das Projekt inzwischen angenommen hatte. Ein großes Organigramm fiel ihm ins Auge, das offenbar chronologisch geordnet war. Es wurden Fluchtfälle von Ost- nach West-Berlin dokumentiert, aber auch von Rübergehen und Entführung in den Osten war die Rede. Hinter einigen dieser Fälle stand in roter Schrift der Vermerk *Mit Hilfe!!!* Hinter andere hatte Thea ein dickes Fragezeichen gesetzt. Oliver las Notizen über das ungeklärte Verschwinden einiger Streikführer des 17. Juni 1953. Sehr ausführlich wurde auf den eigenartigen Seitenwechsel des westdeutschen Verfassungsschutzchefs Otto John eingegangen. Dahinter stand in rot *Abt. V?* und ein Verweis auf die entsprechende Akte John im Regal. Sie enthielt vorne eine Zusammenfassung der Ereignisse und Recherche-Ergebnisse. Danach folgte eine Artikelsammlung. Oliver staunte, was Thea alles aufgetrieben hatte. Da war nicht nur von Johns plötzlichem Auftauchen in der DDR am 20. Juli 1954 und seiner fluchtartigen Rückkehr in den Westen im Jahr 1955 die Rede. Auch über seine Ehefrau hatte Thea einiges herausgefunden: Dass sie in Moskau an einer Kaderschule gewesen war und später Mitglied der westdeutschen KPD, aus der sie jedoch lange vor deren Verbot ausgetreten war.

In einer weiteren Akte fand Oliver umfangreiches Material über Walter Linse, einen Juristen, der sich im Auftrag des West-Berliner Senats mit der Untersuchung von Menschenrechtsverletzungen in der neu gegründeten DDR befasst hatte. 1952 war er, angeblich im Auftrag des Ministeriums für

Staatssicherheit, nach Ost-Berlin entführt worden. Ein Jahr später wurde er im Moskauer Butyrka-Gefängnis hingerichtet. In einem Artikel der *Berliner Morgenpost* war ein Satz rot unterstrichen: *Linse wurde zuletzt in Begleitung eines Offiziers der britischen Royal Air Force gesehen, der jedoch trotz einer auffälligen Gesichtsnarbe nicht identifiziert werden konnte.* Auch hier hatte Thea viele Hintergrundinfos ausgegraben: Dass Linse in der Nazizeit schon sehr früh Mitglied der NSDAP geworden und ab 1937 für Arisierungen zuständig gewesen war. In diesem Zusammenhang hatte er Unternehmen, die den jüdischen Besitzern abgepresst worden waren, in »arischen« Besitz überführt und hierbei wohl auch selbst die Hand aufgehalten.

Die nächste Akte enthielt detailliertes Material über den Fall Karl Wilhelm Fricke, der von einem Stasi-Agentenpärchen der Abteilung V in den Osten entführt worden war, wo er in einem Schauprozess zu einer langen Gefängnisstrafe verurteilt wurde, von der er vier Jahre absaß.

Den Fall des Nato-Offiziers William Gersson, der die Zielkoordinaten von Atomraketen kannte und aus Genf entführt worden war, vermutlich in der Absicht, ihm sein Wissen abzupressen, hatte Thea mit vielen Fragezeichen versehen.

Ganz aktuell war der Fall des Dr. Jens Krittler, Planungschef im U-Bootbau der Howaldtswerke Deutsche Werft AG. Er war erst vor Kurzem mit einigen als streng geheim eingestuften Plänen aus Emden verschwunden, eine Woche später dann wieder aufgetaucht, hatte auf seine Familie einen sehr verwirrten Eindruck gemacht und trieb am nächsten Tag tot im Hafenbecken. In der Akte hierzu gab es Tonbandmitschriften eines Interviews mit Krittlers Chauffeur, diverse Zeitungsausschnitte und eine ominöse Streichholzschachtel, die aus der DDR zu stammen schien.

Thea hatte unglaubliche Mengen an Material angehäuft.

Viele eindrucksvolle Fotos zeigten erschöpfte Menschen, die einer Gefahrensituation knapp entronnen waren. Es gab Bilder von Mauertoten, von ertrunkenen Opfern der Grenzsperren. Es gab Berichte über die Entdeckung verschiedener Fluchttunnel. Außerdem Brandaktuelles über das selbst gebaute U-Boot, das vor Kurzem von Sporttauchern im Schlamm der Ostsee vor Travemünde entdeckt worden war. Dann der traurige Fall einer toten sächsischen Familie in einem umgebauten Heizöltank. Dahinter stand, wiederum in Rot: *Verrat? Sabotage?* Auch den Fall mit dem Seil, an dem sich einige DDR-Flüchtlinge über die Mauer hatten gleiten lassen, fand Oliver. Hier hatte Thea kommentiert: *Wer hat das Seil gespannt?*

Das alles war hochinteressant, fand Oliver, während er sich durch die Akten wühlte. Aber es gab keinen Aufschluss darüber, wo Thea sich gerade aufhielt. Woran hatte sie zuletzt gearbeitet? Schließlich durchsuchte er sogar noch den Papierkorb. Ohne Erfolg.

Missmutig rief er letztlich bei Jochen an. »Hast du Zeit? Kannst du zu Thea kommen?«

»Naja ...« Jochen klang wenig begeistert.

»Ich brauche deine Unterstützung.«

»Es ist gerade schlecht –«

Oliver ließ ihn nicht ausreden. »Kannst du mir 'ne Currywurst mitbringen? Mit Pommes? Und 'ne Büchse Cola? Und dir, was immer du willst? Ich gebe einen aus.«

»Naja ...« Jochen schien zu überlegen. »Okay.«

Thea schlug die Augen auf. Sie sah eine Eichenkommode, die ihr bekannt vorkam ... Nein, das konnte nicht sein. Sie schloss die Augen, riss sie wieder auf. Die Kommode stand immer noch da. Das hier war kein Traum. Thea richtete sich auf. Zu schnell, ihr wurde schwarz vor Augen, der Kopf brummte. Im Raum war es sehr still. Als der schwarze Schleier sich lichtete, schaute sie sich um. Da stand die Kommode, daneben der passende Schrank. In der Ecke der Ofen mit seinen gelben Kacheln. Auf dem Boden der Perserteppich. Dort der dreibeinige Tisch mit der Glasscheibe, die die Filigranarbeit in der Tischplatte vor Kratzern schützte. Alles, alles war ihr vertraut. Kein Zweifel, das hier war Tante Ernas Wohnung.

Thea saß auf dem Sofa, links und rechts die altbekannten Sessel. Ihr Mund war ganz trocken, der Hals brannte. Sie versuchte, ruhig zu atmen. Aber wenn das kein Traum war – sie kniff sich in den Arm –, wie kam sie dann hierher? Mit wackligen Beinen stand sie auf, sah an sich hinunter. Lederjacke, Turnschuhe, sie war vollständig angezogen. Das blaue Tuch hing um ihren Hals. Waren das Blutflecke? Mit der Zunge leckte sie über ihre Lippe. Sie fühlte sich doppelt so groß an wie sonst. Arme und Beine schienen aber okay. Nur im Kopf summte es eigenartig.

Wasser wäre jetzt gut ...

Ihr Blick fiel auf den rostbraunen Fleck im Teppich vor dem Ofen, ein Schauer lief ihr über den Rücken. Angeblich war Tante Erna gestürzt und mit dem Kopf gegen die scharfe Kante geschlagen. Die Nachbarin, Frau Helm, hatte sie gefunden. So hatte sie es Oliver erzählt. Aber warum Erna gestürzt war, das hatte sie nicht erzählt. Thea fröstelte. Besser gar nicht darüber nachdenken!

Auf der Kommode standen einige Fotos, jeder Rahmen auf einem weißen Spitzendeckchen, darunter auch ein Bild von Thea, Oliver und Conny, die als süße Fünfjährige in die Kamera lachte. Wie merkwürdig, fand Thea, dass Erna ausgerechnet dieses Bild in die vorderste Reihe gestellt hatte, wo sie doch, so lange Thea noch bei ihr wohnte, immer so getan hatte, als wäre sie ihr bloß lästig. Ob es ihr später leid getan hatte?

Sie betrachtete die anderen Fotos. Es waren sechs Schwarz-

Weiß-Bilder; jedes zeigte Erna mit einem anderen rang-hohen Ordensträger. Thea kannte sie alle. Auf einem war Erna sogar mit Josef Stalin zu sehen. Sie standen vor einem Denkmal, beide sehr gerade, sehr korrekt, und trotzdem sah es aus, als berührten sich ihre Hände zwischen den Män-teln. Die Vertrautheit zwischen den beiden war unüberseh-bar.

Thea atmete tief ein. Was um alles in der Welt war pas-siert? Ihr Herz klopfte immer noch bis zum Hals. Ganz ruhig, Thea! Atme ruhig! Denk logisch! Sie legte die Zeigefinger an die Schläfen und versuchte, sich ein paar Bilder in Erinne-rung zu rufen. Joes Gesicht tauchte auf. Jetzt fiel es ihr wie-der ein. Das seltsame Päckchen mit der Zigarettenschachtel. Das Gespräch mit Joes Mutter. Die Klinik. Der Mörder-Mercedes. Dann ihr Auto, das nicht anspringen wollte. Der plötzlich aus dem Nichts auftauchende Retter. Böhmerts Lei-che. Und zuletzt diese höchst merkwürdige Frau. Wie hieß sie noch gleich? Dana? Nein, Donya. Das war es, was sie gesagt hatte: Ich heiße Donya. Sie hatte Thea eine Ohrfei-ge verpasst. Dann kam der Auftrag. Und dann nichts mehr. So sehr Thea sich auch anstrengte, ihr Kopf war wie leer-gefegt. Bloß das seltsame Gefühl, eine ähnliche Amnesie schon einmal erlebt zu haben, ließ sie nicht los. Aber wann? Und warum? Die ganze Welt kam ihr unecht vor, ein Gefühl, als ob man schwebte.

Ernas Geheimversteck befand sich in der Fußleiste hinter dem Ofen. Thea kniete sich hin. Sie sah sofort, dass die Leiste hochstand, das Fach war leer. Spuren im Staub zeigten, dass ihr jemand zuvorgekommen war. »Scheiße«, entfuhr es ihr. Wo war Ernas Kreuz? Wer hatte es genommen? Und wo soll-te sie jetzt danach suchen?

Ihr Hals brannte. Ach ja, sie brauchte etwas zu trinken.

Im Flur roch es eigenartig. Die Schlafzimmertür stand weit offen, in der Mitte das französische Bett. Nichts hatte sich verändert. Thea sah sich wieder als kleines Mädchen auf dieser Bettkante sitzen. Sechs Jahre alt war sie gewesen, jede Nacht allein und von demselben Albtraum geschüttelt. Darin lag sie in einem Zeltlazarett, mitten in den Trümmern der zerstörten Stadt. Und da war ein Arzt, der sich an ihr Feldbett setzte, um ihr schonend beizubringen, dass nun auch ihre Mutter nicht mehr lebte. Helfer hatten Thea unter den Trümmern des ausgebombten Hauses gefunden, die einzige Überlebende. Ob sie noch Verwandte habe, wollte der Arzt wissen. Onkel? Tanten? Großeltern?

Nach dem Krieg hatte Tante Erna sie endlich zu sich geholt, in dieses heile Haus mit allem Komfort. »Das ist nicht gerecht!«, hatte Thea die Tante angeschrien. – »Aber ich bin trotzdem froh, dass wir hier wohnen können«, hatte Erna kühl geantwortet, irritiert von der kindlichen Wut. Schon damals hatte Thea ihre Ablehnung gespürt. Genau wie jetzt hatte das Bett in der Mitte gestanden, und die erste Zeit schliefen sie zusammen darin. Dann hatte Tante Erna ein Schlafsofa organisiert. Von da an schlief Thea unter dem Fenster. In ihrem Nachtschränkchen hatte sie eine Dose mit Würfelzucker versteckt, den sie aus der Küche stibitzt hatte. Als Betthupferl. Denn die Tante ließ sie abends oft allein. Anfangs hatte Thea sich gefürchtet. Sie hatte Erna angebettelt, bei ihr zu bleiben.

»Nein, ich muss arbeiten«, hatte die gesagt. »Wenn irgendwas ist, gehst du zur Nachbarin.«

Abends allein auf ihrem Sofa hatte Thea sich vorgestellt, wie ihr Leben aussehen würde, wenn ihre Eltern noch da wären. Ihre Mama würde sie gewiss nicht alleine lassen, sie würde an ihrem Bett sitzen und sich lächelnd anhören, was Thea zu berichten hatte, von der Schule, ihren Freunden, ihren Wünschen.

Thea seufzte. Wie viele traurige Stunden hatte sie hier verbracht! Sie trat vor den großen Kleiderschrank, die mittlere Tür war verspiegelt. Einen Moment betrachtete sie ihre geschwollene Lippe, klappte dann mit Schwung die Türen auf. Der Geruch von Kölnisch Wasser schlug ihr entgegen, und Thea wurde wieder das kleine Mädchen, das Ernas Kostüme bewunderte, die ordentlich aneinandergereiht auf der Stange hingen. In ihrer Kehle saß plötzlich ein Kloß. Sie brauchte dringend einen Schluck Wasser.

»Ich hab dir Pommes rotweiß mitgebracht.« Jochen stand mit zwei großen Plastiktüten auf der Fußmatte. »Hattest wohl nichts zum Mittag, dass du um fünf schon wieder Hunger hast?«

»Stimmt«, brummte Oliver und folgte Jochen in die Küche.

»Gabeln«, ordnete der an. »Ich kann diese Plastikspieße nicht ausstehen.« Routiniert lud er das pergamentverpackte Essen auf den Tisch. »Und los geht's, bevor das Zeug noch kälter wird.« Sie begannen zu essen.

Oliver riss sich eine Büchse Cola auf. »Was is'n in dem anderen Beutel?«, erkundigte er sich mit vollem Mund und deutete auf die Einkaufstüte, die zwischen Jochens Füßen klemmt. »Was Kostbares?«

»Vielleicht.« Es klang geheimnisvoll. »Hab die Tüte gerade erst gekriegt, deshalb war's eben ein bisschen ungünstig. Wegen dieser Verabredung.«

Oliver spießte Pommes auf, tunkte sie in die Currysoße, packte noch ein Wurststück dazu und schob sich alles in den Mund. »Thea ist weg.«

»Wie weg?«, fragte Jochen.

Oliver schluckte, dann erzählte er.

»Und du glaubst, sie ist entführt worden?«, fragte Jochen.

»Nein, tue ich nicht.« Oliver knüllte das ganze Verpackungsmaterial zusammen, zwischen seinen Fingern quoll Ketchup mit Mayonnaise hervor. »Igitt.«

»Nicht an die Hose«, mahnte Jochen.

»Ich sage ja bloß, dass einem komische Gedanken kommen, wenn man sich dieses Entführungszeugs in ihrem Büro anguckt.«

»Wie lange ist sie denn schon weg?«, fragte Jochen.

»Gestern am frühen Abend hat sie die Redaktion verlassen. Seitdem hat sie sich bei keinem mehr gemeldet. Sehr untypisch für Thea.«

»Und habt ihr die Bullen gerufen?«

Oliver schüttelte den Kopf. »Ich wollte erstmal selbst nachsehen, was los ist. Bevor ich falschen Alarm schlage.«

»Aber du hast nichts gefunden?«

»Nichts, was mir weiterhelfen würde«, gab Oliver zu. »Ich dachte, zusammen finden wir vielleicht mehr raus. Du könntest dir das ganze Gedöns da oben ja mal angucken.« Er drückte seine leere Coladose zusammen und stopfte den Müll in die Plastiktüte. »Danach können wir immer noch die Polizei rufen.«

»Oder die Krankenhäuser durchtelefonieren.«

Oliver runzelte die Stirn. »Meinst du, ihr ist was passiert?«

»Naja, schon. Irgendwas wird ihr passiert sein«, nickte Jochen.

»Meinst du, sie hatte einen Unfall? Ihr Auto ist auch nicht da.«

Jochen wiegte bedächtig den Kopf. »Vielleicht hat es aber auch was mit diesem orthodoxen Kreuz zu tun, auf das sie so heiß war. Hast du darüber schon mal nachgedacht?«

Oliver stöhnte. »Ich sag ja, du solltest dir ihre Recherchen mal anschauen. Da ist dauernd die Rede davon, dass Leute verschleppt wurden, weil sie zu viel wussten. Das macht mich ganz nervös!«

Je näher Thea der Küchentür kam, desto stärker wurde der Geruch, irgendwie süßlich, aber auch ein bisschen nach gebratenen Zwiebeln. Als sie die Tür öffnete, verschlug es ihr den Atem. Sie packte den Türrahmen, hatte das Gefühl, nach hinten zu kippen.

Am Küchentisch saßen zwei Männer, die Gesichter auf den Tellern in Bergen von Essen vergraben. Ihre Arme hingen herunter, die Fingerspitzen knapp über dem Fußboden. Der Tisch war für drei Leute gedeckt. Ein Teller war leer gegessen, Töpfe mit Essensresten standen auf dem Herd. Darüber schwirrten die Fliegen. Thea würgte, stürzte zur Spüle und übergab sich. Ihre Kehle brannte. Sie drehte den Wasserhahn auf, trank wie eine Verdurstende. Dann riss sie das Fenster auf. Gierig sog sie die frische Luft ein. Sie zog ein Taschentuch heraus, presste es vor Mund und Nase und drehte sich um. Wieder begann ihr Magen zu krampfen, sie musste husten. Reiß dich zusammen, Thea. Du bist Journalistin, also stell dich nicht so an! An den beiden Toten vorbei schlängelte sie sich in den Flur.

Zwei graue Mäntel hingen an der Garderobe. Vorher waren sie ihr nicht aufgefallen. Jetzt wusste sie, wem sie gehörten. Prüfend schob sie die Hand in eine der Manteltaschen – und erschrak. Vorsichtig zog sie die Pistole heraus und steckte sie ein. In den übrigen Manteltaschen fand sie eine Schachtel Juwel 72, einen Dietrich und einen Schlagring. Die sind von der Stasi, fuhr es ihr durch den Kopf. Aber einen Ausweis fand sie nicht.

Trotzdem war da noch etwas, das sie wissen musste. Bloß ein Verdacht. Wieder presste sie das Taschentuch vor die Nase und betrat die Küche. Aus einer der Schubladen nahm sie einen Kochlöffel, drückte ihn dem Toten an die Schläfe. Mit einem schmatzenden Geräusch drehte sich das Gesicht in ihre Richtung. Die Fliegen schwirrten durcheinander. Thea schluckte. Die Augen des Mannes waren geschlossen, auf der fahlen Haut klebten eingetrocknete Reiskörner, Mais, Paprika und Tomatenstücke, offenbar eine Art Risotto. Die zwei erbsengroßen Löcher am Hals des Toten nahm sie gerade noch wahr, bevor sie angewidert den Kochlöffel zurückzog. Der Kopf platschte wieder in das Essen.

Die Türklingel schepperte. Thea fuhr so jäh zusammen, dass ihr der Kochlöffel auf den Fuß fiel. Wie angewurzelt stand sie da, lauschte. Wieder schepperte die Türklingel. Dann war Totenstille.

10

Fuchs' Büro lag im Halbdunkel. Obwohl es draußen noch hell war, hatte er die grünen Vorhänge zugezogen und döste vor sich hin. Die Gegensprechanlage krächzte: »Genosse Schneider wäre jetzt da.«

»Soll reinkommen«, sagte Fuchs. Die Tür ging auf, Schneiders blonder Lockenkopf leuchtete im Gegenlicht. Fuchs bewegte sich nicht einmal, er hatte Kopfschmerzen. Die letzten drei Tage nagten an ihm. Offenbar war die Abteilung V nicht unter Kontrolle zu bringen, und Otto Boettchers Aktivitäten passten ihm gar nicht.

Inzwischen stand der Genosse Schneider direkt vor dem Schreibtisch, aber Fuchs forderte ihn nicht auf, sich zu setzen. Stattdessen fragte er. »Haben Sie die Akte Otto Boettcher ergänzt?«

»Selbstverständlich, Genosse Generalleutnant. Und ich habe den Observierungsbefehl auf vierundzwanzig Stunden ausgeweitet.« Er räusperte sich, um dann wesentlich leiser fortzufahren: »Nur an den Genossen Paul Boettcher konnte ich keinen mehr ranhängen. Der ist offenbar verschwunden.«

»Verschwunden? Was soll das heißen?«

»Nun ja, er kommt schon seit Tagen nicht mehr zur Dialyse in die Charité. Angeblich ist er zur Kur gefahren. Zumindest wurde die zuständige Ärztin dahingehend informiert.«

»Aber?«

»Nachforschungen im Regierungskrankenhaus bei Dr. Bruno Mitte ergaben, dass er den Patienten seit Wochen nicht gesehen und ihm auch keine Kur verordnet hat. Ich erwarte noch den Bericht unserer Genossen aus Moskau, die sich im Kurort Barwicha nach Boettcher umschauen.«

»Soso.« Fuchs atmete geräuschvoll aus. »Haben Sie die üblichen Kontakte überprüft? Wohnung, Familie, Freunde ...«

»Auch im Ganymed hat er sich schon seit Wochen nicht mehr blicken lassen«, erklärte Schneider. »Seine Arbeitsräume in Pankow sind verwaist, ebenso Haus und Atelier in Schmöckwitz. Dort haben wir zwei Leute, die das Grundstück observieren.«

»Gut«, nickte Fuchs.

»Da Genosse Otto Boettcher unter ständiger Beobachtung steht, können wir mit Sicherheit ausschließen, dass er zu seinem Bruder Kontakt hatte.«

Fuchs schüttelte den Kopf. »In dieser Hinsicht wäre ich mir nicht so sicher ...«

»Meine Leute waren sogar in der einschlägigen Gegend im Friedrichshain«, fuhr Schneider hastig fort. »Der Märchenbrunnen wurde mehrfach von einem unserer Mitarbeiter aufgesucht, der unter Vorgabe einer passenden Legende die Personen, die sich dort aufhielten, befragt hat. Ohne Ergebnis.«

»Na, wer hätte das gedacht!« Spöttisch.

»Auch die Überprüfung sämtlicher Krankenhäuser ergab nichts. Paul Boettcher ist wie vom Erdboden verschluckt.«

Fuchs drohte mit dem Zeigefinger. »Sie wissen selbst, Genosse Schneider, dass so etwas in unserem Staate nicht möglich ist. Suchen Sie weiter! Nehmen Sie sich mehr Leute! Wir müssen wissen, wo der Mann geblieben ist. Ich möchte stündlich über sämtliche Aktivitäten von Otto Boettcher informiert werden. Machen Sie sich an die Arbeit, es ist äußerst wichtig! Da ist etwas im Gange.«

»Jawohl, Genosse Generalleutnant, jawohl.« Schneider verließ unter mehrfachen Verbeugungen den Raum. Fuchs

193

massierte seine Schläfen, die jetzt heftig pochten. »Mich könnt ihr nicht an der Nase herumführen«, knurrte er. »Mich nicht!«

Jemand machte sich an der Tür zu schaffen. Jemand, der keinen Schlüssel hatte. Thea suchte panisch nach einem Versteck. Sie hastete ins Wohnzimmer, weiter ins Schlafzimmer, stieß gegen die Tür, und die knallte gegen den Kleiderschrank. Sekundenlang stand sie wie erstarrt. Ob der da draußen etwas gehört hatte? Aber das Kratzen am Eingang ging unverändert weiter.

Hinter der Schlafzimmertür war eine kleine Nische, gerade groß genug für ein Bügelbrett, Ernas Staubsauger – und Thea. Durch den Spalt an den Türangeln sah sie, wie die Wohnungstür sich öffnete. Ein weißhaariger Mann mit Gehstock kam herein: schlank, drahtig, sehr gut angezogen. Seine Bewegungen waren trotz des Hinkens geschmeidig, fast geräuschlos. Irgendwie kam er Thea bekannt vor, das war doch ... ja, wer? Der Mann zog die Luft ein, schnupperte, rümpfte die Nase. Thea hörte ein unterdrücktes: »Was ist denn hier passiert?« Der Mann wandte den Kopf und lauschte. Dann schloss er leise die Wohnungstür und legte die Kette vor. Thea presste die Lippen zusammen. Verdammt, warum hatte sie nicht selbst daran gedacht?! Aber egal, es war zu spät.

Der Mann betrat die Küche. Thea konnte ihn durch den Türspalt immer noch gut sehen. Auch die beiden Toten waren in ihrem Blickfeld. Der Mann ging zum Tisch, griff der einen Leiche mit seinem schwarzen Handschuh in die Haare, hob den Kopf an, beugte sich vor. »Na, Hans? Schlechten Tag gehabt, wie?« Er drehte der Leiche den Kopf nach schräg hinten und betrachtete die Male am Hals. »Hat wohl nicht mehr rechtzeitig geklappt mit der Schutzkleidung. Dabei hat Genosse Fuchs euch extra darauf hingewiesen.«

Thea kniff die Augen zusammen. Inzwischen war sie ganz sicher: Das war der Bruder von Onkel Paul, dem Maler, in dessen Haus in Schmöckwitz sie als Jugendliche oft gewesen war. Das hier war Otto Boettcher. Er musste es sein! Obwohl sie ihn nicht so gut kannte. Onkel Paul hatte ihn Oboe genannt, das war es. Oboe.

Als hätte er seinen Namen gehört, wandte der Mann sich vom Tisch ab und kam in den Flur. Direkt vor Thea blieb er stehen. Unwillkürlich hielt sie den Atem an, starrte auf sein Profil. Sah, wie er das Kinn hob, wie seine Nasenflügel sich leicht blähten. Hatte er sie etwa gerochen? Nein, er ging weiter ins Wohnzimmer. Vor dem gelben Kachelofen, wo der Blutfleck auf dem Teppich war, ließ er sich mühsam auf die Knie sinken. Er streckte den Arm, fuhr mit seinem Gehstock unter dem Ofen hin und her. Offenbar suchte auch er nach dem Kreuz. Er stocherte bis in die hintersten Ecken, wurde dabei immer hektischer. Zu Tage kamen Wollmäuse. Da kannst du lange suchen, dachte Thea, da war jemand schneller als wir. Doch anstatt aufzugeben, legte Oboe sich flach auf den Bauch und linste unter den Ofen. Thea zog die Pistole aus der Tasche und schob sich behutsam aus ihrem Versteck. Plötzlich fiel mit Gepolter der Staubsauger um. Thea machte vor Schreck einen Satz vorwärts. Auch Oboe fuhr zusammen. Aber er brauchte länger, um hochzukommen. Nun schaute er direkt in den Pistolenlauf vor seiner Nase.

»Was soll das?«, fragte er sehr ruhig.

»Sind Sie nicht der Bruder von Paul Boettcher?«, fuhr sie ihn an.

Er schien verdutzt. »Woher kennen wir uns?« Dann lächelte er plötzlich. »Ach? Du bist Ernas Nichte, nicht wahr? Thea.« Ohne ihr Gefuchtel mit der Pistole zu beachten, erhob er sich schwerfällig. »Was machst du hier? Im Osten?«

»Was haben Sie unter dem Ofen gesucht?«

»Bist du nicht republikflüchtig?«

»Ich habe zuerst gefragt! Und ich habe die Pistole.«

»Ja, das mag sein.« Ihn schien das Ganze eher zu amüsieren. »Aber solche Schusswaffen sind laut und sehr gefährlich.« Mit einer raschen Bewegung nahm er ihr die Pistole aus der Hand, sicherte sie, wischte sie mit einem Taschentuch ab und legte sie auf den Couchtisch.

»Sie kennen die beiden in der Küche?«

»Kennen wäre zu viel gesagt.« Er zuckte die Achseln. »Es sind die Leibwächter eines sehr wichtigen Mannes. Deshalb sollten wir beide uns hier nicht mit ihnen erwischen lassen. Er könnte falsche Schlüsse daraus ziehen.«

»Dieser wichtige Mann?«, hakte sie nach.

Oboe nickte. »Hast du eigentlich ... mitgegessen?«

»Nein. Ich bin noch nicht lange hier.« Sie hielt inne. »Wie spät ist es überhaupt?«

Er musterte sie eindringlich. »Kurz nach sieben.« Jetzt hob er die Arme, strich ihr das Haar über die Schultern zurück und betrachtete ihren Hals.

Thea schreckte zurück. Ob sie Oboe vertrauen konnte? Aber hatte sie denn eine Wahl? Sein Blick schien sie immer noch zu prüfen.

»Wie bist du hergekommen?«, wollte er wissen. »Die haben dir doch sicher keinen Passierschein ausgestellt, oder?«

»Nein, das nicht.«

»Hat die Abteilung V dir geholfen?«

Sie starrte ihn an, überlegte einen Moment. »Ich weiß nicht«, gab sie schließlich zu. »Äh ... was für ein Tag ist heute eigentlich?«

»Freitag, der 6. April.« Ein prüfender Blick. Dann fügte er hinzu: »1973.«

»Ja, schon klar.« Sie stieß einen unwilligen Seufzer aus. »Gestern Nacht war ich noch in Zehlendorf. Im Westen.«

»Ich weiß, wo Zehlendorf ist.«

»Natürlich. Ich hatte in letzter Zeit mit einigen ziemlich

seltsamen Leuten zu tun«, sagte sie. »Wissen Sie etwas davon? Kennen Sie ... die?«

»Wen soll ich kennen?«

»Attila zum Beispiel. Dunkelhaarig. Gutaussehend. Hat mir aus einer sehr misslichen Situation herausgeholfen. Und machte dabei den Eindruck, als hätte er viel Übung mit solchen Aktionen.«

»Übung womit?«

»Es gab eine filmreife Autojagd. Die anderen haben verloren.«

»Tatsächlich?« Oboe hob beeindruckt die Augenbrauen. »Ja, Attila kenne ich. Der ist nicht ganz ohne.«

»Und Donya habe ich getroffen. Sehr furchteinflößend. Kennen Sie die auch?«

»Oh ja«, nickte er. »Vor der solltest du dich in Acht nehmen.«

»Was sind das für Leute? Gehören die zur Abteilung V?«

Vom Hausflur drang das Klirren eines Schlüssels herein. Oboe hob lauschend den Kopf. »Wir sollten hier verschwinden«, sagte er leise. »Es wird bald dunkel.« Er bückte sich nach seinem Stock, humpelte zur Wohnungstür und spähte durch den Spion. Von draußen hörte man ein Klappern. »Nur die Nachbarin.«

»Was haben Sie hier gesucht?«, flüsterte Thea, dicht neben ihm.

Er wandte ihr das Gesicht zu, musterte sie eindringlich. »Es gibt da einen Gegenstand«, begann er zögernd, »ein Machtsymbol, dessen Funktion mir vorher leider nicht klar war.«

»Was für ein Symbol? Meinen Sie etwa das alte orthodoxe Silberkreuz?«

»Ja, natürlich.« Er packte sie mit eisernem Griff am Oberarm. »Wo ist es? Und wo ist das Notizbuch dazu?«

»Meine Güte! Wann hat Thea diesen ganzen Kram zusammengetragen?«, staunte Jochen. Er blätterte in verschiedenen Akten, stellte sie wieder ins Regal, schaute auf das Organigramm an der Wand.

»Sie arbeitet da schon seit Jahren dran«, erklärte Oliver. »Ich hätte bloß nie gedacht, dass in dem Material so viel Zündstoff steckt.«

»Muss ja auch nicht. Kann ja was ganz anderes sein, warum sie jetzt weg ist.« Jochen sank auf den Fußboden, platzierte die halb gefüllte Alditüte vor sich auf die Filzfliesen und faltete seine Beine in den Schneidersitz.

»Und was, bitteschön?«, fragte Oliver angespannt.

»Keine Ahnung«, murmelte Jochen. Mit einigen Verrenkungen klaubte er eine Packung Zigarettenblättchen samt Feuerzeug aus seiner Hosentasche. Dann öffnete er die Alditüte.

»Ich glaub's ja nicht!«, schnaufte Oliver. »Das ist nicht das, wonach es aussieht, oder?«

»Natürlich ist es das!« Jochen grinste glückselig. »Das war ein Superangebot, da konnte ich doch nicht Nein sagen.« Er fing an, das Zigarettenpapier mit Gras aus der Alditüte zu füllen, drehte das eine Ende spitz zusammen und ließ sein Feuerzeug aufflammen. »Hier. Erhöht die Denkfähigkeit.«

»Thea reißt dir den Kopf ab, wenn sie das riecht!«

»Keine Sorge, Junge. Thea ist nicht da«, sagte Jochen, schon hörbar entspannter. »Mach dir keinen Stress. Hier, nimm.«

Inzwischen war der ganze Raum verqualmt, jetzt war sowieso schon alles egal. Und vielleicht hilft's ja wirklich, dachte Oliver. Vielleicht bringt es die grauen Zellen endlich auf Trab. Er hockte sich neben Jochen auf den Boden, den Rücken an Theas Schreibtisch gelehnt. »Wenn man wenigstens wüsste, woran sie zuletzt gearbeitet hat.«

»Na, aber! Das weißte doch«, brummte Jochen.

»Wieso weiß ich das?«

»Na, hier! Die Sache mit der Vopokarre in der Spree.«

»Wie jetzt? Was soll damit sein?«

»Du hast Thea doch selbst angerufen, haste erzählt.«

»Ich? Quatsch!«

»Hast ihr von der Thermoskanne hinter der Scheibe erzählt.«

»Hä? Ja, und was hat das damit zu tun?«

»Keine Ahnung. Aber es könnte wichtig sein.«

»Du spinnst, Jochen! Wer hat dir das verdammte Kraut vertickt?«

»Das Kraut ist gut, Olli. Ist wirklich gut.«

In diesem Moment klingelte es an der Haustür. Erst einmal, dann nochmal. Oliver rappelte sich auf. »Oh Mann! Das ist bestimmt Thea!«

»Klar«, grunzte Jochen. »Hat ihren Schlüssel vergessen, die Ärmste. Steht draußen vor der Tür und friert.«

»Wer könnte es sonst sein?«

»Guck mal lieber erst durchs Fenster«, riet Jochen. »In dieser spießigen Gegend soll's Leute geben, die keine Kiffer mögen.«

Oliver wurde plötzlich ganz unruhig.

»Aber vorsichtig«, mahnte Jochen, »dass dich keiner sieht.«

Oliver reckte den Hals vor, wich aber sogleich erschrocken zurück. »Polizei«, flüsterte er atemlos. »Französische Militärpolizei.«

»Nicht gut.« Jochen zog ein letztes Mal genüsslich an seinem Joint. »Gar nicht gut.«

Plötzlich füllte ein Schrillen den Raum. Jochen erschrak so heftig, dass ihm die Kippe aus der Hand glitt und auf dem Teppich landete. »Warum steht dieses verdammte Telefon unter dem Schreibtisch?«, schimpfte er und riss den Hörer von der Gabel. »Ja?«

Oliver stürzte sich auf die glimmenden Überreste.

»Wer ist da?«, fragte Jochen mit schwerem Zungenschlag. »Arnulf Jessen? *B.Z.* ...?« Er lauschte in den Hörer, nickte, murmelte: »Scheiße.« Und lauschte wieder. »Moment, das ist ein Missverständnis!«, rief er plötzlich. »Ich bin nicht –« Offenbar hatte der andere aufgelegt.

Oliver, der über dem Brandloch kniete und Spucke auf die schwarz verkohlte Stelle schmierte, blickte irritiert auf. »Wer war das denn?«

»Einer, der dachte, ich wäre du«, sagte Jochen, immer noch den Hörer am Ohr, scheinbar unfähig sich zu bewegen.

»Und was hat er gesagt?«

»Dass sie in Theas Wagen eine Handgranate gefunden haben«, sagte Jochen mit ungläubiger Miene. »Und dass mit den Alliierten in solchen Fällen nicht zu spaßen ist.«

Es klingelte wieder an der Haustür. Oliver starrte mit offenem Mund. »Da könnte er recht haben«, nickte er schließlich.

»Das war eine Warnung«, sagte Jochen. »Er sagt, wir sollen uns lieber aus dem Staub machen, bevor die Polizei hier ist.« Immer noch den Hörer am Ohr, starrte er auf das Brandloch im Teppich. »Er sagt, auf den Besitz militärischer Waffen steht laut Alliiertenrecht die Todesstrafe.«

»Waaas?!«, schrie Oliver. »Das ist doch Blödsinn!«

»Nein, ich glaube, es gibt tatsächlich so einen Paragraphen.« Die Hand mit dem Telefonhörer rutschte langsam in den Schoß. »Es ist noch nicht aus«, stieß er mit Grabesstimme hervor.

»Hä ...?«

»Das Brandloch da, es glimmt immer noch.«

Es klingelte wieder an der Tür.

»Wir sollten von hier abhauen!« Oliver sprang auf die schmorende Stelle und trampelte hektisch darauf herum. »Raff dich auf, Jochen! Schnapp dir deine verdammte Tüte!«

Unten wummerte es heftig gegen die Haustür. Die Stimmen davor wurden lauter. Irgendjemand machte sich am Türschloss zu schaffen. Oliver preschte die Treppe hinunter, raffte ihre Jacken vom Haken, hastete zur Hintertür. »Jochen! Mach hinne!« Von draußen hörte er Männerstimmen, die französisch sprachen. »Die sind gleich drin!«

»Mach dir mal nicht ins Hemd.« Jochen warf sich lässig in seine Jacke. Oliver zerrte ihn auf die Terrasse, schloss vorsichtig die Tür. »Hier lang.« Sie schlängelten sich durch die Büsche, kletterten über den niedrigen Zaun in den Nachbargarten und gelangten von dort auf einen kleinen Stichweg, der zur Straße führte. Hinter einer großen Fichte verharrte Oliver. »Und jetzt?« Vorsichtig spähte er zu Theas Haustür, die inzwischen weit offen stand. Davor warteten zwei uniformierte Wachposten. »Mein Motorrad steht direkt vor der Tür, das können wir nicht nehmen.«

Jochen legte ihm die Hand auf die Schulter. »Bleib ruhig, mein Alter.« Seine Stimme klang entspannt, fast belustigt. »Natürlich nehmen wir das Motorrad. Es ist schneller als mein Taxi. Und wendiger.« Jetzt grinste er breit. »Und falls sie uns wirklich entdecken, macht es viel mehr Spaß.« Er packte Oliver am Arm, zog ihn auf den Bürgersteig. »Du siehst aus wie ein verschrecktes Hühnchen. Denk doch mal positiv! Wir haben das Glück auf unserer Seite.« Er hob die Einkaufstüte und ließ sie knistern.

»Wenn du mit dem Zeug nicht die ganze Bude verqualmt hättest, hätte ich denen einfach die Tür aufmachen können«, konterte Oliver.

»Hätte, hätte liegt im Bette«, grinste Jochen. »Guck mal, ist das nicht Theas Handtasche?« Sie schlenderten an einem Peugeot 504 mit französischem Kennzeichen vorbei, der mit offenen Fenstern schräg auf dem Gehweg parkte. Jochen wirkte ganz lässig. Oliver dagegen fühlte sich steifbeinig. Das Herz hämmerte ihm bis zum Hals. Er schwitzte plötzlich ganz entsetzlich, als er die Schlüssel aus der Tasche zog und sein Motorrad aufschloss. Die beiden Militärpolizisten beäugten ihn misstrauisch, begannen zu tuscheln. Oliver warf die Maschine an. Jochen setzte sich hinter ihn. Jemand schrie. Eilige Schritte knallten über das Pflaster. »Einen Moment!«, hörte Oliver noch. »Halt! Warten Sie!«

Dann gab er Gas.

Thea fühlte sich elend. Sie konnte nicht mehr klar denken. Es gab keine Lösung für ihre Situation. Und plötzlich lief es ihr heiß die Wangen hinunter. Sie lag auf der Rückbank von Oboes Wartburg, verbarg ihr Gesicht in den Armen und versuchte, nicht zu schluchzen.

Oboe schwieg.

Einzeln hatten sie Ernas Wohnung verlassen. Der Weg über die Hinterhöfe war Thea so vertraut, als hätte sie ihn erst gestern zuletzt genommen. Im Schatten einer Hausdurchfahrt hatte sie gewartet, war dann, als das Auto vorfuhr, hastig hineingeschlüpft und sofort abgetaucht, wie Oboe es angeordnet hatte.

»Wanzen im Auto«, hatte er gesagt. »Denen wollen wir's nicht zu leicht machen.« Seitdem hatte er kein Wort mehr gesprochen. Thea war dankbar, hier zu liegen und endlich dem Druck nachgeben zu können. Danach fühlte sie sich etwas besser.

Oboes Miene wirkte versteinert, die Lippen hielt er zusammengepresst. Thea studierte jede Pore, jedes Barthaar, jede Falte seines Profils. Die grauen Haare standen ihm borstig vom Kopf ab. Sein Gesicht war rot im Schein der Abendsonne, die Augen blickten abwechselnd in den Rückspiegel und die beiden Seitenspiegel.

Als sie an einer Ampel warten mussten, beugte Oboe sich zum Handschuhfach hinüber und holte einen kurzen Schraubendreher heraus. Mit einer geschickten Handbewegung löste er die Verkleidung in der Mitte des Lenkrads und pulte etwas heraus, das Thea nicht erkennen konnte. »Lästige Dinger. Sie können es nicht lassen«, murmelte er. Das Seitenfenster wurde heruntergekurbelt, und das Ding flog hinaus. Das Auto setzte sich wieder in Bewegung. Es roch nach kaltem Rauch. Das Kunstleder auf der Rückbank war an einigen Stellen aufgerissen, Schaumstoff quoll heraus.

»Festhalten!«, sagte Oboe plötzlich.

Thea starrte gerade den grauen Stoffbezug des Autohimmels an, als der Wartburg scharf links abbog. Verdammt, hier gab es nichts zum Festhalten! Beinahe wäre sie von der Rückbank gerutscht. Der Wagen wurde schneller, sie konnte gerade noch erkennen, dass sie durch eine Toreinfahrt fuhren. Jetzt richtete sie sich auf. Sie rasten von einem Innenhof in den nächsten, rammten die Stützstange einer Wäscheleine, die prompt auf das Pflaster krachte. Thea drehte sich um, sah einen rotkarierten Bettbezug, der auf der schiefen Leine wippte. Sie saß jetzt breitbeinig auf der Rückbank, die Hände links und rechts um die Lehnen der Vordersitze gekrallt. Es knallte. Einer der Kotflügel hatte einen Futtereimer erwischt, der in die Höhe schnellte und seinen Inhalt über die Motorhaube verteilte. Eine Kartoffelschale klebte auf der Frontscheibe. Kinder stoben auseinander und kreischten.

»Runter!«, kam es barsch von vorn.

Mit quietschenden Reifen schlingerten sie in eine Tordurchfahrt. Dahinter riss Oboe den Wagen scharf nach rechts. Thea kippte auf den Rücksitz. Sie waren wieder auf der Straße.

»Was ist los? Werden wir verfolgt?«, fragte sie außer Atem.

Oboe nickte. »Ich bin zurzeit ein beliebtes Observierungsobjekt. Aber wenn sie mir auf den Fersen bleiben wollen, müssen sie schon andere Leute schicken. Nicht solche Grünschnäbel.« Das Auto passte sich wieder dem Tempo des Straßenverkehrs an. Thea drückte sich in die Rückbank.

Als sie an einer roten Ampel standen, stützte sie sich auf die Ellenbogen und blickte auf. Der Schriftzug S-Bahnhof Schöneweide war vom Wetter stark in Mitleidenschaft gezogen. Die paar Fußgänger, die Thea aus ihrer Position sehen konnte, kamen ihr mausgrau vor. Die Gebäude wirkten verkommen, im Putz waren noch Einschusslöcher vom Krieg zu erkennen. Es überraschte sie, wie trostlos es hier aussah. War sie tatsächlich schon so sehr an die West-Berliner Leuchtreklamen gewöhnt? Oder passte sich die Gegend einfach nur ihrer Stimmung an?

Im Rückspiegel sah Oliver den Militärpolizisten mit den Armen wedeln. Das Motorrad schoss die Straße hinunter, der Mann im Rückspiegel wurde stetig kleiner. »Links!«, brüllte Jochen ihm durch den Fahrtwind ins Ohr. »Scheiß auf die Ampeln! Die fahren uns hinterher!« Wieder ein Blick in den Rückspiegel. Hinter sich meinte Oliver eine französische Limousine zu erkennen. Er gab noch mehr Gas, sauste durch einige kleine Straßen, schlug Haken und kümmerte sich nicht mehr um die Verkehrsregeln.

»Fahr da vorne links!« Jochen lotste ihn durch die Teichstraße. »Und jetzt durch die Anlagen! Das ist 'ne Abkürzung.«

Oliver bog in den kleinen Park, tuckerte einen Fußweg entlang. Plötzlich ein Kreischen: »Na, hör'n Se mal!« Die alte Dame erwürgte fast ihren Spitz, als sie ihn an der Leine aus der Gefahrenzone riss.

In der Holländerstraße fuhr Oliver etwas gemütlicher weiter. Offenbar hatten sie die Verfolger abgehängt. »Wohin jetzt?«

»Erstmal geradeaus. Hier, schau mal.« Jochen streckte einen Gegenstand nach vorn, hielt ihn Oliver vor die Nase. Der bremste abrupt.

»Spinnst du? Ich sehe nichts mehr.« Sie blieben stehen. »Das ist doch Theas Tasche, oder?«

»Die habe ich aus dem französischen Auto.« Triumphie-rend.

»Ich fass es nicht! Jetzt hast du auch noch die Franzosen beklaut!« Oliver stöhnte. »Du spinnst wirklich!«

»Wart's ab, mein Alter.« Jochen klopfte ihm tröstend auf die Schulter. »Wer nicht wagt, der nicht gewinnt. Wenn du wirklich rausfinden willst, wohin deine Ex-Frau verschwun-den ist, brauchst du Anhaltspunkte. Und die sind hier drin, da gehe ich jede Wette ein.« Er klopfte auf die Handtasche. »Wir müssen uns mal in Ruhe mit dem Inhalt befassen.«

»Wahrscheinlich hast du sogar recht.« Oliver zuckte hilf-los die Achseln. »Also wohin?«

»Ich weiß da ein nettes Plätzchen.«

Nun ging es Richtung Tegel. »Langsam, langsam. Da vorne in der Kurve fährst du auf den Gehweg.« Riesige alte Bäume überragten einen schmiedeeisernen Zaun mit gefähr-lich aussehenden Spitzen. Jochen stieg vom Motorrad und hielt das Tor auf. »Fahr rein, dann sieht man uns nicht, falls die hier durch die Straßen patrouillieren.«

Das Motorrad rollte langsam auf das Gelände. Dann stell-te Oliver den Motor ab. »Was ist das? Ein Friedhof?«

»Komm! Und nimm das Motorrad mit.« Jochen führ-te ihn durch ein verschlungenes Wegelabyrinth. Große alte Eiben, Kiefern und Tannen schlossen hier fast den Himmel aus, es herrschte grünliches Dämmerlicht, unter den Bäumen waren schon Fledermäuse unterwegs. Dann sah Oliver die russisch-orthodoxen Kreuze. Sie ragten aus den blau bedach-ten Zwiebeltürmchen einer fremdartig anmutenden Kapelle und glänzten rötlich in den letzten Sonnenstrahlen. »Ein rus-sischer Friedhof?«

»Genau das«, nickte Jochen. »Hier sucht uns kein Mensch. Und es passt doch auch irgendwie, findest du nicht?« Ein breites Grinsen.

Viele der sehr großen Grabstätten waren mit mannshohen

Ligusterhecken eingefasst, und überall war das orthodoxe Kreuz zu sehen. Vereinzelt leuchteten ewige Lichter. Neben einem kleinen Brunnen standen verwitterte Statuen. Oliver schaute genauer hin: Der Tod schwenkte eine große Sanduhr und tanzte um eine Frau, die ein kleines Kind an sich drückte. Auf diesem Friedhof war kein Weg gerade, man konnte kaum fünf Meter weit sehen. Oliver schob das Motorrad hinter Jochen her. Wie laut die Reifen hier knirschten, und wie unheimlich still es hier war, mitten in der Stadt. »Woher kennst du dich hier aus?«

Jetzt grinste Jochen noch breiter. »Ich hab hier mal eine Kundin flachgelegt, die mich angegraben hat. Da drin.« Er deutete auf einen kleinen Pavillon, eigentlich nur ein Dach auf vier Säulen, die wie Ritter gestaltet waren.

»Auf dem Friedhof?«, wunderte sich Oliver.

Die Ritter schienen sich mit ihren Schwertern zu bekämpfen. Darunter stand eine Bank, auf der Jochen sich nun niederließ. »Klar. Warum nicht? Hier sieht dich niemand.«

Oliver stellte sein Motorrad ab und trat an ein Grab. »Das ist von 1898. Und alles auf Kyrillisch.«

»Für diesen Friedhof hat irgendein russischer Zar viertausend Tonnen Heimaterde aus Russland nach Tegel schaffen lassen. Ist das nicht irre?«

»Irgendwie schon«, nickte Oliver.

Jochen kicherte. »Das ist fast wie bei Dracula. Der brachte auch kistenweise Erde aus Transsylvanien nach London. Wusstest du das?«

»Nee.« Oliver verschränkte fröstelnd die Arme vor der Brust.

»Hat mir alles die Kundin erzählt. Das Grab da, wo du stehst, ist das Grab ihres Großvaters. Das hat sie sehr beflügelt.«

»Meine Güte, du lässt auch nichts aus.«

»Na, und du? Wer im Glashaus sitzt –«

»Jaja, zeig mal lieber die Handtasche«, fiel Oliver ihm ins

Wort. »Wieso lag die eigentlich bei den Franzosen? Thea hat die sonst immer bei sich. Meinst du, die haben sie schon eingebuchtet?«

»Oder die Tasche war zusammen mit der Handgranate in ihrem Auto«, überlegte Jochen.

Er breitete Stück für Stück den Tascheninhalt auf der Bank unter dem Pavillondach aus. »Seit wann raucht unsere Thea denn Karo?« Er hielt eine zerknitterte Zigarettenpackung hoch.

»Krone ist eigentlich ihre Marke.« Oliver zeigte auf die zweite Zigarettenpackung, die auf der Bank lag. »Aber sie raucht nicht viel.«

Jochen blätterte in Theas Taschenkalender. »Hier auf der letzten Seite steht: Joe, Ost-Funktionär, neue Niere, Schwester Rita. Und dahinter: Klinik C2. Was sind das für Kürzel?«

»Ist kein Stadtplan dabei?« Oliver wühlte in dem Haufen. Ohne Erfolg. »Dann liegt der wohl im Auto. Aber ich bin mir ziemlich sicher, dass das Koordinaten im Stadtplan sind. Macht sie immer so.«

»Hmhm.« Jochen nickte nachdenklich. »Apropos Auto. Sag mal, wie kommt denn eine Handgranate in Theas Auto? Das ist doch sonst nicht ihre Art.«

»Thea hat sogar Angst vor Kartoffelschälmessern. Die würde nie eine Waffe anfassen.«

»Aber der Typ am Telefon hat gesagt –«

»Wie hieß der nochmal?«, unterbrach ihn Oliver.

»Arno ... Arnold ... Arnulf, ja, ich glaube Arnulf soundso. Den Nachnamen hab ich vergessen.«

»Den Vornamen anscheinend auch. Aber ich glaube, Thea hat einen Kollegen in der Nachtbereitschaft, der Arnulf heißt.« Er fuhr sich mit gespreizten Fingern durchs Haar. »Bloß ... wenn der wirklich angerufen hat – woher weiß er das alles? Von dem Auto und der Handgranate?«

»Na, weil er Sensationsreporter ist?«, schlug Jochen vor.

»Die haben doch in jeder Polizeiwache ihre Spitzel. Der schreibt an seiner Story. Deswegen will er sich auch mit uns treffen.«

»Ach, tatsächlich?« Oliver runzelte unwillig die Stirn. »Und warum sagst du das jetzt erst?«

»Na, weil die Bullen vor der Tür standen vielleicht? Weil wir Hals über Kopf abgehauen sind? Oder weil es sich auf deinem Hobel da so verdammt schlecht plaudern lässt?« Jochen hob abwehrend die Hände. »Ist doch egal. Oder willst du dich etwa mit dem Typen treffen?«

»Keine Ahnung. Was sollen wir sonst machen? Das ganze Zeug aus der Tasche hier gibt irgendwie nicht viel her.« Oliver zuckte die Achseln. »Wie spät ist es denn?«

»Ist sich Sonnenuntergang«, sagte plötzlich eine tiefe Stimme. »Friedhof wird geschlossen.« Eine große Gestalt trat aus dem Schatten der Hecke, ein alter Mann in einem bodenlangen, schwarzen Gewand. Oliver krallte die Finger in die Bank, starrte den Alten an wie eine Erscheinung.

Wieder ertönte die tiefe, ehrfurchtgebietende Stimme: »Motorräder sind sich hier verboten. Stören die Ruhe der Toten, ist sich nicht gut.«

Als sie am S-Bahnhof Adlershof vorbeikamen, wurde Thea klar, dass sie aus der Stadt hinausfuhren. »Wo bringen Sie mich hin?«

»Zu meinem Bruder.«

»Onkel Paul? Weiß er, dass wir kommen?«

Oboe schüttelte den Kopf. »Nein, er ist nicht da.«

»Ein größerer Auftrag?«

»Leider nein. Keine Aufträge mehr.« Wieder das kurze Kopfschütteln. »Mein Bruder gehört zu den Menschen, die sich nicht gerne beugen.« Es klang verbittert. »Die Jungen, Formbaren sind angesagt. Da ist ein alter, kranker Mann schnell vergessen.«

»Krank?«

»Ja. Er ist im Krankenhaus.«

»Das tut mir leid. Ist es schlimm?«

Oboe seufzte. »Es wäre reparabel – unter gewissen Umständen.«

»Was soll das heißen? Was für Umstände?«

»Dazu kommen wir vielleicht später.«

»Aber Paul Boettcher ist doch als Künstler sehr bekannt. Hat er nicht dieses Haus am Alexanderplatz, ich komme nicht auf den Namen ...« Thea biss sich auf die Lippe. »Hat er das nicht verschönert?«

»Das Haus des Lehrers? Ja, durch ein Naturstein-mosaik. Und die Fenster im Treppenhaus der Humboldt-Uni sind auch von ihm. Sogar in der Gedenkstätte Sachsen-hausen hat er sich verewigt. Zu der Zeit war er für alle noch der Größte.« Wieder ein Seufzer. »Aber ein Künstler möchte sich entfalten. Er will seine eigene Kunst der Öffentlichkeit darbringen, nicht immer nur die Vorstellungen irgendwelcher Betonköpfe umsetzen. Doch wer nicht mitmacht, ist schnell in Ungnade gefallen.«

»Oh, verstehe. Schade um das vergeudete Talent.«

»Vergeudet, nun ja ...« Es klang nachdenklich. »Ja, wir hatten eine gute Zeit. Und auch unsere Vorteile. Aber leider nicht genug Macht. Dann wird der kleinste Fehltritt schnell zur größten Gefahr. Schade, dass man erst so alt werden muss, um das zu begreifen. Wir versuchen jetzt zu retten, was noch zu retten ist.«

»Ach so? Wie meinen Sie das?«

Der Blinker knackte rhythmisch in der plötzlichen Stille.

»Ach, ich meine gar nichts«, sagte Oboe.

Jochen schüttelte sich. »Belauschen Sie immer die Friedhofs-besucher?«, fuhr er den Alten an. Der Schreck steckte ihm noch in den Gliedern. Der Alte sah unheimlich aus in seiner

Kutte. Unter dem grauen Vollbart baumelte an einer Kette ein großes Silberkreuz in orthodoxer Form.

»Ich belausche niemanden«, sagte er würdevoll. »Habe nur letzte Frage gehört. Wenn ich nicht hätte Sie entdeckt, wäre Sonne untergegangen und Sie wären eingeschlossen auf Friedhof.«

Oliver starrte gebannt auf das Silberkreuz. »Entschuldigung, aber ... dieses Kreuz, das Sie da umhaben ... so was hab ich schon mal gesehen. Ist das ein besonderes Kreuz?«

Der Geistliche bekam schmale Augen. »Wo haben Sie gesehen so ein Kreuz?«

»In einem Buch.«

»Was für Buch?«

»Von Professor ... Professor ... hilf mir mal, Jochen!«

»Klugmann«, sagte Jochen. »Professor Klugmann.«

Der Geistliche runzelte die Stirn. »Sie kennen Professor Klugmann?«

»Nein, nein«, sagte Oliver, »aber wir suchen so ein Kreuz.«

»Wieso?«

»Meine Frau hat es geerbt.«

Der Geistliche nahm das Kreuz in seine behaarte Pranke. »Genau so ein Kreuz?«

Oliver starrte auf seine langen gelben Fingernägel. »Es handelt sich um ein sehr besonderes Kreuz, das einer verstorbenen Verwandten gehörte, Erna Paschke. Kennen Sie die etwa auch?«

»Paschke? Erna Paschke ist sich tot?« Er atmete hörbar aus. »Vielleicht es war kein Zufall, diese Begegnung hier. Vielleicht es war Schicksal.« Er nickte zur Bekräftigung. »Ich muss euch etwas zeigen. Kommt!«

Oliver musterte ihn verunsichert. »Wer sind Sie denn überhaupt?«

»Ich bin Pater Sokolowski, Priester der russischen Gemeinde.«

»Ich geh da nicht mit. Das kannst du vergessen!« Oliver warf Jochen einen bedeutsamen Blick zu.

»Jetzt hab dich nicht so mädchenhaft! Der Herr Pfaffe will uns was über das Kreuz erzählen. Das Kreuz! Erinnerst du dich?«

»Ja, ich erinnere mich«, fauchte Oliver. »Aber kann er uns das nicht morgen vorführen? Müssen wir dazu im Dunkeln über diesen verdammten Friedhof laufen?«

»Ach, komm schon.« Jochen schob Oliver vor sich her. »Jetzt haben wir endlich mal die Chance, etwas herauszubekommen.«

Sie betraten die Kirche. Oliver beobachtete, wie Sokolowski sorgsam die Tür hinter ihnen verschloss und den Schlüssel in seiner Kutte verschwinden ließ. »Tür ist sich nur zur Sicherheit verschlossen«, erklärte er. »Kommt, wir gehen in Bibliothek.«

Jochen und Oliver sahen sich an. Dann folgten sie dem Priester. Vor dem Altar kniete er nieder und murmelte etwas.

»Er betet«, flüsterte Oliver.

»Das sehe ich«, zischte Jochen.

»Aber wieso? Ich meine, wieso jetzt?«

Mühsam stand Sokolowski wieder auf und entzündete zwei Kerzen auf dem Altar. Er wandte sich nach links und öffnete eine schmale Tür. »Kommt!« Sie betraten einen dunklen Raum. Es stank nach altem Mann und feuchtem Keller. Oliver erschauderte. Er sah sich um. Eine Wand wurde durch ein großes Bleiglasfenster mit Rundbogen dominiert, das von der Decke bis zum Boden reichte. Dem Geruch nach war es lange nicht mehr geöffnet worden. Sokolowski schob ein paar Stühle an den Tisch in der Mitte des Raumes. Die Wände waren mit Regalen vollgestellt, deren Bretter sich unter der Last der vielen Bücher bogen.

»Ist dieses Loch hier Ihre Bibliothek?«, fragte Oliver.

Jochen rammte ihm den Ellenbogen in die Seite. »Nein, das wird die Kantine sein, du Idiot!«

»Ich mag nicht elektrisches Licht«, erklärte Sokolowski, während er durch den Raum ging und Kerzen entzündete. In ihrem flackernden Schein begann er, in einem der Bücherregale herumzukramen, bis er gefunden hatte, was er suchte: ein dickes Buch, allem Anschein nach uralt, von Mäusen benagt. Er legte es behutsam auf den Tisch und zog dann geräuschvoll einen der Stühle hervor.

Jochen sah mit hochgezogenen Augenbrauen zu Oliver hinüber.

Sokolowski winkte sie zu sich. »Setzt euch. Ich möchte euch etwas zeigen.« Er schlug das Buch auf.

Oliver fröstelte es. »Hören Sie, Herr Sokolowski, wir wollen Ihnen keine Umstände machen. Lassen Sie's gut sein und bringen Sie uns einfach wieder zur Tür, ja?«

Jochen tippte sich an die Stirn. Sokolowski reagierte gar nicht. Er blätterte durch die Seiten des Buches. »Ah, hier! Ich werde für euch vorlesen. Ist sich Übersetzung von altem georgischem Dialekt.« Sokolowski fasste mit beiden Händen das Kreuz, das er um den Hals trug. Dann begann er mit tiefer Stimme zu lesen.

Der Wartburg schepperte in die zunehmende Dämmerung. Hier gab es keine Straßenbeleuchtung mehr, nur Wald zu beiden Seiten der Chaussee. Thea schloss für ein Weilchen die Augen. Als sie sie wieder öffnete, war der Himmel schwarz. Später tauchten Laternen aus dem Dunkel auf, Einfamilienhäuser säumten die Straße. Thea stützte sich auf die Ellenbogen, spähte hinaus. Sie wusste sofort, wo sie waren. Am Kreisverkehr zuckelte mit Getöse eine Straßenbahn vorbei. Die alte Eckkneipe war immer noch da, hell erleuchtet, die Tür weit offen. Thea war froh, dass Oboe die Wahrheit gesagt und sie in eine vertraute Umgebung gebracht hatte. Sie folgten der Straßenbahn über die Pflastersteinstraße. Dann bogen sie rechts in eine dunkle Einfahrt, stiegen aus und gingen einen Trampelpfad entlang, der in einem Labyrinth aus hohen Hecken verschwand. Hinter einer Ecke tauchte ein kleines Gartentor auf. Das Grundstück war großzügig angelegt. An seinem Ende glitzerte das Wasser des Zeuthener Sees zwischen den Bäumen. Das Wohnhaus befand sich gleich rechts. Ihm gegenüber stand ein weiteres, bungalowartiges Gebäude: das Gästehaus, wie sich Thea noch gut erinnerte. Dort hatte sie als Sechzehnjährige etliche Monate gewohnt.

Oboe war schon an der Tür und kramte nach den Schlüsseln. Als sie die Diele betraten, standen ihnen plötzlich zwei Gestalten gegenüber. Thea zuckte zusammen.

»Schon gut, Mädchen.« Oboe legte ihr die Hand auf den Arm.

Thea sah dieselbe Bewegung bei ihrem Gegenüber und begriff, dass sie sich im Spiegel sahen. Trotzdem kam ihr das leere Haus unheimlich vor. Die Bäume und Hecken draußen warfen ihre Schatten durch die Atelierfenster. Drei Staffeleien standen im Raum. In der Mitte eine lebensgroße Statue, die mit einem Tuch bedeckt war. Es roch nach Ölfarbe und Firnis, aber das Atelier wirkte tot, nicht mehr wie früher.

Sie gingen in die Küche. Oboe knipste das Licht an, öffnete den Küchenschrank, in dem Konserven standen. »Hunger?«

»Und wie! Kann ich was helfen?«

»Erstmal sehen, was wir hier haben.«

»Dann gehe ich kurz ins Bad«, sagte sie. »Ich weiß noch, wo es ist.«

Oboe nickte mit abwesender Miene, reihte Büchsen mit Ölsardinen, Hering in Senfsoße und Knäckebrot auf die Tischplatte.

Das Bad war riesig, genau wie Thea es in Erinnerung hatte, in der Mitte ein Springbrunnen, die Wände verspiegelt, der Fußboden gefliest, zwei Waschbecken in Marmor eingelassen. Früher hatte diese Pracht sie beeindruckt, heute erschien sie ihr dekadent. Wie die Zeiten sich änderten. Sie trat an den Spiegel. Ihr Gesicht war bleich, bis auf die dunklen Ringe unter den Augen. »Ach, Thea, du sahst auch schon mal besser aus.«

»Und so erschuf er vier Kreuze«, begann Sokolowski zu lesen. »Ein jedes geschmiedet, um Frieden für die Menschen zu bringen. Ein jedes geweihet, um die Menschen vor dem Unheil zu bewahren.« Er blickte auf. »Und ein jedes geriet sich irgendwann in die falschen Hände.«

Jochen starrte ihn an. »Vier Kreuze? Wovon reden Sie, Mann? Und was für ein Unheil soll das denn sein?«

»Es gab sich eine Zeit, da wurden die Menschen in Georgien, meiner Heimat, von einer üblen Bande geplagt. Einer gottlosen Bande, die beherrschte gesamte Gegend um Gori«, erklärte der Priester. Dann las er wieder vor: »Und keiner konnte ihrer Herr werden. Sie plünderten, sie mordeten und wurden angeführt von einer gnadenlosen, grausamen Frau.« Sokolowski blätterte einige Seiten weiter.

Jochen erkannte kunstvolle Zeichnungen, auf denen Schlachtgetümmel dargestellt war. »Einer Frau?«, fragte er ratlos.

»Ja. War sich Schlimmste von allen, die Frau. Allerschlimmste.«

»Und? Was hat das jetzt mit den Kreuzen zu tun?«

»Eines Tages kam sich neuer Priester nach Gori: Michael Sinski. Und seit diesem Tage wurde alles anders mit der Bande. Es hörte auf das Morden. Bande verschwand im Gebirge, ward nicht mehr gesehen. So es steht geschrieben.« Er tippte mit seinem langen gelben Fingernagel auf die Textstelle.

»Vielen Dank. Tolle Geschichte.« Oliver sprang von seinem Stuhl auf. »Das hat der Herr Sinski gut gemacht. Und eine großartige Werbung für Ihre Kirche ist es auch. Jochen!« Er packte den Freund an der Schulter. »Können wir jetzt bitte gehen!«

Aber Jochen rührte sich nicht von der Stelle.

»Warum ist die Bande abgezogen?«, wollte er wissen. »Was hatte der Pfaffe gegen sie in der Hand?«

»Nun ...« Sokolowskis schwarzer Blick fixierte ihn. »Sinski war sich in Besitz von Gegenstand, mit dem er hatte Kontrolle über Bande. Ein Kreuz, genau wie dieses.« Er packte das Kreuz auf seiner Brust, hielt es in die Höhe. Die silbrige Oberfläche reflektierte das Flackern der Kerzen. »Sinski hat sich schmieden lassen die vier Kreuze bei einem Schmuckschmied, sehr raffinierter Mann. Sein Name war Petronewkow.« Sokolowski blätterte eilig um und las nun wieder vor: »Jedes der vier Kreuze symbolisierte eines der Elemente: Wasser, Erde, Feuer und Luft. Und jedes Kreuz hatte gewisse Eigenschaften.« Er schaute zu Jochen auf. »Denn musst du wissen: Petronewkow war sich nicht nur Schmied. War auch Alchemist.«

»Naja ...« Jochen verzog zweifelnd das Gesicht. »Bei allem Glauben und so, wie lässt sich mit einem Metallkreuz eine Bande böser Menschen im Zaum halten?«

»Niemand hat sich gesprochen von Menschen, mein Freund.«

»Komm, lass uns endlich gehen!« Wieder rüttelte Oliver an Jochens Schulter. »Der Spinner erzählt hier Lagerfeuermärchen, und wir vertrödeln unsere Zeit.«

Jochen ignorierte ihn. »Keine Menschen?«

Sokolowski schüttelte den Kopf. »Waren sich Vampire. Genau zwölf.«

»Vampire?« Jetzt grinste Jochen wieder. »Es gibt keine Vampire.«

Sokolowski bedachte ihn mit einem mitleidigen Blick.

»Und wenn doch«, fuhr Jochen fort, »dann würden die nicht vor einem schnöden Silberkreuz kuschen. Das sind Ammenmärchen.«

Sokolowski zögerte. »Sinskis Kreuz war sich nicht beliebiges Kreuz«, sagte er dann. »War eins von den vieren, die der große Petronewkow hat geschmiedet aus dem Silberkrug, der wurde von Kreuzrittern gestohlen aus der Grabeskirche in Jerusalem. Vor über tausend Jahren.«

»Jochen! Jetzt wird's wirklich albern. Wir müssen Thea fin –«

In diesem Moment zerbarst mit ohrenbetäubendem Lärm die Fensterscheibe unter dem Rundbogen, etwas Riesiges brach herein. Sokolowski wurde leichenblass, während es plötzlich Scherben und Holzsplitter regnete. Dem Klirren und Bersten folgte ein Krachen. Da prallte etwas mit brachialer Gewalt gegen das Regal hinter ihnen, und eine Bücherlawine ergoss sich über den Flugkörper, der mit metallischem Quietschen über die Fliesen schrammte.

Dann wurde es auf einmal sehr still. Oliver saß zitternd in einem Meer von Scherben auf dem Boden. Jochen starrte auf die Wand, wo eben noch das Bücherregal gestanden hatte, und auf den Haufen davor. Er brauchte einen Moment, um zu begreifen. »Verdammte Scheiße ...«

»Was war das denn?« Oliver pulte sich Glassplitter aus den Haaren.

»Das war dein Motorrad«, sagte Jochen leise.

11

Oboe machte belegte Knäckebrote. Außer dem Fisch hatte er auch eingekochte Wurstkonserven in Pauls Küche gefunden. Man sah, dass er als Selbstversorger versiert war.

»Kann ich jetzt helfen?«, fragte Thea.

»Nein, nein, ich komme schon zurecht.« Er stellte den Brotteller auf ein Tablett, auf dem bereits ein Glas Spreewald-gurken stand, drückte Thea vier Flaschen Bier in die Arme und bedeutete ihr, ihm nach draußen zu folgen. Im Garten schien nur der Mond, aber Oboe war mit dem Weg vertraut. Er führte Thea zu einem Gartenhäuschen, in dem jede Menge Gartengeräte untergebracht waren. Dort stellte er das Tablett auf die Fensterbank. Thea sah sich verwundert um. »Warum sind wir nicht drüben geblieben?«

Oboe räumte einen Rasenmäher beiseite. »Zum einen, weil die Wände dort Ohren haben.«

»Ach ...?«

»Und zum anderen, weil wir vielleicht noch Besuch be-kommen.« Er trat auf die Ecke einer hölzernen Bodenplatte, die sich durch den Druck auf der anderen Seite etwas hob. »Fass mal da an«, bat er Thea. »Hoch damit!« Sie öffnete die getarnte Bodenluke. Eine steile Holztreppe führte in ein dunkles Loch.

»Da links ist ein Lichtschalter.« Oboes Stock deutete ihr die Richtung. Als das Licht anging, sah Thea, dass die Treppe zu einem größeren Raum führte, der mit Teppichen und einer Sitzgruppe ganz gemütlich wirkte. An den Wänden hingen Landschaftsbilder von Paul Boettcher. Unten angekommen, stellte Thea das Tablett auf den Couchtisch. Oboe verschloss die Luke von innen. »Setz dich.« Er wies auf einen Sessel. »Und bedien dich.«

Mit Heißhunger fielen sie über das Essen her. Oboe öffnete zwei Bierflaschen. »Gläser gibt's hier leider nicht.«

»Macht nichts.« Thea nahm genussvoll einen tiefen Schluck. »Dieses Geheimversteck habe ich früher nie entdeckt.«

»Weil es eben geheim ist.« Sein Ton schwankte zwischen Belustigung und Spott. »Hier wurden während des Krieges schon ganz andere Leute versteckt.«

»Ach? Wer denn?«

Oboe lächelte versonnen. »Mein alter Freund Ulbricht zum Beispiel.«

»Tatsächlich?« Thea hatte schon den Mund geöffnet, um weitere Fragen zu stellen, da erhob sich Oboe. »Moment, bin gleich wieder da.« Er verschwand hinter einer schmalen Tür, die so perfekt in die Holztäfelung integriert war, dass Thea sie noch gar nicht bemerkt hatte. Gleich darauf hörte sie Plätschern und Wasserrauschen, dann Rumoren. Nach einer ganzen Weile kam Oboe mit einer alten Aktentasche wieder heraus. »Hier, das solltest du dir ansehen.« Er schob die Reste der Mahlzeit zur Seite und legte eine dunkelrote Aktenmappe der Staatssicherheit auf den Tisch. Thea sah den Stempel *Vertrauliche Verschlusssache*. Die Mappe enthielt Fotos, Zeichnungen, Dokumente, alles in wahllosem Durcheinander, aber auch hochoffizielle Papiere. »Was ist das?« Sie musterte Oboe neugierig.

Er zuckte nicht mal mit der Wimper. »Informationen.«

»Wie kommen Sie an so etwas?«

»Man hat noch Kontakte.« Es klang beinahe kokett.

Behutsam nahm sie einige Seiten vom Haufen und begann zu lesen. Es ging um Schleuserei von Ost- nach West-Berlin und um Entführungen in die Gegenrichtung. Das Herz klopfte Thea plötzlich im Hals. Immer wieder war von der Abteilung V die Rede. »Heißt das offiziell römisch 5 oder V?«, fragte sie, »Zahl oder Buchstabe?«

»Buchstabe. Wir wissen doch beide, wofür das V steht.« Er reichte ihr einen zusammengehefteten Stapel Kopien. Auf jeder Seite stand *STRENG GEHEIM*. »Kennst du jemanden von denen?«

Sie blätterte. Es schien sich um zwölf Personen zu handeln, abgebildet auf Zeichnungen und einigen Fotos. Letztere waren offensichtlich mit starken Teleobjektiven aufgenommen worden, immer bei Dunkelheit, was die Qualität nicht gerade verbesserte. Kleidung und Umgebung der Fotografierten waren halbwegs gut zu erkennen, die Gesichter immer unscharf. Auf einem Foto, das mehrere Leute zeigte, erkannte Thea die einzige Person, deren Gesicht scharf war. »Das da ist Tante Erna.«

»Ja. Sie hat die Truppe befehligt. Und wie ist es mit den anderen?«

Thea blätterte weiter. Sie fand ein paar sorgfältig ausgeführte Porträtzeichnungen, die den Fotos zugeordnet waren, einige mit Namen versehen, andere mit Fragezeichen. »Hier, das ist mein Retter von gestern, Attila.« Ihr Finger pochte auf den Namenszug unter der Zeichnung. »Und das hier ist Donya, die unheimliche Frau in Böhmerts Küche. Was für ein seltsamer Name.« Sie schlug die nächste Seite auf und fuhr zurück. »Das ist Arnulf Jessen, ein freier Mitarbeiter bei uns in der Nachtredaktion! Der ist auch bei der Abteilung V?«

»Sieht so aus«, brummte Oboe, offenbar wenig erfreut.

»Jetzt weiß ich endlich, wer mich all die Jahre bespitzelt hat.«

»Sie hat dich überwachen lassen?«

»Na ja, sie hat's mir angedroht, falls ich meinen Artikel über ihr Entführungskommando in der Westpresse veröffentliche.«

»Und?«, fragte Oboe. »Hast du?«

»Na klar. Das war meine Eintrittskarte bei der *Morgen-post*.«

Oboe musterte sie nachdenklich. »Aber warst du nicht auf der Parteischule in Moskau?«

»Nein, wie kommen Sie darauf?« Thea schüttelte verwundert den Kopf.

»Weil Erna das so erzählt hat.«

»Ich habe in Leipzig Journalistik studiert, bis ich meiner Tante zu neugierig wurde. Von Enthüllungsjournalismus hielt sie nämlich gar nichts. Sie hat mich rausgeschmissen. Na ja, da bin ich eben zu Oliver gezogen.« Sie beugte sich vor und nahm die nächste Zeichnung. Ein stämmiger Mann grinste dem Betrachter entgegen. »Den kenne ich auch irgendwoher. Das ist ein Koch. Der hat im Ganymed gearbeitet, oder?« Sie runzelte die Brauen. »Ach, es ist zu lange her.« Ein Seufzer. »Und der ist auch bei der Abteilung?«

Oboe nickte schweigend.

»Du lieber Himmel.« Das nächste Bild zeigte einen äußerst gepflegten jungen Mann mit sehr krausem Haar. »Sieht fast aus wie Minipli.« Thea blätterte weiter, blickte schließlich zu Oboe auf. »So vage kommen mir noch ein paar davon bekannt vor, aber ich bin mir nicht sicher.«

»Das ist ihre Spezialität, unsere Erinnerung zu löschen. Oder hast du irgendeine Begegnung mit ihnen noch genau vor Augen?«

»Nein, nicht genau«, bestätigte Thea. »Aber ich glaube, dieser hier« – sie tippte auf den Kraushaarigen – »war öfter bei Erna im Ganymed.«

»Das kann gut sein«, stimmte Oboe bedächtig zu.

Jetzt nahm Thea sich die offiziellen Papiere vor. »Wo kommt sie denn her, diese Abteilung V? Die war doch nicht immer schon da, oder?«

»Sie wurde im Frühjahr 1953 von Stalin an die junge DDR ausgeliehen. Als sich hier abzeichnete, dass der ganze

Staat gefährdet war.« Er zeigte ihr die Kopie eines russischen Marschbefehls, von Stalin unterschrieben und gesiegelt. »Kannst du noch Russisch, oder soll ich übersetzen?«

»Ach, das geht wohl noch. Dank Tante Erna war ich doch in dieser privilegierten Schule.« Sie las, dass Stalin seine Einsatztruppe V zur Bekämpfung der imperialistischen Widerstandsbewegung in die DDR geschickt und die Kommandoinsignien seiner Kampfgenossin Paschke übertragen hatte. »Von wegen Kampfgenossin! Bettgenossin trifft es wohl eher. Und was meint er mit Kommandoinsignien? Etwa das Silberkreuz?«

»Das ist anzunehmen«, nickte Oboe.

Thea musterte ihn. Was weiß er, das ich nicht weiß? Und was will er von mir? Warum zeigt er mir das alles? »Wissen Sie, wie man es ... benutzt, das Silberkreuz?«

»Nein, nicht genau.« Sein Blick wurde durchdringend. »Aber man braucht es anscheinend, um mit der Abteilung V in Kontakt zu treten, das Kreuz und das Notizbuch. Weißt du, wo die Sachen sein könnten?«

Er wünscht sich seine alte Macht zurück, dachte Thea. So muss es sein. »Was wollen Sie denn von der Abteilung V? Der Kontakt ist ja offenbar nicht ganz ungefährlich.«

»Nicht, wenn man das Kreuz hat«, widersprach er. »Die Staatssicherheit sucht es übrigens auch. Denen wollen wir's doch nicht gönnen, oder?«

Thea zuckte unwillig die Achseln.

»Hat dein Mann es dir gebracht?«

»Nein, hat er nicht.« Das kam sehr schnell.

Sokolowski starrte durch die große Öffnung des kaputten Fensters auf den Friedhof. Olivers Blicke folgten ihm, er sah nichts als Buschwerk. »Jochen, lass uns gehen«, stieß er weinerlich hervor und rappelte sich auf. Scherben knirschten unter seinen Sohlen. »Jochen ...?«

Plötzlich knickten ihm die Beine ein. Er sank auf die Knie. Sein Kopf, der Raum, die ganze Welt schienen erfüllt von einer dröhnenden Männerstimme. »Komm zu mir. Connys Schicksal liegt in deinen Händen. Komm zu mir!« Sein Schädel schien unter dem Dröhnen zu vibrieren, er presste die Hände auf die Ohren, sah sich hilfesuchend um. »Jochen?«

Sokolowski hatte sein Kreuz erhoben, streckte es in Richtung des kaputten Fensters. Draußen nichts als Dunkelheit. Und diese Stimme: »Komm heraus, wenn dir an deiner Tochter etwas liegt!«

Oliver krümmte sich vor Schmerzen. Das Dröhnen dehnte sich in seinem Kopf. Es zwang ihn aufzustehen. Er wollte raus aus dieser verdammten Kirche! Was redete der da draußen unentwegt von Conny? Oliver machte einen Schritt, dann noch einen. Plötzlich packte ihn eine Hand am Kragen. Sokolowski verpasste ihm eine schallende Ohrfeige. Danach war die Stimme in seinem Kopf weg.

»Rüber zum Altar!«, brüllte Sokolowski ihn an. »Sofort!« Oliver rührte sich nicht.

»Wenn du Conny retten willst«, hob die Stimme erneut an. Sokolowski schlug ein weiteres Mal zu. Jetzt dröhnte Oliver der Schädel aus anderen Gründen. Sokolowski hieb ihm seine Pranken auf die Schultern, schob ihn vorwärts. »Los jetzt! Zum Altar! Da sind wir sicher.«

Jochen wartete bereits unter dem riesigen orthodoxen Altarkreuz, als die beiden hereinkamen. »Die Stimme ...«, faselte Oliver.

»Was für eine Stimme?«, fragte Jochen irritiert.

Doch Oliver wurde immer hysterischer. »Ich muss da raus! Der will Conny was antun!« Er begann zu kreischen.

»Ruhe!«, brüllte Sokolowski und riss bedrohlich die Hand hoch.

Oliver wurde sofort still. Sokolowski hielt ihn fest, sprach auf Russisch weiter. Oliver starrte mit glasigem Blick zu ihm auf. »Conny«, murmelte er, »der Typ in meinem Kopf redet unentwegt von Conny.« Langsam schloss er die Augen.

»Du darfst da nicht raus!«, rief Jochen. »Hör mir zu, Mann!«

In diesem Moment stieß Oliver den Priester mit solcher Wucht von sich, dass Sokolowski nach hinten taumelte, über die unterste Altarstufe stolperte und fiel. Jochen eilte ihm zu Hilfe. Sie sahen noch, wie Oliver einen Moment zögerte, bevor er in Richtung Bibliothek davonlief.

»Nein!«, schrie Sokolowski ihm nach, doch Oliver ließ sich nicht beirren.

»Wir müssen ihn aufhalten!« Jochens Stimme überschlug sich.

»Dafür es ist zu spät!«, brüllte Sokolowski und setzte sich humpelnd in Trab. »Wir müssen aufhalten den Vampir! Ist sich dein unvernünftiger Freund schon draußen bei dem Monster. Wir müssen kämpfen!«

»Kämpfen? Gegen einen Vampir, der mit Motorrädern schmeißt? Ist Ihnen noch ganz wohl?«

»Wäre mir wohler, wenn dein Freund noch bei uns wäre. Bleibt sich nur wenig Zeit. Komm mit!« Er humpelte den Weg hinunter.

»Waffen!«, brüllte Jochen ihm hinterher. »Wir brauchen Waffen!«

»Psst!« Oboe legte warnend den Finger auf den Mund. Von einem Regal nahm er zwei NVA-Stahlhelme. Einen setzte er auf, den anderen reichte er Thea. Dann löschte er das Licht.

»Was ist denn?«, fragte sie erschrocken.

»Psst! Schnell den Helm aufsetzen.«

Nun hörte sie es auch. Oben bewegte sich jemand. Hier unten war es jetzt völlig dunkel. Thea vernahm ein Knacken, dann ein leises Knarren. Sie sah einen Lichtstreifen, wo sie die Einstiegsklappe vermutete.

»Guten Abend, die Herrschaften. Und so schick behelmt! Wie stilvoll.« Den klangvollen Bariton erkannte Thea sofort, es war Attila. Und er wirkte heute Abend geradezu übermütig. »Herr Boettcher – oder darf ich Ihren wunderbaren Künstlernamen benutzen? Oboe! Von Ihnen hätte ich ein einfallsreicheres Versteck erwartet. Und dann auch noch so ganz ohne Hinterausgang.«

Oboe räusperte sich.

»Macht ruhig das Licht wieder an. Ich kann euch im Dunkeln sehen. Aber ihr dürft mich selbstverständlich auch gerne in meiner ganzen Pracht bewundern.«

Oboe schaltete das Licht ein. Attila saß auf dem Rand der Luke und ließ die Beine baumeln. Es waren schlanke, muskulöse Beine, bemerkte Thea, und sie steckten heute in ziemlich engen schwarzen Jeans.

»Geht es Ihrem Bruder Paul gut?«

»Doch, ja.«

Thea bemerkte erstaunt, dass Oboe verlegen war. »Was soll denn das mit diesen Helmen?«, fragte sie ihn leise.

»Die schirmen uns ab«, erklärte er. »Damit kann er uns nicht seinen Willen aufzwingen.« Ein knappes Nicken zu Attila.

»Pah, als ob das nötig wäre.« Mit einem Satz sprang Attila zu ihnen herunter und ließ sich in den freien Sessel fallen. »Thea, du führst in letzter Zeit ein aufregendes Leben, scheint mir.« Er lächelte mit strahlend weißen Zähnen. – Keine spitzen Eckzähne, stellte Thea fest. »Und was dein Freund hier dir gerade erzählt hat, ist das nicht gruselig?«, fuhr er fort. »Ich kannte ihn gut, den alten Josip. Er war nicht der Hellste, aber sehr machtbewusst. Leider hat er sich etwas verkalkuliert, als er Erna Paschke seine Leibgarde anvertraute. Wir anderen haben schon brav Deutsch gelernt, das geht bei uns recht schnell.« Wieder zeigte er sein breites Lächeln. »Aber die gute Donya ist nicht gleich mitgekommen, um hier die Gipsköpfe zu retten, sie hatte mit Josip nämlich noch eine Rechnung offen. Das Kreuz der Macht war schon in der DDR. Er hatte nur eines der Schutzkreuze und konnte sich nicht an die Beschwörungsformel erinnern, der alte Trottel. Zu viel Wodka. Donya hat ihm einen Gedankenstoß verpasst, der gleich einen Schlaganfall auslöste. Sie musste nur noch ihren Umhang aufhalten und das Kreuz auffangen. Das war's dann. Ihr seht also, es ist nie gut, mit Donya eine Rechnung offenzuhaben. Zwei Tage später war Josip tot.«

Thea schüttelte es. Sie spürte wieder die animalische männliche Ausstrahlung von Attila, doch gleichzeitig jagte er ihr Todesangst ein. Ihr Puls raste. »Was wollen Sie von uns?«

»Ach, nichts Besonderes.« Attila grinste schelmisch. »Nur ein gewisses silbernes Kreuz.«

Sokolowski zückte sein Silberkreuz. Weiter vorn sah er Oliver auf dem Boden knien. Vor ihm ragte der Umriss eines sehr großen Mannes auf. Jetzt trat der Mond zwischen den Wolken hervor und warf sein Licht auf den Friedhof. Der Vampir beugte sich über Oliver, packte ihn an den Haaren und drehte sein Gesicht in Sokolowskis Richtung. »Nimm ihm das Kreuz ab!«, befahl er.

Sokolowski sprang nach vorn, riss sein Kreuz noch höher und schrie: »Audite! Mea imparate!«

Der Vampir reagierte unmittelbar, er krümmte sich zusammen. Oliver sackte mit einem dumpfen Aufprall zu Boden. Sokolowski wiederholte seine Worte, fügte diesmal jedoch hinzu: »Eius nulla culpa est, cui parere necesse sit. Eius nulla culpa est, cui parere necesse sit ...«

Der Vampir bewegte sich wie in Zeitlupe, doch er kam näher. Hielt inne. Schüttelte sich, als wollte er sich gegen etwas wehren. Setzte sich wieder in Bewegung. Sokolowski umklammerte mit aller Kraft das Kreuz. »Eius nulla culpa est«, murmelte er in höchster Konzentration. »Eius nulla culpa ...« Der Vampir war jetzt bis auf wenige Meter herangekommen. »Mea imparate!« Sokolowskis Hände zitterten so stark, dass das vom Silber reflektierte Mondlicht groteske Spiegelungen auf das Gesicht des Vampirs warf. Der kniete sich nun tatsächlich vor ihn hin, starrte ihn aber aus hasserfüllten schwarzen Augen an. Sein Mund war leicht geöffnet und gab den Blick auf vier spitze Eckzähne frei.

»Senke deinen Kopf!«, brüllte Sokolowski. »So steht es geschrieben! So hat es zu sein! Das Kreuz sagt dir, senke deinen Kopf!«

Der Vampir entblößte seine Zähne.

Sokolowski stand der Schweiß auf der Stirn. »Mea impra ... mea im ...« Er hatte sich verhaspelt. Der Vampir sprang auf, stieß ein Fauchen aus. Sokolowski drückte verzweifelt das Kreuz an seine Brust. Der Vampir streckte die Hand aus, seine Fingerspitzen berührten den langen Bart, Sokolowski taumelte einen Schritt zurück. Da stürmte Jochen mit Gebrüll durch den zerborstenen Fensterrahmen. Die Arme wie Waffen vor sich ausgestreckt, stieß er gegen den Vampir. Der schrie auf und heulte entsetzlich, sank in sich zusammen und blieb reglos liegen.

»Und? Hast du das Silberkreuz gefunden, Thea?« Attila musterte sie mit spöttischem Grinsen. »Nein? Dachte ich's mir doch. Es war nicht in der Wohnung, oder?«

Thea schüttelte den Kopf.

»Aber du hast es Donya versprochen, und was du ihr versprochen hast, solltest du halten. Das wäre zumindest meine Empfehlung.« Er grinste noch breiter. »Ich könnte dir helfen. Deshalb bin ich hier.«

»Moment mal«, mischte sich Oboe ein, »aber wir hatten auch noch eine Abmachung.« Er drückte den Helm fester auf seinen Kopf, richtete sich auf. »Ihr habt bisher nur den ersten Teil davon erfüllt. Wann wollt ihr den alten Herrn rüberbringen?«

»Ach, Sie meinen Ihr Geschäft mit diesem Franzosenkasper?« Attilas Ledermantel knarzte, als er sich Oboe zuwandte. »Na, das können Sie wohl abhaken. Da sind Sie selber schuld.«

Oboe senkte den Blick. Thea bemerkte, dass seine Ohren sich röteten.

»Worum geht es hier?«, erkundigte sie sich vorsichtig.

»Ach, er hat dir wohl nicht erzählt, dass er vor Kurzem schon mal bei deiner Tante Erna war? Und dass es da ein kleines Malheur gab?«

»Ein kleines Malheur?« Thea schaute irritiert zwischen Attila und Oboe hin und her. »Was für ein Malheur?«

Attila grinste schon wieder. »Nun, Oboe hatte seine Freundin aus alten Kampftagen hinters Licht geführt. Doch sie hat sein falsches Spiel durchschaut, und dann gab es Streit.«

»Es geht um Paul«, verteidigte sich Oboe. »Ich versuche doch nur, meinem Bruder das Leben zu retten.«

»Ja, aber unsere Kommandantin hat es das Leben gekostet«, sagte Attila. »Erna Paschke ist tot, die Abmachung hinfällig.«

»Was?«, fuhr Thea auf. »Sie waren dabei, als Erna starb?«

»Ich glaube, Oboe war nicht nur dabei, er war auch … ziemlich aktiv.«

»Es war ein Unfall«, schnaufte Oboe. »Ein schrecklicher Unfall.«

Thea rückte von ihm ab, wusste nicht, was sie glauben sollte.

Plötzlich zuckte Attila zusammen. Er stieß ein tierisches Brüllen aus und presste sich die Hände auf die Brust.

»Um Himmels willen, was ist jetzt passiert?«, flüsterte Thea zu Oboe.

»Keine Ahnung.«

Aus Attilas Augen liefen rote Tränen. »Mörderpack!«, brüllte er. »Ihr habt meinen Freund auf dem Gewissen. Vierhundertzwanzig Jahre haben wir zusammen gekämpft.«

»Welcher Freund?«, flüsterte Thea.

»Offenbar ist jemand gestorben, ein anderer Vampir.«

»So ist es!«, brüllte Attila. »Ein bekiffter Taxifahrer hat ihn mit einem Kerzenspieß durchbohrt. Ich werde ihn tagelang foltern, den tumben Kerl!« Er schmetterte seine Faust auf den Tisch, der mitten durchbrach.

»Ein bekiffter Taxifahrer?«, flüsterte Thea.

»Du kennst ihn?«, knurrte Attila und wischte sich die blutigen Tränen aus dem Gesicht.

»Was? Nein. Wieso ...?«, rief Thea und warf einen hilfesuchenden Blick zu Oboe, dessen linke Hand verstohlen an einer Klappe in der Sofalehne herumfummelte. Von ihm war offenbar gerade keine Unterstützung zu erwarten. »Ich habe keine Ahnung, wo ich nach Ernas Kreuz suchen soll«, wechselte Thea abrupt das Thema.

»Na, dann will ich dir mal auf die Sprünge helfen«, sagte Attila. Er zog ein blütenweißes Taschentuch aus seiner Manteltasche und wischte sich die blutigen Hände ab. Aus der anderen Tasche holte er ein schmales Buch und schlug es auf.

»Ernas Notizbuch«, sagte Thea.

Attila nickte. Er begann zu blättern. »Hier steht, dass es vier silberne Kreuze gibt, hergestellt von einem gewissen Petronewkow. Und hier steht auch, wie man sie vernichtet.«

»Ach? Darum geht es also?« Thea riss die Augen auf.

»Dazu müssen alle vier Kreuze an einem Ort zusammenkommen«, fuhr er fort, »und das ist deine Aufgabe.«

»Schön und gut, aber damit weiß ich trotzdem nicht, wo ich suchen soll.«

»Aber ich weiß es«, sagte er, »und ich helfe dir gern. Vertrau mir.«

Seine Augen waren jetzt tiefbraun. Thea konnte ihren Blick nicht mehr abwenden. Am liebsten hätte sie ihn berührt ...

Plötzlich krampfte er sich zusammen und bog den Rücken durch. Sein Gesicht verzerrte sich, die dunklen Haare standen zu Berge und begannen zu rauchen. Es stank und knisterte. Attila sackte zusammen.

Thea fuhr zurück. Das, was sie für einen Schonbezug des Sessels gehalten hatte, qualmte jetzt.

»Ich habe ihn gegrillt«, stieß Oboe rau hervor. »Das ist mein elektrischer Stuhl.« Er zeigte auf einen Schalter in der Sofalehne. »Ich habe Vorsorge für einen Fall wie diesen getroffen. In dem Polster ist ein Drahtnetz, das ich unter Strom setzen kann. Und jetzt nichts wie raus hier!«

»Igitt, meine Hand!«, rief Jochen. »Irgendwas ist aus dem Kerl ... aus dem Ding da rausgespritzt und hat mich besudelt.« Angewidert streckte er die Hand vor, auf der eine rote Flüssigkeit verkrustete und in kleine Bröckchen zerfiel.

»Was ist sich das gewesen?« Sokolowski zeigte auf den reglosen Vampir. »Wie hast du das gemacht?«

»Naja, ich dachte, wir bräuchten Waffen, also habe ich mir einen von den Kerzenständern vom Altar gegriffen, habe die Kerze abgenommen, und da war so ein langer Dorn, und ... naja ... irgendwie scheine ich die richtige Stelle getroffen zu haben.«

Sokolowski nickte beeindruckt. Er trat an den Vampir heran, der nun merkwürdig verschrumpelt aussah. Aus seiner linken Brusthälfte ragte der Kerzenständer.

»Habe ich nicht gewusst«, murmelte Sokolowski. »Obwohl ich kenne ein paar Sachen, wo sich Vampire nicht gut vertragen, aber Kerzenständer?«

»Silber«, erwiderte Jochen. »Ich habe Dracula gelesen.« Er grinste unsicher in Sokolowskis Richtung.

»Glück, mein Lieber, reines Glück«, erwiderte Sokolows-

ki trocken. »Alles andere in dem Roman ist sich Erfin-
dung.« Als er den Blick von den Überresten hob, sah er, dass
Jochen bereits in die Kirche eilte. »Was hast du vor?«, rief
Sokolowski.

»Aufrüsten. Bin gleich wieder da.«

12

»Nimm dich in acht vor blonden Frauen, die haben so etwas Gewisses. Es ist ihnen nicht gleich anzuschauen, aber irgendetwas isses.«

»Walter!«

Der Abhörtechniker, der zweihundert Meter weiter im Nachbarhaus saß, riss reflexartig die Hände an den Kopfhörer. Er war so eingelullt von dem Lied, dass ihm Lottes Geschrei in den Ohren wehtat.

»Walter!«

Wieder durchzuckte es ihn. Er riss sich den Kopfhörer herunter, warf ihn auf den Tisch und näherte sich ihm vorsichtig mit dem rechten Ohr.

»Nu, was ist denn schon wieder?«, vernahm er das vertraute Gesächsel von Walter. Behutsam legte er den Kopfhörer wieder an.

»Mach endlich das Gejaule aus! Jeden Tag von früh bis spät. Und in einer Lautstärke, das ist ja nicht zum Aushalten!«

Zwiiiiiitschschsch, krack. Augenblicklich war es still.

»Dumme Kuh! Jetzt ist der Tonarm ab. Oh je, und die Platte hat einen Kratzer!« Geraschel war zu hören.

»Was ist das? Hier in der Plattenhülle?«, kreischte Lotte.

»Ein Brief, Lotte. Ein Brief. Nu, auch du solltest öfter mal deine Brille tragen, wenn du das schon nicht mehr erkennst.«

»Sei nicht albern. Er ist von ihr, aus Paris. Eine Einladung nach Paris, ins Théâtre du Soleil, zu einem Konzert. Sonntag, den achten April. Das ist ja in zwei Tagen!«

»Gib her! Das geht dich nichts an!«

»Das geht mich nichts an?!«

»Gib her!«

»Nein!« Deutlich war zu hören, dass die beiden miteinander rangen.

Rums! Ein polterndes Geräusch. Dann Jammergeschrei.

»Mein Gott, Walter! Was stellst du auch den Koffer hier mitten in den Weg! Komm wieder hoch.«

»Lolle, meine Schähne!«

»Steh auf! Seit Jahrzehnten ertrage ich nun schon diese groteske Schwärmerei.« Lautes Gestöhne mischte sich in Lottes Gezeter. »Das ist der makabre Höhepunkt.«

»Lolle, meine Schähne!«

»Ach, hör doch auf. Hier sind sie. Das ist doch lächerlich, kein Mensch wird dich je dort hinbringen. Du hast nichts mehr zu sagen. Du bist ein Nichts!«

»Von wegen! Ich habe noch Freunde.«

»Stell dir die Schlagzeile vor: *Walter Ulbricht hat ein Verhältnis mit Marlene Dietrich.* Willst du den Imperialisten so einen frivolen Triumph schenken? Das ist doch lächerlich!«

Ein Donnern. Hatte sie mit der Faust gegen den Schrank gedroschen?

»Dein Freund Otto Boettcher soll dir dabei helfen, ja? Das war also der Grund für seine letzten Besuche. Na, dann ruf ich ihn mal an, dass das nichts wird!« Es knallte im Kopfhörer. Die Ohren des Abhörtechnikers wurden heute auf eine harte Probe gestellt. Aber gegen den Knalleffekt des nun notwendigen Berichts waren das leise Töne.

»Lotte, mach die Tür auf! Lotte, sperr sofort die Tür wieder auf! Ich werde hier drin ersticken, Lotte ...« Das Rufen war nur noch leise zu hören. Der Techniker hatte den Kopfhörer abgenommen. Er musste sich jetzt auf das Schreiben konzentrieren.

Oliver rappelte sich auf. Sein Kopf schmerzte. Irritiert stellte er fest, dass er mitten in der Nacht auf einem Friedhof stand. Bloß warum? Nun erkannte er Sokolowski, der kopfschüttelnd das zerstörte Kirchenfenster betrachtete. »Was ist geschehen?«

»Dein Freund hat sich getötet einen Vampir.«

»Was?!«

»Einen Vampir hat er getötet. Mit Kerzenständer. Ich kann es immer noch nicht glauben. Da liegt sich Rest.« Er deutete auf den Boden. Aus einem Kleiderhaufen stieg feiner Rauch. Der Körper darin hatte angefangen sich zu verformen wie warmes Wachs, die Hände zerschmolzen bereits zu einer matschigen Flüssigkeit.

»Was hat Jochen?!«, fragte Oliver ungläubig.

»Dein Freund Jochen hat sich soeben einen Vampir erlegt.«

»Aber es gibt keine ...« Oliver fühlte, wie der Boden unter ihm schwankte. »Und jetzt? Werden jetzt noch mehr kommen, um den hier zu rächen?«

»Das ich glaube nicht«, erwiderte Sokolowski. »Die werden jetzt mit sich selber zu tun haben.«

»Ach ja? Sollten wir nicht lieber hineingehen?«

»Nein, ist sich keine Eile nötig. Wenn Vampire einen der Zwölf verlieren, müssen sie innehalten, sich besinnen und einen neuen auswählen. Vorher sie sind geschwächt. Können nur stark sein, wenn sie sind genau zwölf. Im Moment es besteht sich keine Gefahr.«

»Zwölf?«, wiederholte Oliver hilflos.

»Ja. Habe ich doch vorhin vorgelesen. Der Kreis der Zwölf. Die anderen elf haben gespürt, was vorgefallen ist. Sie werden sich zusammenfinden und neuen Vampir erschaffen.«

»Hab sie!« Jochen sprang aus dem Fensterrahmen, in jeder Hand einen silbernen Kerzenständer. »Sollen ruhig kommen, die Herrschaften!«

»Los, raus hier!«, drängte Oboe. »Bevor der wieder zu sich kommt.«

»Einen Moment noch.« Thea zerrte an dem Notizbuch in Attilas Hand, doch seine Finger hielten es fest. »Lass los, du Scheißkerl!« Wieder versuchte sie erfolglos, ihm das Buch zu entwinden. Oboe packte ihren Arm, zog sie zur Leiter. »Wir haben keine Zeit zu verlieren!«

»Ich glaube nicht, dass der so schnell wieder zu sich kommt. Dem steigt Rauch aus dem Kopf.«

»Du begreifst nicht, womit wir es zu tun haben, oder? Das sind Vampire. Es macht ihnen leider nicht viel aus, wenn man sie grillt. Sie sind allerhöchstens ein paar Minuten außer Gefecht. Allerdings wird er sehr böse sein, wenn er wieder aufwacht.« Oboe schob Thea die Leiter hinauf. Aus einer der Kisten an der Wand nahm er eine Pistole.

»Was willst du denn damit?«, fragte sie gereizt. »Wenn denen das Grillen nichts ausmacht, hat es wohl auch wenig Effekt, sie zu durchlöchern.«

»Aber es wird sie kurz stoppen.« Oboe stopfte sich vier Pistolenmagazine in die Jackentaschen und kletterte die Leiter hinauf. »Ich gehe davon aus, dass die anderen ihm jetzt zu Hilfe eilen werden.«

Thea stöhnte. »Noch mehr von denen? Wie viele sind es denn?«

»Keine Ahnung. Schlimmstenfalls alle zehn.«

»Na toll.« Sie warf einen letzten Blick auf Attila. So wie er jetzt da saß, wirkte er ziemlich friedlich. Rasch wandte sie sich ab und folgte Oboe.

»Lass uns einen Umweg zum Auto machen«, raunte er. »Die werden vorne warten. Wir müssen ihnen ja nicht direkt in die Arme laufen.«

Ein schmaler Weg führte über die ausladende Grasfläche. Am Rand der Wiese standen einige Bäume. Ein Scheppern zerriss die Stille. Thea schrak zusammen, doch Oboe machte ihr Zeichen, dass sie ruhig bleiben solle. Dann sah auch sie, was den Lärm verursacht hatte. Am Wegesrand standen zwei Gartenzwerge, die sie versehentlich umgetreten hatte. Jetzt bemerkte sie, dass ganze Armeen solcher Zwerge den Weg säumten, sie bildeten ein regelrechtes Spalier. Thea hob einen Zwerg auf und betrachtete ihn im Schein der mickrigen Gartenlaterne. »Erich Honecker?« Sie machte große Augen. »Nackt?«

»Diese Garde hat mein Bruder angefertigt«, sagte Oboe. »Er hatte seinen Spaß daran.«

Thea bückte sich nach einem anderen Zwerg. »Leonid Breschnew, gut getroffen.« Der sowjetische Generalsekretär war ebenfalls splitternackt und mit einem sehr detailreichen, gewaltigen Penis ausgestattet. Thea schauderte. Trotz des Schummerlichts erkannte sie weitere nackte Politikerzwerge. Sie stellte Honecker und Breschnew zur Seite und hob einen Nixon auf, der vornübergebeugt auf einer Gartenzwerg-schubkarre lag und offensichtlich von Mao penetriert wurde. »Einen merkwürdigen Humor hat Onkel Paul aber schon«, stellte sie kopfschüttelnd fest.

»Komm, wir müssen weiter«, mahnte Oboe.

»Unglaublich.« Nun hatte sie ein Zwergenpärchen in der Hand: Walter Ulbricht, der von seiner Frau ausgepeitscht wurde.

Plötzlich knackte es in den Büschen. Ein korpulenter Mann trat auf den Weg. Thea sprang erschrocken zurück.

Oboe blieb stehen. »Ach herrje, der Koch.«

»Oui. Mon ami. Wir hatten ja bereits das Vergnügen. Erlauben Sie mir, dass ich mich der Mademoiselle vorstelle? Ich bin Charles de Sanguerre.« Er lächelte Thea an.

»Achtung!« Oboe riss die Pistole hoch und schoss mehrmals auf de Sanguerre. Thea schrie. Der dicke Mann schwankte und sank auf die Knie. »Merde«, hörte Thea ihn sagen. Ein Geräusch ließ sie herumfahren. Direkt hinter ihr stand ein hagerer, bleicher Mann. Etwas dermaßen Ungepflegtes war ihr lange nicht mehr über den Weg gelaufen. Der Hagere leckte sich mit seiner langen Zunge die Lippen und machte einen Schritt auf sie zu. In ihrer Panik zerschmetterte Thea das Zwergenpärchen auf seinem Kopf. Der Hagere wankte, seine Arme streckten sich nach Thea. Da schoss ihm Oboe ein paar Kugeln in den Bauch. Sie hasteten weiter. Oboe hatte Probleme mit seinem Gehstock. Aus dem Schatten der Bäume trat eine große Frau. Oboe schob ein neues Magazin in die Pistole und schoss wieder, doch die Frau wich den Kugeln lässig aus. Thea bewarf sie mit Gartenzwergen. Die Frau war davon so überrascht, dass es Oboe gelang, einige Schüsse ins Ziel zu bringen. Aus allen Richtungen tauchten weitere Gestalten auf. Oboe schoss wild um sich. Thea schleuderte Gartenzwerge nach den Angreifern. Während Oboe ein weiteres Mal das Magazin wechselte, raunte er Thea zu: »Mach, dass du zum Auto kommst!« Er drückte ihr den Schlüssel in die Hand. »Ich halte sie solange auf.«

»Die sind aber nicht sehr beeindruckt von Ihrer Gegenwehr.«

»Nein, aber sie haben das hier noch nicht gespürt.« Oboe zog mit Schwung eine lange Klinge aus seinem Gehstock. »Silber. Das sollte ihnen Schmerzen bereiten.«

»Na, wenn Sie meinen ...«

»Nun lauf! Wenn ich in fünf Minuten nicht da bin, dann fahr ohne mich.«

»Das kommt nicht infrage ...« In diesem Moment packte jemand ihre Schulter. Sie fuhr herum. Vor ihr stand Attila. Mit einem Ruck stieß sie ihm das Knie in den Unterleib. Der Vampir zeigte eine sehr männliche Reaktion und sackte in sich zusammen.

»Lauf!«, schrie Oboe.

Thea rannte, so schnell sie konnte. Wo war der Wartburg? War sie auf dem richtigen Weg? Sie schaute zurück. Da stand

Oboe, umringt von den Vampiren, und der Kreis wurde immer enger. Sie musste ihm doch helfen! Aber was konnte sie schon tun? Oboe drosch mit seiner silbernen Klinge wahllos um sich. Jemand riss ihm den Schutzhelm vom Kopf.

Thea konnte ihren Blick nicht abwenden. Die Angreifer verdeckten ihr die Sicht auf Oboe. Da öffnete sich der Kreis, und Thea sah, wie Donya in die Mitte trat. Oboe stand wehrlos. Trotz der Entfernung war es Thea, als wenn sie dabei wäre. Sie sah Oboes ängstlichen Blick durch Donyas Augen. Langsam sank er zu Boden. Donya beugte sich über ihn.

Wo ist mein Helm? Thea griff sich an den Kopf. Ich habe meinen Helm verloren! Allerhöchste Zeit, hier abzuhauen.

Sie sprang in Oboes Auto, schob mit zitternden Händen den Schlüssel ins Schloss, startete den Motor. Sie brauchte ein paar Augenblicke, bis sie sich an das Handgas gewöhnt hatte und die Schaltung verstand. Der Wagen schoss vorwärts, sie riss das Lenkrad herum, der Kofferraum streifte einen Laternenmast. Immer noch zitternd drückte sie den Hebel für das Handgas nach vorne. Bloß weg hier!

Jochen manövrierte Sokolowskis keuchenden Shiguli in eine Parklücke. Oliver hatte keinen Schlüssel mehr für sein Elternhaus, er bollerte gegen die Eingangstür. Die Straße war still und düster, nur von altertümlichen Gaslaternen beleuchtet. Wieder trommelte Oliver gegen die Tür. Die Klingel war, wie meistens, abgestellt.

Oben ging ein Fenster auf. »Herrgott, was ist denn los?«

»Mutter, ich bin's. Lass uns schnell rein, bitte!«, rief Oliver. »Um diese Zeit? Du spinnst wohl!«

Wenige Augenblicke später ging das Außenlicht an. Im Morgenrock öffnete die Mutter die Tür. »Guten Abend, Jochen«, sagte sie mit säuerlichem Nicken. »Und wer sind Sie?« Sie starrte auf die Gestalt mit dem Rauschebart, der staubbedeckten Soutane, den Jesuslatschen und den selbst gestrickten Schafwollsocken.

»Das ist Pater Sokolowski«, sagte Oliver. »Ich erklär's dir später. Erst muss ich nach Conny schauen.«

»Weck sie aber nicht auf! Was ist denn los?«

Oliver drängte sich an ihr vorbei, während Jochen sie verlegen angrinste und mit den Schultern zuckte. Oliver lief die Treppe hinauf und riss die Tür auf. »Wo ist Conny?«, brüllte er.

»Wieso?«, fragte die Mutter irritiert.

Jetzt rannten alle nach oben. Oliver stand in der offenen Tür. Jochen schaute ihm über die Schulter. An der Wand hing ein unvollendeter Slade-Starschnitt aus der *Bravo* mit der Überschrift *Cum on Feel the Noize* neben mehreren Pferdepostern. Auf der Lehne der Bettcouch saßen zwei Kuscheltiere und eine Barbie. Connys Reithose hing über einem Stuhl. Das Durcheinander im Zimmer war eigentlich nicht ungewöhnlich, aber das Fenster stand weit offen, und aus einem aufgerissenen Kissen waren überall Federn verstreut. Von Conny war nichts zu sehen.

»Wo ist sie?«, stieß Olivers Mutter hervor.

Inzwischen hatte der Lärm auch Olivers schwerhörigen Vater geweckt. »Was ist hier los?«

»Die haben Conny!« Oliver war völlig außer sich »Oh, mein Gott! Was machen die jetzt mit ihr?«

»Von wem redest du?«, fragte die Mutter.

»Ihr habt nicht aufgepasst! Ihr seid zu alt und bekommt nicht mehr mit, was um euch herum passiert.«

»Wer wird massiert?«

»Ach, Vater, halt einfach die Klappe.«

»Conny ist vermutlich entführt worden«, fasste Jochen das Geschehen knapp und brutal zusammen.

Sokolowski sank mitten in dem Chaos auf die Knie. »Lasst uns um Einsicht und Hilfe beten.« Er umfasste das Kreuz auf seiner Brust und begann murmelnd zu psalmodieren.

»Was macht denn der Kerl da?«, flüsterte die Mutter. »Und wo ist Conny?«

»Entführt«, stieß Oliver tonlos hervor. »Hat Jochen doch gerade gesagt.« Wie ein Blinder tappte er im Zimmer umher und fasste alles Mögliche an, schaute unter das Bett, in den Schrank und zuletzt aus dem Fenster.

»Vielleicht spielt sie uns einen Streich«, sagte seine Mutter beruhigend.

Oliver schüttelte den Kopf. »Nein. Da steht eine Leiter.«

»Schneller, bitte!«, befahl Fuchs. Immer höflich, aber knallhart, so kannten ihn seine Leute. »Da! Haben Sie das gehört?«

»Klang wie Gewehrschüsse, Genosse Generalleutnant.«

»Geben Sie mir Schneider! Die sind doch vor uns?«

»Ja, die müssten schon da sein.« Der Fahrer reichte das Mikrofon der Funkanlage nach hinten. Fuchs musste sich vorbeugen, weil das Kabel zu kurz war. Er drückte den Rufknopf. »Schneider! Machen Sie Meldung!«

Nichts. In der Ferne hörte man weitere Schüsse.

»Schneller!«, trieb er den Fahrer an.

Stattdessen bremste der Volvo abrupt, sodass Fuchs gegen die Rückenlehne des Beifahrersitzes geschleudert wurde. »Idiot!«

»Entschuldigung, Genosse Generalleutnant. Irgendetwas oder -jemand ist da gerade über den Weg gerannt. Ich glaube, wir sind schon da.«

Fuchs wollte aussteigen, doch der Fahrer hielt ihn zurück. »Ich bin für Ihr Wohlergehen verantwortlich, Genosse Generalleutnant. Bitte legen Sie die Ausrüstung an.« Im Schein der Innenbeleuchtung sah Fuchs, dass der Mann rot angelaufen war. »Auch die kugelsichere Weste.«

»Jaja.« Fuchs nahm seinen Stahlhelm, den Professor Klugmann mit einem speziell entwickelten dichtmaschigen Silbernetz überzogen hatte, das Fuchs sich um den Hals band. Dann stiegen sie aus, der Fahrer und Leibwächter ging voran, deckte Fuchs. Wieder knallten Schüsse. Auf dem Schmöckwitzer Anwesen tobte ein Kampf. Der Leibwächter zog seine Waffen. In der Linken hielt er die Weihwasserpistole, in der Rechten eine Schrotflinte. Plötzlich tauchte vor ihnen eine Gestalt auf. Der Leibwächter hob die Flinte und lud durch. Doch Fuchs packte ihn am Arm. »Halt! Das ist Schneider.«

In diesem Moment flammten auf einem der Robur-Mannschaftswagen die gleißenden UV-Scheinwerfer auf und beleuchteten die turbulente Szenerie. Fuchs sah noch, wie einige Kämpfer mit unglaublicher Geschwindigkeit wegrannten. Bei einem rauchten die Haare.

»Machen Sie endlich Meldung, Schneider!«, herrschte Fuchs seinen Adjutanten an.

»Jawohl, Genosse Generalleutnant! Vor ...« Er sah auf seine Armbanduhr. »... 54 Minuten bekamen wir den Anruf einer Vertrauensperson. Bei dem Staatskünstler Paul Boettcher sei ordentlich was los, und es wären auch Schüsse zu hören. Außerdem glaubte die Vertrauensperson, eine der gesuchten Personen der Abteilung V identifiziert zu haben. Mit zwei Mannschaftswagen und Professor Klugmanns Ausrüstung trafen wir vor sechzehn Minuten hier ein. Wir fanden eine Gruppe von zehn oder mehr Personen und den am Boden liegenden Otto Boettcher. Noch während wir versuchten, unsere Ausrüstung anzulegen, wurden wir angegriffen und in heftige Kämpfe verwickelt. Als die UV-Scheinwerfer angingen, sind die Angreifer geflohen.«

»Lassen Sie alle Wege sperren!«

In diesem Moment öffnete sich die Tür des vorderen Roburs, und der Professor stieg die Stufen herab. »Die sind längst über alle Berge.«

»Soso.« Fuchs musterte Klugmann von oben bis unten. »Sie sehen aus, als kämen Sie vom Mars.« Wie alle anderen trug Klugmann den besonderen Stahlhelm, dazu ein silbernes Kettenhemd, das bis zum Boden reichte, und silberne Handschuhe. Unter dem Gewicht konnte er sich kaum bewegen.

Fuchs wandte sich wieder an Schneider. »Was ist mit Boettcher?«

»Liegt auf der Wiese.«

»Lebt er noch?«

»Er ist schwer verletzt. Ich habe die Sanitäter zu ihm geschickt.«

Sie gingen durch den verwüsteten Garten. Überall hasteten Männer mit Vampirschutz hin und her, in den Händen hielten sie Hochdruck-Weihwasserpistolen. Auf einem zertrampelten Rasenstück lag Oboe in einer großen Blutlache, etwas entfernt sein Stockdegen und eine Pistole. Ein harter Brocken, dachte Fuchs, sogar gegen diese Übermacht hat er sich mit aller Kraft gewehrt. Ein Sanitäter kniete bei dem Verletzten.

»Ist er bei Bewusstsein?«, fragte Fuchs.

»Ja, ich bin ...«, stieß Oboe hervor, doch er wurde ohnmächtig, als der Sanitäter den Druckverband anzog, den er ihm um den aufgeschlitzten Oberschenkel gelegt hatte. Auch aus einer Kopfwunde strömte Blut. Der zweite Sanitäter war bemüht, es zu stillen.

»Meine Güte!« Fuchs' Blick fiel auf Oboes Hand, die irgendwie seltsam aussah. Erst nach mehreren Sekunden realisierte er, dass Mittel- und Ringfinger fehlten: abgebissen. »Wird er überleben?«

»Sein Puls ist erstaunlich kräftig, aber er braucht eine Transfusion.«

»Stabilisieren Sie ihn soweit, dass er transportfähig ist. Wir bringen ihn nach Hohenschönhausen. Da können wir uns um ihn kümmern.«

»Jawohl, Genosse Generalleutnant«, nickte der Sanitäter.

»Sagte unsere Vertrauensperson nicht, Boettcher sei in

Begleitung einer Frau hier angekommen? Wo ist die?«, wandte Fuchs sich an Schneider.

Der war kreideweiß und schwer damit beschäftigt, seinen Mageninhalt wieder runterzuschlucken. »Wir haben keine weitere Person gefunden, aber ... äh ...« Er geriet ins Stottern.

»Was ist los? Raus mit der Sprache!«

»Jawohl, Genosse Generalleutnant.« Schneider schluchzte fast.

»Haltung, Mann! Was ist nun?«

»Es fehlen sechs oder sieben von unseren Männern, und drei sind tot.« Ihm liefen die Tränen.

»Lassen Sie die Leichen hier zusammentragen!«, befahl Fuchs. »Die Männer bewegen sich nur noch in Fünfergruppen und durchsuchen das Gelände. Nehmen Sie den Weihwasserwerfer mit und spritzen Sie die ganze Gegend ab.«

Oboe wurde in einen Krankenwagen verladen. Fuchs nahm sich den Stockdegen und die Pistole, ein amerikanisches Modell mit großem Magazin, aber es war leer geschossen.

Schneider kam mit einer Akte. »Das lag in einem Kellerversteck.« Es war ein Papphefter, leider fehlte das meiste vom Inhalt.

»Nehmen Sie das mit«, ordnete Fuchs an, »und lassen Sie es gründlich untersuchen. Auch alle Fingerabdrücke, damit wir wissen, durch wessen Hände es gegangen ist.«

Schneider steckte den Hefter mit spitzen Fingern in einen Beutel.

»Telefonieren Sie mit der Charité und kündigen Sie die Verletzten an. Boettcher wird aber nach Hohenschönhausen gebracht.« Fuchs ging zu seinem Wagen. »Ach, eins noch ...«

Auf halbem Weg drehte er sich wieder um. »Wenn Sie morgen früh mit den Aufräumarbeiten fertig sind, fragen Sie ein bisschen in der Nachbarschaft herum, ob jemand etwas gesehen hat – und verpflichten Sie alle zum Schweigen!« Er warf einen grimmigen Blick auf seine Uhr. »Sobald die Sonne aufgeht, müsst ihr euch verkriechen«, knurrte er. »Aber ich kann weitersuchen. Ich kriege euch schon noch, verlasst euch drauf.«

Sokolowski kniete mitten im Raum und murmelte fremdartige Beschwörungen. Oliver tobte durch das Zimmer und schrie, warf Kissen an die Wand, fegte Bücher vom Schreibtisch und brachte den Stapel mit Connys fein säuberlich geordneter Comic-Sammlung durch einen Wurf mit ihrer Federtasche zum Kippen. »Nimmt das denn gar kein Ende mehr? Ich kann nicht mehr! Verdammte Kacke!«

Plötzlich hielt er inne. Connys alter Teddy, den er soeben mit Wucht gegen die Wand geschleudert hatte, steckte mit einer Pfote im Rigips.

»Was ist das nun wieder?« Jochen nahm den Teddy und betrachtete die Pfoten. »Schaut mal, da ist etwas Silbernes drin.« Er zog es heraus.

»Ist sich erstes Kreuz von Petronewkow!« Sokolowski sprang auf. »Ist sich erstes Kreuz, das er gemacht hat in Georgien. Kreuz der Macht. War sich kleines Dorf damals belagert von raubende und mordende Bande, Pater Sinski hatte ihn gebeten. Und jetzt Kreuz liegt führerlos hier im Zimmer ... Aber natürlich!« Er klatschte sich die Hand vor die Stirn, redete immer schneller. »Jetzt ich weiß, warum mein Schutzkreuz vorhin, als ich Vampir bekämpfen wollte, nicht hat gewirkt.« Fast andächtig nahm er Jochen das Silberkreuz aus der Hand. »Das Kreuz der Macht, erstes unter den vieren!« Sokolowski bekreuzigte sich. »Ist sich etwas größer als die anderen. Seht!« Er hielt sein eigenes Kreuz neben das Kreuz aus dem Teddy. »Wenn sich ist erstes Kreuz ohne Führer, dann die anderen Kreuze sind geschwächt.«

»Und Conny hatte dieses Kreuz?« Jochen griff danach,

aber der Priester zog es mit einem Ruck aus seiner Reichweite.

»So würde ich deuten die Zeichen, die sich uns gezeigt haben.« Mit nervösen Fingern zwirbelte er kleine Zöpfe in seinen Bart.

»Warum musste ich Idiot sie nur zu der Beerdigung mitnehmen?«, stöhnte Oliver.

»Offensichtlich hat Conny das Ding in Ernas Wohnung gefunden«, sinnierte Jochen.

»Ja, und keinen Ton gesagt«, nickte Oliver. »Wohl auch nicht zu Thea, sonst hätte sie es ihr abgenommen.«

»Hat Conny das Kreuz denn benutzt?«, fragte Jochen.

»Ist sich nicht möglich«, sagte Sokolowski. »Dann hätten die Vampire sie nicht entführen können.«

Oliver stiegen plötzlich Tränen in die Augen. »Vielleicht wusste sie ja nicht, wie es geht. Oder es hat nicht gewirkt ...«

»Kindlicher Geist besitzt sich nicht genügend Stärke, um zu nutzen Kreuz mit all seiner Kraft.«

»Was bedeutet das nun wieder?«

»Erstens ...« Sokolowski hob den Daumen. »... man kann Kreuz weitergeben, aber nur aus freiem Willen. Man kann nicht gezwungen werden. Nur wenn freier Wille übergibt das Kreuz, geht Macht über auf neuen Besitzer. Oder zweitens ...« Sokolowski hob den Zeigefinger. »... Kreuz wird sich vererbt. Die Tante Erna, die hatte zuletzt Macht über das Kreuz, ist gestorben, ja?«

»Ja.« Oliver starrte genervt an die Decke.

»Und hat sich keine Kinder. Thea ist einzige Erbin, ja?«

»Ja!«

»Dann hat Thea mit Tod von Tante das Kreuz und die Macht geerbt. Genau wie die Tochter Conny. Ist sich verwandt in direkter Blutlinie. Wenn nächster Erbe nicht nach Kreuz greift, können direkte Nachkommen treten an Stelle.« Bei den letzten Worten stampfte er energisch auf. »Aber

Kreuz bringt große Verantwortung. Ist nicht leicht zu gebrauchen. Man benötigt kräftigen Geist. Innere Stärke und Kraft des Glaubens. Hat sich Kind nicht.«

»Dann ist Conny nun die Anführerin der Vampire, aber sie hören nicht auf sie, weil sie noch ein Kind ist?«, fragte Oliver.

Er sah, wie seine Mutter schwankte und Halt am Türrahmen suchte.

»In etwa so, ja.« Sokolowski machte eine Pause. »Wobei … Anführerin ist falsches Wort. Eher Kommandantin. Aber egal. Conny wusste nichts von ihrer Macht.« Er warf einen Blick zu Olivers Mutter.

»Wie konnten die sie dann entführen«, mischte sich Oliver ein, »wo sie doch die Macht hat?«

»Tja …« Sokolowski blähte die Nasenflügel, wodurch seine dichten Nasenhaare besonders gut zur Geltung kamen. »Kreuz war versteckt und Kind hat geschlafen, als Entführer kamen.«

»Sie werden ihr doch nichts getan haben?« Olivers Mutter hatte Mühe, auf den Beinen zu bleiben.

»Glaube ich nicht«, sagte Sokolowski. »Kind ist Druckmittel.«

Olivers Mutter sank mit einem Stöhnen auf die Knie. Olivers Vater, der die ganze Zeit stumm hinter ihr gestanden hatte, rief: »Jetzt reicht's mir aber! Ich rufe die Polizei!«

Auf einmal war das Haus voller grüner Uniformen. Olivers Vater hatte sie hereingelassen. »Wie alt ist das Mädchen? Zwölf?«, fragte einer der Polizisten. »Könnte es nicht sein, dass es zu seiner Mutter gegangen ist?«

»Nein, das kann nicht sein!«, empörte sich Oliver.

»Und wieso nicht?«

»Weil die auch verschwunden ist, und zwar schon seit gestern Nacht.«

»Aha …?« Der Polizist betrachtete ihn skeptisch.

»Kommen Sie, ich zeig Ihnen was.« Oliver trat ans Fenster. »Sehen Sie diese Leiter und die riesigen Fußabdrücke da unten im Beet? He, Sie! Können Sie da mal hinleuchten? Das sind doch nicht Connys Fußabdrücke!«

»Haben Sie ein von Ihrer Tochter getragenes Kleidungsstück? Der Hundeführer braucht etwas für seinen Suchhund.« Der Riesenschnauzer interessierte sich aber mehr für Jochen. Er sprang an ihm hoch, legte ihm die Pfoten auf die Schultern und leckte ihm über die Wange.

»Was haben Sie da unter ihrer Jacke?«, fragte der Hundeführer. »Zeigen Sie doch mal!«

»Nehmen Sie das Vieh von mir weg!«, protestierte Jochen. »Was hab ich denn damit zu tun? Hier geht es um Conny.«

»Alles kann zur Aufklärung beitragen«, sagte der Hundeführer, während der Hund seine nasse Riesenschnauze in Jochens Halsausschnitt bohrte. »Machen Sie mal Ihren Reißverschluss auf!«

Jochen trat erschrocken einen Schritt zurück. Der Hund rückte mit zwei schnellen Schritten auf den Hinterbeinen nach.

»Adi! Runter!«, befahl der Hundeführer. Der Hund gehorchte.

Jochen wandte sich um und wollte die Treppe hinunterrennen. Zwei Polizisten packten ihn und rissen ihm den Reißverschluss auf. Knisterndes Plastik kam zum Vorschein, darauf die Aufschrift *ALDI*.

»Das kann doch wohl nicht ...!« Oliver riss fassungslos den Mund auf. Einer der Polizisten zerrte die Tüte hervor, steckte seine Nase hinein und atmete tief. »Holla, das ist aber ein Fang! Nehmt die beiden mit auf die Wache!«, wies er seine Kollegen an.

»Aber hier geht es doch um meine Tochter!« Oliver war verzweifelt.

»Ich glaube, hier geht es um alles Mögliche. Das werden

wir schon noch herausfinden. Auf jeden Fall haben wir hier mindestens ein Kilo Marihuana, das reicht für fünf Jahre.«

»Ach was«, widersprach Jochen fast empört, »das reicht höchstens fünf Wochen, dann bin ich damit durch. Ich will das nicht verkaufen oder so. Ich bin Gelegenheitskonsument.«

»Sie werden das auch nicht verkaufen oder so«, sagte der Polizist, »und ich werde jetzt die Gelegenheit nutzen und Sie verhaften.«

Plötzlich begann der Hund wieder zu bellen. Alle fuhren herum. An die Wand gepresst, die Hände um sein Kreuz geschlossen, stand Sokolowski und riss die Augen auf. »Vade retro, Satan!«

Der Hund setzte sich auf die Hinterläufe und bellte weiter.

»Leeren Sie Ihre Taschen aus!«, befahl der Polizist.

»Mein lieber Herr Polizist, Soutane hat sich keine Taschen.«

»Aber auf irgendwas schlägt der Hund doch an! Was haben Sie denn da in dem Säckchen an ihrem Gürtel?«

»Ist sich Weihrauch und Salböl. Keine Drogen.«

»Zeigen Sie mal her! Das müssen wir überprüfen!«

Sokolowski bekreuzigte sich entsetzt. »Njet! Sie dürfen nicht berühren! Sie nicht!« Das Letzte kam sehr laut.

Der Polizist schüttelte den Kopf. »Jetzt reicht's mir. Alle drei abführen!«

»Ich hab damit nichts zu tun«, jammerte Oliver. »Ich will doch bloß meine Tochter wiederhaben. Ich wusste nichts von all diesen Drogen!«

»Na, schönen Dank auch«, zischte Jochen mit einem ironischen Lächeln.

13

Thea erwachte durch ein Kribbeln auf ihren Lippen. Als sie die Augen öffnete, sah sie Attilas Gesicht vor sich und zuckte zusammen. Doch bevor sie schreien konnte, pressten sich seine kalten Lippen auf ihre. Mit aller Kraft drehte sie den Kopf zur Seite, wollte ihn wegschieben.

»Ruhig, Kleine.« Er hielt sie fest.

Thea gab nach. Das Herz pochte ihr bis zum Hals. »Du stinkst!«, fuhr sie ihn an und stemmte die Fäuste gegen seine Brust. Er ließ los.

»Und was machst du hier?«, fragte er grinsend.

»Schlafen.«

Sie saß noch immer auf dem Fahrersitz von Oboes Wartburg. Nach der Flucht aus Schmöckwitz war sie zur Halbinsel Stralau gefahren.

»Ausgerechnet hier?«, fragte Attila.

»Das war der einzige halbwegs abgelegene Ort in dieser Gegend, der mir eingefallen ist.« Sie hatte den Wartburg kurz vor dem flachen Ufer abgestellt und sich umgeschaut. Kein Mensch weit und breit. Jetzt konnte sie im ersten Morgenlicht Richtung Ostkreuz den alten zugemauerten U-Bahnschacht erkennen. »Wie hast du mich gefunden?«

Attila lächelte sein animalisches Lächeln. Seine weißen Zähne blitzten. Ihr Unbehagen wich. Er sah sie eindringlich an. Sie beugte sich zu ihm und küsste ihn. Seine Zunge in ihrem Mund löste wieder dieses Kribbeln aus. Sie spürte, wie seine Hand unter ihren Pullover glitt und sanft ihre Brüste massierte. Das Kribbeln übertrug sich auf ihren ganzen Körper. Ihr wurde auf einmal sehr warm, das machte sie verrückt. Er roch nach verbrannter Erde und Eisen. Thea wollte mehr! Sie zog ihn heran, küsste ihn leidenschaftlicher, zog sein Hemd aus der Hose, fühlte seine nackte Haut, die Muskeln, die sich anspannten. Ihr Atem ging schneller. Bereitwillig streckte sie Attila ihren Hals entgegen. Er nahm ihre Haut zwischen die Zähne und biss lustvoll hinein. Ihr Oberkörper bog sich ihm entgegen. Er fasste ihre Hüfte, knetete und streichelte, mal kräftig und mal überraschend zart. Seine Hand glitt zwischen ihre Schenkel. Sein Atem kam stoßweise. Sie warf den Kopf zur Seite, sah den Himmel, der sich bereits rosa färbte. Bitte nimm mich, wollte sie ihm sagen.

Da änderte sich sein Griff, vom Leidenschaftlichen zum Schmerzhaften. Er packte ihre Haare und zog ihren Kopf ruckartig in den Nacken. Seine spitzen Fingernägel bohrten sich in ihr Fleisch. Deutlich fühlte Thea seine Zähne an ihrem Hals. Plötzlich hatte sie Angst, stemmte sich gegen seine Schultern. Attila ließ von ihr ab, sein Gesichtsausdruck bekam etwas Maskenhaftes.

»Was ist?«, fragte sie.

»Ich darf es nicht!« Er beugte sich wieder über sie, küsste sie auf den Mund. »Ich begehre dich«, presste er hervor und setzte seine Küsse bis zum Hals fort. Dann biss er zu. Diesmal tat es weh. Thea spürte, wie etwas Warmes ihren Hals hinunterlief. Reflexartig presste sie ihre Hand an die Wunde.

Attila fiel zurück auf den Beifahrersitz. »Ich muss gehen, bevor ich dich töte.« Er drosch seine Faust auf das Armaturenbrett, trat gegen die Beifahrertür und stieg aus. Thea sah, wie er sein Hemd in die Hose steckte und den Mantel zuknöpfte. Der Wartburg schaukelte, als er sich wieder reinsetzte. »Ich bin eigentlich nur gekommen, um dir eine Botschaft zu überbringen«, sagte er in ruhigem Ton. »Du weißt, wer Professor Klugmann ist?«

»Hat der nicht das Buch über die Kreuze geschrieben?«

Attila nickte. »In seinem Laboratorium findest du das dritte Schutzkreuz. Du wirst es holen. Dann bringe ich dich heute Nacht wieder nach West-Berlin.«

»Warum holt ihr euch die verdammten Kreuze nicht selber?«, brach es aus ihr hervor.

Er zog ein Päckchen Juicy-Fruit-Kaugummi aus der Tasche, steckte sich einen Streifen in den Mund und begann zu kauen. »Sie sind aus heiligem Silber und mit einem Bann belegt. Wir können sie nicht berühren.« Als er sich zu ihr drehte, roch sie seinen Atem. »Wir haben deine Tochter«, sagte er leise. »Sie wird sterben, wenn du versagst.«

»Conny? Du bluffst doch. Du willst mir bloß Angst machen.«

Attila schüttelte den Kopf. »Das Slade-Poster in ihrem Zimmer bei den Großeltern hat mir gefallen, und wie sie so schlafend dalag. Ich konnte kaum widerstehen.« Er zeigte lächelnd einen spitzen Eckzahn.

Thea klammerte sich an das Lenkrad. Ihr wurde übel. Sie starrte ihn an. Ihre Hand tastete nach der Wunde an ihrem Hals. Es blutete immer noch. »Du hast mich gebissen. Werde ich jetzt eine von euch?«

Attila schwieg. Direkt über dem Auto begann eine Amsel zu singen.

»Möchtest du das gerne?«, fragte er. »Du wärst unsterblich ...«

»Natürlich nicht! Wo ist Conny? Was habt ihr mit ihr gemacht?«

Ein dicker Vogelschiss klatschte auf die Windschutzscheibe. Die Baumwipfel darüber begannen rosa zu leuchten. Attila schaute auf seine Rolex. »Wir sehen uns heute Abend.«

»Wo denn? Und wo finde ich diesen Professor Klugmann?«

»Humboldt-Universität«, sagte Attila. »Aber der Professor ist eine Nachteule. Vormittags brauchst du da gar nicht hinzugehen.« Er stieg aus.

»Moment, Moment, und wo treffen wir uns dann?«

»Ich finde dich.« Er schlug den Mantelkragen hoch und setzte eine Sonnenbrille auf. »Auf dem Rücksitz liegt übrigens ein kleines Geschenk von Donya. Um unserer Bitte etwas Nachdruck zu verleihen.«

Thea drehte sich ruckartig um, schaute nach hinten. Da lag der Kopf von Herrn Böhmert, die angstgeweiteten Augen starrten sie an. Aus dem Hals ragte ein spitzer Knochen, Adern und andere Fasern hingen aus dem Stumpf. Die Nase war halb abgerissen, und der Unterkiefer wirkte seltsam verformt. Thea schrie, sprang aus dem Wagen.

Attila war verschwunden.

Was sollte sie jetzt tun? Das Auto konnte sie nicht mehr benutzen, nicht mit diesem Ding auf dem Rücksitz und all dem Schmadder. Sie löste die Handbremse, ruckelte an der Schaltung. Als sie den Leerlauf gefunden hatte, begann der Wagen auf dem abschüssigen Ufer zu rollen. Sie schob von hinten nach, und der Wartburg platschte in die Spree, trieb ein Stück ab und geriet in die Strömung. Dann versank er sehr schnell. Thea stützte sich an einen Baum und erbrach sich.

»Sie sollten mir dankbar sein, Genosse«, sagte Fuchs. »Mit der Abteilung V legt man sich nicht an.« Er sah auf Oboe hinab, der etwas windschief auf einem Holzstuhl saß. Sie hatten ihn ohne Umwege nach Hohenschönhausen gebracht, in eine kleine Zelle ohne Fenster, es gab nur eine graue Stahltür. Über dem Tisch hing eine flackernde Neonröhre, die jeden Gefangenen in den Wahnsinn treiben sollte. Fuchs ließ Oboes Gehstock lässig in die Handfläche klatschen.

Oboe presste seine bandagierte Hand vor die Brust, während die andere krampfhaft sein Bein hielt. Trotz des Druckverbands tropfte Blut auf den braunen Linoleumboden, es roch nach vermoderter Erde und Eisen.

Fuchs rümpfte angewidert die Nase. »Sie waren ja schon

immer ein harter Hund, Boettcher. Aber diesmal haben Sie sich übernommen. Wenn wir nicht rechtzeitig gekommen wären, würden Sie jetzt neben denen liegen, die für Sie ihr Leben gelassen haben.«

»Ich hatte sie nicht eingeladen«, gab Oboe schwach zurück. Sein linkes Auge war zugeschwollen, über die rechte Augenbraue zog sich ein tiefer Schnitt. Das Blut lief ihm über die Wange.

»Für Ihre Rettung erwarte ich eine Gegenleistung, Genosse Boettcher!« Fuchs zog den silbernen Degen aus dem Gehstock und stieß mit der Spitze gegen Oboes Brustkorb. »Warum spielen Sie nicht Skat mit ihren Altersgenossen und überlassen das echte Spielfeld der nächsten Generation?«

»Weil mir der dritte Mann fehlt.«

»Ja, richtig. Wo ist eigentlich Paul?«

»Der spielt keinen Skat.«

»Ich meine es ernst, Boettcher!« Fuchs erhöhte den Druck auf die Spitze des Degens. Oboe stöhnte.

»Gut, fangen wir von vorn an«, sagte Fuchs. »Ich weiß, dass Genossin Erna Paschke keines natürlichen Todes gestorben ist. Sie haben sich und uns mit Ihrer Aktion keinen Gefallen getan. Wie Sie jetzt am eigenen Leib merken, ist die Abteilung V außer Rand und Band.«

»Wer könnte es denen verübeln? Ich wäre auch außer Rand und Band, wenn ich meine Ruhe vor Ihnen hätte.«

Die Spitze des Degens bohrte sich durch das Hemd. Oboe schrie auf.

Fuchs zog die Klinge zurück, setzte sie stattdessen auf Oboes Hand, die den verletzten Oberschenkel hielt. »Das Buch da auf dem Tisch, russisch-orthodoxe Kreuze, gesammelt von unserem Freund Klugmann. Ich denke, Sie wissen, welches Kreuz in Erna Paschkes Besitz war. Warum haben Sie es bei Ihrem ersten Besuch nicht gleich mitgenommen?«

»Ich bin kein Dieb.«

»Aber ein Mörder!« Fuchs stützte sein Körpergewicht auf den Degen.

Oboe keuchte. »Ach, hören Sie doch auf! Ich habe nur Befehle ausgeführt.«

Fuchs wurde ungeduldig. »Und wer hat Ihnen befohlen, die Frau zu töten?«

Oboe wand sich vor Schmerzen. Fuchs zog den Degen mit viel Schwung heraus, sodass er ihm aus der Hand glitt und gegen die Zellenwand schepperte. »Lassen Sie endlich Ihre Spielchen, alter Mann!« Er starrte auf Oboes Hose. Sie war vom Knie abwärts blutig, der rechte Fuß stand in einer Blutlache.

Fuchs nahm die rote Akte vom Tisch und klappte sie auf. »Kennen Sie die?« Drei lose Blätter segelten auf den Fußboden, eins davon in die Blutlache. »Das ist doch die Akte, die Sie vor zwei Monaten bei Ihrem alten Freund abgeholt haben. Wo ist der Inhalt?«

Oboe antwortete wieder nicht. Er krümmte sich auf dem Stuhl.

»Na gut, dann werde ich den Alten höchstpersönlich befragen!« Fuchs stürmte aus der Zelle, die Stahltür fiel hinter ihm zu.

Draußen im Gang wartete Genosse Schneider mit dem Anstaltsarzt. Fuchs zog eine kleine Zellophantüte aus seinem Jackett, die Oboes Ring- und Mittelfinger enthielt. »Können Sie damit noch etwas anfangen?« Der Arzt schüttelte den Kopf. »Der Patient gehört Ihnen«, sagte Fuchs. »Genosse Schneider, lassen Sie die Sauerei in der Zelle aufwischen und bringen Sie alle Gegenstände daraus in mein Büro. Das auch.« Er drückte ihm die Fingertüte in die Hand.

14

Fuchs nahm mehrere Stufen auf einmal. Er brauchte neue Leibwächter. Der Geruch der beiden Leichen in der Paschke-Wohnung hing ihm noch in der Nase, er musste unbedingt an die frische Luft. Was war das bloß für eine Woche? Ständig passierten irgendwelche Katastrophen.

Kurz vor dem letzten Treppenabsatz stieß er fast mit einer jungen Frau zusammen. Ihre Blicke trafen sich für einen Augenblick. Dann senkte sie hastig den Kopf und murmelte etwas. Ihr Verhalten irritierte ihn, hatte sie etwas zu verbergen? Das Gesicht kam ihm bekannt vor. Seine Arbeit brachte es mit sich, dass er sich gut an Menschen erinnern konnte. Er blieb auf der Treppe stehen und sah ihr nach. Sie drehte sich nicht um. Irgendetwas störte ihn an ihrer Erscheinung, ein Detail stimmte nicht. Sollte er sie von irgendwoher kennen? Egal.

In dem Moment, als er sich abwandte, fiel es ihm auf: Turnschuhe. Die Frau trug weiße Adidas-Turnschuhe, das neueste Modell. In seinem Kopf begann es zu arbeiten. Wie ein Film liefen die Bildsequenzen im schnellen Vorlauf. Dieses Gesicht. Woher kannte er dieses Gesicht? Plötzlich stoppte der Film, er sah einen Bilderrahmen im Wohnzimmer von Erna Paschke, auf dem Erna und eine junge Frau zu sehen waren. *Thea, 1959* stand darunter.

Er fuhr herum und rannte ihr nach, aber er konnte Thea nicht mehr entdecken. Im dritten Stock blieb er stehen und überlegte. Sein Blick fiel auf die Tür der ehemaligen Etagentoilette. Er riss sie auf. In der Ecke stand ein Schrubber mit Wischeimer, dazu diverse Putzutensilien, ansonsten war der Raum leer, das schmale Fenster zu.

Thea hielt den Atem an. Sie balancierte auf dem schmalen Sims, presste den Rücken gegen die Hauswand. Auf der anderen Straßenseite stand eine alte Frau auf dem Balkon und tat etwas an den Blumenkästen. Thea hoffte inständig, dass sie nicht hochblickte, doch vergebens. Im nächsten Moment starrte sie ihr direkt in die Augen, und Thea spürte förmlich, wie die Frau zu verstehen versuchte, was sie da sah. »Karl!«, kreischte sie. »Komm sofort her!«

Hinter sich hörte Thea, wie die Toilettentür wieder geschlossen wurde. Was sollte sie jetzt tun? Gleich neben ihr war das Fallrohr, das von der Dachrinne bis zum Boden reichte. Es führte an Frau Helms Balkon vorbei. Als kleines Mädchen war sie schon einmal durch das Fenster des Etagenklos geklettert, auf der Flucht vor dem wütenden Hausmeister. Der hatte es gar nicht leiden können, wenn Kinder ihm Dreck in den Hausflur trugen. Damals hatte das Rohr sie gehalten. Aber damals waren sowohl das Rohr als auch sie bedeutend jünger gewesen, und die Zeit schien an ihnen beiden nicht spurlos vorüber gegangen zu sein.

Unten auf der Straße wurden gerade die beiden Leichen verladen. Genug Ablenkung für ein kleines Klettermanöver. Frau Helm würde sie mit Sicherheit erkennen, und sie würde sie auch nicht verraten. Thea musste es versuchen. Sie atmete noch einmal tief ein. Die Frau gegenüber verschwand in der Wohnung. »Karl, komm doch mal!«, hörte Thea sie rufen, während sie das Fallrohr umklammerte. Vorsichtig platzierte sie ihren rechten Fuß an der Schelle, mit der das Rohr in der Hauswand verankert war. Die Schelle bog sich bedrohlich nach unten, schien das Gewicht aber zu halten. Thea schloss die Augen und zog das linke Bein nach. Es knirschte in der Wand, und die Schelle sackte ein Stück tiefer. Thea schob sich vorsichtig am Fallrohr nach unten, bis ihre Füße Halt an der nächsten Schelle fanden. Ihr blieb vor Aufregung fast das

Herz stehen, aber diese Schelle hielt sie aus. Nach zwei weiteren kurzen Rutschern war sie bei Frau Helms Balkon angekommen. Sie schwang sich über die Brüstung und konnte ihr Glück kaum fassen, als sie sah, dass die Balkontür offenstand. Das Wohnzimmer war leer. Vorsichtig schob sie die Tür weiter auf und trat ein.

In diesem Moment klingelte es an der Wohnungstür.

Scheiße!, dachte Thea. Ausgerechnet jetzt! Sie sah sich nach einem Versteck um. Im Flur schlurfte Frau Helm zur Wohnungstür. Hinter ihr huschte Thea auf Zehenspitzen ins Schlafzimmer. Hier gab es immerhin einen Kleiderschrank. Sie öffnete die Schranktür, und was sie dort sah, brachte sie auf eine sehr abwegige Idee.

Frau Helm stellte ihr Weinglas auf der Flurkommode vor den Spiegel und schob mit beiden Händen ihre Frisur zusammen. Dann öffnete sie die Tür gerade so weit, dass sie mit einem Auge hinausspähen konnte. Im selben Moment bekam die Tür von außen einen Stoß und krachte gegen die Sicherheitskette. Der Ruck ließ Frau Helm zurücktaumeln. Sie musste sich an der Garderobe festhalten. Eine Männerhand schob sich durch den Spalt und zeigte einen grünen Ausweis.

»Genossin Helm? Ich muss mit Ihnen reden!«

Die tiefe Stimme ließ sie erschaudern. Sie war so fordernd, dass es ihr nicht in den Sinn kam, Widerstand zu leisten. »Ich mach ja schon. Nehmen Sie den Arm weg.« Als sie den großen Mann im grauen Anzug erkannte, wich sie zurück. »Genosse General ... äh ... Fuchs?«

»Ja. Ich muss einen Sachverhalt klären.«

»Sachverhalt? Welchen Sachverhalt?«

»Die junge Frau hier auf dem Foto. Wer ist das?«

»Das ist doch ein Bild aus Ernas Wohnung. Das ist Thea.«

»Thea?« Fuchs trat auf Frau Helm zu.

»Ja, die Nichte von Genossin Paschke.«

»Ja, natürlich, die Nichte.« Fuchs kam ihr jetzt so uner-
träglich nahe, dass sie die Wand an ihrem Rücken spürte.
Er drängte sie in die Küche. Auf dem Tisch standen zwei
Weinflaschen, die eine leer, die andere noch halb voll. Frau
Helm zwängte sich an Fuchs vorbei, nahm mit einer schnellen Handbewegung die Flaschen vom Tisch und lächelte ihn
verlegen an. »Vom letzten Besuch stehen geblieben.«

»Besuch? Wen hatten Sie denn zu Besuch?«

»Ach, nur den Nachbarn.«

»So, den Nachbarn? Der Nachbar war nicht zufällig
Thea?« Er umrundete den Küchentisch, griff sich die Kaffee-
büchse und stellte sie ein paar Zentimeter weiter wieder ab.
Vom Rand des Abwaschbeckens nahm er ein Weinglas, drehte es im Licht, sah hindurch und schnippte mit dem Finger
dagegen. Kling machte es in das Schweigen hinein.

Fuchs trat hinaus in den Flur, wandte sich Richtung Schlafzimmer. Frau Helm eilte hinterher. »Nun?«, durchbrach er
die Stille.

»Thea? Wieso Thea. Thea ist im Westen. Schon seit '61.
Aber das müssen Sie doch wissen.« Frau Helms Stimme wurde immer leiser.

Fuchs sah sie so eindringlich an, dass sie den Kopf einzog. Er lächelte amüsiert, spähte hinter die Schlafzimmertür,
beugte sich vor und warf einen Blick unters Bett.

»Was suchen Sie eigentlich?«, fragte Frau Helm zaghaft.

Jetzt baute er sich ganz dicht vor ihr auf. »Thea«, sagte er.

Frau Helm schob die zitternden Hände in die Taschen ihrer Kittelschürze, presste die Lippen zusammen und sah ihm
fest in die Augen.

»Natürlich weiß ich, dass sie republikflüchtig ist«, erklärte
er lächelnd.

Frau Helm wagte nicht, ihm zu widersprechen. Sie folgte
ihm ins Wohnzimmer und beobachtete ihn. Fuchs sah sich
in aller Ruhe um. Er schaute hinter die Tür, warf einen Blick

in den Spalt zwischen Wand und Anrichte und hinter die Couch. »Doch selbst wenn die Kommandantin tot ist, gibt es immer noch die Abteilung V und somit einen Weg, die gute alte Frau Helm zu besuchen. Fällt es Ihnen jetzt wieder ein? Oder ist Ihr Erinnerungsvermögen dem Alkohol zum Opfer gefallen, Genossin? Wo ist Thea?« Er drängte sie zurück und ging ins Badezimmer.

Frau Helm blieb wie ein Häufchen Elend stehen.

Plötzlich war Fuchs wieder bei ihr. »Na, wollen wir uns setzen?«

»Äh, was? Nein, nein, es geht schon. Thea war nicht hier, jedenfalls nicht heute. Und nicht bei mir. Das müssen Sie mir glauben.«

»Nicht bei Ihnen und nicht heute?«

»Der verdammte Alkohol«, sagte Frau Helm, den Blick auf den Teppich gerichtet. »Gestern kam eine junge Frau, die Thea wirklich sehr ähnlich sah, aus der Wohnung von Erna, zusammen mit dem Genossen Boettcher. Aber das kann sie nicht gewesen sein. Ich meine, wie kommt sie denn hierher? Und was macht sie da drüben ...?« Sie blickte auf. Doch Fuchs war schon zur Wohnungstür hinaus.

Thea stieg aus dem Kleiderschrank. Ja, das könnte funktionieren. Sie brauchte ohnehin unauffälligere Klamotten. Und etwas zu essen und ein paar Stunden Schlaf wären auch nicht schlecht. Sie nahm die gefundenen Sachen und ein paar dunkle Schuhe, die ebenfalls im Schrank gestanden hatten, und zog sich um. Sogar den Hut probierte sie auf. Als sie gerade die letzten Haare unter die Krempe steckte, gab es auf der Straße einen lauten Knall. Thea lief auf den Balkon und spähte vorsichtig über die Brüstung. Ein grauer Trabant hatte den Leichenwagen gerammt, einer der Särge war auf die Straße gefallen, entsprechend groß war die Aufregung. Jetzt trat Fuchs auf die Straße und bellte Befehle.

In diesem Moment klirrte es im Schlafzimmer. »Richard?«, krächzte eine dünne Stimme. Thea fuhr herum. Frau Helm stand im Türrahmen, eine Weinflasche in der Hand. Vor ihren Pantoffeln lagen die Scherben eines Glases. »Richard, bist du das?« Frau Helm wurde kalkweiß und sackte zu Boden.

»Auch das noch«, stöhnte Thea. Sie schaute auf Frau Helm. Die würde sicher bald wieder zu sich kommen. Obwohl – auf dem Fensterbrett stand eine Glasvase mit verdorrten Blumen und trübem Wasser. Thea griff die Vase und schüttete Frau Helm die stinkende Brühe über den Kopf.

Frau Helm schrak auf. Etwas Eisiges war geradewegs durch sie hindurch gefahren. Es stank fürchterlich. Sie war benommen, hob den Kopf – und traute ihren Augen nicht! Dieser Anzug! Dieser Hut! Und erst dieser Gestank! Das war mit Sicherheit der Geruch des Todes. Und die Kälte musste auch von dem Geist stammen, der sich jetzt über sie beugte. Sie erkannte ihn sofort. »Mensch, was haste diesmal wieder anjestellt«, murmelte sie, »dass se dich nich mal im Himmel behalten wollen?«

»Du solltest nicht so viel saufen, meine Liebe. Sonst träumst du bloß wirres Zeug. Komm, ich helf dir auf's Bett.«

Frau Helm spürte Richards starke Arme unter ihren Achseln.

»Jetzt schlaf mal schön«, sagte ihr verstorbener Ehemann. »Und ich gehe in die Küche und mache mir was zu essen.«

Oboe lag auf der Pritsche. Sein ganzer Körper schmerzte. Er hatte im Leben viel durchgemacht, hatte schlimme Verletzungen davongetragen und wäre ein paarmal fast gestorben – doch all das war nichts gewesen im Vergleich zu dem, was er heute spürte. Der Schmerz machte ihn mürbe, ein Gefühl, das Oboe so nicht kannte. Die Augen fielen ihm ständig zu. Er wehrte sich dagegen, immer die erste Regel aller Krieger im Hinterkopf: Niemals einschlafen, wenn du verletzt bist! Doch sein Körper wollte anders, wollte ihn mit aller Macht in den Schlaf zwingen.

Ich muss mich ablenken! Mich beschäftigen! Er tastete über seinen geschundenen Körper. An der linken Hand fehlten zwei Finger. Das war zu verkraften, wenn auch schmerzhaft. Dieser Stümper von einem Arzt – wenn er denn überhaupt einer war – hatte beim Vernähen der Wunden einen ziemlich rustikalen Stil an den Tag gelegt. Die Verletzung am Oberschenkel war dick bandagiert. Darunter fühlte er ein Brennen und Stechen, als würde ihm das Fleisch mit einem Schwert vom Knochen geschält. Das Bewusstsein entglitt ihm. Er spürte, wie sein Kopf zur Seite kippte und seine Augen sich schlossen.

Im selben Moment wurde er jäh am Kragen hochgerissen. Ihm blieb nichts weiter übrig, als sich aufrecht hinzusetzen. Sein Oberschenkel pochte vor Schmerz. Um sich herum hörte er Stimmen, viele Stimmen. Sie kamen ihm bekannt vor, waren ihm gleichzeitig aber auch völlig fremd. Sehen konnte er nichts, wusste auch nicht, wo er sich befand, aber es war ihm, als wäre er hier schon gewesen. Die Stimmen redeten in einer seltsamen, sehr alten Sprache. Doch wenn er sich konzentrierte, konnte er sie verstehen. Es ging um Blut. »Es muss ja sein«, sagte einer. »Wir müssen ihn aufnehmen!«, mahnte ein anderer.

Oboe kämpfte gegen die Schmerzen in seinem Körper. Er zwang sich, die Augen wieder zu öffnen. Als er es geschafft hatte, war das Stimmengewirr verschwunden. Er war allein in der Zelle, spürte die raue Wolldecke unter den Fingerspitzen seiner gesunden Hand. Die absolute Dunkelheit, in der er lag, machte ihm zu schaffen. Er wollte etwas sehen, etwas Reales, wäre schon mit der Wand zufrieden gewesen. Aber in dieser Zelle gab es kein Licht mehr. Oboe starrte in die Schwärze.

Wieder hörte er die Stimmen wispern. Wollte sie nicht hören! Stattdessen versuchte er sich zu erinnern, wie er als Junge in Großvaters Garten gespielt hatte. Wie hatte das frisch gemähte Gras gerochen? Wie hatte Großmutters Apfelkuchen geschmeckt?

Ein Stich fuhr ihm in den Kopf, es war kaum auszuhalten. Oboe riss den Mund auf und brüllte. Er konnte nicht verhindern, dass seine Augen sich schlossen – und der Schmerz ließ augenblicklich nach.

Da waren wieder die Stimmen. Sie klangen schon viel bekannter, und jetzt konnte Oboe auch etwas sehen. Das wenige Licht reichte aus, um schemenhafte Gestalten zu erkennen. Sie standen im Kreis um ihn herum, er blickte von einem zum nächsten. Sie hielten sich an den Händen, murmelten die ewig gleiche uralte Phrase, die er nicht verstand. Nur zwei der Gestalten hatten sich nicht angefasst, zwischen ihnen klaffte ein freier Platz. Oboe sah ihn und spürte, wie es ihm die Luft abschnürte. Das Gemurmel schwoll an. Er musste ihnen zuhören, ergab sich dem Stakkato-Rhythmus. Und verstand plötzlich die Worte. »Rot das Blut und gelb die Sonne und schwarz die Nacht«, raunten sie im Kreis, »und rot das Blut und gelb die Sonne und schwarz die Nacht ...« Immer wieder und immer wieder.

Der Kreis zog sich enger, und in die Mitte trat eine Frau. Groß, gebieterisch und vollkommen schwarz gekleidet – Donya. Sie starrte Oboe in die Augen. Er wollte seinen Blick abwenden, doch es gelang ihm nicht, sie hielt ihn fest. Sein Mund wurde trocken. Er fühlte eine neue Schmerzwelle durch seinen Körper strömen, kämpfte gegen die Frau, gegen ihren Willen. Er spürte sie in seinem Kopf. Er kämpfte. Denk an die erste Regel aller Krieger, Oboe! Die erste Regel aller Krieger!

Erschrocken riss er die Augen auf – und starrte an die Zellendecke. Die Decke! Er konnte sie deutlich erkennen. Sogar

261

eine kleine Spinne, die an der Lampe hing, sah er. Aber die Lampe war aus. Irritiert blickte er sich um. Da stand der Tisch, davor der Stuhl. Nackte Wände, keine Fenster. Seine Augen hatten sich an die Dunkelheit gewöhnt. Er betrachtete seine bandagierte Hand. Dann fiel sein Blick auf das verletzte Bein. Er sah, dass sich der Verband um seinen Oberschenkel rot färbte. Offenbar war die Wunde wieder aufgebrochen. Er fühlte, wie das Pochen in sein Bein zurückkehrte, ganz hinten in seinem Kopf begann der Schmerz sich wieder auszubreiten. Mit ihm kam auch die Frau zurück. Oboe konnte sich nicht wehren. Er wollte das alles nicht noch einmal erleben. Wollte nicht wieder in den Kreis, zurück in Pauls Garten. Aber er konnte sich nicht wehren. Widerwillig schloss er die Augen. Und der Schmerz verschwand.

Er musste Fieber haben, hohes Fieber. So musste es sein. Das Fieber brachte ihm die Erinnerung an den Kampf in Schmöckwitz. Wie im Zeitraffer sah er sich gegen die Vampire kämpfen, sah, wie Thea floh und wie er selbst in die Mitte des Kreises gedrängt wurde. Er sah sich selbst in die Augen und dachte an die zweite Regel aller Krieger: Wen du nicht besiegen kannst, den infiltriere! Da stand er, schwer verletzt, aber bereit für die letzte Schlacht. Die elf Vampire kreisten ihn ein. Es gab kein Entkommen. »Rot das Blut und gelb die Sonne ...«

Donyas Blick zwang ihn auf den Boden.

Das Sprechen verstummte. Plötzlich war es ganz still.

Langsam beugte sie sich über ihn und riss ihn mit einem gewaltigen Ruck in die Höhe. Oboe erschrak. Aber er spürte keinen Schmerz mehr. Die Frau sah ihn eindringlich an. »Ich bin Donya, ich bin deine Herrin«, flüsterte sie. »Blut wirst du saufen und in der Sonne brennen bis ans Ende aller Tage.« Während sie sprach, schnitt sie sich mit ihrem langen Daumennagel in den Unterarm und ließ einige Tropfen Blut auf Oboes Kopf fallen. Es fühlte sich kalt an.

Jetzt trat Attila aus dem Kreis, strotzend vor Kraft und Männlichkeit und offenbar völlig unversehrt von der Attacke mit dem heißen Sessel im Kellerversteck. »Ich bin Attila von Gori, bin dein Kumpan«, erklärte er mit heroischer Geste. »Blut wirst du saufen und in der Sonne brennen bis ans Ende aller Tage.« Auch er ritzte sich den Arm, und wieder tropfte kaltes Blut.

Als der Nächste aus dem Kreis trat, erkannte Oboe den dicken Koch aus dem Ganymed. Wieder wurde sein Kopf nach oben gerissen. »Ich bin Charles de Sanguerre, ich bin dein Kumpan. Blut wirst du saufen und in der Sonne brennen bis ans Ende aller Tage.«

Einer nach dem anderen stellte sich Oboe vor und benetzte ihn mit seinem Blut. Als es vorbei war, wusste Oboe nicht mehr, wie viel Zeit vergangen war. Das Blut lief ihm vom Kopf, rann ihm über Gesicht und Nacken. Es war eisig, und es roch widerlich. Ekel überkam ihn. Er hatte das Gefühl, sich übergeben zu müssen.

Da trat Donya wieder vor und sprach. »Ich bin Donya. Ich werde für dich sorgen. Ich werde dich zum Blut führen. Das Blut wird dir Kraft geben.« Bei diesen Worten nahm sie einen Kelch aus ihrem Umhang und ließ das Blut aus ihrem Arm hineinrinnen. Dann reichte sie den Kelch an ihren Nachbarn, der dasselbe tat, während Donya weitersprach. »Du wirst spüren, wie das Richtige zu tun ist, und du wirst es in unser aller Namen tun. Du wirst keine Angst mehr haben in der Nacht, denn wir werden bei dir sein, und du wirst bei uns sein. Wir werden deine Waffen sein. Und du die unsrige.«

Sie hielt einen Moment inne. Mittlerweile war der gefüllte Kelch zu ihr zurückgekehrt, und sie hielt ihn empor. »Wir salbten deinen Kopf mit unserem Blut. Nun trinken wir es. Es wird kein Zurück geben. Für immer!« Sie nahm einen Schluck aus dem Kelch und reichte ihn an Oboe weiter. Er nahm ihn und führte ihn mit zitternden Händen zum Mund.

»Für immer!«, hörte er sich in der fremden Sprache rufen. Die dunkelrote Flüssigkeit schwappte an seine Lippen. Er ließ den köstlichen Saft in sich hineinfließen.

In der Hauptwache in Moabit hatte man sie getrennt, jeder kam in eine andere Zelle. Erst im Laufe des Vormittags war Oliver verhört worden. »Ihr Freund Strelow hatte 932 Gramm Marihuana in seiner Tüte. Was haben Sie dazu zu sagen?«

»Davon weiß ich nichts. Und das interessiert mich auch nicht. Meine Tochter wurde entführt! Jochen wollte mir helfen ...«

»Und wie hilft er Ihnen? Mit einem Joint hin und wieder?«

»Hören Sie mir nicht zu? Ich rede von meiner Tochter Conny, sie ist erst zwölf.« Oliver hatte zu weinen begonnen. »Die haben meine Tochter.«

»Wer sind die?«, hatte der Polizist wissen wollen. »Von wem reden Sie?«

»Irgendwelche sonderbaren Leute aus dem Osten, die hinter meiner Ex-Frau her sind. Thea ist nämlich auch weg, Thea von Glinsky.« Das Wort Vampire hatte er im Zusammenhang mit dem Marihuana lieber nicht erwähnt.

»Thea von Glinsky? Läuft da nicht eine Fahndung?«, hatte sich der Polizist erinnert. »War da nicht irgendwas mit einer Handgranate? Na, das wird ja immer schöner mit Ihnen, erst Drogen, dann Kriegswaffen! Haben Sie auch was mit der RAF zu tun?«

Oliver hatte bloß fassungslos den Kopf geschüttelt. Er war wieder in seine Zelle gesperrt worden, die er sich jetzt mit einem Exhibitionisten teilen musste. Der Mann trug nichts außer einem weiten Mantel und angeklebten Hosenbeinen und beklagte sich fortwährend über die Ungerechtigkeit der Welt und die Schlechtigkeit der Frauen.

Zum Mittag reichte man ihnen Senfeier mit Matschkar-

toffeln und lauwarmer Soße, zum Abendessen Hagebutten-
tee und eine sehr trockene Scheibe Brot mit Plockwurst. Und
wieder wurde Oliver verhört.

»Die Alliierten interessieren sich für Sie, Herr Glinsky«,
verriet ihm der Polizist. »Aber vor allem interessieren sie sich
für Ihre Frau.«

»Ex-Frau«, murmelte Oliver.

»Noch haben wir denen nicht gesagt, dass wir Sie hier
haben. Was wirft man Ihnen vor? Sind Sie ein Spion? Waren
Sie nicht gerade drüben? Was wollten Sie da?«

Oliver erzählte von Ernas Beerdigung, den peinlichen Teil
ließ er weg.

»Und was ist mit Ihrer Frau? Arbeitet sie für den Geheimdienst?«

»Ex-Frau«, stöhnte Oliver. »Nicht geheim. Sie ist bei der
B.Z.«

Die Befragung ging endlos weiter. Als er es kaum noch
aushielt, standen plötzlich zwei französische Militärpolizisten in der Tür. »Ablösung«, sagte der eine in kaum verständ-
lichem Deutsch.

Oboe riss die Augen auf. In seiner Zelle war es stockdunkel,
aber er sah die Spinne an der Lampe, die Schabe in der Ecke,
das Haar auf seiner verbundenen Hand. Sogar die Staub-
partikel in der Luft konnte er deutlich erkennen. Obwohl die
Gegenstände ihre Farbe verloren hatten.

Dafür schmeckte er um so intensiver, widerlich schmeckte es, und als er die Zunge bewegte, spürte er es auch. Da
war etwas. Ein Gegenstand. Aus Gummi. Was konnte das
sein? Vorsichtig tastete er nach seinem Mundwinkel. »Ein
Transfusionsschlauch?« Er spuckte ihn aus. Dann sah er die
leere Glasflasche, die an einem Haken an der Wand hing,
darauf war ein weißer Aufkleber. *Blutkonserve A Positiv-
400ml-05.03.1973.*

Oboe schaute fassungslos auf das Schlauchende in seiner Hand. Dann fiel sein Blick auf seinen Oberschenkel. Der Verband hatte sich gelöst und lag blutdurchtränkt auf dem Boden neben der Pritsche. Oboe starrte auf seine zerrissene Hose und auf die Haut darunter. Sie war vollkommen intakt. Er sah keine Wunde, keine Naht und keine Narbe. Es war, als hätte der Kampf letzte Nacht niemals stattgefunden.

Oboe setzte sich auf. Er fühlte sich erfrischt und kräftig. Jetzt rutschte er von der Pritsche, machte einen ersten vorsichtigen Schritt. Und noch einen. Selbst der alte, wohlvertraute Schmerz in seinem Knie war nicht mehr da, das Gelenk biegsam wie schon seit Jahren nicht mehr. Er begann auf der Stelle zu laufen. Lief schneller. Noch schneller. Jetzt konnte er sich das Schmunzeln nicht mehr verkneifen.

Thea hatte ausgiebig gefrühstückt, danach fast fünf Stunden geschlafen und sich schließlich wieder auf den Weg gemacht, ohne dass Frau Helm aus ihren Träumen erwacht wäre. Vor dem Gebäude der Humboldt-Universität parkte eine Reihe von Trabis. Daneben stand ein Polizeiauto mit heruntergelassenen Scheiben, zwei Vopos beobachteten die Schar der Studenten. Thea zog den Hut tiefer ins Gesicht und ließ sich mit dem Menschenstrom ins Gebäude treiben. Bereits in der großen Eingangshalle verlief sich die Menge. Thea blieb unschlüssig stehen, dann sprach sie die Pförtnerin an: »Genossin, wo finde ich denn Professor Klugmann?«

Irrte sie sich, oder begann die dicke Frau plötzlich zu frösteln?

»Da müssen Sie in den Keller, aber das kann ich Ihnen nicht zeigen. Ich darf meinen Posten hier nicht verlassen.«

»Sollen Sie ja auch gar nicht.« Thea musterte sie irritiert. »Wenn Sie's mir beschreiben, finde ich den Weg schon alleine.«

»Ist aber kompliziert. Ich mal's Ihnen besser auf.« Die Pförtnerin nahm ein Blatt und kritzelte darauf herum. »Hier.«

»Vielen Dank, Genossin.« Thea nickte der Frau zu. Die deutete den Gang hinunter. »Die Kellertreppe ist da hinten.«

Thea stieg hinab. Unten versuchte sie, sich auf der wirren Skizze zu orientieren, lief ein Stück nach rechts, öffnete eine Metalltür. Dahinter war es dunkel und sehr still. Sie tastete nach einem Lichtschalter und fand ihn. Kellerleuchten alle fünf Meter, doch es blieb schummrig. Trotzdem ging sie weiter. Die Rohre unter der Decke warfen düstere Schatten, von den Wänden blätterte die Farbe. Am Ende des Ganges wieder eine Metalltür, dahinter ein weiterer Flur, vereinzelte Türen. Die Skizze der Pförtnerin erwies sich als wenig hilfreich. Thea lief immer hastiger durch zunehmende Düsternis.

Hinter einer Tür hörte sie Geräusche. Da sprach jemand, eine Frau, doch ihre Stimme klang seltsam monoton, fast wie eine Maschine. Oder eine Schallplatte, die hängengeblieben war. Eine Gänsehaut kroch Thea über den Rücken, sie ballte die Fäuste. Dann öffnete sie behutsam die Tür.

Die Stimme verstummte.

Thea sah Neonlicht, Regale voller Akten, einen Schreibtisch, einen altertümlichen Schreibtischstuhl mit grüner Ledersitzfläche. Hinter einem halbhohen Schrank stand ein Mann, der ihr den Rücken zuwandte. »Äh, entschuldigen Sie bitte ...« Sie trat näher.

Jetzt sah sie den ganzen Mann mit heruntergelassener Latzhose und nacktem Hintern vor einem Schreibtisch stehen. Darauf lag eine Frau mit offenem Kittel und hochgeschobenem Rock. Der Mann stieß weiter in sie hinein. Er war so vertieft in seinen Rhythmus, dass er Thea offenbar gar nicht gehört hatte. Aber die Frau starrte sie mit großen Augen an. »Ede«, flüsterte sie.

Er reagierte immer noch nicht.

»Hör auf, Ede. Da ist wer.« Sie schubste ihn von sich weg.

»Was denn?« Als der Mann sich umwandte, zeigte sein steifer Schwanz auf Thea, die eilig den Rückzug antrat.

»Tut mir leid. Entschuldigung. Ich finde schon raus.« Sie drehte sich um und floh zurück in den Korridor, bloß weg hier!

Da war ein rotes Licht. Sie rannte darauf zu, sah den Totenkopf mit den gekreuzten Knochen, drückte die Klinke und warf sich gegen die Metalltür. Im nächsten Moment setzte das Heulen der Sirene ein. Thea riss schützend die Hände vors Gesicht, blinzelte durch die Fingerritzen. Aus dem gleißenden Licht kam eine Gestalt auf sie zu. Thea stand da wie erstarrt. Wie aus einem Science-Fiction-Film entsprungen wirkte dieses Wesen, und es hatte eine seltsame Apparatur in der Hand. Eine riesige Metallschlaufe schwebte über Theas Kopf, bewegte sich summend an ihr hinab. Automatisch zog sie die Arme an den Körper und hielt den Atem an. Die Schlaufe stieg wieder hoch und verschwand. Die Gestalt trat näher. Sie trug eine Art Fliegerbrille mit stark getönten Gläsern. Thea vernahm ein lautes Klacken. Die plötzlich eintretende Stille und Dunkelheit erlösten sie aus ihrer verkrampften Körperhaltung. Jetzt erkannte sie auch die grelle Lichtquelle. Unzählige Höhensonnen waren an der Wand des Raumes aufgebaut.

»Reine Routinemaßnahme«, sagte eine männliche Stimme.

Thea machte einen Schritt in den Raum hinein. »Empfangen Sie alle Leute so?« Der Mann riss ihr den Hut herunter und setzte ihr etwas Hartes auf den Kopf. »Reine Routinemaßnahme.«

»Was soll das denn werden? Sind Sie Professor Klugmann?«

»Jeder ist verdächtig. Und die, die am harmlosesten aussehen, sind am gefährlichsten.« Seine Konturen wurden jetzt schärfer. Auf dem Kopf trug er einen Topf mit vielen kleinen Löchern, aus denen Drähte herausragten. Thea wurde von oben bis unten gemustert.

»Aber ich bin wirklich harmlos.« Sie setzte ein zuckersüßes Lächeln auf. »Ich schreibe meine Doktorarbeit über religiöse Symbole und in dem Zusammenhang auch über russisch-orthodoxe Kreuze. In der Bibliothek bin ich auf Ihr Buch gestoßen. Sie sind doch Professor Klugmann?«

»Vielleicht ...« Der Mann stellte die Metallschlaufe in die Ecke und verschwand in einem Nebenraum. Thea zog hastig ihr Jackett aus, warf es über einen Stuhl und öffnete die oberen Hemdknöpfe. Sie wusste, wie man misstrauische Kerle einlullte, legte ihr Dekolleté frei und war erst zufrieden, als ihr BH dezent hervorblitzte.

»Sie haben meinen Sicherheitstest bestanden«, sagte der Mann.

»Da bin ich aber froh«, lächelte Thea.

»Kommen Sie doch bitte mal rüber.«

Sie standen in einem Labor mit diversen Apparaturen, Regalen voller seltsamer Weckgläser und Reagenzglasständern. Thea nahm den Metallhut vom Kopf und betrachtete ihn, es war ein Küchensieb mit einem langen Stiel. »Wozu dient denn dieses modische Accessoire?«

Der Mann setzte es ihr gleich wieder auf. »Reine Routinemaßnahme.«

Thea registrierte, dass er interessiert ihre Brüste betrachtete. Dann trat er an einen Labortisch und räumte den Krimskrams darauf zur Seite. »Warum wollen Sie über russisch-orthodoxe Kreuze schreiben?«

»Dann sind Sie also Professor Klugmann?«, fragte sie zurück.

Er nickte, und die Antennen auf seinem Kopf wippten. »Also?«

»Ach, wissen Sie, meine Tante hatte so ein Kreuz. Es war ihr so wertvoll, dass sie es im Tresor verschlossen hielt. Und wenn sie es herausholte und etwas vor sich hinmurmelte, passierten merkwürdige Sachen.«

Der Professor blickte auf. »Was für merkwürdige Sachen?«

Thea verkniff sich ein Grinsen. Der Köder war ausgeworfen, und der Fisch hatte angebissen. »Naja, das mag jetzt seltsam klingen, aber kurze Zeit später erschienen bei uns merkwürdige Leute.«

»Und ... äh ... was taten die?«

»Meine Tante redete mit ihnen, und dann gingen sie wieder.«

»Was redeten sie denn?«

»Weiß ich nicht.« Sie zuckte die Schultern. »Meine Tante passte sehr auf, dass ich nichts davon mitbekam.«

Der Professor hatte inzwischen die Tischplatte freigeräumt. Hektisch durchsuchte er mehrere Schubladen und fluchte dabei leise vor sich hin. »Was waren das denn für Leute?«

»Keine Ahnung. Sie trugen ziemlich extravagante Kleidung und hatten eine besondere Ausstrahlung. Was suchen Sie da eigentlich?«

Der Professor stöberte in einer Schublade herum. Als sein verzweifeltes Wühlen keinen Erfolg brachte, schmiss er einfach alles auf den Boden. »Und diese Leute kamen immer nur nachts?«, fragte er.

»Ja.«

»Das hier habe ich gesucht.« Er hielt einen schwarzen Kasten mit mehreren Reglern in der Hand. In der Mitte befand sich ein größerer Drehschalter, darüber eine Skala hinter einer Glasscheibe, deren Zeiger auf null stand. Thea war dicht hinter den Professor getreten. Sie spürte, dass ihre Nähe ihn nervös machte.

Er trat einen Schritt zur Seite. »Wie hieß Ihre Tante?«

»Erna Paschke. Wieso? Kannten Sie sie?«

Der Professor gab keine Antwort. Er stellte seinen Kasten auf die freie Fläche und wandte sich Thea zu. Sein Blick klebte an ihren Brüsten, die Hände spielten in der Luft Klavier. »Äh ... setzen Sie sich doch bitte.« Er stellte einen Stuhl neben den Labortisch und wirkte erleichtert, als sie Platz nahm. Nachdenklich knetete er seine Bartstoppeln, während

270

er zu einem der Wandschränke ging. Thea nutzte die Gelegenheit, um sich das Sieb vom Kopf zu nehmen. Sie legte es auf den Boden und schob es mit dem Fuß unter den Stuhl. Dann schüttelte sie ihr Haar und zupfte noch einmal den Ausschnitt zurecht. Der Professor schloss den Schrank auf. Thea sah seltsame Apparaturen, Glaskugeln und Pyramiden. Dazwischen lag ein angebissener Apfel. Eine Eieruhr stand auf einem Ding, das aussah wie ein echter Goldbarren.

»Kamen auch normale Leute zu Ihrer Tante?«, fragte der Professor.

»Wie meinen Sie das?«

»Na, kamen auch welche tagsüber?« Er nahm etwas aus dem Schrank und hielt es so an seiner Seite, dass sie es nicht sehen konnte.

»Ja, klar. Die meisten. Am Wochenende.« Thea musterte ihn irritiert. Worauf wollte er mit seinen seltsamen Fragen hinaus? »Während der Woche hat meine Tante gearbeitet. Sie hatte einen wichtigen Posten.«

»Sah das Kreuz Ihrer Tante in etwa so aus?« Er hielt Thea ein silbernes Kreuz hin. Sie nahm es.

»Ich habe es etwas größer in Erinnerung.«

Der Professor drückte ihr ein Kabelende mit einem Bananenstecker in die andere Hand. »Halten Sie das bitte gut fest!« Das andere Ende des Kabels steckte er in das schwarze Messgerät und schaltete es ein.

Es knallte fürchterlich. Der Professor sprang zurück. Thea zuckte zusammen. Etwas hatte sie am Kopf getroffen. Sie fasste sich an die Stirn. Aus dem Messgerät stieg Rauch auf. Der große Drehschalter fehlte. Er kreiselte auf dem Boden vor Theas Füßen.

»Oh mein Gott, Sie sind es wirklich!«, stöhnte der Professor. Rußspuren überzogen sein Gesicht.

»Was bin ich wirklich? Wer bin ich wirklich?!«

»Sie haben die Macht über das Kreuz und somit die Macht

über die Vampire!« Er starrte sie an. »Wer hat Sie zu mir geschickt?«

»Niemand hat mich geschickt«, log sie. »Ich möchte nur wissen, was es mit diesen Kreuzen auf sich hat. Wie sie funktionieren.« Ehrfürchtig betrachtete sie das russisch-orthodoxe Kreuz in ihrer Hand. »Genau so sieht das Kreuz meiner Tante aus, nur wie gesagt etwas größer.«

»Es gibt insgesamt vier solcher Kreuze«, erklärte der Professor. »Ihre Tante besaß das Hauptkreuz. Es schützt seinen Träger vor Vampiren und gibt ihm Befehlsgewalt über sie. Die anderen drei Kreuze schützen nur. Dieses hier ist eines davon.« Er musterte Thea schmaläugig. »Da Ihre Tante nun gestorben ist und Sie die nächste Verwandte sind, haben Sie anscheinend die Befehlsgewalt geerbt.«

Sieh an, dachte Thea, der Herr Professor ist ja bestens eingeweiht in die familiären Hintergründe. Also schön vorsichtig sein! Du weißt nicht, was er vorhat, Thea.

»Die Befehlsgewalt wird vererbt?«, wiederholte sie.

»Nun ... ja«, nickte er. »Es gibt Leute, die behaupten, dass man die Kreuze nur vererben oder bewusst weitergeben kann. Aber ich glaube nicht an diesen Hokuspokus, ich bin Wissenschaftler, kein spiritueller Spinner. Andererseits ...« Er zeigte auf den immer noch rauchenden schwarzen Messkasten, dessen Zeiger jetzt am Ende der Skala stand. »Wissen Sie, was ich mit dem Kreuz schon alles angestellt habe? Ich habe es in jeder Hinsicht erforscht, habe sogar versucht, es zu zersägen. Dieses verdammte Messgerät hat einfach nicht funktioniert. Und jetzt spazieren Sie hier herein, und das Ding dreht durch.«

»Entschuldigung.«

»Sie brauchen sich nicht zu entschuldigen. Es bestätigt ja nur meine Forschungsarbeit. Ich werde der Menschheit beweisen, dass es Vampire wirklich gibt!«

»Ach, wenn Sie wüssten ...«, murmelte Thea.

»Aber ja! Natürlich weiß ich es!«

Thea musterte ihn irritiert.

»Seien Sie froh, dass Sie die Erbin sind, sonst lägen Sie längst auf meinem Seziertisch, und ich würde mich mit Ihrem Gehirn beschäftigen. Sie hätten bestimmt einen sehr schönen blauen Strich.«

»Wie bitte?«

»Vom aphasischen Ionenstrom. Das ist mein eigentliches Forschungsgebiet. Militärisch wäre es hochinteressant, wenn man so einen Ionenstrom generieren könnte. Also auch politisch hochinteressant! Das wäre endlich mein Durchbruch, der aphasische Ionenstrom!«

»Der aphasische ... was?«

»Ach, nichts. So sind Sie mir doch viel lieber.« Er nestelte an seinem Helmtopf herum, und sein Blick betastete wieder ihr Dekolleté. »So jung und lebendig. Sie sind viel zu schön für meinen Seziertisch.«

Thea schob möglichst unauffällig ihren Hemdkragen zusammen. »Jetzt verstehe ich langsam gar nichts mehr.«

Klugmann nahm seinen Helm ab. Drahtige graue Haare kamen zum Vorschein. »Es gibt keine wissenschaftliche Abhandlung über Vampire, aber sie sind nun mal da. Die Menschen erfinden immer Geschichten über das, was sie nicht verstehen. Aber den aphasischen Ionenstrom kann ich wissenschaftlich nachweisen. Und glauben Sie mir, der ist nun wirklich nicht menschlich.«

»Da haben Sie sicher recht«, nickte Thea. »Was kann ich denn tun, damit Sie mir dieses Kreuz da überlassen?«

»Oh! Das ist eine ganz neue Perspektive. Vielleicht sollten wir erstmal ein Schlückchen zusammen trinken ...«

»Aufschließen!«, fauchte Ekatarina Levantova den Wachmann an. Fuchs hatte sie angefordert, und sie war gekommen. Aber die Nummer mit der Ärztin, die nachts zu Notfäl-

273

len gerufen wird, wurde auf die Dauer ziemlich anstrengend. Zum Ausgleich hatte er ihr alle Befugnisse erteilt, ihrem Frust freien Lauf zu lassen. Der Gefangene, den sie befragen sollte, würde das zu spüren bekommen.

Der Wachhabende schloss auf. Ekatarina trat so heftig gegen die Tür, dass sie gegen die Wand donnerte. Der Gefangene erhob sich von der Pritsche, blickte erschrocken zu ihr herüber. Ekatarina spürte einen Stich in der Magengegend. Da stand Otto Boettcher, der Leibwächter von Walter Ulbricht, sein persönliches Mädchen für alles, insbesondere für alles Schmutzige. Ekatarina musterte ihn mit schmalen Augen. Oboe als Gefangener der Staatssicherheit? Fuchs hatte wirklich Nerven! Aber jetzt ergab sein Auftrag mehr Sinn. »Finde heraus, was es mit dieser Akte auf sich hat. Und wo der Bruder des Gefangenen ist.«

Sollte sie einen alten Mann foltern? Na, vielen Dank auch.

»Rufen Sie, wenn Sie etwas benötigen«, sagte der Wachhabende. »Ich werde die Tür jetzt wieder schließen.«

»Gut. Ich möchte nicht gestört werden.«

Der Wachhabende zog die Tür zu.

»Willkommen«, sagte Oboe. »Welch unerwarteter Glanz an diesem finsteren Ort. Wir sind uns vor Kurzem schon einmal begegnet, nicht wahr?« Er hatte tatsächlich die Nerven, sie freundlich zu begrüßen. Doch irgendetwas stimmte nicht mit seiner Freundlichkeit, Ekatarina war instinktiv auf der Hut. Wie alt mochte er sein? Sicher über siebzig. Aber er war auch ein ausgebildeter Kämpfer und skrupelloser Mitarbeiter des innersten Zirkels. Sie machte sich auf alles gefasst, ging einige Schritte in die Zelle hinein. »Danke für das Kompliment, Genosse Boettcher. Aber wie Sie sich vorstellen können, bin ich nicht hier, um für Sie zu glänzen. Von mir werden Ergebnisse erwartet.«

»Ergebnisse? Ach Mädchen, es gibt viel mehr auf dieser Welt als schnöde Ergebnisse.«

Seine arrogante Art gefiel ihr überhaupt nicht. Was lief hier? Der Kerl sollte Angst vor ihr haben. Er kannte die Gepflogenheiten in dieser Anstalt. Oder war er schon so senil, dass er die Situation falsch einschätzte? Es wurde Zeit, die Fronten zu klären. Sie packte zu, wollte ihm den Arm auf den Rücken drehen. Doch stattdessen schlug sie hart auf den Zellenboden auf. Ihr Schmerzensschrei übertönte das ungesunde Knacken in ihrer Schulter, als Oboe ihren Arm hochriss.

»Brauchen Sie Hilfe?« Dumpf drang die Stimme des Wachhabenden durch die Zellentür. »Genossin Levantova? Was ist da drinnen los?«

»Nein, nein, alles in Ordnung.« Warum hatte sie das jetzt gerufen? Nichts war in Ordnung. Sie sagte Dinge, die sie gar nicht sagen wollte.

»Erstaunlich«, bemerkte Oboe. »Eine sehr praktische Fähigkeit.« Er neigte den Kopf zur Seite und starrte sie an. Obwohl er lächelte, hielt sein Blick sie gefesselt. Sie konnte sich nicht abwenden, war wie gelähmt. Dann unterbrach er den Blickkontakt, und sie war wieder frei.

»Okayannyy!«, entfuhr es ihr auf Russisch. »Sie? Ein Vampir?!«

»Ja, ich. Wenn auch noch nicht so ganz. Ich lerne noch.«

Ekatarina lief ein eiskalter Schauer über den Rücken. Wie sollte sie unter diesen Umständen herausfinden, wo Oboes Bruder steckte? Er würde es ihr garantiert nicht verraten.

»Wie ist das passiert?«, platzte es aus ihr heraus.

»Oh, das wäre eine längere Geschichte. Aber sagen Sie: Warum fühlt es sich so an, als wären Sie eine von uns? Nicht dass ich wüsste, warum ich das fühle – aber irgendetwas in mir behauptet, dass Sie zu uns gehören.«

Er strahlte eine unwohlige Kälte aus. Ekatarina fröstelte. Sie spürte, wie seine Stärke mit jedem Moment zunahm. Er hatte diesen stechenden Blick, kein Zwinkern unterbrach sein Starren. Er starrte ihr direkt in den Kopf. »Ich kann es vor

Ihnen sowieso nicht geheim halten: Um ein Haar wäre ich auch zur Vampirin geworden. Man hat mich in letzter Sekunde aus dem Ritual befreit.«

»Sie kennen das Ritual?« Oboe klang jetzt ehrlich interessiert.

»Ja, schon ...« Sie rieb sich die schmerzende Schulter. Wenn sie es nur schaffen könnte, ihn lange genug bei Laune zu halten, fiele ihr vielleicht etwas ein, um ihm doch noch die gewünschten Informationen zu entlocken. » ... aber auch das wäre eine längere Geschichte.«

Jetzt lächelte Oboe. »Gut, die Andeutung habe ich verstanden. Also zuerst meine Geschichte in Kurzfassung: Ich wollte die Abteilung V für einen Auftrag gewinnen, da gingen allerdings ein paar Dinge schief. Erna Paschke war tot, und ich musste mich selbst auf die Suche nach den Herrschaften begeben. Dann hat jemand drüben im Westen einen von der Truppe erledigt, und ich stand zur falschen Zeit am falschen Platz. Immer zwölf und so weiter, ich nehme an, Sie kennen das Prozedere?«

»Äh ... ja. Natürlich.«

»So war das bei mir. Und jetzt Sie«, forderte Oboe.

»Bei mir war es ähnlich, da liefen auch ein paar Dinge schief. Nur, wie gesagt, ich habe den Absprung rechtzeitig geschafft.«

Oboe wirkte auf einmal nachdenklich. »Ich bin mir nicht sicher, ob ich diesen Absprung überhaupt schaffen wollte«, sinnierte er. »Immerhin kann ich meinen Auftrag jetzt alleine erfüllen.« Er wirkte nicht gefährlich, als er das sagte. Ekatarina schöpfte Hoffnung.

»Und? Wie fühlen Sie sich so?«, fragte sie.

»Kann ich nicht beschreiben. Merkwürdig wäre noch das treffendste Wort. Irgendwie erschöpft. Und gleichzeitig stark. Kurz bevor Sie kamen, hatte ich einen fürchterlichen Traum – wenn es denn einer war.«

Sie nickte. Seit ihrer abgebrochenen Verwandlung quälte sie der Traum vom Ritual. Sie hatte nie wieder etwas anderes geträumt. Mittlerweile freute sie sich über jede traumlose Nacht.

»Ich weiß, wovon Sie reden«, sagte sie tonlos.

»So? Dann wäre ich für eine Erklärung dankbar.« Wieder schaute er sie intensiv an, aber die Kälte verflog. Ein warmes Kitzeln durchflutete sie, das sich direkt am Haaransatz zu einem unangenehmen Jucken steigerte. Für den Bruchteil einer Sekunde wollte sie sich die Haare vom Kopf reißen, um an die Stelle zu gelangen. Dann verschwand das Jucken, und sie hörte sich selbst wie aus weiter Entfernung reden: »Es war der 10. August 1951, ich lebte damals in Moskau, studierte Medizin. Ich war mit einem jungen deutschen Diplomaten zusammen, eines Tages wurde ich schwanger. Es war ein unpassender Moment für ein Kind, das sahen wir beide so. Wir organisierten einen Termin in einem Krankenhaus. Während ich auf den Eingriff wartete, geschahen dort merkwürdige Dinge. Später erfuhr ich, dass Stalins Vampire sich nachts an den Blutvorräten bedienten. Ich erfuhr auch, dass einer von ihnen kurz zuvor umgekommen war. Die Abteilung brauchte schleunigst Ersatz. Donya agierte damals ganz pragmatisch, sie lief durch das Krankenhaus und suchte nach einer geeigneten Person. Ich passte zu ihren Anforderungen, also wurde ich in den Festsaal des Krankenhauses gebracht, die Vampire begannen ihr Ritual. Doch sie mussten es abbrechen. Donya hatte meine Schwangerschaft bemerkt. Keiner von ihnen wusste, was mit dem Kind geschehen würde, und Donya wollte nichts riskieren. Sie ließ mich wegbringen, um sich mit den anderen zu beraten. Mir war alles egal, ich hatte mit meinem Leben bereits abgeschlossen. Jemand trug mich aus dem Saal. Doch plötzlich stand mein Liebhaber vor uns auf dem Gang, außer sich vor Wut. Er sah das viele Blut auf meinem Körper, griff den Vampir an. Der hatte damit nicht gerechnet und stolperte rückwärts. In diesem Moment trat ein Priester auf den Flur, der einen Sterbenden auf seiner letzten Reise begleitet hatte. Als der Vampir mit dem Priester zusammenstieß, ergoss sich das Weihwasser über ihn. Sein Schreien war markerschütternd und furchtbar. Mein Liebhaber riss mich mit sich, wir flohen. Nun waren die Vampire noch mehr geschwächt, und wir konnten entkommen. Aber das unterbrochene Ritual zeigte bei mir bereits Wirkung.«

»Und das Kind?« Oboes Frage kam unvermittelt.

»Habe ich noch am selben Tag verloren. Das Kind starb zuerst, und es war, als ob mein Körper sich damit nicht abfinden wollte. Ich hatte starke Schmerzen und verlor das Bewusstsein. Dann starb auch ich.«

»Sie kommen mir aber nicht sehr tot vor«, bemerkte Oboe.

»Ich weiß.« Ekatarina hatte das Gefühl, als würde sie gerade aufwachen. »Aber meine Seele starb an diesem Tag. Ich wurde ganz offiziell für tot erklärt. Mein Liebhaber gab mich als seine verstorbene Ehefrau aus, besorgte die nötigen Papiere und ließ mich in die DDR bringen. Solche Transaktionen waren ganz einfach für ihn.«

»Hört, hört«, murmelte Oboe. »Sie sind also keine Vampirin?«

»Nicht im herkömmlichen Sinn. Ich muss kein Blut trinken, kann es aber. Es gibt mir Kraft, Dinge zu tun.«

»Dinge?«

»Ja. Ich kann mich dann schneller bewegen, schwerere Sachen heben, besser denken. Solche Dinge. Und ich bin seither nicht mehr gealtert.«

»Klingt doch gut. Wie ist es mit dem Tageslicht?«

»Es stört mich nicht. Es fühlt sich nicht angenehm an, und ich bekomme schnell Sonnenbrand – aber das ist kein Vergleich zu dem, was Sie erwartet, falls Sie ins Sonnenlicht geraten sollten.«

»Was erwartet mich denn?«

»Schmerzen bis zur Auslöschung Ihrer Existenz.«

»Aha.« Er betrachtete sie nachdenklich und schien sich zusehends zu verspannen. »Ich glaube, es ist nicht gut, dass Sie jetzt so viel über mich wissen. Nehmen Sie es nicht persönlich, aber ...« In dem Satz schwang eine gewisse Resignation.

Irgendwie musste sie ihn besänftigen. »Sie wissen doch auch alles über mich, damit sind wir quitt. Und was sollte ich mit meinem Wissen über Sie schon anfangen?« Die Worte stolperten hektisch über ihre Lippen, Angst war etwas, das sie selten spürte.

»Nun ja, Genosse Fuchs war in letzter Zeit nicht gut auf mich zu sprechen. Ich möchte ihm nicht zur Last fallen.«

»Das verstehe ich gut.« Ekatarinas Gedanken rasten. Ihr musste etwas einfallen! »Ich kann Ihnen helfen«, brach es aus ihr heraus. »Ich mache Ihnen einen Vorschlag.«

»Da bin ich aber mal gespannt ...«

»Sie würden wieder für das Ministerium arbeiten. Sonderaufträge, nachts – zwangsläufig.«

»Warum sollte ich das tun?«

»Sie wären sofort frei. Und gut versorgt. Ein sicherer Platz zum Schlafen am Tag. Genügend Getränke.«

Es dauerte eine ganze Weile, ehe er antwortete: »Also gut. Was habe ich zu verlieren? Ich kann's ja mal versuchen.«

»Nur ein paar Formalitäten müsste ich vorher noch erledigen.«

»Wie lange wird das dauern?«

»Nicht mehr als eine Stunde. Dann werden Sie entlassen, und ein Wagen bringt Sie in Ihr Quartier.«

»Na, dann gehen Sie mal. Viel Erfolg.«

»Keine Sorge, das wird mir keine Schwierigkeiten bereiten.«

Wieder sah er sie einige Augenblicke lang an, bevor er antwortete: »Sorgen mache ich mir deswegen nicht.«

Ekatarina lief ein Schauer über den Rücken. Eilig klopfte sie an die Zellentür. »Bis nachher.«

»Gewiss.« Er lächelte.

Aus dem Lautsprecher tönte ein dumpfer Knall. Der Wachmann rieb sich die Augen, offenbar war er kurz weggedöst. »Könnte 'ne Tür gewesen sein«, überlegte er laut und überprüfte die Bildschirme, die den Kellerbereich mit den Dunkelzellen überwachten. Überall die gleiche trostlose Leere, graue Wände und Stahltüren mit Eisenbeschlägen, dicken Riegeln und Lüftungsschlitzen im unteren Drittel. Verdeckte Gucklöcher boten die einzige Möglichkeit, einen Blick in die Zellen zu werfen. Gittertüren trennten die verschiedenen Sicherheitsbereiche.

Schwerfällig erhob sich der Wachmann, streckte sich und schlurfte zum Waschbecken, in dem ein hoher, schmaler Aluminiumtopf stand. Er hängte den Tauchsieder hinein, nahm die Rondo-Kaffeetüte, schüttete Kaffeepulver in eine Tasse und wartete, bis das Wasser kochte. Mit der dampfenden Tasse begab er sich wieder auf seinen Beobachtungsposten.

»Verdammt, wer ist denn das?« Der Kaffee verbrühte ihm die Finger.

Auf Bildschirm 1 humpelte ein Mann den Gang hinunter, verschwand um eine Ecke und war sogleich auf Bildschirm 2 zu sehen. Eine weitere Person kam ihm auf Bildschirm 3 entgegen. Es war der Küchen-Kalfaktor, der seine Karre mit den Essenskübeln schob. Als die beiden aufeinandertrafen, salutierte der Humpelnde. Der Kalfaktor blieb stehen. Ohne den Gruß zu erwidern, schloss er die Gittertür, durch die er gerade gekommen war, wieder auf. Der Humpelnde nickte ihm dankend zu, während er durch die Tür schritt. Wer zum Teufel war dieser Kerl? Er trug die Kleidung eines Wachmanns, dunkle Hose, helles Hemd, nur die Uniformjacke fehlte. Konnte es sein, dass er inzwischen nicht mehr so stark humpelte wie eben noch? Er wirkte jetzt kräftiger und gerader, hatte die Schultern nach hinten gezogen.

Der Wachmann beugte sich vor, um ihn genauer anzuschauen, doch das Bild verschwamm. Irritiert kniff er die Augen zu und wischte mit der Hand über den Monitor. »Verdammt, wer ist das?!«

Er warf einen Blick in sein Kontrollbuch. Kein Eintrag. Die beiden Männer verschwanden gerade aus Bildschirm 3. Während der Kalfaktor sich auf Bildschirm 2 entfernte, kam dem jetzt kaum noch Humpelnden auf Bildschirm 4 ein Schließer entgegen. Auch er reagierte wie der Kalfaktor. Sie sahen sich an, und der Schließer eilte zurück, um die nächste Gittertür aufzuschließen.

»Scheiße, was tut der da!«, fluchte der Wachmann. »Seit wann wird hier keine Meldung mehr gemacht?« Nervös wischte er mit dem Ärmel seiner Uniformjacke über den Bildschirm 4. Der zeigte eine verschwommene Gestalt vor scharfem Hintergrund. Der Unbekannte lief weiter. Er war nur noch schwach zu erkennen. Seine Bewegung und Körperhaltung erinnerten jetzt an einen jungen Mann. »Ick gloob, ick spinne!« Der Wachmann traute seinen Sinnen nicht mehr. Auf Bildschirm 5 war die Person nur noch schemenhaft wahrzunehmen. Es war der letzte Bildschirm, die Kamera war auf das Ausgangstor gerichtet.

Nun war der Mann in der Schleuse. Genau vor den Fenstern der Wachkabine blieb die gespenstische Gestalt stehen. Der Blick, der den Wachmann traf, war so stechend, dass er entsetzt aufsprang. Mechanisch drückte er den roten Knopf, das Tor in die Freiheit glitt auf.

15

Horst Krause schlug die Augen auf. Er war vor dem Fernseher eingenickt. Seine Gerda übernachtete heute bei der Tochter, und er hatte sich in seiner sturmfreien Bude ein paar Bierchen genehmigt. Naja, vielleicht sogar eins zu viel. Das Wohnzimmer erschien ihm mal in helles, mal in dunkles Licht getaucht. Krause schraubte sich aus dem Sessel und schaltete den Fernseher aus, doch die Lichtverhältnisse änderten sich kaum. Routinemäßig nahm er sein Fernglas, schob die Gardine zur Seite und trat auf den Balkon.

Die Oberbaumbrücke war hell erleuchtet. Krause sah einen Mann durch die Sperrzone Richtung Kreuzberg laufen. Deutlich hörte er die Schreie der Grenzsoldaten. »Bleiben Sie stehen!« Schüsse peitschten durch die nächtliche Stille. Doch der Mann lief weiter. Jetzt hatten die Grenzer ihn eingeholt und packten seine Arme. Der Mann versuchte sie abzuschütteln, alle drei stürzten zu Boden.

Krause umklammerte nervös sein Fernglas. Eine Zeit lang war nichts zu sehen, weil die Seitenmauer der Brücke die Sicht versperrte. Da tauchte der Mann wieder auf. Er spazierte weiter, als wäre nichts gewesen. Noch mehr Grenzsoldaten stürmten ihm hinterher. Sie schrien, schossen in die Luft, umzingelten ihn.

Krauses Atem stieß angespannte Wolken in die Nacht.

Nun standen sie da. Fünf Grenzsoldaten hatten den Flüchtigen eingekreist. Die drei, die vor ihm standen, schienen nicht fähig, sich zu rühren, während die beiden anderen den Mann von hinten ansprangen. Das Gerangel auf der Brücke wurde immer größer.

Die Grenzschützer auf der Kreuzberger Seite brüllten und gestikulierten. Starke Scheinwerfer beleuchteten den Tumult auf der Brücke. Der Flüchtling riss sich los, war jetzt frei, drehte sich zu den fünf Soldaten und streckte die Arme aus. Die fünf hielten inne. Sie wankten, und ihre Köpfe folgten den langsam kreisenden Bewegungen.

»Wat is'n ditte ...?«, staunte Horst Krause, der seinen Augen nicht traute.

Der Flüchtling marschierte weiter. Vier Soldaten stürzten sich auf ihn, einer blieb stehen, ohne sich zu rühren. Dem Mann gelang es anscheinend mühelos, die Angreifer abzuwehren. Weitere Grenzsoldaten rückten von der Ostseite nach. Ein Befehl hallte durch die Nacht. Die Truppe hob ihre Gewehre. Jetzt schossen sie auf den Mann, der den Rand der Brücke erreicht hatte. Sirenen heulten auf. Obwohl ihn Kugeln durchsiebten, kletterte der Flüchtling über den Stacheldraht und hechtete ins Wasser.

»Det jib's doch nich«, murmelte Krause. Auch die schießwütigen Grenzer hatten die Stelle erreicht. Ein Scheinwerfer wurde auf die Spree gerichtet, Schüsse prasselten ins Wasser.

»Diese Schweine!« Krause suchte mit dem Fernglas die Wasseroberfläche ab, in der Hoffnung, den Mann irgendwo wieder auftauchen zu sehen. Nach einer Weile gab er auf, eilte zu seinem Telefon und ließ die Wählscheibe tickern.

»Hallo? Fräulein? Ist da die *B.Z.*? Verbinden Sie mich mit dem Chefredakteur!« Ungeduldig betrommelte er das Telefonschränkchen, auf dem, immer griffbereit, Gerdas Liste mit den »wichtigen Nummern« lag.

»Hallo? Sind Sie der Chef? Ick wollt bloß sagen, is wieder eena abjehaun. Erschossen hamse den, diese Ostschweine! Jrade eben! Ick hab's jesehn!«

»Guten Abend«, sagte eine weibliche Stimme. »Ich habe Ihren Namen nicht verstanden.«

»Äh ... was?«

»Ihren Namen!«

»Na, Horst. Äh ... Horst Krause. Die Ostschweine ham schon wieder eenen erschossen! An der Oberbaumbrücke.«

»Krause, aha«, sagte die Stimme, und Krause meinte, ein gewisses Misstrauen herauszuhören. Seine Gerda konnte so was besser.

»Na, vor drei Tage is doch jrade erst eener abjehauen«, setzte er er nach. »Der is mit 'm Vopowagen durch die Mauer in die Spree jefahren.«

»Richtig, wir hatten es auf der Titelseite.«

»Na, jetzt is der Groschen endlich jefallen!«, triumphierte Krause. »Aber Sie konnten det nur berichten, weil Ihre Reporter uff mei'm Balkon jestanden ham! Und für hundert Mäuse könnten Se da jetzt wieder stehen und Fotos machen!«

»Schön, schön. Hätten Sie mal zwei Bier weniger getrunken, dann hätten wir für zwanzig Mark auf Ihrem Balkon gestanden.«

Krause riss staunend den Mund auf. »Woher wissen Sie von dem Bier?!«

»Um es kurz zu machen, Herr Krause, unsere Leute sind längst vor Ort und bekommen die Sensation ganz umsonst. Und ich rate Ihnen: Schlafen Sie erstmal Ihren Rausch aus.«

Da stand jemand an seinem Bett. Paul Boettcher tastete nach dem Schalter der Nachttischlampe.

»Bon soir. Lassen Sie das Licht aus, si'l vous plaît.«

»Sind Sie das?« Paul versuchte im spärlichen Laternenschein, der von draußen hereinfiel, etwas zu erkennen.

»Ja. Wie geht es Ihnen?«

»Beschissen. Das wissen Sie doch.«

»Ihr Bruder lässt sich viel Zeit mit seinem Teil unserer Abmachung. Er muss sich beeilen, sonst wird das nichts mit Ihrer neuen Niere.« Der Franzose beugte sich über ihn. »Ich habe mit den Ärzten geredet. Ihre Werte haben sich verschlechtert, quel malheur. Wenn es noch schlimmer wird, kann man nicht mehr transplantieren.«

Paul nickte. Er konnte sich gar nicht mehr erinnern, wann er zuletzt gepinkelt hatte. Jeden zweiten Tag hing er acht Stunden an der Dialyse, seine Arme waren von den Kanülen völlig zerstochen.

»Otto wird's schon schaffen.« Er sprach den Gedanken aus, an den er sich seit Wochen klammerte. In jeder Notlage hatte sein großer Bruder ihm geholfen. Paul dachte daran, wie sie sich als Kinder in ihrem Baumhaus geschworen hatten, immer füreinander einzustehen.

»Apropos, wie hat Ihr Bruder Sie eigentlich hierhergeschafft?«, riss ihn der Franzose aus seinen Erinnerungen.

»Sie haben doch diese Abmachung mit ihm. Wenn er es Ihnen nicht gesagt hat, erfahren Sie von mir auch nichts.«

»C'est mal, das würde ich mir gut überlegen. Wir können hier einiges dafür tun, dass es Ihnen besser geht – oder schlechter.« Mit einem beiläufigen Griff quetschte der Mann ihm die Wunden in der Ellenbeuge zusammen. Paul keuchte vor Schmerz. »Sadist!«, zischte er mit zusammengebissenen Zähnen. »Verdammter Menschenhändler!«

Der Franzose machte etwas mit den Schläuchen, und eine Schmerzwelle flutete durch Pauls Körper. »Hören Sie auf! Was soll das denn? Ich weiß doch nichts!«

»Wie hat Ihr Bruder Sie hierhergeschafft?« Eine neue Schmerzwelle. Und noch eine. Paul wurde schwarz vor Augen.

Der Mann schlug ihm einen nassen Lappen ins Gesicht. »Non, non! Nicht ohnmächtig werden! Beantworten Sie einfach meine Frage.«

Paul keuchte. »Er hat mich zum Treffpunkt gebracht. Da waren Leute.«

»Très bien, geht doch. Und wo haben Sie sich getroffen?«

»In einem kleinen Park an der Gleimstraße.«

»Und dann?«

»Die müssen mir irgendwas gegeben haben. Ich erinnere mich nur noch, dass ich neben einem Taxistand wieder zu mir kam, an einem S-Bahnhof. Da war Musik, amerikanisches Zeug. Sie setzten mich ins Auto und brachten mich hierher in die Klinik.« Er hasste sich für seine Schwäche, für seine Krankheit und den Verrat an Otto.

»Was waren das für Leute?«

»Ein Pärchen, jung und stattlich, sehr modisch angezogen.«

»Oui, oui, so etwas sieht ein Künstler wie Sie natürlich.«

In diesem Moment wurde die Zimmertür geöffnet. Der Franzose fuhr herum. »Was gibt's?«

Jemand redete in maschinengewehrschnellem Französisch. Paul spitzte die Ohren. Offensichtlich rechneten sie nicht damit, dass die »alte Kommunistenschwuchtel« im Bett alles mitbekam.

Anfang der dreißiger Jahre hatte Paul einige Zeit in Paris bei Claude Bizarre studiert. Sein Französisch war fließend. Er hörte, wie der Neuankömmling den Kollegen mit Jacques ansprach. Es ging um einen Anruf der Berliner Polizei, eine Frau von Glinsky und ihre zwölfjährige Tochter wurden vermisst. Die Franzosen lobten sich gegenseitig für den genialen Trick, eine russische Handgranate im Auto der Frau deponiert zu haben. In so einem Fall musste die Berliner Polizei bei allem, was die Frau betraf, die Alliierten verständigen. Paul begriff sofort, dass hier von Thea die Rede war. Leider unterbrach Jacques jetzt das Gespräch. Paul hätte gerne noch mehr erfahren. Stattdessen wandte sich der Franzose wieder ihm zu. »Wir müssen jetzt weg, Monsieur Boettcher. Bleiben Sie so kommunikativ, und alles wird gut. Bonne nuit.«

Nur mit Mühe verkniff sich Paul einen französischen Fluch.

Aus Oboes Kleidung troff das Spreewasser. Seine schmatzenden Schritte hallten von der Gewölbedecke wider. Es zog ihn zum Ende des Flures, hier musste es sein, das Hauptquartier der Vampire. Er spürte, dass er erwartet wurde. Die Tür sah sehr massiv aus, ließ sich aber leicht öffnen. Dahinter lag ein Saal. Im Schummerlicht mehrerer großer Kerzen saß eine hagere Gestalt. Oboe konnte trotz der Dunkelheit selbst kleinste Details wahrnehmen. Sein neuer Zustand hatte erhebliche Vorteile.

Die Gestalt sah ihn und fing an zu lachen. »Wie siehst du denn aus?«

Oboe blickte an sich hinab. Seine Kleidung war von Einschusslöchern übersät, sein gesamtes Äußeres hatte bei Weitem bessere Zeiten erlebt. »Unerfreuliche Diskussionen mit ein paar ehemaligen Kollegen.«

»Du hast versucht, oben über die Grenze zu kommen, nicht wahr?« Der andere schlug sich vor Lachen auf die Schenkel.

»Sehr komisch. Aber ja, das habe ich versucht.« Wer war dieser ekelhafte Kerl überhaupt? Oboe hatte keine Lust auf weitere Sticheleien und wandte sich ab. Auf einer Staffelei entdeckte er ein angefangenes Porträt und erschrak: Erna Paschke wirkte so unglaublich lebendig, als könne sie jeden Moment der Leinwand entsteigen. Dabei war das Bild erst zur Hälfte fertig.

»Entschuldigung«, sagte der Kerl. »Ich war unhöflich, nicht wahr? Wo sind bloß meine Manieren? Willkommen! Willkommen, Otto Boettcher! Im Dienst nannte man dich nur Oboe, nicht wahr? Ich denke, wir sollten mit dieser Tradition nicht brechen.«

Oboe war irritiert, sagte aber nichts.

»Ich darf mich vorstellen: Willem van Flakstraaten. Maler von Passion. Und von Beruf.«

»Guten Tag«, sagte Oboe.

»Nun ja, das mit dem Tag ist von nun an so eine Sache, nicht wahr? Sagen wir lieber: Gute Nacht.«

»Es gibt Dinge, an die ich mich wohl noch gewöhnen muss.«

»Das kommt, das kommt. Wobei manches etwas dauern wird. Aber es bleibt einem ja nichts anderes übrig.«

»Was wird denn dauern?«, fragte Oboe.

»Nun, das ist bei jedem anders«, sagte van Flakstraaten. »Wie gefällt dir das Bild? Ein Maler braucht immer seine Bestätigung, nicht wahr?«

»Es wirkt sehr ... frisch.« Oboe wollte kein passenderes Wort einfallen. »Warum malst du sie?«

»Ich habe sie alle gemalt, nicht wahr?«

»Alle?«

»Ja, alle.« Er senkte die Stimme. »Alle, die jemals die Macht über das Kreuz hatten.« Van Flakstraaten deutete mit einer halbkreisförmigen Geste in den Saal. Die Wände hingen voller Gemälde. Unterschiedlich große Porträts, eines lebendiger als das andere.

»Wer sind diese ganzen Menschen?«, fragte Oboe.

»Oh, das wäre aber eine lange Geschichte, nicht wahr?«

»Mach sie für mich kurz.«

»Nun ja, das ist Erna Paschke, noch nicht vollendet. Habe ich schon gefragt, wie du sie findest?« Er bemerkte Oboes ungeduldigen Blick. »Na, egal. Das letzte Bild hier an der Wand, das ist ...«

»Stalin«, unterbrach ihn Oboe. »Den kenne ich. Was hat der hier zu suchen?«

»Nun, ich habe es doch erwähnt, oder nicht? Das sind alle, die Macht über das Kreuz hatten. In der Reihenfolge ihrer Amtszeiten und gemalt von mir, aber das habe ich schon gesagt, nicht wahr?«

»Stalin?«

»Ja. Erna Paschke hat das Kreuz von ihm geerbt. Du weißt, wie so eine Erbschaft funktioniert, oder?«

»Nein«, gab Oboe zu. »Warum vererbte Stalin etwas an Erna?«

»Das war ... eine Liebesangelegenheit. Kommt in den besten Familien vor, nicht wahr? Aber schau hier! Davor hatte Michael II. das Kreuz, davor Nikolaus II., dann Alexander III., Alexander II., hier noch ein Nikolaus und davor der erste Alexander.« Van Flakstraaten huschte bei jedem neuen Namen zum nächsten Bild. »Davor Paul, und davor Katharina die Große.«

Oboes Blick glitt über die Wand. »Viele Frauen hattet ihr nicht.«

»Nein.« Van Flakstraaten spulte eine Menge weiterer Namen herunter und wanderte weiter von einem Bild zum anderen. Oboe kam nicht mehr mit. Die Namen kreisten in seinem Kopf.

»... Fjodor und hier Iwan. Iwan der Schreckliche, wie er genannt wird. Der erste Zar, nicht wahr?«

»Und davor? Es sieht aus, als ob dort ein freier Platz wäre.« Oboe deutete hinüber zu der einzigen leeren Stelle an der Wand.

»Ja. Das ist auch so eine Sache, nicht wahr? Da sollte das Bild von Michael Sinski hängen«, sagte van Flakstraaten und zuckte hilflos die Achseln. »Nur kann ich ihn leider nicht malen. Es geht nicht.«

»Wie, du kannst ihn nicht malen?«

»Nun, er war der Erste. Ein Priester. Er hat es machen lassen, das Kreuz. Aber malen kann ich ihn nicht. Das ist wohl eine von den Sachen, bei denen es länger dauert, bis man sie versteht, nicht wahr?«

»Mag sein«, sagte Oboe. Van Flakstraatens Malproblem interessierte ihn nicht sonderlich. »Wie lange bist du denn schon dabei?«

»Seit 1678.«

Oboe zögerte. »Das sind fast dreihundert Jahre.«

»Richtig.«

»Und du hast noch immer nicht alles verstanden?«

»Man gewöhnt sich daran.« Mittlerweile saß van Flakstraaten wieder vor seiner Staffelei und peilte über den Pinsel auf Ernas Porträt.

»Das will ich hoffen.« Oboe trat näher, schaute dem Künstler über die Schulter. »Im Moment habe ich eigentlich nur eine Frage ...« Er hielt inne, als er auf dem Arbeitstisch ein abgegriffenes schwarzes Buch zwischen den Farben liegen sah. »Nein, zwei Fragen«, korrigierte er. »Ist das nicht Ernas Notizbuch?«

»Ja, das ist es.« Van Flakstraaten nahm es liebevoll und führte es an seine Nase, schnüffelte innig und leckte dann zärtlich über den Buchrücken. »Ich brauche Inspiration, nicht wahr?«

»Ah ja, verstehe.« Oboe runzelte die Stirn.

Von Flakstraaten lächelte. »Und was ist die zweite Frage?

»Äh ...« Oboe räusperte sich umständlich. »Wie komme ich denn nun unbeschadet nach West-Berlin?«

»Oh, gleich etwas für Fortgeschrittene? Solltest du nicht zuerst die einfachen Dinge wissen?«

»Zum Beispiel?«

»Wo bekomme ich etwas zu trinken? Muss ich in meinem neuen Dasein noch auf's Klo? Solche Sachen.«

Oboe seufzte. »Also gut, muss ich noch auf's Klo? Und was ist daran so verdammt schwierig, dass man darüber große Reden schwingen muss?«

Willem van Flakstraaten lachte schallend. »Das, mein neuer Kumpan, das erkläre ich dir, wenn es soweit ist.« Sein rostiges Lachen ging Oboe durch Mark und Bein. Allerdings war der Kerl uralt, da würde wohl jedes Lachen so klingen. »Warte nicht zu sehr darauf. Vampire müssen äußerst selten mal. Aber wenn, dann ...« Wieder dieses Lachen.

»Fein. Du hattest ja nun offensichtlich deinen Spaß. Können wir bitte zu meiner Ursprungsfrage zurückkommen?«

»Ah ja, der Weg in den Westen, nicht wahr?«

»Ja!« Oboe wurde immer ungeduldiger.

»Es gibt im Prinzip nur noch einen brauchbaren Durchgang, die alte Bunkeranlage am Gesundbrunnen. Sie ist stark gesichert, man trifft dort immer mal wieder einen Grenzsoldaten. Aber die leisten uns selten richtige Gegenwehr. Ich habe keine Ahnung, was die Kommunisten diesen armen Schweinen zum Essen vorsetzen – jedenfalls haben sie einen grässlich pelzigen Nachgeschmack. Lass lieber die Finger davon.«

»Aha?« Oboe zog irritiert eine Augenbraue hoch.

»Apropos. Hast du Durst?« Van Flakstraaten hielt Oboe seine Flasche entgegen, in der träge eine dunkelrote Flüssigkeit schwappte. »Du solltest langsam lernen, mein neuer Kumpan. Erst etwas Einfaches. Dann etwas mit Anspruch. Dann wieder etwas Einfaches. Zum Beispiel, wo du etwas zu trinken bekommst.« Er zeigte auf die Tür hinter Oboe. »Dort in der Vorratskammer stehen ein paar Flaschen. Nimm dir, was du brauchst. Ist nichts Frisches, aber allemal besser als gar nichts, nicht wahr?«

Oboe öffnete behutsam die besagte Tür.

»Nur zu! Nicht so nervös, das rieche ich ja bis hierher!«

Oboe ignorierte den Maler, er riss staunend die Augen auf. Das Gewölbe hinter der Tür erstreckte sich über vier Stockwerke: Holztreppen führten noch zwei Etagen nach oben und eine Etage hinunter. Wie in einem riesigen Weinkeller lagen hier Tausende von Flaschen in Regalen. Offensichtlich waren sie nach geografischer Herkunft sortiert. Und nach Jahrgängen. Oboe erschauerte. »Kannst du mir etwas empfehlen?« Er erschrak, als van Flakstraaten plötzlich direkt neben ihm stand.

»Ach, Geschmäcker sind immer verschieden, nicht wahr? Aber für den Anfang solltest du etwas Junges versuchen. Die älteren Jahrgänge sind mitunter schwer verträglich.« Er nahm eine Flasche aus dem Regal. »Hier. Das ist etwas für den Einstieg.«

Oboe starrte auf das Etikett. Hans-Gustav Kaluppke. Berlin. Diabetiker. Prostatabeschwerden. Januar 1973. Langsam zog er den Korken aus der Flasche und leerte sie in einem Zug. »Der Durchgang ist am Gesundbrunnen, hast du gesagt?«

Van Flakstraaten nickte.

Das hatte gesessen! Olivers Wange brannte wie Feuer. Dieser verkackte Franzmann! Jetzt sprang Jochen mit einem Schrei der Empörung von seinem Stuhl, der umkippte und auf den Boden knallte. Der Franzose bohrte ihm den Zeigefinger in die Brust und zischte: »Du setzt dich ganz schnell wieder auf deinen kleinen Arsch, sonst reiße ich ihn dir so weit auf, dass der Tunnel zum Gare de l'Est dagegen très petit ist.«

Oliver wusste zwar nicht, was dieses Gardeläst sein sollte, aber es hörte sich nach etwas Bedrohlichem an.

Jochen machte noch einen Versuch. »Sie können uns doch hier nicht –« Da stieß ihm der Fermier den Handballen vor die Stirn. Jochen klappte zusammen und landete mit schmerzverzerrtem Gesicht auf den Fliesen. Sokolowski saß ruhig da, hielt sein Kreuz in der Hand und murmelte Gebete.

»Und nun wieder zu dir, Oliver Glinsky. Wenn du mich noch einmal belügst, kannst du erleben, wie ich wirklich böse werde.« Der Atem des Franzosen stank nach leerem Magen, feine Speicheltropfen sprühten Oliver ins Gesicht. Dieser Kerl war unberechenbar, und er glaubte nur, was er hören wollte. Es widersprach aller Vernunft, es noch einmal mit der Wahrheit zu versuchen.

Die französischen Militärpolizisten hatten sie in einen vergitterten Transporter verfrachtet und von Moabit zum Quartier Napoleon am Kurt-Schumacher-Platz gefahren. Dort brachte man sie zu Monsieur Fermier, der zunächst noch gelächelt hatte und ein scheinbar harmloses Gespräch mit ihnen begann. Ob sie nicht wüssten, wo die Journalistin Thea von Glinsky sich zur Zeit aufhalte? Immerhin habe Jochen ihre Handtasche aus dem französischen Dienstfahrzeug entwendet. »Und Sie waren doch mit ihr verheiratet, Monsieur Glinsky.«

»Wieso denn immer nur Thea?«, hatte Oliver gekontert. »Ich mache mir wirklich Sorgen um meine Tochter Conny. Die wurde nämlich entführt!« Doch das schien Fermier nicht zu interessieren. Immer wieder fragte er nach Thea, ihrer Arbeit, ihrem aktuellen Projekt. Offenbar hatte auch er die Materialsammlung in ihrem Arbeitszimmer studiert.

Jetzt starrte er Oliver aus nächster Nähe an. Der spürte das Brennen in seiner Wange. Schon zweimal hatte er dem verdammten Franzosen von dem Angriff des Vampirs in Sokolowskis Kirche berichtet und davon, was später bei Olivers Eltern passiert war. Und Fermier hatte ihn dafür schon zweimal ins Gesicht geschlagen.

»Pensez-bien! Überlege gut, was du mir als nächstes erzählst!«

»Ist sich gewesen, wie er gesagt hat«, mischte sich Sokolowski plötzlich ein. Es war das erste Mal, dass er überhaupt etwas Brauchbares äußerte.

»Was sagen Sie da?«, fragte Fermier.

»Ist sich genau so gewesen, wie er hat berichtet. Ich schwöre bei der heiligen russischen Kirche. Gibt sich keinen Grund, dem Herrn von Glinsky nicht zu glauben. Und keinen Grund für sinnlose Gewalt.«

»Keinen Grund?«, wiederholte Fermier höhnisch. »Ein Vampir hat Sie angegriffen? Hat mit einem Motorrad nach Ihnen geworfen? Und ist dann mit einem Silberleuchter in der Brust gestorben?«

»Ja«, nickte Sokolowski. »Ist sich so gewesen. Wobei ...« Er wirkte plötzlich nachdenklich. »Fast so.«

»Fast?« Fermier musterte ihn misstrauisch.

»Ist sich nicht ... gestorben – ist sich mehr so ... geschmolzen.

Wurde so ... ausgelöscht. War sich ja eigentlich schon vorher tot.« Sokolowski klang ernst, fast philosophisch, schwächte seine Überzeugungskraft beim Sprechen allerdings stark ab, weil er unentwegt seine Nasenhaare zu kleinen Zöpfchen zwirbelte.

»Das ist alles non-sens! Unsinn!«, blaffte Fermier.

»Wenn Sie nicht glauben, wir fahren hin und sehen nach«, schlug Sokolowski vor. »Kann ich mir nicht vorstellen, dass jemand die Kirche aufgeräumt hat inzwischen.« Wenn Oliver sich nicht täuschte, hatte er beim letzten Halbsatz sogar leise gekichert. Gott, hatte der Nerven!

Fermier trat dicht an den Priester heran und starrte ihm in die Augen. »Und Sie schwören auf ihre heilige russische Kirche, dass diese abenteuerliche Geschichte wahr ist?«

»Ja, kein Problem.«

Oliver erwartete, dass jetzt auch Sokolowski Schläge einstecken musste, doch Fermier besann sich. »Bien. Ich kann mir nicht vorstellen, dass mich ein Priester belügt. Aber ich kann auch nicht glauben, was Sie mir erzählt haben. Lassen Sie uns hinfahren, dann werden wir sehen. Und Gnade Ihnen Gott, wenn wir nichts finden!«

Kurz vor dem Kontrollposten der Waldsiedlung bog Oboe mit dem gekaperten Taxi in einen Forstweg und entledigte sich des toten Fahrers. Plötzlich sah er auf der Straße zwei Militärlaster vorbeifahren. Auf der Ladefläche saßen Soldaten mit Gewehren. Hastig schaltete Oboe die Scheinwerfer aus. Das Taxi war beige – ob sie es trotzdem sehen konnten? Was wollten die um ein Uhr nachts in der Waldsiedlung? Auf jeden Fall machte es die Sache für ihn schwieriger.

Er lauschte dem Motorenlärm nach. Sie hielten vor dem Kontrollposten. Einen Moment hörte er das ruhige Tuckern, dann wurden die Motoren wieder lauter, sie fuhren in die Waldsiedlung hinein. Nicht gut. Aber es ließ sich nicht ändern.

Er setzte sich wieder ins Taxi und fuhr hinterher. Da war die hell erleuchtete Wache. Oboe konzentrierte sich auf seine neuen Fähigkeiten: Ihr müsst pinkeln! Macht das Tor auf! Geht in den Wald! Es ist dringend, Jungs!

Die beiden Wachen kamen brav heraus und taten wie befohlen. Oboe war begeistert. Na, das ging doch deutlich einfacher als beim letzten Mal. Gelassen fuhr er vorbei und hielt vor dem Haus von Willi Stoph. Dort stellte er das Taxi ab. Willi bekam oft Männerbesuch aus der Stadt, bei ihm fiel so ein Taxi nicht weiter auf.

Die Straße war leer. Wo waren die Laster geblieben? Oboe stieg aus und lauschte wieder. Er hörte gedämpfte Kommandos. Im Laufschritt eilte er zu Ulbrichts Anwesen, sprang mit Leichtigkeit über eine Hecke. Er merkte, dass seine Kräfte immer noch zunahmen. Das Blut des Taxifahrers tat seine Wirkung, ein wunderbares Gefühl! Mit seinen geschärften Sinnen peilte er die Situation. Sechs bewaffnete Soldaten bewachten das Haus Nummer elf. Honecker, natürlich. Sicher eine Reaktion auf Oboes Fauxpas an der Oberbaumbrücke.

Aus Ulbrichts Garage drang Gezeter. Mit einem Seufzen trat Oboe ein. Lotte zerrte an Walters Arm, offenbar wollte sie ihn aus dem Auto holen, doch er klammerte sich von hinten an den Beifahrersitz und leistete nach Kräften Widerstand.

»Guten Abend.« Oboes Gruß brachte die Szene zum Stillstand.

Lotte fuhr herum. »Oh nein, jetzt auch noch der!«

»Otto, mein alter Freund!«, tönte Ulbricht aus dem Auto.

»Hast du Walter den Floh ins Ohr gesetzt, dass er Marlene Dietrich treffen soll?«, rief Lotte. »Das kannst doch nur du gewesen sein!«

Oboe antwortete nicht. Er öffnete die Fahrertür, setzte sich hinter das Steuer. »Den Schlüssel, bitte.«

»Den hat Lotte mir abgenommen«, jammerte Walter. »Warum kommst du so spät?«

»Den Schlüssel, bitte«, wiederholte Oboe, zu Lotte gewandt.

Sie musterte ihn giftig. »Was wird das hier, eine Entführung? Erst erzählst du einem impotenten alten Mann, dass im Westen ein Filmstar auf ihn wartet, und jetzt soll ich diesen Wahnsinn auch noch unterstützen?« Sie marschierte zum Garagentor, holte tief Luft und riss den Mund auf. Oboe wusste, dass sie um Hilfe schreien wollte. Doch es kam kein Ton heraus, sie wand sich. Mein Gott, war diese Frau schwierig zu führen! Komm ins Auto, dachte er. Aber sie wand sich weiter. »Du sollst ins Auto kommen!«, wiederholte er laut. Sie schlug mit den Armen um sich. Es kam ihm vor, als stünden ihr sogar die Haare zu Berge. Eine wütende Furie – aber ohne Ton. Höllisch anstrengend. Ihm brach der Schweiß aus. »Komm her!«, brüllte er, kniff die Augen zu und bündelte alle Energie, die in ihm steckte. »Sofort!«

Sie riss die Arme auseinander, sackte in die Knie und knallte auf den Kofferraum. Von dort rutschte sie langsam zu Boden. Das war jetzt wohl zu viel des Guten, dachte Oboe beeindruckt. Er suchte in den Taschen ihres Morgenmantels den Autoschlüssel und hievte sie auf den Rücksitz. Dann öffnete er das Garagentor und rangierte den Wagen rückwärts auf die Straße.

Die beiden Wärter öffneten ein zweites Mal den Schlagbaum. Im selben Moment kam Lotte wieder zu sich und begann zu kreischen. Oboe merkte, dass er nicht mehr als zwei Personen dieses Kalibers gleichzeitig kontrollieren konnte. Ein kurzer Schlag sorgte für Ruhe.

Ein Lächeln ging über Walters Gesicht.

»Weißt du noch, wie ich 1932 versucht habe, Marlene zu agitieren? Wir hatten sogar einen Operationsnamen dafür: Roter Engel.« Ulbricht wirkte auf einmal wie verjüngt. »Eine tolle Frau. Diese Stimme. Und dazu diese Beine! Ich war damals sogar mal bei ihr in der Garderobe, und ich sage dir, Otto, ich sage dir ...«

Pater Sokolowski schloss das große Friedhofstor auf. Sie fuhren vor die Kirchentreppe, und Fermier bestaunte im Schein der Taschenlampen die Überreste des Vampirs. Der Dorn des Silberleuchters steckte in einem Kleiderhaufen, aus dem grauer Schleim rann.

»Merde«, murmelte Fermier. »Schau mal, ob du da einen Ausweis findest, Jean«, wies er einen seiner Helfer an, einen blonden Hünen, der angeekelt die Nase rümpfte. Er streifte sich Lederhandschuhe über, nahm den Silberleuchter und schlug damit die schleimige Jacke auseinander. Innen fand er einen Autoschlüssel und eine Brieftasche, die er Fermier reichte. Der nahm sie mit spitzen Fingern und zog einen Führerschein hervor. »Ah, unser Vampir hieß Arnulf Jessen.« Das Wort Vampir betonte er ironisch. »Hugo und Philippe, ihr nehmt den Autoschlüssel und sucht die Umgebung nach ...« Er warf einen Blick auf den Schlüssel. »... einem VW ab. Bringt das Auto her.« Dann wandte er sich an Oliver, Jochen und Sokolowski: »Wenn das hier menschliche Überreste sind, dann seid ihr Mörder. Sagt euch der Name etwas?«

»Jessen?«, fragte Jochen. »Das war der Typ am Telefon, der mich gewarnt hat.«

»Wovor gewarnt?«, wollte Fermier wissen.

»Na, vor ...« Jochen hielt inne. »Bei Thea ... also, in ihrem Haus hat er angerufen. Vorgestern Nachmittag.«

Oliver runzelte die Stirn. »Aber wenn das ein Vampir war, wie kann der dann tagsüber anrufen?«

Pater Sokolowski schaute ihn an. »Dem Bösen ist sich vieles möglich. Vampire dürfen Sonnenlicht nicht abbekommen, aber in fensterlosen Räumen sie können durchaus wach und aktiv sein.«

»Und das ist Ihre feste Überzeugung?«, fragte Fermier.
Sokolowski nickte.

»Bien. Wenn das hier kein Mensch, sondern ein Vampir war, und Sie behaupten, dass andere Vampire Ihre Tochter entführt haben – wie konnte ihnen das gelingen, wenn Ihre Tochter doch, wie Sie behaupten, dieses Zauberkreuz hatte?« Es klang spöttisch.

»Ja, äh ... ich weiß nicht«, stammelte Oliver. »Vielleicht weil sie geschlafen hat. Oder die haben sie betäubt.«

»Ja, das ist es! Wenn sich Kind schläft und nicht hat Kreuz in Hand. So war es.« Pater Sokolowski wurde vor Eifer ganz rot.

Im Inneren der Kirche klirrten Scherben. Der Hüne zog Theas Handtasche unter dem demolierten Motorrad hervor und kletterte damit durch das zertrümmerte Fenster. »Hier ist das Diebesgut«, sagte er und reichte Fermier die Tasche. Der kramte darin herum. »Was ist das für ein Schlüssel?« Er zeigte ihnen einen Sicherheitsschlüssel mit einer roten Plastikkappe. Oliver zuckte die Achseln und schwieg. Fermier schnippte mit den Fingern, und der Hüne drehte Oliver mit Schwung den Arm auf den Rücken. »Aua! Lass mich los, du Frankenstein!«

Doch Frankenstein drückte ihm den Arm ungerührt noch ein bisschen höher. Oliver brüllte vor Schmerz. »Ist ja gut, du Arschloch! Der Schlüssel ist für einen Seiteneingang im Springerhaus. Den hat Thea von so einem alten Sack, der ihr immer an den Hintern fasst. Sie darf sogar den Cheffahrstuhl benutzen.«

Vor dem Kirchenportal hupte es, man hörte ein Motorengeräusch. Hugo und Philippe waren fündig geworden. Jessens Auto war ein neuer VW-Bus. Im Handschuhfach fand Fermier einen Presseausweis und ein Schlüsselbund. »Unser Vampir war Journalist bei der *B.Z.*«, stellte er fest, »und er hat exactement den gleichen Schlüssel wie Madame von

Glinsky.« Jetzt öffnete er hinten am Bully die Motorraumklappe. »Olala! Das ist ein Porschemotor!«

Als sie das Fahrzeug weiter untersuchten, stellten sie fest, dass der fensterlose Laderaum vom Fahrersitz durch eine Metallwand getrennt wurde. Die hintere Kabine war mit weinrotem Flokati ausgeschlagen, eine Seite nahm ein kleines rotes Sofa ein. Wenn man die Schiebetür schloss, war es drinnen völlig dunkel.

»Vampire können im Dunkeln sehen, besser als Eulen«, meldete sich Pater Sokolowski.

In einem kleinen Kühlfach lagen mehrere Beutel mit Blutkonserven. Darüber war ein kompliziertes Funkgerät eingebaut. Fermier betätigte den Schalter, und aus dem Wagendach fuhr eine Antenne aus. Er schrieb sich die angezeigte Frequenz auf und schaltete das Gerät wieder aus. »Bien. Ich glaube, dass wir eher den Schreibtisch des Herrn Jessen untersuchen sollten.«

Oboe parkte direkt vor einer Telefonzelle, in der ein älterer Herr telefonierte. Sie waren in Berlin, Hauptstadt der DDR, da gab es auch zu später Stunde ein paar Nachtschwärmer. Allerdings benahm sich dieser Alte, als hätte er die Telefonzelle gepachtet. Fünf Minuten später hatte er immer noch nicht aufgelegt. Oboe sah Walter streng an. »Du rührst dich nicht vom Fleck! Schau geradeaus und pass auf, dass deine Frau keine Dummheiten macht!« Walter nickte stumm.

Oboe stieg aus dem Auto, riss die Zellentür auf. »Beenden Sie bitte unverzüglich das Gespräch! Ich benötige den Apparat.«

Der Mann schüttelte den Kopf und zog die Tür einfach wieder zu. Oboe holte einen Dienstausweis aus dem Jackett und öffnete sie wieder, diesmal energischer.

»Sach mal, hamse dir ins Hirn jeschissen?«, donnerte es aus der Zelle. »Warte jefälligst, bis ick fertig bin!«

Oboe hielt den Ausweis jetzt direkt vor das Gesicht des Pöblers. Es war nicht sein eigener, aber trotzdem wirkungsvoll.

»Ach, du Kacke«, murmelte der Mann, hängte den Hörer ein und verließ fluchtartig die Zelle.

»Danke«, sagte Oboe und zog die Tür hinter sich zu. Die Telefonnummer hatte er auswendig gelernt, der Anruf wurde sofort entgegengenommen.

»Bonjour. Vous parlez à l'Ambassade de la République Française. Was kann ich für Sie tun?«

»Guten Tag. Mein Name ist Hautbois. Sie warten auf meinen Anruf.«

»Ah! Monsieur Hautbois. Was möchten Sie uns mitteilen?«

»Der Bauer wartet auf sein Paket.«

»Oui. Le Fermier attend au paquet.«

»Ja. Es ist unterwegs zum vereinbarten Ort. Ich bin sicher, dass er es noch heute Nacht abholen kann. Haben Sie das?«

»Oui, le paquet va arriver aujourd'hui. «

»Perfekt. Vielen Dank. Auf Wiederhören.«

Die Fahrstuhltür öffnete sich mit einem Pling. »Oh nein ...« Oliver blickte hilflos in die Runde. Lärm erfüllte das Großraumbüro, Menschen liefen geschäftig hin und her.

»Was denn?«, fragte Jochen. »Hast du gedacht, wir sind hier allein, und ein riesiges Schild leuchtet über dem Schreibtisch von Arnulf Jessen?«

Fermiers blonder Hüne grinste spöttisch.

»Nein, nein«, stotterte Oliver. »Aber wie sollen wir ihn in diesem Getümmel finden?«

»Jetzt reiß dich mal zusammen«, zischte Jochen. »Gehen wir einfach los.«

»Spinnst du? Wohin denn?«

»Wie zwei alte Waschweiber«, höhnte der Hüne, marschierte zu einem unbesetzten Schreibtisch und wählte die

Telefonnummer, die auf Jessens Presseausweis stand. Irgendwo im Büro klingelte es. Aber nicht nur ein Apparat, sondern mindestens drei.

»Super Idee«, stöhnte Oliver.

»Geht los!«, blaffte der Hüne. »Worauf wartet ihr? Die Leute hier sehen euch nicht, von denen hat jeder nur seinen eigenen Kram im Kopf.«

Jochen und Oliver setzten sich in Bewegung. An zwei der klingelnden Apparate saß jemand. Sie gingen zu dem dritten, der nicht besetzt war. Jochen nahm ab, lauschte kurz und legte gleich wieder auf. Er blickte zu Oliver und schüttelte den Kopf.

»Ich wollte gerade rangehen«, sagte eine Frau am Nachbartisch. »Wieso gehen Sie ran? Nur ich bin berechtigt, für Frau Deckert die Anrufe entgegenzunehmen.«

»Deutsche Post«, sagte Jochen. »Telefonkabelwartung. Dieser Apparat ist kaputt.«

»Aber er klingelt doch!«

»Trotzdem ist er kaputt. Wird morgen ausgetauscht.« Jochen wandte sich zum Gehen. Die Frau schüttelte irritiert den Kopf.

Das vierte Telefon war das richtige. Jessen hatte sogar einen kleinen Stapel Visitenkarten auf seinem blitzblanken Schreibtisch hinterlassen. Möglichst unauffällig begannen sie, das Ding zu durchsuchen. Die oberste Schublade war leer. In der nächsten fanden sie eine Akte über den Weltmeister im Kunstfliegen, Ladislav Bezak, der mit seiner Frau und vier Söhnen mit einer MIG aus der CSSR geflohen war. In der Schublade darunter lagen ein Vorhängeschloss und die passenden Schlüssel sowie ein Dietrich, mehrere Schraubendreher, eine Säge und ein kleines Brecheisen. Oliver griff sich einen Schlüsselring mit zwei Schlüsseln und einem Schild, auf dem *K13* stand.

»Hey, Oliver. Was machst du um diese Zeit an Jessens

Schreibtisch? Haben sie dich etwa auch aus dem Bett geklingelt wegen der Sache an der Oberbaumbrücke?«

Oliver fuhr herum. Es war Monika, die Schreibtischnachbarin von Thea. »Oh, hallo Moni.« Beim Stichwort Bett musste er unwillkürlich an ihre Leopardendessous denken und lächelte. »Ich habe für Jessen ein paar Unterwäsch ... äh ... grundfotos gemacht, die soll ich ihm nach K13 bringen.« Er zeigte ihr den Schlüsselanhänger. »Kannst du mir sagen, wo das ist?«

»Der könnte für den Keller sein.«

»Hier im Haus?«

»Jaja«, nickte sie. »Da unten in den Katakomben ist die Druckerei. Jessen soll sich dort ein kleines Archiv aufgebaut haben. Aber wer weiß, vielleicht druckt er da unten Geld. Der Mann war mir immer schon suspekt.« Sie kicherte. »Wo ist eigentlich Thea? Ach entschuldige, ihr seid ja nicht mehr zusammen. Und du bist daran nicht ganz unschuldig.« Sie kicherte wieder, zwinkerte ihm zu.

»Na, aber wir reden ja noch miteinander«, lenkte Oliver ab. »Thea ist im Ausland, irgendeine heiße Story.« Er legte den Zeigefinger über den Mund und zwinkerte zurück.

»Herr von Glinsky? Was machen Sie hier?« Der Chefredakteur stand plötzlich da und musterte ihn mit skeptischer Miene.

»Fotos«, stammelte Oliver. »Fotos für Herrn Jessen.«

»Jessen ist nicht im Haus.«

Kann er ja auch nicht, schoss es Oliver durch den Kopf. »Doch, doch, ist er!« Er wandte sich zum Gehen. »Monika sagte mir gerade, er wartet in seinem Archiv auf mich. Ich muss los.«

»Wo ist eigentlich Thea? Sie erscheint nicht zur Arbeit, keiner weiß etwas, und zu erreichen ist sie auch nicht –«

»Ich komme gleich noch zu Ihnen«, fiel Oliver ihm ins Wort. »In fünf Minuten. Muss bloß erst die Bilder abliefern. Sie wissen doch, wie eilig das immer ist.«

»Mama?« Conny kniff die Augen zusammen und riss sie wieder auf. Im Licht der Nachttischlampe erkannte sie, dass sie in einem Krankenbett lag. Gelbe Vorhänge verdeckten die Fenster. »Mama?« Sie richtete sich auf, ließ sich aus dem hohen Bett gleiten, machte zwei wackelige Schritte und fiel der Länge nach hin. »Aua!« Ein heftiger Schmerz durchzog ihre Hand. Irgendetwas schepperte. Ein Metallständer lag quer über ihren Beinen, der Boden war mit Splittern übersät.

Eine Nadel, an der ein Schlauch hing, steckte in Connys Handrücken. Sie pulte am Pflaster, ganz langsam. Obwohl Papa ihr beigebracht hatte, dass man Pflaster schnell abreißen sollte, brachte sie es nicht fertig. Die Haut zog sich nach oben, löste sich ziepend vom Pflaster. Conny biss die Zähne zusammen und zog die Nadel heraus. Dann stand sie auf und schwankte zur Tür. Das Licht auf dem Gang blendete sie. Vorsichtig tappte sie den Flur entlang. Eine Krankenschwester mit Häubchen saß in einem Zimmer und verteilte Tabletten in weiße Schüsseln.

»Wissen Sie, wo meine Mama ist?«

Die Schwester blickte auf. »Kindchen, wo kommst du denn her?«

»Weiß nicht. Aus dem Zimmer da hinten.« Conny zeigte in die Richtung.

»Deine Mama ist nicht hier«, sagte die Schwester. »Geh wieder zurück und leg dich ins Bett!«

»Aber wieso bin ich denn hier?«

»Sei brav und geh wieder in dein Bett.« Die Schwester schob ihren Stuhl zurück und wollte aufstehen.

»Ich mach das schon«, sagte plötzlich jemand hinter ihnen.

»Rita? Na gut, wie du willst.« Es klang schnippisch. »Ist ja auch deine Patientin. Solltest besser auf sie aufpassen!« Sie machte eine abschätzige Kopfbewegung und wandte sich wieder ihren Pillen zu.

Schwester Rita führte Conny in ihr Krankenzimmer. »Was

hast du dir dabei gedacht, hier alles umzuschmeißen und den Tropf rauszuziehen?«

»Ich will zu meiner Mama«, jammerte Conny.

»Deine Mutter ist nicht da. Leg dich ins Bett, ich hole einen neuen Tropf, und dann schläfst du schön weiter.« Sie drückte Conny auf die Bettkante und eilte davon. Conny schlich zur Tür, spähte den Gang hinunter. Dort wartete sie, bis Schwester Rita nicht mehr zu sehen war. Diesmal rannte sie in die andere Richtung, egal wohin, nur weg hier!

An der Kellertür klebte eine große 13. Oliver probierte den Schlüssel, die Tür ließ sich öffnen. Der Hüne schaltete das Licht an und schob Oliver und Jochen in den Raum. Er selbst blieb im Türrahmen stehen.

»Auf geht's, ihr Idioten! Schaut euch um! Mein Chef erwartet, dass wir etwas über den seltsamen Herrn herausfinden, der auf dem Friedhof ... verflossen ist.«

Was für ein Arschloch! Oliver sah Jochen an, der nickte bloß. Am liebsten würde er einfach abhauen. Aber es gab keine Fenster, sie befanden sich hier im zweiten Untergeschoss, und er wollte auch nicht von den Alliierten zur Fahndung ausgeschrieben werden.

Es roch ziemlich modrig, fand Oliver. In der Mitte stand ein Schreibtisch, beladen mit wild durcheinander gestapelten Papieren. Dazwischen ein umgestoßener Rotweinkelch, eine getrocknete Pfütze zierte die Tischplatte. In der Ecke summte ein Kühlschrank vor sich hin.

»Junge, Junge, was für ein Chaos«, brummte Jochen.

Überall standen leere Flaschen, die meisten ohne Etikett. In den Wandregalen türmten sich Aktenordner und Bücher neben merkwürdigen Apparaten. »Eine Funkausrüstung«, murmelte Oliver. Er hatte zwar keine Ahnung vom Funken, aber die Geräte sahen so aus, wie er sich Funkgeräte vorstellte.

Jochen öffnete den Kühlschrank. »Ach du meine Güte!«, quiekte er. »Ist das etwa Blut?« Er nahm eine der unbeschrifteten Flaschen heraus.

»Davon können wir wohl ausgehen«, meinte Oliver.

Der Franzose machte große Augen. »Mon Dieu!«

Mit angewiderter Miene stellte Jochen die Flasche zurück und warf die Kühlschranktür zu. Plötzlich scheppte es. Eine schwere Eisenstange, die seitlich am Kühlschrank gelehnt hatte, war der Länge nach hingefallen. Jochen blickte schuldbewusst um sich.

»Geht es nicht noch lauter?!«, giftete der Hüne.

Jochen schnaubte. »Na klar geht das!« Er versetzte der Stange einen wütenden Fußtritt. Erneutes Klirren erfüllte den Keller. Der Hüne packte Jochen am Kragen »Hör zu, du kleiner Wichser! Hier habe ich das Sagen, und wenn du nicht parierst, werde ich dir beibringen …«

In diesem Moment klingelte ein Telefon, laut und schrill. Alle schauten sich hektisch um. Es klingelte ein zweites Mal. Jochen sah zu Oliver, der wiederum den Franzosen ansah, der sich suchend im Raum umblickte.

Es klingelte ein drittes Mal.

Oliver entdeckte ein Kabel, das auf dem Schreibtisch unter einem Stapel Zeitschriften verschwand. Unter einer uralten Apotheken-Umschau legte er ein orangenes Telefon frei. Es klingelte ein viertes Mal. Jochen nickte Oliver zu. Der Hüne sah auffordernd in seine Richtung. Oliver nahm den Hörer ab. »Ja?« Er sprach mit tiefer Stimme und hoffte, damit Jessens Tonlage getroffen zu haben.

»Na, endlich gehst du ran!«, schrie eine Frau. »Hast du wieder gepennt, oder was! Hallo? Bist du wach?«

Der Tonfall erinnerte Oliver an diverse Gespräche mit seiner Ex-Frau. Er antwortete mit seiner tiefsten Stimme: »Ja.«

»Na, toll dass ich deine Aufmerksamkeit habe«, schimpfte die Frau weiter. »Ich hätte mich auf diesen Mist niemals einlassen sollen! Die Kleine kann nicht länger hierbleiben. Sie ist aufgewacht, und ich hab nichts mehr da, was ich ihr geben könnte. Das fällt sonst auf, hörst du?«

Oliver hatte Mühe, der Frau zu folgen. »Ja ...?«, brummte er. »Rede, Mann!«, kreischte sie.

»Wer ist da?« Kaum war der Satz ausgesprochen, bereute er ihn schon.

»Oh, du blöder Drecksack!« Die Frau klang jetzt wirklich wie Thea. »Hier ist Rita. Wer sonst? Du kommst jetzt in die Klinik und holst Conny ab! Oder ich setze sie vor die Tür, das ist mir vollkommen egal! Hier ist die Hölle los. Die drehen alle durch wegen der Niere für den Ostler. Du kommst jetzt! Sofort! Hast du mich verstanden, Arnulf Jessen?!« Am anderen Ende der Leitung knallte der Hörer auf die Gabel.

Oliver schaute verdutzt. Conny war in einer Klinik.

Jochen sah ihn fragend an. »Und? Wer war's?«

»Es war Rita. Sie sagt, dass Conny in der Klinik ist und dass ich sie abholen soll.«

»Klinik? Was haben die ihr angetan? Und warum sollst du sie abholen?«

»Nicht ich. Jessen natürlich.«

»Hm, natürlich.« Jochen blickte sich nachdenklich um.

»Jessen wüsste wohl auch, zu welcher Klinik er müsste«, seufzte Oliver.

Plötzlich wandte sich Jochen an den Franzosen: »Schauen Sie mal, da hängt ja ein Porträt von Pompidou! Was hat das denn zu bedeuten?«

Der Aufpasser trat zwei Schritte vor, sein Blick folgte Jochens Finger. Im selben Moment versetzte Jochen ihm einen Stoß, der ihn mit Wucht gegen die Regalwand prallen ließ und Bücher und Funkgeräte zu Boden riss. Jochen packte die Eisenstange und schlug dem Franzosen auf den Rücken. »Los, komm!« Er zerrte Oliver aus dem Raum, zog die Tür hinter sich zu und schloss ab.

»Bist du irre?«, stammelte Oliver. »Was sollte das denn?«

»Wach auf, Mann!« Jochen fasste Olivers Schultern und schüttelte ihn. »Ich weiß, wo Conny ist.«

»Was? Wieso? Wo …?«

»Du hast Klinik gesagt. Und Rita. In Theas Kalender steht die Telefonnummer und die Adresse von Schwester Rita.«

Oliver schlug Jochens Arme weg. »Na, du bist mir ja ein Held. Meinst du im Ernst, dass es nur eine Krankenschwester mit diesem Namen gibt?«

»Das nicht. Aber vielleicht bin ich wirklich ein Held – denn immerhin habe ich mir gemerkt, dass daneben noch der Name Joe stand.«

»Und stand da nicht auch irgendwas Abenteuerliches über einen Ost-Funktionär, eine Niere und eine Klinik?«, sinnierte Oliver. »Da waren doch auch Koordinaten …«

Jochen war einen Moment lang sprachlos.

»Aber die werden uns erwischen«, murmelte Oliver.

»Blödsinn! Mach jetzt! Wir müssen Sokolowski und Theas Tasche aus dem Auto befreien.«

Behutsam öffnete Jochen die Brandschutztür und spähte hinaus. Oliver schaute ihm über die Schulter. Der Wagen mit Fermier und Sokolowski stand ein Stück weiter die Straße hoch unter einer Laterne. Die beiden schienen in ein Gespräch vertieft.

»Wie sollen wir's machen?«, wisperte Jochen.

»Wir schleichen uns von hinten an, ich zerre Fermier aus dem Auto, du schmeißt dich hinters Steuer, ich springe hinten rein, und ab die Post!« Oliver war voller Tatendrang.

Natürlich ging alles schief. Fermier sah sie kommen, öffnete die Autotür und zog seine Pistole. »Wo ist mein Kollege?« Er war schon halb draußen, da knallte Oliver ihm die Autotür gegen den Kopf. Er zog die Tür wieder auf, packte Fermier am Kragen und versetzte ihm einen Kinnhaken.

»Hier, du Arsch! Wie gefällt dir deine eigene Medizin?« Fermiers Kopf schlug auf das Autodach, er sackte auf den Gehweg.

»Wenn du hier schon auf Western machst, dann nimm ihm auch die Pistole ab!«, rief Jochen. Oliver riss dem halb Ohnmächtigen die Pistole aus der Hand und warf sie in einen Gully. Dann sprang er ins Auto.

»Wohin?«, fragte Jochen, der schon am Steuer saß.

»Fahr! Erstmal weg hier!«

Jochen gab Gas, der große Citroën schoss davon. Jochen lachte. »Tolle Kiste, so einen wollte ich schon immer mal fahren!«

Sokolowski auf dem Beifahrersitz hatte sich ganz klein gemacht.

Jochen fuhr zügig durch die engen Kreuzberger Straßen. In der Nähe der Yorckbrücken parkte er auf einer Gewerbebrache hinter einer Baubude.

»Was machen wir hier?«, wollte Oliver wissen.

»Steigt aus! Wir müssen diesen auffälligen Wagen loswerden. Hier nebenan ist die Taxizentrale, bei der ich arbeite, da kann ich uns eine neue Kutsche besorgen. Ein Taxi in Berlin ist das unauffälligste Auto, das es gibt.« Sie marschierten los.

Neben der Taxizentrale war ein Imbiss. »Wartet hier«, sagte Jochen. »Und holt mir 'ne Currywurst. Mir knurrt der Magen.«

»Ich mache das«, meldete sich Sokolowski. »Ich habe auch Hunger.«

»Wie könnt ihr jetzt ans Essen denken!«, empörte sich Oliver.

Während Sokolowski die Bestellung aufgab, suchte Oliver in Theas Handtasche den Kalender und schaute die letzten Einträge durch. Sokolowski kam mit dem Essen, Jochen mit einem alten Daimlertaxi.

»Gibt es hier einen Stadtplan?« Oliver riss das Handschuhfach auf.

»Klar, Mann«, nickte Jochen und stopfte sich einen Happen Currywurst in den Mund. »Falkplan. Welche Koordinaten?«

Oliver tippte auf Theas Kalender. »L2.« Er blätterte sich durch die Karten. »Ich hab's. Da ist ein rotes Kreuz in einem Kreis, und da steht ...« Er kniff die Augen zusammen. »Am Kleinen Wannsee.« Seine Finger trommelten auf den Stadtplan. »Na los, lass uns fahren.«

Jochen stellte gelassen die Schale mit der Currywurst auf die Mittelkonsole. »Iss! Wird kalt«, sagte er kauend.

Conny hörte den Krankenpfleger, bevor sie ihn sah. Er schob ein Bett. Vor Schreck blieb sie kurz stehen, dann lief sie mit etwas Abstand hinterher. Er schob das Bett in eines der Zimmer, kam ohne wieder heraus und entfernte sich. Die Tür stand weit offen. Vorsichtig lugte Conny hinein. Im Bett lag ein Mann, seine Augen waren geschlossen. Auf seinem Nachttisch stand ein Tablett mit Essen. Conny merkte, dass sie Hunger hatte. Mutig schlich sie zum Nachttisch, nahm sich zwei Scheiben trockenes Brot und legte eine Wurstscheibe dazwischen. Der Mann im Bett rührte sich kein bisschen. Der ist bestimmt tot, dachte sie, dann braucht der auch den Tee nicht mehr. Sie trank die Tasse aus und biss hungrig in das Brot. Als sie schon fast wieder draußen war, hörte sie Schritte. Schnell versteckte sie sich hinter der Tür. Der Pfleger trat ans Bett, für Conny die beste Gelegenheit, sich aus dem Staub zu machen.

Im Flur drückte sie sich an der Wand entlang, das hatte sie mal in einem Krimi gesehen. Doch plötzlich war da keine Wand mehr, ihre Hände griffen ins Leere. Sie stolperte und landete auf dem Hintern. Entsetzt presste sie die Lippen zusammen. Jetzt bloß nicht losschreien! Unter ihrer rechten Hand quetschte sich das Brot durch die Finger. Eklig!

Als sie aufschaute, blickte sie in ein grünlich schimmerndes

Gesicht. Da saß ein alter Mann auf dem Boden, die Beine seltsam angewinkelt, die dürren Arme schlaff und bleich. Das Gesicht mit den eingefallenen Wangen war zur Seite gekippt. Conny starrte ihn an.

»Herr Boettcher, Sie sollten doch nicht alleine aufstehen!«

Conny zuckte zusammen. Ein Pfleger beugte sich über den Mann, griff ihm unter die Arme und versuchte, ihn hoch-zuheben. »Kurt!«, keuchte er. »Ich brauche ein Bett in Zim-mer 212.« Er sah Conny an, die immer noch auf dem Fuß-boden saß. »Und was machst du hier?«

Sie konnte nicht antworten. Ihr wurde übel, und dann erbrach sie sich über die ausgestreckten Beine des Alten.

»Na, wenigstens passt die Farbe zu seinem grünen Nacht-hemd«, sagte der Pfleger. Conny zuckte entschuldigend die Achseln.

»Ich muss erstmal den Herrn Boettcher versorgen, dann kümmere ich mich um dich.«

Ein Pfleger mit Schnurrbart brachte ein Bett. Conny sah zu, wie die beiden den alten Mann hineinhoben. »Wenn der heute nicht mehr seine Niere kriegt, dann können wir ihn gleich in die Pathologie verfrachten«, meinte der bärtige Pfle-ger und schob das Bett weg.

»Du bleibst hier, bis ich wiederkomme«, sagte der andere zu Conny.

Sie nickte. Als die Luft rein war, rannte sie los, den Gang hinunter. Sie kam ins Treppenhaus, nahm immer zwei Stufen auf einmal und stand wenige Augenblicke später vor einer Eisentür mit dem Leuchtschild *Notausgang*. Die Tür krachte gegen das Geländer der Außentreppe. Conny machte einen Satz und landete auf dem Kiesweg. Die plötzliche Kälte er-innerte sie daran, dass sie nur ein Kliniknachthemd anhatte. Sie rannte über den Rasen, weg von dieser Verrücktenanstalt!

Plötzlich wuchs ein menschlicher Umriss aus dem Schatten der Hecke. Conny konnte nicht mehr ausweichen, rannte der

Gestalt in die ausgebreiteten Arme. »Hilfe!« Der Mann hielt sie fest und schrie noch lauter: »Conny! Conny!«

Verwundert sah sie zu ihm auf. »Papa?«

»Walter geht auf keinen Fall mit dir mit«, schimpfte Lotte von hinten. »Bring uns sofort nach Hause!«

Oboe schaute missmutig in den Rückspiegel. Kurz vor dem Ziel musste die alte Schabracke nochmal aufwachen! Sie machte ihn nervös. Alle seine Sinne waren geschärft, und trotzdem konnte er ihr seinen Willen nicht aufzwingen, warum auch immer. Im Moment hatte er wahrlich andere Sorgen, sie waren in der Gleimstraße angekommen. Er fuhr bis zur Sperrzone, parkte das Auto und half seinem alten Freund beim Aussteigen. »Jetzt bringe ich dich zu Marlene.«

Walter lächelte. »Zu Fuß?«

»Ja, mein Freund, zu Fuß. Du weißt doch, besondere Umstände erfordern besondere Maßnahmen. Unsere Genossen sind uns nicht mehr wohlgesonnen. Ein kleiner Spaziergang nur, er wird dir guttun. Sag nichts. Ich mach das schon.«

»Otto!« Inzwischen war auch Lotte aus dem Wagen geklettert. »Du bringst uns jetzt sofort zurück nach Wandlitz!« Sie klammerte sich an Oboes Arm und versuchte, sich zwischen ihn und Walter zu schieben.

»Was machen wir mit ihr?«, fragte Walter.

»Die lassen wir hier«, sagte Oboe ruhig.

»Wagt es ja nicht! Ich komme mit!«

»Nein!« Oboe fasste Lotte an der Schulter, was sie verstummen ließ. Die andere Hand richtete er mit zwei ausgestreckten Fingern auf ihre Stirn. Sie starrte ihn an, er starrte zurück. Seine Finger wurden so heiß, dass er es kaum noch aushielt. Da drehte sie sich um und ging zum Auto, setzte sich hinters Steuer, schaute auf das Lenkrad und dann fragend zu Oboe.

»Ach, natürlich. Du brauchst den Autoschlüssel.« Er holte ihn aus seiner Hosentasche und drückte ihn Lotte in die Hand. Sie startete den Wagen und fuhr holpernd los. Otto und Walter blickten ihr nach.

»Wo will sie denn hin?«, fragte Walter. »Die fährt doch schon seit Jahrzehnten nicht mehr Auto.«

»Ich habe sie nach Hause geschickt.«

Ulbricht lächelte dankbar.

Zu Fuß bogen sie von der Gleimstraße in die Sonnenburger Straße, als plötzlich hinter ihnen zwei Scheinwerfer auftauchten. Sie hörten einen hochdrehenden Motor, dann schepperte etwas. Oboe schaute sich überrascht um. Das Auto krachte gegen einen Laternenmast. Im zitternden Licht sah er, wie Lottes Kopf auf das Lenkrad schlug.

»Ich hab dir doch gesagt, sie ist schon ewig nicht mehr gefahren«, sagte Walter. Oboe antwortete nicht, er hatte es jetzt eilig.

An der Grünanlage am Falkplatz trat ihnen ein bewaffneter Grenzsoldat entgegen. Noch bevor er etwas sagen konnte, hatte Oboe ihn mit seinem Blick fixiert. Wieder durchflutete Hitze seinen Körper. Diesmal wollte er es wissen, wollte es aushalten, obwohl es sich anfühlte, als müsse er gleich verbrennen! Er streckte zwei Finger aus und leitete seine Gedanken ins Gehirn des Soldaten: »Du nimmst jetzt das Gewehr runter, setzt dich neben die Laterne und schläfst acht Stunden tief und fest. Und wenn du aufwachst, kannst du dich an nichts mehr erinnern!«

Der Grenzsoldat hängte sich das Gewehr über die Schulter, setzte sich mit angelehntem Rücken vor die Laterne und schloss die Augen.

Oboe grinste zufrieden.

»Siehst du«, sagte Walter, »welchen Respekt man mir noch entgegenbringt.« Oboe nickte und lächelte. Bald war der nächste Grenzsoldat zur Stelle. Ihn ereilte das gleiche Schicksal.

Hier musste die Stelle sein. Oboe schob Ulbricht ins Gebüsch. Plötzlich wieder lautes Gekreische. Sie drehten sich um, da kam Lotte angerannt. Ihre Haare wirkten zerzaust, ansonsten schien sie unverletzt. Wie hatte sie es geschafft, aus dem Auto herauszukommen?

»Was soll das werden?«, zeterte sie. »Walter, du bleibst sofort ste –«

Jetzt war sie so nahe, dass Oboe sie mit seinem Willen verstummen lassen konnte. Er spürte die Gluthitze, lenkte seine ganze Konzentration in ihr Gehirn – doch es reichte gerade mal, um sie etwas zu beruhigen. Sie hakte sich bei Walter unter und ließ sich führen.

»Setzt euch für einen Moment da ins Gebüsch«, befahl Oboe. Er suchte die Luke zum Bunker, fand einen runden Deckel, der in die Erde eingelassen war, und zog ihn nach oben. Ein Einstieg tat sich auf, und eine schmale Treppe führte hinab. Oboe betrachtete den massiven Deckel, den er ohne Anstrengung hatte heben können. Seine neuen Fähigkeiten begeisterten ihn. Er bugsierte Walter und Lotte die Treppe hinunter. Als er den Deckel hinter sich schließen wollte, bemerkte er den Strahl eines Suchscheinwerfers, der vom nahegelegenen Wachturm über die Grünanlage strich.

Conny zitterte vor Kälte. Onkel Jochen hängte ihr seine Jacke um. Dann schob er sie auf die Rückbank des Taxis. Dort saß ein stinkender alter Mönch und guckte neugierig. »Du bist die Auserwählte«, sagte er.

»Das erklären wir ihr später in Ruhe«, sagte Oliver vom Beifahrersitz. »Hauptsache, wir haben dich gefunden, Mäuschen.«

Conny musste gleichzeitig lachen und weinen. »Was ist denn eigentlich los? Was erklärt ihr mir später?«, fragte sie, noch immer ziemlich aufgewühlt. »Und wer ist dieser Mann?« Sie beäugte ihren Sitznachbarn.

»Das ist Pater Sokolowski. Er ... berät uns.«

»Und wo ist Mama?«

»Die müssen wir als nächste finden.«

»Wieso? Was ist denn mit Mama?«

»Ist sich schwierig zu erklären«, sagte Sokolowski. »Aber kommt Hilfe, mächtige Hilfe.«

»Jetzt lasst uns mal losfahren.« Jochen schaute in den Rückspiegel und drehte den Zündschlüssel. »Bevor uns hier noch einer entdeckt.«

»Du bist die Auserwählte«, wiederholte Sokolowski und streckte Conny das silberne Kreuz entgegen.

»Was bin ich?« Mensch, das war doch das Kreuz, das sie aus Tante Ernas Wohnung mitgenommen hatte. Ein schönes Kreuz, das sich auch gut anfühlte. Aber sie hätte es nicht einfach einstecken dürfen. Jetzt meldete sich ihr schlechtes Gewissen.

»Nimm es«, drängte Sokolowski. »Mit zwei Händen fasse es.« Jetzt drückte er ihr das Kreuz in die Hand. »Schließe Augen.«

Wie redete der denn? Konnte der kein richtiges Deutsch?

»Halte Augen zu! Konzentriere dich auf Kreuz! Ist sich sehr alt. Wird sich retten deine Mutter.«

»Was? Wieso retten?!«

»Konzentriere dich, denke an die Zwölf! Erleuchtung wird kommen. Konzentriere dich! Was fühlst du?«

Conny ließ das Kreuz fallen. »Es wird heiß.«

»Ist sich deine Kraft. Du kannst es halten. Nimm es, konzentriere dich!«

»Was macht ihr da? Was soll das werden?« Oliver wandte sich nach hinten. »Sokolowski!«

»Wir holen Hilfe.«

»Aber Sie tun jetzt nicht das, was ich gerade denke, oder? Sind Sie von allen guten Geistern verlassen?«

Sokolowski reagierte nicht, sondern drückte Conny das Kreuz wieder in die Hand. »Konzentriere dich.«

Sie schloss die Augen. Hinter ihren Lidern tanzten Sterne. Sie spürte ein Kribbeln, das im Nacken begann und über den ganzen Hinterkopf und die Ohren bis nach vorne in die Stirn lief. Auf einmal hatte sie das Gefühl, alles tun zu können, wonach ihr der Sinn stand.

»Ich muss dieses Nachthemd loswerden. Ich will was zum Anziehen!«

»Und was ist sich mit der Mama?«, flüsterte Sokolowski.

»Und ich will, dass meine Mama kommt!«

»Das ist sich gute Idee, mein Kind.«

»Nein, das ist vollkommener Wahnsinn, was Sie da machen!«, fuhr Oliver den Alten an. Das Taxi hielt vor einer roten Ampel.

»Brauchen wir Hilfe, um die Mama zu retten«, erklärte Sokolowski. »Vampire müssen gehorchen. Haben keine Wahl.«

»Aber das ist total gefährlich!« Oliver wurde immer lauter.

»Geht sich nur so.«

Die Ampel sprang auf Grün. »Alles schön und gut«, mischte sich Jochen ein. »Und wo findet dieser Wahnsinn nun statt? Wo soll ich hinfahren?«

»Irgendwohin, wo uns der verkackte Franzmann nicht findet«, riet Oliver. Conny staunte über seine Ausdrucksweise.

»Ist sich egal, wohin«, sagte Sokolowski. »Die Helfer werden kommen, werden uns finden.«

»Vorsicht! Haltet euch fest!« Jochen machte eine Vollbremsung.

Ein Lastwagen mit der Aufschrift C&A blockierte die Havelchaussee. Zwei Gestalten in Ledermänteln kamen auf das Taxi zu.

»Sind sich Vampire! Halte Kreuz gut fest!«

»Papa?« Connys Stimme zitterte. Alle waren plötzlich still, starrten nach vorne. Keiner rührte sich mehr. Sie kamen Conny vor wie eingefroren.

Einer der Vampire klopfte ans Fenster. Conny öffnete es ein wenig. Der Mann beugte sich herunter. Sie sah eine feine Narbe in seinem Gesicht und erkannte Attila, den Polizisten, der sie nach der Beerdigung von Tante Erna zum Bahnhof gebracht hatte.

»Sie sind ein Vampir?«, fragte sie ungläubig.

»Ja«, grinste er. »So trifft man sich wieder.«

»Und Sie sind gekommen, weil ich es wollte?«

»Das musste ich, kleine Chefin.«

»Müssen Sie alles tun, was ich Ihnen sage?«

Attilas Grinsen verflog. »Ja, das müssen wir anscheinend«, knurrte er.

»Aha?« Das Kreuz in Connys Händen schien zu vibrieren. »Gut, dann singt mal *I can't get no satisfaction!*«

Sie warfen sich beleidigte Blicke zu, bevor sie loslegten. Attila war relativ textsicher, während der andere bloß »lala-la« machte. Conny wollte sich die Ohren zuhalten und haute sich dabei das Kreuz vor den Kopf. »Hört auf! Das klingt ja grauenvoll.«

»Bist du jetzt zufrieden?«, fragte Attila.

»Ja, war okay«, nickte Conny. »Wie alt sind Sie eigentlich?«

»Ich bin 907 Jahre alt.«

»Boah! Und Sie?«, wandte sie sich an den anderen Kerl, der ihr ziemlich mollig vorkam.

»384.« Er machte eine elegante Verbeugung. »Comte Charles de Sanguerre, Demoiselle. Immer gerne zu Ihren Diensten.«

Sie kicherte verlegen. »Macht es Spaß, ein Vampir zu sein?«

»Oui, kleine Demoiselle, es macht manchmal viel Spaß. Aber manchmal ist es auch sehr langweilig.«

»Und warum ist meine Mutter nicht hier?«

»Wir können sie nicht zu dir bringen, weil sie ein Schutz-kreuz trägt«, sagte Attila. »Aber wir können dich zu ihr brin-gen, wenn du das möchtest.«

Conny nickte heftig. »Natürlich möchte ich das. Aber erst brauche ich was zum Anziehen. Ist das da in dem Laster?«

»Ja, wir haben dir une petite collection mitgebracht«, sagte der Comte mit dem langen Namen. »Wenn du mal schauen möchtest?« Mit großer Geste wies er auf den Lastwagen.

»Papa? Kommst du mit?«

»Dein Vater ist gerade beschäftigt.« Attila riss ihr die Taxitür auf. Zögernd stieg Conny aus, das Kreuz in der Hand. Der Comte öffnete die Hintertüren des Lasters, klappte eine Leiter herunter und stieg in den Laderaum. »Schau dir dieses wunderschöne Arrangement an, junge Demoiselle«. Er präsentierte ihr eine Bluse in Orange- und Brauntönen.

»Äh ... ich brauche aber auch Unterwäsche.« Sie stieg die Leiter hoch, begann selbst in der Ladung zu wühlen. »Stellt euch gefälligst draußen an die Seite, damit ich mich umziehen kann!« Die beiden gehorchten.

»Tataa!« Conny trug die orangebraune Bluse, die der Comte ihr präsentiert hatte, und dazu eine lilafarbene Samthose mit sehr weitem Schlag. »So, und jetzt fahren wir zu meiner Mutter.« Sie sprang von der Ladefläche. »Sie kommen mit!« Conny deutete mit dem Kreuz auf Attila. »Und Sie bringen den Laster zurück! Wir sind schließlich keine Diebe.«

Während der Comte sich mit grimmiger Miene in den Laster schwang, riss Attila die Fahrertür des Taxis auf, packte Jochen am Kragen und schleuderte ihn ein paar Meter über den Asphalt.

»Hey, was soll das?«, schrie Conny.

»Soll ich dich nun zu deiner Mutter bringen oder nicht?«, konterte Attila.

»Ja. Aber Onkel Jochen ist der Fahrer, und das ist sein Taxi!«

»Ach, der Held mit dem Silberleuchter!« Mit einem Ruck drehte sich Attila zu Jochen, seine Hände wurden zu Klauen, und jetzt sah Conny auch die großen Eckzähne. Sie bekam eine Gänsehaut.

»Halt! Stopp!« Ihre Hände verkrampften sich um das Kreuz. »Lass Onkel Jochen in Ruhe!«

Attila stand regungslos an der offenen Fahrertür. »Soll ich fahren?«

»Ja. Aber Onkel Jochen kommt mit«, bestimmte Conny.

Hinter sich hörte sie, wie Jochen sich stöhnend aufrappelte. »Das kommt überhaupt nicht infrage! Hier fahre nur ich! Wenn dem Taxi was passiert, komme ich in Teufels Küche!«

Attila grinste zärtlich. »Der Typ hat keine Ahnung, wo deine Mutter ist«, wandte er sich an Conny.

»Gut. Dann setzen wir uns nach hinten und Herr Attila fährt«, sagte sie.

»Rein mit dir!« Attila versetzte Jochen einen Stoß.

»Sie sollen ihn in Ruhe lassen!«, zischte Conny. »Das ist ein Befehl!« Dann zeigte sie auf die Uhr am Armaturenbrett. »Es ist schon zwanzig nach fünf. Fahren Sie endlich los!«

Als sich das Taxi in Bewegung setzte, stieß Oliver auf dem Beifahrersitz plötzlich einen Schrei aus. »Mein Gott, wo kommt der denn her?!«, kreischte er und starrte auf Attila. »Jochen? Wo bist du?«

»Alles okay, Papa«, sagte Conny. »Onkel Jochen ist bei mir hier hinten. Ich habe alles im Griff.«

»Bist du dir sicher? Und wo ist Sokolowski?«

»Bin ich hier«, sagte der Alte. »Halt bloß dein Kreuz gut fest!«

Conny verdrehte die Augen. »Muss ich das jetzt den Rest meines Lebens festhalten, oder was?«

»Nein. Musst du einmal alle zwölf vor dir versammeln, und müssen sie dir Gehorsam schwören. Dann hast du Macht, auch wenn sich ist Kreuz nicht in deiner Hand. Aber für starke, wichtige Befehle es ist immer besser mit Kreuz in Hand.«

»Hm«, machte Conny. Sie verstand das nicht, und sie wollte es jetzt auch nicht verstehen. »Wo kommt ihr eigentlich her«, fragte sie Attila, um nicht weiter mit dem seltsamen Pater sprechen zu müssen.

»Von C&A. Dort haben wir den Lastwagen besorgt«, grinste Attila.

»Ich meinte, wo kommen Vampire her? Wird man als Vampir geboren?«

Attila lachte auf. »Ein vermaledeiter Fluch hat uns dazu gemacht.«

Connys Neugier war geweckt. »Ein Fluch? Was für ein Fluch?«

»Ja, erzähle, was ihr seid für eine Mörderbande!«, forderte Sokolowski.

»Och nee«, brummte Oliver. »Wir haben bei Ihnen in der Kirche schon genug von diesen Märchen gehört.«

»Märchen? Sehe ich aus wie eine Märchenfigur?«, empörte sich Attila. »Ich stamme aus einer angesehenen Adelsfamilie!«

»Und was ist jetzt mit dem Fluch?«, beharrte Conny.

»Es begann damit, dass ich mich mit meinem Bruder gestritten habe.«

»Wie, gestritten?«

»Ich habe ihm den Kopf abgeschlagen.«

»Ach? Einfach so?«, fragte Conny ungerührt.

»Den Kopf abgeschlagen«, hauchte Jochen neben ihr.

»Barbar!«, rief der Pater.

Attilas Zeigefinger deutete auf die lange dünne Narbe in seinem Gesicht. »Diese Wunde hatte er mir beim Schwertkampf zugefügt. Ich habe mich nur gewehrt. Doch mein Vater jagte mich aus der Burg. Und gleich am nächsten Tag schloss ich mich in den Wäldern einer Gruppe von Gesetzlosen an. Wir haben uns nichts versagt.«

»Hört, hört«, murmelte Sokolowski.

Attila ignorierte ihn. »Unsere Anführerin war eine Frau namens Donya. Sie war die Schlimmste und Gefährlichste von allen. Wir haben gebrandschatzt und gemordet, und es hat uns Spaß gemacht.«

»Gottloses Pack!«, zischte Sokolowski.

»Erzähl weiter!«, drängte Conny.

»Irgendwann stellten die Leute in den Dörfern eine kleine Armee zusammen, die gegen uns vorgehen sollte. Da wurde es uns zu ungemütlich in der Gegend. Zu der Zeit hörten wir, dass Gottfried von Bouillon noch Krieger für einen Kreuzzug suchte.«

»Wer war das denn?« Conny rutschte weiter nach vorne und hielt sich an Attilas Rückenlehne fest. Sokolowski richtete das Kreuz in Connys Hand wieder auf. »Immer gut festhalten«, mahnte er.

»Psst!«, machte Conny.

»Mir ist schlecht«, stöhnte Jochen.

»Jetzt nicht!«, rief Conny genervt. »Wer war denn nun dieser Bujong?«

»Ein sehr guter Feldherr«, sagte Attila, »aber kein besonders netter Mensch. Ihm ging es nur um seine ewige Seligkeit. Er wollte die heiligen Stätten den Ungläubigen entreißen, wollte Reichtum und Macht. In Konstantinopel schlossen wir uns seinem Heerzug an. Das war zu Weihnachten im Jahre 1098.«

»Fast tausend Jahre«, staunte Conny.

Attila bremste vor einer roten Ampel.

»Weiter!«, drängte Conny – und er gab Gas. »Nein, weitererzählen!« Sie fuhren trotzdem weiter, noch herrschte kaum Verkehr auf den Straßen.

»Auf dem Weg nach Jerusalem nahmen wir unzählige Dörfer und Städte ein. Aber wir machten keine Gefangenen, die Ungläubigen wurden zu Zehntausenden erschlagen. Ich habe immer noch den Gestank der Leichenberge in der Nase.«

»Ich glaub, ich muss kotzen«, stöhnte Jochen.

»Iiih! Onkel Jochen!« Conny schüttelte sich.

»Willst du jetzt weiterhören oder nicht?«, fragte Attila.

»Nein, bitte nicht«, jammerte Jochen.

»Ja, klar!«, rief Conny. »Erzähl!«

»Schon unterwegs machten wir große Beute. Einen Teil bekam die Heilige Mutter Kirche, einen weiteren der Adelige, der unsere Truppe anführte, und den dritten Teil durften wir behalten. Wir Georgier hatten uns bereits einen gewissen Ruf erkämpft, alle hielten Donya für eine unbesiegbare Amazone. Die Ungläubigen wussten, was ihnen blühte.«

»Aber bald hatte es sich für die Kreuzritter ausgeblüht«, brummte Jochen.

Attila machte eine Vollbremsung und schaute nach hinten. »Ich reiß dir den Kopf ab«, zischte er, packte Jochen am Hals und bleckte die Zähne wie ein Wolf. Conny riss das Kreuz hoch. »Lass ihn in Ruhe!«

Jochen rutschte tiefer in seinen Sitz.

»He! Beruhigen Sie sich mal, ja?«, rief Oliver, gegen die Beifahrertür gedrückt. »Konzentrieren Sie sich auf das Fahren – bitte.«

»Halte Kreuz gut fest!«, raunte Sokolowski. »Sag ihm, er soll fahren.«

»Fahr los!«, befahl Conny. »Und erzähl, wie's weiterging!«

Attila schnaubte und gab Vollgas, dass die Reifen durchdrehten.

»Mein Taxi!«, quiekte Jochen.

»Was passierte mit den Kreuzrittern?«, fragte Conny.

»Hitze und Dürre. Manche fielen einfach tot vom Pferd. Sogar die Pferde verdursteten. Die Ungläubigen schütteten die Brunnen zu. Oder noch schlimmer, sie vergifteten sie, indem sie Leichen hineinwarfen. Vom vergifteten Wasser wurden die Krieger wahnsinnig. Wir tranken das Blut der Erschlagenen. Am 15. Julius 1099 erreichten wir Jerusalem. Wir waren noch zwölf Georgier von anfangs dreimal so vielen. Zogen durch Jerusalem und holten uns, was uns zustand.«

»Was euch zustand?«, empörte sich Sokolowski.

»Wieso? Was stand euch denn zu?«, fragte Conny.

»Unser Landsknechtslohn«, knurrte Attila. »Die Heerführer hatten Jerusalem zur Plünderung freigegeben. Wir brachen in eine Kirche ein.«

»War sich die Grabeskirche! Ihr Barbaren!«, schimpfte Sokolowski, was ihm einen bösen Blick von Attila einbrachte. Conny hielt ihm entschlossen das Kreuz vors Gesicht.

»Ach, und wenn schon!«, fauchte Attila. »Es war ja bloß eine kahle Kapelle. Vor dem schmucklosen Altar betete ein alter Mann. Später wurde er heiliggesprochen, der heilige Anastosumus.«

»Ja, und ist sich auch richtig so!«, rief Sokolowski.

»Wir fragten ihn höflich nach dem Kirchenschatz«, erzählte Attila. »Er meinte, da wäre keiner. Da packte Donya den Alten an den Haaren und schüttelte ihn. ›Wo ist der Schatz?‹, brüllte sie. Er spuckte ihr ins Gesicht. Da schlug sie ihm den Kopf ab. Doch als sie ihn an den Haaren hochhielt, sprachen die bleichen Lippen den Fluch.«

»Also, das kann man ja nun wirklich nicht glauben!«, rief Oliver.

»Papa, sei bitte ruhig! Welcher Fluch?«

»Der Fluch, der uns verwandelte.« Attila hielt inne. »Blut sollt ihr saufen, und die Sonne soll euch verbrennen bis ans Ende aller Tage!«

Conny merkte, dass sich ihre Nackenhärchen aufstellten. »Und dann?«

»Einer hat sich vor Angst eingeschissen. Wir anderen lachten trotzig.« Attila zog ein Päckchen Juicy Fruit aus der Tasche und schob sich einen Streifen zwischen die Zähne. »Noch jemand ein Kaugummi?«

Keiner nahm das Angebot an.

»Und dann ...?«, hauchte Conny.

»Als wir die Kirche verließen, traf einen von uns der erste Sonnenstrahl. Der Mann schrie, und wir sahen die Brandwunde auf seinem Arm. Donya hielt ihren Finger in die Sonne, und er verbrannte sofort. Wir verkrochen uns in der Krypta und warteten auf die Nacht. Seitdem sind wir das, was wir sind.«

16

Fuchs hörte den Schlüssel in der Wohnungstür – endlich. Erwartungsvoll drehte er sich im Bett auf die Seite, um sie beim Hereinkommen anschauen zu können. Sie trafen sich viel zu selten in seinem Liebesnest. Die kleine Wohnung hatte einen sehr diskreten Eingang. Nicht einmal Genosse Schneider kannte die Adresse, nur er und Ekatarina. Es gab ein gemütliches Zimmer mit einem großen Bett, eine winzige Kochnische – sie machten sich höchstens mal einen Kaffee – und ein großzügiges Bad mit Westkomfort. Er mochte Sex beim Duschen.

Die Tür zum Flur stand offen, und er verfolgte, wie sie ihren Mantel an die Garderobe hängte. Während sie ins Zimmer kam, knöpfte sie ihr Kleid auf, vor dem Bett ließ sie es fallen. »Schau mal.« Sie trug schwarze Dessous und Netzstrümpfe. Mit viel Pogewackel zog sie sich aus. Als sie unter seine Decke schlüpfte, trug sie nichts mehr. »Wärm mich, es ist kalt draußen.« Sie drängte sich in seine Arme. Er spürte seine Erektion.

»Chto vy ...« Beim Sex redeten sie oft russisch miteinander. Sie langte nach unten und rieb ihn, während sie mit der anderen Hand sein Gesicht an ihren Busen drückte. Er spürte das vertraute elektrisierende Summen – doch seine Gedanken schweiften ab. »Wie ist es mit Oboe gelaufen?«

»Lass uns doch erstmal ...« Sie wurden beide kurzatmiger. Sie setzte sich auf ihn und ließ seinen Penis in sich eindringen.

»Sag schon.«

»Gleich«, seufzte sie und begann, sich lasziv auf und ab zu bewegen, bis sie mit einem Stöhnen auf ihm zusammensackte.

»Was hast du nun aus Oboe rausbekommen?«, drängte er.

»Kannst du mich nicht mal einen Moment zu Atem kommen lassen?«

»Du brauchst keine Atempause. Also?«

Sie setzte sich auf, mied seinen Blick. »Er ist abgehauen.«

»Er ist was?!« Fuchs merkte, dass er aufschrie.

»Er hätte mich beinahe getötet. Er ist jetzt ein Vampir.«

»Blödsinn! Ich habe ihm mit seinem Stockdegen mächtig zugesetzt – und nichts war! Er hat vor Schmerzen geschrien.«

»Er hat sich sehr schnell erholt. Der Arzt hatte ihm eine Blutkonserve gegeben, die hat er getrunken. Und ich war nicht abgeschirmt, er hat mit mir gespielt wie mit einem kleinen Mädchen.« Sie hielt inne, starrte ihn an. »Oboe war nicht umsonst euer bester Killer. Ich habe noch nie einen so starken Vampir gespürt. Ich wollte ihn überreden, für uns zu arbeiten.«

»Und? Wie hat er reagiert?«

»Ich sage doch, er ist abgehauen.«

»Wie zum Teufel konnte das passieren!« Er packte sie bei den Schultern, schüttelte sie.

»Fass mich nicht an!« Sie knallte ihm eine.

Nun wurde er richtig wütend. »Du hast unsere einzige Verbindung zur Abteilung V laufen lassen! Wie kann man nur so unfähig sein?« Er riss den Arm hoch, wollte zurückschlagen.

»Untersteh dich!«, zischte sie. »Du kapierst es nicht, oder? Die Vampire sind jetzt wieder vollzählig und stärker als je zuvor. Mein Glück war, dass Oboe selbst noch nicht gemerkt hatte, wie mächtig er ist.«

Das Telefon klingelte. Nur Schneider und Ekatarina hatten die Nummer. Immer noch kochend vor Wut griff Fuchs zum Hörer. »Ja!«, brüllte er.

»Genosse Generalleutnant?«, hörte er Schneiders aufgeregte Stimme. »Entschuldigen Sie die Störung, aber es haben sich wichtige Neuigkeiten ergeben. Jemand, den wir als den

Genossen Otto Boettcher identifizieren konnten, hat beim französischen Geheimdienstvertreter in der Botschaft angerufen und ein Päckchen angekündigt, Lieferung heute Nacht. Gleichzeitig wurde aus Wandlitz das Verschwinden des Genossen Ulbricht samt Ehefrau gemeldet. Wir vermuten, dass Genosse Boettcher die beiden in den Westen bringt. In der Gleimstraße, in unmittelbarer Grenznähe, war das Auto des Genossen Ulbricht in einen Unfall verwickelt.«

»Was?« Fuchs sprang auf. »Und wie soll das vonstattengehen?«

»Am Falkplatz ist doch die alte Bunkeranlage«, meldete sich Ekatarina, die alles mitgehört hatte.

»Schneider, alarmieren Sie die Anti-V-Truppe! Und Klugmann. Bringen Sie den Weihwasserwerfer mit! Sichern Sie den Bunker am Falkplatz! Wir treffen uns dort.« Er knallte den Hörer auf die Gabel und wandte sich zu Ekatarina. »Na, dann werde ich mal deine Arbeit beenden. Du kriegst das ja offenbar nicht hin.«

Thea hörte ein leises Summen und eine Stimme. Jemand zerrte an ihrem Arm, sie schreckte hoch. Da stand Professor Klugmann. Er hatte wieder seinen Helm auf und die Brille mit den dicken Gläsern. Thea saß immer noch auf dem Stuhl, auf dem sie offenbar eingenickt war. Oder hatte der Kerl sie irgendwie ... besumst? »Was soll das? Professor!« Sie wollte ihn zurückstoßen, konnte sich jedoch kaum bewegen. An ihrem Körper waren Kabel und Gummiriemen befestigt.

»Schscht, sitzen Sie still! Sie machen meine ganzen Messungen kaputt.« Klugmann fummelte an den Elektroden auf ihrer Stirn herum.

»Lassen Sie den Quatsch! Machen Sie mich los!«

»Nein, das geht nicht.« Er drehte an Knöpfen und legte diverse Schalter um. Es piepte und surrte. Aber ihre Beine waren frei.

»Sie machen mich jetzt sofort los, oder ich stehe auf!«

Er reagierte nicht. Sie sprang auf. Es knallte und schepperte um sie herum, als die Apparaturen vom Tisch flogen.

»So bleiben Sie doch sitzen! Meine Untersuchungen waren noch nicht abgeschlossen. Oh je, was haben Sie getan?«

»Tja, Pech gehabt.« Thea zog die Pflaster ab, mit denen die Elektroden an ihrer Stirn befestigt waren. Auch auf ihrem Dekolleté klebten Pflaster mit Elektroden. »Sie hätten mich fragen müssen.«

»Aber Kindchen, Sie verstehen das nicht. So ein Objekt wie Sie bekomme ich nicht alle Tage in die Finger. Eine halbe Stunde noch, und die Tests wären beendet. Bitte setzen Sie sich wieder hin. Bitte!«

»Nein!« Thea knöpfte das geliehene Herrenhemd zu, strich über ihre Kleidung und versuchte die Frisur zu ordnen. Sie zuckte zusammen, als in der Ecke eine Rundumleuchte zu blinken begann. Ein Rohr unter der Decke vibrierte, dann fiel ein Transportzylinder aus der Rohrpostleitung auf den Fußboden.

»Oh, nicht schon wieder. Und vor allem nicht jetzt!« Der Professor schraubte den Deckel ab und entnahm ein zusammengerolltes Blatt Papier. »Einsatzbefehl«, sagte er und winkte mit dem Zettel in Theas Richtung. Er ging zum Schrank, holte einen breiten Silberreif heraus und legte ihn sich wie eine Halskrause um. Einen weiteren silbernen Reifen und einen Helm reichte er Thea. »Ziehen Sie das an!«

»Wieso?«

»Wir haben einen Einsatz, dazu brauchen Sie die Ausrüstung.«

»Was für einen Einsatz?«

»Wir gehen jetzt Vampire jagen. Und wenn wir Glück haben, kriegen wir einen in die Finger, den ich dann auf meinem Seziertisch zerlegen kann. Was für eine berauschende Vorstellung!«

»Ich jage keine Vampire!« Thea verschränkte die Arme vor der Brust.

»Aber diese Ausrüstung brauchen Sie unbedingt!« Der Professor klemmte sich seine Fliegerbrille vor die Augen. »Ich brauche Sie! Sie nehmen das Kreuz und beschützen mich. Das ist die beste Gelegenheit, um auszuprobieren, ob es wirklich funktioniert.«

»Ich soll Sie beschützen? Wovor?«

»Vor den Vampiren natürlich.«

»Ich glaube nicht, dass ausgerechnet ich ...«

»Das werden wir noch sehen. Machen Sie schon!« Er hielt ihr Helm und Halskrause hin, Thea rührte sich nicht. »Sie müssen mitkommen. Sie haben gar keine andere Wahl.«

»Also ich weiß nicht, ich ... ich ...«

»Ich. Ich. Ich«, äffte der Professor sie nach. »Beeilen Sie sich, wir müssen los. Legen Sie endlich die verdammte Ausrüstung an!« Wie ein aufgescheuchtes Hühnchen lief er vor ihr auf und ab.

Was sollte sie tun? Warten, bis er von seinem Einsatz zurückkam? Oder tatsächlich mit ihm gehen? Konnte sie denn wirklich etwas ausrichten? Würden die Vampire auf sie hören? Und waren es dieselben, die Conny hatten? Ach, Conny, wo bist du nur ...?

Die Tür flog auf, und zwei Soldaten in Schutzkleidung stürmten ins Labor. Sie trugen komische Gewehre mit einer Art Tank auf dem Lauf. »Wir wären dann soweit!«

Klugmann nickte, zeigte auf Thea. »Sie muss mit. In voller Montur.«

Bevor Thea reagieren konnte, packten sie die Soldaten, der eine links, der andere rechts. »Was soll denn das?« Sie wehrte sich heftig.

»Ich brauche Sie dringend«, rief Klugmann. »Das ist ein Befehl.«

»Sie haben mir gar nichts zu befehlen!« Thea versuchte

sich zu befreien. »Ich bin keiner ihrer Soldaten, ich bin Journalistin!«

»Nein, Sie sind die Machthaberin über einen Haufen wild gewordener Vampire. Begreifen Sie denn nicht, welche Verantwortung Sie haben?«

Thea rang mit einem der Soldaten. »Lassen Sie mich los!« Doch es half nichts. Sie rissen ihr die Arme auf den Rücken, es klickte, und sie spürte etwas Kaltes an den Handgelenken. »Behandeln Sie alle Besucher so?« Ihr stiegen die Tränen in die Augen.

»Nur die Widerspenstigen«, sagte Klugmann und setzte ihr den verdrahteten Helm auf den Kopf. »So, dann wollen wir mal.«

»Hau endlich ab!« Oboe versuchte, sich ganz auf Lotte zu konzentrieren, diese eklige alte Ziege. Er konnte sie nicht bezwingen. Ob sie ebenfalls besondere Fähigkeiten besaß? Aber er spürte nichts Derartiges. Oder lag es einfach an ihrem üblichen Starrsinn? Auf jeden Fall hing sie wie ein Klotz an Walter. Und sie mussten dringend weiter. Er zog Walter am Arm hinter sich her, und an Walters anderen Arm klammerte sich Lotte. »Wo sind wir hier? Ich kann nichts sehen, ich will hier raus!«

Sie kamen in einen großen Raum. Überall war es stockfinster. Nur mit seinen Vampirsinnen konnte Oboe sich orientieren. Fast wäre er dennoch in den Abgrund gestürzt.

Die Siegermächte hatten nach dem Krieg alle Bunker unbrauchbar gemacht. Zuerst wollten sie sie abreißen, aber das wäre zu aufwändig gewesen, deshalb hatten sie Löcher in Wände und Böden gesprengt. Oboe riss den taumeligen Walter von der Öffnung weg und hoffte, dass Lotte hineinfallen würde.

»Huch, hier ist ein Loch!«, rief sie. Sonst passierte nichts. »Nur einen Augenblick, Walter.« Oboe blieb stehen.

Überall zeigten die phosphoreszierenden Orientierungspfeile zum Ausgang, aber da musste er nicht hin. Er versuchte sich zu erinnern, was der Malervampir ihm erzählt hatte. Sein Gedächtnis arbeitete besser denn je, aber Lotte ging ihm auf die Nerven: »Warum ist das so kalt hier? Was sollen wir hier? Kann mal jemand das Licht anmachen?«

Oboe holte aus, um sie mit einer Ohrfeige ruhigzustellen, traf aber stattdessen Walter mitten ins Gesicht. Der zuckte zusammen. »Meine Schähne ... ich hab meine Schähne verloren.« Walter riss sich los. Oboe sah, wie er auf dem Boden nach der Prothese tastete. Plötzlich schwebten Walters Hände in der Luft, er stürzte vornüber. Oboe bekam ihn gerade noch am Arm zu fassen. Es gab einen Ruck, und etwas knackte ganz fürchterlich. Walter schrie auf, doch Oboe hielt ihn fest. Walter hing im Loch, Oboe hockte am Rand. Als er Walter hochzog, riss der sich den Arm an einem Eisenstab auf, der aus dem Beton ragte. Walter wimmerte. Oboe stellte ihn wieder auf die Beine und steckte ihm die Prothese in den Mund. »Wir müssen weiter.«

Er zog Walter und Lotte hinter sich her. Mit seinen geschärften Sinnen hörte er weit entfernte Schritte und meinte auch, das zuckende Licht von Taschenlampen zu sehen. Sie mussten sich wirklich beeilen.

Da waren die Toiletten, aufgereiht zwischen Trennwänden, ohne Türen. Ging es hier nach rechts? Nein, nach links. Oboe zerrte die beiden Alten weiter. Der Geruch von Walters Blut beunruhigte ihn. Abrupt zog er dessen Arm zu sich und leckte das Blut ab.

»Was tust du? Das kitzelt.«

Oboe hörte Rufe und Tritte von Soldatenstiefeln auf Beton. Weiter! Dort war die Stahltür der Ausgangsschleuse. Er drehte an dem großen Rad, legte den Hebel um. Die Tür blieb zu. Er versuchte es in die andere Richtung und nahm diesmal den unteren Hebel, den hatte er gerade übersehen.

Am Ende des Ganges tauchte die erste Taschenlampe auf. Er hörte Rufe. Wieder drehte er hektisch am Rad.

»Da! Das sind sie!«, brüllte jemand.

»Vorsicht! Schießt nicht auf den Staatsratsvorsitzenden!«

Kommandos hallten. Oboe schob Walter vor sich – seine Geisel. Plötzlich blendete ihn entsetzliches Licht. Einer der Soldaten hatte einen bläulich leuchtenden Scheinwerfer auf ihn gerichtet. Oboes Haut brannte wie Feuer. Er duckte sich in Walters Schatten und gab ihm einen Stoß, sodass er gegen den Soldaten prallte. Das Licht ging aus, die Lampe schepperte auf den Boden. Oboe stürzte sich auf die Soldaten. Zwei schlug er nieder, dann noch einen. Da traf ihn ein Wasserstrahl. Ein Höllenschmerz durchfuhr ihn. Weihwasserwerfer! Oboe brüllte, rannte auf die Soldaten zu und drängte die erschrockenen Angreifer zurück. Einer stürzte mit lautem Schrei in ein Loch. Von hinten kamen weitere Soldaten. Wieder zischte ein Wasserstrahl. Oboe duckte sich. Er rannte im Zickzack auf die Angreifer zu, sodass ihn nur wenige Spritzer trafen, und ging zum Angriff über, schlug und trat um sich.

Die Soldaten reagierten langsam. Ihre schwere Ausrüstung behinderte sie. Plötzlich blendete ihn wieder das blaue Licht. Der Schmerz fuhr ihm bis ins Gehirn. Er konnte nichts mehr sehen, packte einen der Soldaten und drosch mit dessen Körper wahllos auf die anderen ein. Der Beleuchter war das erste Opfer. Neue Soldaten drängten nach. Einem entriss Oboe ein Messer und verletzte damit mehrere andere. Dann brach er unter dem Weihwasserregen zusammen. Überall war nur noch Schmerz. Die Angst vor dem Ende überfiel ihn. Er stieß einen schrillen, unmenschlichen Schrei aus.

»Schönen guten Morgen, Frau von Glinsky«, sagte der Mann. »Schade, dass Sie gestern im Hausflur so wenig Zeit für mich hatten.«

Thea zuckte zusammen.

»Ach, Sie kennen den Genossen Fuchs?«, wunderte sich Klugmann.

»Ja. Flüchtig.« Fuchs lächelte. »Aber das tut nichts zur Sache. Im Moment jagen meine Leute hier im Bunker einen Vampir, der den Genossen Ulbricht in den Westen entführen will.« Er deutete auf die offene Bodenluke. »Das müssen Sie, Professor, mit allen Mitteln verhindern. Genosse Schneider begleitet Sie. Ich selbst werde vom Wachturm aus agieren.« Er wandte sich an Thea. »Sie kommen mit mir!«

»Aber ich brauche sie!«, protestierte Klugmann. »Sie hat die Macht, das Kreuz zu befehligen. Nur sie kann den Vampir in Schach halten.«

»Dann sollten Sie ihr vielleicht vorher die Handschellen abnehmen«, schlug Fuchs vor. Der Professor zückte eilig den Schlüssel und drückte Thea das Kreuz in die Hand.

»Redet hier vielleicht auch mal jemand mit mir?«, ereiferte sie sich. »Ich will nicht in dieses Loch!«

»Aber Sie müssen!« Klugmann packte sie am Arm, zog sie zum Einstieg. Thea sträubte sich. Aber Fuchs schob von hinten. »Machen Sie Ihrer Tante mal keine Schande. Genossin Paschke ist mit zwölf Vampiren fertig geworden, dann werden Sie doch wohl mit einem klarkommen.«

»Nehmt eure Drecksflossen weg!«, fauchte Thea. Doch sie spürte Klugmanns Hände wie Schraubstöcke an ihren Unterarmen. »Halten Sie das Kreuz gut fest, Thea. Immer schön vor die Brust halten!«

»Idiot! Lassen Sie mich los!«

»Wir brauchen Sie«, flüsterte er und schob sie die Treppe hinab. Unten war es stockfinster. Thea war jetzt alles egal. Mit weit aufgerissenen Augen versuchte sie sich zu orientieren.

»Otto?« Ulbricht sah, wie Oboe zu Boden stürzte. »Was ist mit dir?« Er wollte seinem alten Freund helfen, aber Lotte hielt ihn zurück.

332

»Du kannst nichts für ihn tun, Walter. Wir müssen hier weg.« Mit einer enormen Kraftanstrengung zog sie die Bunkertür gerade so weit auf, dass sie hindurchschlüpfen konnten. Dahinter befand sich ein kleiner Raum. Eine Wendeltreppe führte nach oben. Durch die Bunkertür drangen plötzlich tumultartige Geräusche. Dumpfe Schläge waren zu hören. Ulbricht packte das Treppengeländer. Ächzend stieg er die Treppe hinauf. Sie war länger als erwartet. Oben würden sie auf ihn warten und ihn abholen. Er würde die Reise antreten, auf die er sich so lange gefreut hatte.

»Wo willst du denn hin, du alter Esel?«, tönte es von unten. Lotte war ein ganzes Stück zurückgeblieben.

Ulbricht stapfte weiter. Endlich kam im Schein der Notbeleuchtung das Ende der Treppe in Sicht. Schräg in der Decke befand sich eine Ausstiegsluke mit einem großen Hebel. Er zog daran und konnte ihn bewegen, es erforderte allerdings seine ganze Kraft.

Plötzlich war Lotte wieder neben ihm. »Was tust du, Walter?«, schrie sie ihn an. »Weißt du denn überhaupt, was passiert, wenn du da rausgehst?«

Sie hatte nichts begriffen! Er versetzte der Luke einen Stoß, und sie flog mit lautem Krachen auf. Das gelbe Licht der Grenzbeleuchtung fiel herein. »Warum gönnst du mir diesen kleinen Ausflug nicht, Lotte?«

»Du darfst nicht in den Westen! Du wirst alles zerstören!«

Ganz ruhig blickte er sie an. »Was soll passieren? In fünf Tagen bin ich wieder da.«

Lotte packte seinen Arm. »Du bist verrückt. In fünf Tagen bist du beim *Stern* auf der Titelseite. Und die ganze Welt wird über dich lachen!«

»Ach, du siehst das falsch. Ich treffe mich doch bloß mit Marlene.«

Lächelnd schüttelte er ihre Hand ab und stieg durch die Luke.

Oboe leckte sich die Lippen. In seinem Mund war etwas Warmes, es schmeckte nach Eisen. Jemand drückte ihm die Halsschlagader eines sterbenden Soldaten an den Mund. Er stieß ihn weg, spuckte aus.

»Aah, der Novize kommt wieder zu sich. Sehr schön, ein neuer Rekord. So schnell hat sich noch keiner umhauen lassen, nicht wahr?«

Oboe blickte in das Gesicht von Willem van Flakstraaten.

Der Maler zeigte ihm lächelnd seine spitzen Eckzähne. »Es war mir ein Vergnügen, dir diesen kleinen Wachmacher vorbeizubringen. Ich hoffe, er hat geschmeckt? Du solltest übrigens besser aufstehen, du liegst in einer Weihwasserpfütze. Und am besten ziehst du auch die nasse Jacke aus, nicht wahr?«

Oboe erhob sich mit wackligen Beinen. Vor ihm tobte eine Schlacht. »Wie habt ihr mich gefunden?«

»Du hast doch um Hilfe gerufen, nicht wahr?«

»Habe ich das?«

»Du hast geschrien«, sagte Willem, »und da sind wir.«

Das Ergebnis war verheerend. Soldaten flogen durch die Luft und prallten mit erschütternden Geräuschen gegen die Tunnelwand. Die anderen wichen erschrocken zurück. Ihre Formation löste sich auf. Das würde kein gutes Ende nehmen, aber Oboe hatte kein Mitleid. Er fühlte sich stark, wollte in den Kampf eingreifen.

Willem hielt ihn zurück. »Die anderen brauchen uns im Moment nicht. Diese armseligen Gestalten mit ihren Weihwasserpistolen und den Töpfen auf den Köpfen stellen keine ernsthafte Gefahr dar. Schau! Da ist Donya mit ihrem Schwert. Hast du gesehen, wie sie den Soldaten der Länge nach gespalten hat? So was muss man erstmal können, nicht wahr? Sie ist nicht ohne Grund unsere Anführerin. Dahinter siehst du Eugen. Der ist manchmal ein wenig rustikal. Jemanden einfach mit dem Kopf an die Tunnelwand zu knallen, das gibt schon eine ziemliche Sauerei. Macht auch nicht jeder von uns. Aber im Grunde ist Eugen ein verlässlicher Kamerad, nicht wahr?« Willem packte Oboe am Kragen, riss ihn zur Seite. Im selben Moment klatschte ein blutiges Herz an die Wand. »Der Stämmige gleich hier vorn, das ist Charles de Sanguerre, unser ...«

»... Koch«, vollendete Oboe und betrachtete interessiert, wie der Genannte mit einem Tranchiermesser einem Soldaten den Bauch aufschlitzte und die hervorquellenden Gedärme mit unverhohlener Freude auf dem Boden verteilte.

»Richtig. Ihr kennt euch, nicht wahr?«

»Flüchtig. Ich war immer gern Gast im Ganymed.«

»Gewiss, gewiss«, nickte Willem. »Aber schau, die junge Schöne da drüben, das ist Grace. Die macht mit ihren Fingernägeln Sachen, da staunst du! Richtig kunstvoll, fast wie ein schönes Gemälde.«

»Wie reizend«, bemerkte Oboe.

»Und die drei Wilden da ganz hinten, kannst du die sehen?«, fragte Willem. Oboes Blick folgte seinem ausgestreckten Finger. Drei beleibte Männer kümmerten sich gerade um einen jungen Soldaten. Zwei von ihnen zogen mit ziemlicher Gewalt an seinen Armen. Der Dritte stand hinter ihm und stieß ihm mit Schwung seine Eckzähne in den Hals. Im selben Moment gaben die Schultergelenke nach, und die beiden Vampire fielen, jeder mit einem Arm in den Händen, zur Seite. Willem lachte schallend. »Das sind Heinrich, Friedrich und Tankred. Die kamen schon in Jerusalem dazu, noch richtige Kreuzritter eben. Nicht zurückhaltend, wenn's ums Essen geht, nicht wahr?«

Fuchs erklomm eilig die steile Leiter, sein Leibwächter kam kaum nach. Vom Wachturm aus versprach er sich einen guten Überblick und die volle Kontrolle. So hatte er es gern. Als er oben anlangte, war sein Puls ruhig und ausgeglichen. Genau so sollte es sein. Mit einem Fernglas blickte er über das Gelände. Sein Leibwächter stand mit dem Funkgerät in der Hand parat. Bisher verlief die Operation vollkommen ruhig. Die Verfolgertruppe war im Bunker verschwunden. Auf der anderen Seite der Grenze war alles still. Auch die anderen Wachtürme in der Nähe hatten keine besonderen Vorkommnisse gemeldet. Fuchs fühlte, dass sich alles zum Guten wenden würde.

Plötzlich hielt er inne. Da bewegte sich etwas. Hinter der Mauer stand ein Mann und gestikulierte. Fuchs stellte das Fernglas nach. »Das ging ja schnell«, murmelte er und wandte sich an den Wachposten.

»Genosse Soldat! Nehmen Sie Ihr Gewehr und zielen Sie auf den Mann dort unten!«

Etwas abseits vom Kampfgetümmel stand ein Pärchen an der Tunnelwand und knutschte.

»Wer sind die beiden?« Oboe sah Willem fragend an.

»Gabriela und Markus. Noch relativ neu dabei. Deine Vorgänger im Novizenrang sozusagen. Wahrscheinlich haben sie gesehen, dass die anderen ganz gut zurechtkommen. Sie machen sich nicht viel aus einem guten Kampf, nicht wahr?«

»Du wohl auch nicht, oder?«

»Ich? Nein! Ich bin Künstler. Aber ich sehe gerne zu. Das inspiriert.«

Oboe blickte wieder hinüber. Von den Soldaten war jetzt nichts mehr zu sehen. Nur ein Mann stand noch im Gang.

»Ach, da ist ja der verrückte Professor Klugmann. Der hatte übrigens die Idee mit den Weihwasserpistolen.« In diesem Moment drehte der rustikale Eugen dem Professor mit einem Ruck den Kopf nach hinten. »Aber genützt hat es ihm nichts«, stellte Willem trocken fest. Beiläufig schleuderte Eugen den Professor in eines der Löcher im Boden.

War das nicht Thea? Oboe machte schmale Augen. Was hatte die hier zu suchen? Sie stand mit dem Rücken zur

336

Wand. Die Vampire bildeten vor ihr einen Halbkreis, bis die Reihe sich geschlossen hatte. Thea war nicht mehr zu sehen. Oboe wandte sich ab. Er konnte ihr nicht mehr helfen. Stattdessen entschloss er sich, Walter und Lotte zu folgen. Außerdem hatte er noch eine Verabredung mit dem Franzosen, der würde sicher bereits warten. Oboe schaute zu Willem. Der Maler nickte ihm aufmunternd zu.

Ulbricht holte tief Luft. Er genoss die kühle Morgenluft. Fast automatisch machte er fünf Kniebeugen. Mit den Armen nach oben. Morgengymnastik. Er fühlte sich auf merkwürdige Weise aufgeregt, seltsam verjüngt. Gleich nochmal fünf! Er schnaufte. So viele hatte er lange nicht geschafft. Nun konnte er sich auf den Weg zu Marlene machen. Als nächstes musste er die Kontaktperson treffen. Nicht ganz einfach ohne Oboes Hilfe, aber es würde schon irgendwie gehen, er war doch schon fast am Ziel.

»Das ist ein abgekartetes Spiel«, schimpfte seine Frau hinter ihm. »Warum sollte sich Marlene Dietrich ausgerechnet mit dir treffen wollen? Mann! Das ist eine Falle. Komm zurück, du alter Narr!«

Er ignorierte ihre Rufe. Vor ihm erhob sich eine Böschung, etwas weiter stand eine Laterne an einer Straßenecke. Dort würde sicher die Kontaktperson warten.

»Du bist ein Republikflüchtling!«, rief seine Frau. »Ich kann nicht zulassen, dass du dem Westen in die Hände fällst. Komm auf der Stelle wieder zurück, oder –«

Er unterbrach sie barsch: »Oder was?«

»Oder ich sorge persönlich dafür, dass du keinen Schaden mehr anrichten kannst!« Er hörte, dass ihre Stimme zitterte.

»Zielen! Im Visier behalten! Wenn ich das Kommando gebe, feuern Sie.«

»Äh ... Genosse Generalleutnant. Wenn ich das richtig

sehe, ist das dort drüben der Genosse Staatsratsvorsitzende. Den kann ich doch nicht einfach erschießen. Das geht doch nicht!«

»Das lassen Sie meine Sorge sein.«

Der Soldat senkte das Gewehr. »Aber das ist der Staatsratsvorsitzende.«

»Zielen sollen Sie, Mann!«, herrschte Fuchs ihn an.

Reflexartig riss der Soldat das Gewehr wieder in Position. »Aber ich kann doch nicht –«

»Sie halten sich an meinen Befehl, verstanden?«, schrie Fuchs, ohne das Fernglas abzusetzen.

»Der Staatsratsvorsitzende, du meine Güte«, flüsterte der Soldat.

Oboe rannte die Treppe nach oben, nahm mehrere Stufen auf einmal. Draußen sah er Walter, der zur Straße hinaufging. Lotte keifte ihm hinterher. Oboe verstand jedes Wort. Sie hatte entschieden zu viel begriffen. Von Fermier war nichts zu sehen.

Wenn Lotte weiter so schimpfte, würde sie am Ende noch die Grenzsoldaten alarmieren und alles verderben. Oboe zögerte. Sollte er eingreifen? Wie würde Lotte reagieren, wenn er sich einmischte? Noch lauter zetern? Walter war wieder stehengeblieben, drehte sich zu ihr um.

»Versteh doch, Lotte, das ist meine letzte Chance. Ich werde Marlene Dietrich treffen. Wir werden essen, und sie wird für mich singen. Das bedeutet so viel für mich.« Er lächelte verklärt.

»Das hat sich alles dein feiner Freund Otto Boettcher ausgedacht. Er hat dich an den Westen verraten. Verraten und verkauft!«

»Ich kann nicht anders«, sagte Walter. »Ich werde jetzt gehen. Mach, was du willst.« Er wandte sich ab und marschierte zur Straßenecke. Er fühlte sich stark und wie befreit nach einer langen, schweren Krankheit.

»Zum letzten Mal: Bleib hier!«, kreischte Lotte.

Er spürte ihren Blick im Rücken, doch das war ihm egal. Auf ihn wartete die tollste Frau der Welt. Er musste die Kontaktperson finden, nur noch die Kontaktperson. Er ging weiter in Richtung Straßenkreuzung. Irgendwo mussten sie doch auf ihn warten ...

Fuchs dachte nach. Offensichtlich war der alte Herr drauf und dran, in den Westen abzuhauen. Das durfte nicht passieren! Es blieb nicht mehr viel Zeit. Er musste das unbedingt verhindern. Um jeden Preis! Und er musste ihn wieder zurück nach Ost-Berlin schaffen.

»Jetzt!«

Der Befehl gellte durch die Morgendämmerung, doch die Reaktion des Soldaten blieb aus. Der Mann stand da und bewegte sich nicht.

»Was machen Sie denn? Sie sollen schießen! Jetzt! Stoppen Sie den Flüchtling!«

Der Soldat ließ das Gewehr sinken. »Das ist doch der Staatsratsvorsitzende«, flüsterte er.

»Idiot!« Fuchs entriss ihm das Gewehr und stieß ihn zur Seite. »Wir dürfen den Flüchtling nicht entkommen lassen!« Er legte an, zielte auf den Kopf. Da stand ein Baum. In wenigen Augenblicken würde der Alte dahinter verschwinden. Fuchs beruhigte seinen Puls, wie er es gelernt hatte, atmete tief aus, wieder ein und noch länger aus, korrigierte noch einmal die Position des Gewehrs. Dann drückte er ab.

Walter lief weiter, seine Schritte wurden größer. Vor ihm traten drei Gestalten aus dem Gebüsch. »Monsieur Ulbricht, je soupçonne?« Es folgte ein längerer Satz auf Französisch, den er nicht verstand.

Ein scharfer Knall durchschnitt die Luft. Eine Frau kreischte. War das Lotte? Ulbricht spürte ein Brennen am Kopf. Dann war da nichts mehr.

Er lief weiter, lief zu Marlene. Es würde ein wunderschöner Abend werden. Sie würde für ihn singen. Sie würden gemeinsam essen und reden. Einfach reden. Er lief weiter. Weiter. Er fiel. Spürte noch, wie er aufgefangen wurde. Nochmal Glück gehabt, dachte er. Und schwebte.

Wie in Zeitlupe sah Oboe ein Geschoss durch die Luft fliegen und in Walters Hinterkopf einschlagen. Es gab ein knackendes Geräusch, als die Kugel die Schädelplatte durchschlug. Fast im selben Moment kam sie mit einem Schmatzen an der Vorderseite des Kopfes wieder heraus und riss ein großes Loch in Walters Gesicht. Blut spritzte in alle Richtungen. Knochensplitter und Hirnmasse prasselten auf Fermier. Das Geschoss setzte seinen Flug in schrägem Winkel fort und traf den Franzosen in den Hals. Der stand mit weit aufgerissenen Augen da und versuchte offenbar etwas zu sagen. Doch statt Worten kam nur ein Schwall dunklen Blutes über seine Lippen. Oboe spürte den Appetit in sich aufsteigen. Frisches Blut. Der Franzose kippte um und zog Walter mit sich.

Die beiden Helfer standen entsetzt daneben. Jetzt schienen sie zu sich zu kommen. Jeder packte eine Leiche und zog sie die Böschung hinauf.

Lotte tobte. »Lasst meinen Mann in Ruhe!« Sie stürmte auf die Helfer los und drosch dem einen mit Leibeskräften ihre Faust auf die Nase. Der Mann brüllte vor Schmerzen. Doch der andere Helfer ignorierte ihn und schleppte seinen toten Chef weiter. Oboe roch das viele Blut, spürte, wie seine Eckzähne wuchsen. Er kämpfte dagegen an.

»Haben Sie ihn erwischt, Genosse Generalleutnant?« Der Leibwächter spähte mit zusammengekniffenen Augen in die Dämmerung.

»Ich denke schon«, nickte Fuchs. »Sehen Sie zu, dass Sie ihn wieder auf unsere Seite holen. Beeilen Sie sich!« Er sicherte das Gewehr, reichte es dem Soldaten zurück. »Ein guter Schuss, Mann. Darauf können Sie stolz sein.« Der Soldat starrte ihn an.

In diesem Moment knisterte das Funkgerät. Es meldete sich der Staffelführer aus dem Bunkerkeller. »Verstärkung! Wir brauchen dringend Verstärkung. Es wimmelt hier von seltsamen Typen! Die machen uns fertig! Wir halten das nicht mehr lange durch!« Ein Schrei. Dann brach die Verbindung ab.

Fuchs blieb vollkommen ruhig. Er musste nachdenken.

»Oh, mein Gott!« Thea wischte sich das Blut aus den Augen. Donya hatte unmittelbar vor ihr mit dem Schwert einem Soldaten den Kopf abgeschlagen. Das Blut war heiß. Auch das Kreuz, das sie krampfhaft vor die Brust hielt, war bespritzt. Die höllische Szene war vom Schein der Helmlampen der Soldaten und den Reflektionen der phosphoreszierenden Wände diffus ausgeleuchtet. In dem grünlichen Licht wirkte das Blut schwarz und die Gesichter blassgrün wie bei Wasserleichen. Thea war vor Angst wie von Sinnen.

Oboe sah Walters Blut, aber er hatte sich wieder im Griff. Er stand mit leeren Händen da. Es war alles vorbei. Fermier war tot. Das Vorhaben war geplatzt. Alle Anstrengungen waren vergebens gewesen. Oboe fühlte sich leer und hilflos. Er musste seinem alten Freund einen letzten Dienst erweisen. So sollte Walter nicht enden.

Lotte zog an der Leiche ihres Mannes, konnte ihn aber kaum bewegen. Oboe wollte ihr zu Hilfe eilen, da öffnete sich eine Tür in der Mauer. Vier Grenzsoldaten traten heraus. Einer hielt ein Gewehr im Anschlag. Oboe wich mit ein paar schnellen Schritten ins Gebüsch zurück. Lotte schlug wild um sich, als einer der Soldaten sie zur Seite zog.

»Schaff sie rein!«, bellte der mit dem Gewehr. Kurz darauf hörte Oboe Lottes Gezeter nur noch aus gedämpfter Entfernung.

»Was für eine Sauerei«, fluchte der Soldat, der jetzt an Walters Armen zog. »Der arme Kerl hat überhaupt kein Gesicht mehr.«

Oboe wandte sich ab und rannte.

»*B.Z.*-Nachtredaktion, Chef vom Dienst.«

»Hier ist Frau Krause. Sie glauben nicht, was ich hier gerade sehe! Ich bin bei meiner Tochter zu Besuch im Wedding.«

»Frau Krause, Sie nerven.«

»Hier laufen Leute im Todesstreifen herum. Den einen konnte ich durchs Fernglas gut erkennen. Das ist der Ulbricht. Um Himmels willen, da wird geschossen! Die haben den Ulbricht erschossen! Und noch jemanden.«

»Frau Krause, jetzt reicht's! Wenn Sie noch einmal anrufen, zeige ich Sie an! Legen Sie sich hin und schlafen Sie Ihren Rausch aus!«

»Halt!« Donya baute sich mit ihrem großen Schwert vor Thea auf. Ihr feines Kostüm glänzte schwarz, vom Blut getränkt. Sie roch seltsam, derbe. Wenn Gewalt einen Geruch hatte, dann war es dieser. Beiläufig schlug sie mit ihrem Schwert nach dem Kreuz in Theas Hand. Blaue Funken sprühten. Das Kreuz flog in hohem Bogen durch die Luft und verschwand in der Dunkelheit.

»Aua.« Donya zuckte zusammen, als hätte sie ein Stromschlag erwischt. Sie rieb sich den Arm. »Du!«, funkelte sie Thea an. »Du warst ungehorsam!«

Thea stand mit dem Rücken an der Wand. Die Vampire sammelten sich in einem Halbkreis um sie. Einigen tropfte noch Blut aus dem Mund. Einer hatte einen klaffenden

Schnitt im Gesicht, doch die Wunde schloss sich sofort wieder und heilte in Sekundenschnelle.

Mit der Linken packte Donya Theas Hals, zog sie an sich und zeigte grinsend ihre spitzen Zähne. Dann drückte sie Thea einen schmatzenden Kuss auf den Mund. »Na, hast du Angst?« Sie hob das Schwert und drückte die rasiermesserscharfe Schneide an Theas Hals. »Du solltest das wahre Kreuz vernichten. Nun kommst du hierher und greifst uns an mit diesem lächerlichen Ding.«

Thea schossen die Tränen in die Augen. »Ich wollte mich doch bloß schützen. Dieses Kreuz habe ich von Klugmann.«

»Ha, Klugmann! Der ist tot. Weißt du, wer das wahre Kreuz hat?«

»Nein. Bei Erna war es nicht.«

»Deine Tochter hat es. Sie ist auf dem Weg hierher. Wir werden euch beide zerschmettern und uns selbst befreien.«

Die anderen johlten zustimmend.

Das Auto raste durch die nächtlichen Berliner Straßen. Für Connys Geschmack fuhr Attila viel zu schnell. Sie fühlte sich seltsam. Ihr Vater hockte auf dem Beifahrersitz und jammerte vor sich hin. Er benahm sich immer so, wenn er nicht wusste, was er tun sollte. Dieses Mal konnte Conny ihn verstehen.

Der merkwürdige Pater neben ihr auf der Rückbank hatte sein eigenes Kreuz mit beiden Händen vor die Brust gehoben. »Kindchen, Kreuz muss sich höher gehalten werden«, mahnte er. »Verbindung zu Vampiren darf sich nicht reißen!«

Dreimal hatte der Kerl ihr das jetzt schon gesagt. Mittlerweile spürte sie selbst, wenn sie das Kreuz falsch hielt. Der Alte neben ihr holte gerade wieder Luft, um etwas zu sagen. Doch Conny kam ihm zuvor, hob das Kreuz höher und sah den Alten triumphierend an.

»Bei dem Tempo sind wir in spätestens fünf Minuten am

Gesundbrunnen«, sagte Jochen. »Hoffentlich finden wir deine Mutter dort wirklich.«

»Wenn sich Vampir behauptet, dass Thea am Gesundbrunnen ist, dann ist sich Thea da. Vampir wird sie finden.«

Plötzlich fuhr ein starkes Rütteln durch das Kreuz. Conny ließ es los, und es fiel polternd auf den Taxiboden.

»Um Himmels willen«, krächzte Sokolowski. »Was ...?«

Attila lachte höhnisch und trat auf die Bremse. Die Räder quietschten. Conny flog gegen den Vordersitz. Sokolowski fluchte in einer fremden Sprache. Als der Wagen zum Stehen kam, tat Connys Kopf weh. Sie rutschte zurück auf die Sitzbank.

»Ist sich unterbrochen Verbindung«, rief Sokolowski, zerrte das Kreuz von seinem Hals und drückte es Conny in die Hand. »Hältst du gut fest!« Er tastete hektisch im Fußraum des Taxis herum.

»Das Ding wirkt nicht ohne das Hauptkreuz«, lachte Attila.

»Wovon redet der Kerl?«, wimmerte Oliver. Da langte Attila bereits über seine Beine, stieß die Beifahrertür auf und warf ihn hinaus. Als nächstes packte er Sokolowski am Genick und schleuderte ihn mit dem Kopf gegen die Seitenscheibe. Der Pater jaulte auf. Attila sah jetzt unfassbar böse aus.

»Hör auf!«, kreischte Conny.

»Warum sollte ich?«, fauchte Attila. Wieder donnerte Sokolowskis Kopf gegen die Scheibe. Der Pater winselte.

»Das Kreuz funktioniert nicht!«, schrie Conny.

»Das andere!«, stöhnte Sokolowski.

»Hier!« Jochen drückte es Conny in die Hand. Im selben Moment donnerte Attilas Faust in sein Gesicht. Jochen sackte zusammen.

»Du sollst aufhören!«, schrie Conny. »Sofort!«

Attila starrte sie an. Seine Fingernägel krallten sich in die

344

Rücklehne, durchbohrten den Bezug. »Das war knapp, Kleine.« Er zwinkerte ihr zu. »Ich nehme an, wir fahren jetzt weiter?«

Conny reckte den Hals, spähte durch die Beifahrertür. »Papa? Geht's dir gut?«

Olivers Kopf erschien knapp über dem Sitzpolster. »Kann der Pater nicht hier vorne sitzen?«, jammerte er. »Mit seinem Kreuz?«

Sokolowski wischte sich stöhnend das Blut aus dem Gesicht.

»Diese Memme ist wirklich dein Vater?«, grinste Attila.

Conny straffte den Rücken. »Du hältst die Klappe!«, fuhr sie ihn an. »Papa! Steig ein! Wir müssen Mama suchen.«

Sie bogen in die Ramlerstraße, wurden langsamer, rollten an den Straßenrand. Das Kreuz in Connys Händen vibrierte, sie hielt es so fest, dass ihre Fingerknöchel weiß wurden. »Das doofe Kreuz zittert ständig, und es wird heiß.« Sie schaute Sokolowski an. »Was passiert da?«

»Wird sich heiß?«, wiederholte er irritiert.

»Ja, sage ich doch!«

»Das ich habe noch nie gehört. Aber egal. Ist sich wichtig, dass du Kreuz festhältst und dass Vampir führt uns zu deiner Mutter.«

Conny sah auf das Kreuz. »Und was ist, wenn es so heiß wird, dass ich's nicht mehr halten kann?«

»Lass es einfach los, Kleines«, schlug Attila vor.

»Bloß nicht, immer schön festhalten«, stieß Jochen hervor, öffnete die Autotür und kippte auf die Straße. »Nichts wie raus hier!«

»Alle aussteigen!«, befahl Conny.

Oliver umrundete das Auto. »Komm, Alter«, sagte er und half Jochen auf die Beine. Sokolowski schaute sich um. Im selben Moment erlosch die Straßenbeleuchtung.

»Könnten wir uns jetzt mal ein bisschen beeilen?«, knurrte Attila.

»Ich kann nicht schneller«, jammerte Jochen.

»Soll ich dir Beine machen?« Attila musterte ihn mit schmalen Augen.

»Du sollst uns zu meiner Mama bringen!«, schnauzte Conny ihn an.

»Na, dann komm«, nickte er. »Worauf wartest du noch?« Er überquerte die Straße, und sie folgte ihm.

Am Horizont hinter der Mauer begann sich der Himmel rosa zu färben. Es würde ein schöner Tag werden. Fuchs entdeckte erste Sonnenstrahlen zwischen den Häusern. Drüben tat sich etwas. Durch das Fernglas sah er ein Taxi am Straßenrand, aus dem gerade vier Männer und ein Kind ausgestiegen waren. Der Kerl im Ledermantel, war das nicht Attila? Und dahinter? Wer war das Kind? Und wer waren die anderen Männer?

Unten schafften die Wachsoldaten Ulbrichts Leiche zurück in die DDR. Hatte Attila sie bereits entdeckt? War er in diese Sache verwickelt? »Wo kommt der denn jetzt her?«, murmelte Fuchs. »Warum ist der nicht bei den anderen im Bunker?« Und was machte das Kind da? Es hielt ein russisch-orthodoxes Kreuz vor sich ausgestreckt. War es *das* Kreuz?

»Da geht's lang.« Attila deutete auf eine Böschung, nickte Conny zu.

Sie umklammerte das Kreuz, das mittlerweile so heiß war, dass sie es kaum noch halten konnte. An der Böschung stand die kleine Gruppe etwas erhöht vor der hell erleuchteten Grenze. Hinter der Mauer sah Conny den Todesstreifen und einige Wachtürme. Stacheldrahtzaun war dazwischen gespannt, und der Boden war ordentlich geharkt, viel ordentlicher, als Conny es aus dem Garten von Oma und Opa kannte. Plötzlich riss das Kreuz ihre Hände in die Höhe. Sie konnte es kaum festhalten, musste sich hinknien.

Attila beäugte sie neugierig. »Tut's weh?«

Conny musste sich sehr anstrengen, um das Kreuz festzuhalten. Es kam wieder zur Ruhe, wurde noch etwas heißer. In Connys Kopf begann es zu rauschen. Die Lichter der Grenzanlagen verschwammen. Plötzlich sah sie ihre Mutter. Die hatte Angst, Conny konnte es in ihren Augen erkennen, pure Angst. Die Mutter öffnete den Mund, aber Conny konnte nicht verstehen, was sie sagte. Sie beugte sich vor, wurde in ihre Mutter hineingezogen. Es gab einen schwarzen Blitz. Dann schaute sie aus Theas Augen. Vor ihr standen im Halbkreis die Vampire. Ein Schwert war auf sie gerichtet, sie zitterte am ganzen Körper.

Entsetzt riss Conny die Augen auf. Ihr Vater, Jochen und Sokolowski beugten sich mit besorgten Mienen zu ihr herunter.

»Wir kommen zu spät«, sagte Attila.

»Hol meine Mutter! Sofort!«, kreischte Conny. Das Kreuz versengte ihr fast die Handflächen, die Hände schmerzten, aber sie ließ es nicht los.

»Tut mir leid«, sagte Attila, »aber das geht nicht. Dort drinnen wird gekämpft, und wir –«

»Das weiß ich! Du sollst sie trotzdem holen! Ich befehle es dir!«

»Ich kann nicht. Auch wenn dieses Kreuz mich knechtet, dir alle Wünsche zu erfüllen. Dies kann ich nicht!«

»Warum?«

»Donya hat befohlen, dass deine Mutter sterben muss. Ich habe keinen Einfluss auf die anderen Vampire.«

»Die anderen Vampire? Die sollen aufhören!«

Jetzt mischte sich Sokolowski ein. »Befiehl du es ihnen! Du kannst das!«

Natürlich! Warum war sie darauf nicht selbst gekommen?

Sie streckte das Kreuz in die Höhe. »Lasst meine Mutter in Ruhe!«, schrie sie. »Lasst alle Menschen in Ruhe! Kommt einfach aus dem Tunnel, und stellt euch hier draußen in einer Reihe auf!« Sie schaute zu Attila. »Und du holst meine Mutter raus, lebendig und gesund! Und zwar schnell!«

Attila zögerte. Dann verneigte er sich vor ihr und grinste spöttisch. »Sehr wohl.« Er sprang in die Luke und verschwand.

Fuchs rieb sich die Augen. Meine Güte, ist der Kerl schnell, dachte er, direkt beunruhigend. Im selben Moment stieg der dicke Koch aus der Luke, Charles de Sanguerre. Hinter ihm eine sehr schlanke Frau, das war Grace. Dann kam der Maler, Willem van Flakstraaten. Unmittelbar hinter ihm ein Mann im strengen Anzug. Das konnte nur Eugen Schwandler sein. Sie alle hielten den Blick starr auf das Kind mit dem Kreuz gerichtet. Fuchs sah, wie widerwillig sie sich bewegten. Als hätten sie Blei in den Schuhen. Was soll das denn werden, überlegte Fuchs. Die können doch die Sonne nicht vertragen.

»Kreuz hochhalten!«, zischte Sokolowski.

Das Grau des Himmels wurde immer heller. Jetzt kletterten Hand in Hand zwei junge Leute aus der Luke. Die sehen gar nicht gefährlich aus, so verliebt, wie die sich anschauen, dachte Conny. Nun fingen sie auch noch an zu knutschen. Als nächste kamen drei stämmige Männer, die Kleidung ganz blutig, und einer hielt etwas in der Hand, das wie ein Arm aussah. Conny wollte nicht darüber nachdenken. Die Vampire starrten sie an. Das Kreuz in ihrer Hand glühte. Sie hielt es mit aller Gewalt fest. Immer mehr Vampire kamen aus dem Loch. Aber wo blieb Mama?

»Was habt ihr mit ihr gemacht?«

Die Vampire dort unten wirkten wie gebremst. Es sah aus, als ob sie sich auf das Mädchen stürzen wollten, es aber nicht konnten. Zuletzt kam Donya. Die Truppe stellte sich in einer Reihe auf. Wie Kinder auf dem Schulhof. »Scheiße, was wird das?«, fluchte Fuchs. Aber es waren nur zehn. Attila fehlte. Und Oboe hatte sich offenbar in den Westen abgesetzt.

In diesem Moment schrie Donya wie von Sinnen. Sie riss ihr Schwert hoch und schleuderte es auf das Mädchen. Die Kleine duckte sich weg und richtete das Kreuz auf die Angreiferin. Es knallte. Ein blauer Blitz schoss aus dem Kreuz und traf Donya in die Brust. Sie stürzte zu Boden. Brüllte. Funken sprühten aus ihrem weit geöffneten Mund. Im nächsten Augenblick stand sie in Flammen, brannte lichterloh und schrie immer noch. Dann plötzlich Stille.

»Da zerrinnen meine Pläne«, murmelte Fuchs.

Das Kreuz in Connys Hand knackte und knisterte.

»Wenn du jetzt loslässt, sind wir alle tot«, zischte Jochen.

Die Vampire standen in einer Reihe, Conny sah den Hass in ihren Blicken. Der mit dem Arm in der Hand entblößte seine langen, gelben Reißzähne. Ein tierisches Grollen drang aus seiner Kehle. Die Frau neben ihm fauchte. Blut rann ihr über das Kinn.

Conny wusste nicht, was sie tun sollte.

»Bleib ruhig«, flüsterte Sokolowski. »Lass sie stehen. Schau mal da rüber.« Er deutete nach Osten. Hinter der dunklen Silhouette des Wachturms zeigte sich ein sanftes Orange. Die Sonne ging auf. Na klar, dachte Conny. Sonnenlicht ist Gift für Vampire. Das weiß doch jedes Kind. Triumphierend hielt sie das Kreuz hoch.

Die Vampire wurden immer unruhiger. Der dicke Koch knetete an seinen Händen herum. Ein anderer, der einen Malerkittel anhatte, fragte beklommen: »Das hier wird nicht gut ausgehen, nicht wahr? Könnten Sie uns bitte gehen lassen, junges Fräulein?«

Das Kreuz zitterte, doch Conny dachte nicht daran, jetzt loszulassen. Erste Sonnenstrahlen tauchten das Dach des Wachturms in grelles Morgenlicht. Noch standen die Vampire geschützt im Mauerschatten, aber ihre Gesichter waren zu hässlichen Fratzen entstellt. Der mit dem Arm in der Hand versuchte, aus der Reihe auszubrechen, aber es gelang ihm nicht. Er bäumte sich auf und brüllte wie verrückt. Jetzt brüllten und fauchten sie alle.

Ein Sonnenstrahl stach über die Mauer und traf die dünne Frau mitten ins Gesicht. Sie schrie vor Schmerzen, krümmte sich zusammen. Dann schmolz sie wie eine zu schnell abbrennende Kerze. Es blieb nur ein qualmender Haufen übrig. Dunkle Rauchfahnen stiegen davon auf. Das Brüllen und Fauchen der anderen wurde lauter. In diesem Augenblick erfasste das Sonnenlicht den nächsten Vampir. Das Gebrüll war kaum noch zu ertragen. Conny hätte sich am liebsten die Ohren zugehalten, aber sie konnte nicht. Das Kreuz lag ruhig in ihren Händen, kein Vibrieren mehr, kein Zucken. Der Wind wehte ekelhaften Gestank herüber. Conny musste würgen.

»Blut sollt ihr saufen«, flüsterte Sokolowski neben ihr. »Blut sollt ihr saufen, und die Sonne soll euch verbrennen bis ans Ende aller Tage.«

Die Sonne stieg höher, die Vampire ergaben sich ihrem Schicksal. Einer nach dem anderen sank in die Knie. Das Liebespaar verschmolz miteinander. Die Sonne war jetzt fast vollständig aufgegangen.

Als die Schreie verstummt waren, zwitscherten die Vögel. Es stank bestialisch. Conny konnte den Würgereiz kaum noch unterdrücken. Sie ließ das Kreuz sinken. Es fühlte sich kalt an, wurde immer kälter. Papa legte ihr den Arm um die Schultern, zog sie an sich. Sie musste weinen und konnte nicht aufhören.

Jemand zog Thea mit einem Ruck in die Senkrechte. Sie machte die Augen auf, doch sie konnte nichts sehen, nicht mal einen Umriss. Kaugummiatem schlug ihr entgegen. Juicy Fruit, dachte sie. »Was …?«

Keine Antwort. Stattdessen griff ihr jemand unter die Kniekehlen und hob sie hoch, trug sie durch die Dunkelheit. Sie versuchte, sich zu erinnern, was passiert war. Vampire hatten sie umzingelt, Donya hatte ihr mit einem Schwert das Schutzkreuz aus der Hand geschlagen. War es der Tod, der sie jetzt forttrug? Alles tat ihr weh. Immer noch Schweigen. Nur Atmen war zu hören. Es roch modrig. Leises Stöhnen um sie herum. Die Leuchtfarben an den Wänden gaben verschwommene Umrisse frei. Ein kühler Lufthauch. Sie stiegen aus der Luke. Helligkeit. Dort stand ihre Tochter. Offenbar wohlbehalten und gesund, alles andere spielte keine Rolle mehr. Attila trug sie, hielt sich im Schatten der Mauer. Sie sah Oliver und Jochen und einen alten Priester. Alle sahen sie an. Sie und Attila. Er hielt sie so selbstverständlich auf seinen Armen, als hätte sie kein Gewicht. Dann setzte er sie ab, und sie stand auf eigenen Füßen.

Attila wandte sich zu Conny, deutete eine Verbeugung an. »Wenn weiter nichts anliegt, dann gehe ich jetzt.«

Conny biss sich auf die Lippen. »Es tut mir leid«, sagte sie.

Sein Blick fiel auf das Kreuz in ihrer Hand. »Gut«, nickte er. »Dann ist es jetzt wohl an der Zeit.« Er zog Thea an sich und küsste sie. »Ein paar hundert Jahre früher …« Sie schmeckte Juicy Fruit. Er drückte ihr das Kaugummipäckchen in die Hand.

Dann trat er in die Sonne.

17

»Vorsicht, Kollege«, warnte Fred. »Wir müssen da die Böschung runter.« Sie bugsierten ihre Handkarren über die
Bordsteinkante. »Und immer schön im Westen bleiben, hier
ist es etwas eng.« Fred und Ulli waren heute für die Mauer-
tour der Berliner Stadtreinigung eingeteilt.

»He, was ist das denn?« Fred kniff die Augen zusammen.

»Da hat jemand seine Altkleider entsorgt«, sagte Ulli und
trat einen Schritt näher an die seltsamen Haufen, die vor der
Mauer im Gras lagen. Er stocherte mit seinem Müllpicker
hinein. »Bah! Die ganzen Klamotten sind ja voll Schmadder.
Und wie das Zeug klebt. Und stinkt.«

»Gestern Abend, das war spitze, sag ich dir!«, schwärmte
Fred.

Ulli verdrehte die Augen. »Wie kannst du bei dem Gestank
an so was denken?« Er schaufelte den Haufen in den Karren.

»Ach, daran gewöhnt man sich doch in unserem Job. Ich
war gestern in diesem neuen Laden an der Bundesallee. Tolle
Weiber, tolle Musik, ein toller Schuppen! Und dann kam da
doch glatt noch diese eine aus'm Fernsehen rein, wie heißt
die doch noch?«

»Wer denn?«

»Na, diese Rote.«

»Deine Weiber sind doch sonst meistens blond.«

»Nee, diese hab ich im Fernsehen gesehen. Und neulich
auch im Hausfrauenreport, die Rote!«

»Volkmann. Elisabeth Volkmann.«

»Genau, die kam da rein und hat gleich 'ne Pulle Schampus geordert. Die kann tanzen, ich sage dir!«

»Guck mal hier, so 'ne tolle Jacke. Leider total vollgesaut. Hier ist sogar noch was drin.« Ulli zog eine pralle Brieftasche aus der Lederjacke. »Hui! Das sind 'n paar hundert Mark!«

In den anderen Sachen fanden sie noch mehr Geld, auch Ostmark und seltsame Papiere.

»Komm, wir machen fifty-fifty«, schlug Fred vor.

Ulli nahm das Geld und steckte es in seine Brusttasche. »Schmeiß rein den stinkenden Kram, dann kommt er heute noch in die Müllverbrennungsanlage.«

»Warst du da schon mal oben auf 'm Schornstein?«, fragte Fred.

»Nee. Was soll ich 'n da?«

»Da oben gibt's auf halber Höhe 'ne Arbeitsplattform, da hab ich die Sekretärin vom Chef gevögelt. Wahnsinn, sage ich dir!«

»Wie geht's dir, Paul?«

»Otto? Wo bin ich?«

»Immer noch in der Klinik. Die Transplantation war erfolgreich. Wie fühlst du dich?« Oboe warf einen Blick auf seinen Bruder, der mit weit offenen Augen im Nachbarbett lag und in die Dunkelheit starrte.

»Es ging mir seit Jahren nicht mehr so gut. Wo kam denn auf einmal die neue Niere her?«

»Ich habe sie davon überzeugt, dass meine linke Niere genau die richtige für dich ist.«

»Oh Gott«, stöhnte Paul. »Ich hab dich immer nur ausgenutzt, und jetzt auch noch das!«

»Ich wollte es so, Paul. Und du wirst schon sehen, die neue Niere wirkt Wunder. Es ist eine sehr besondere Niere.«

»Was redest du?« Oboe sah ihn unter der Bettdecke nach seinem Verband tasten.

»Ich habe jetzt besondere Fähigkeiten. Deswegen konnte ich die Leute hier relativ leicht überzeugen.«

»Warum ist es hier so dunkel?«, fragte Paul. »Man sieht ja die Hand vor Augen nicht. Oder bin ich etwa blind?«

»Du bist nicht blind«, beruhigte ihn Oboe. »Wir liegen in einem fensterlosen Raum. Ich wollte das so. Weil draußen die Sonne scheint. Die würde mir nicht bekommen.«

»Ich kenne das gar nicht von dir, dass du solchen Quatsch redest«, seufzte Paul. »Hast du denen Drogen geklaut?«

»Die wirken bei mir nicht mehr.« Oboe setzte sich vorsichtig auf. Er hatte keine Schmerzen. »Weißt du noch, wie du mir endlich erzählt hast, wie schlecht es dir wirklich ging?«

»Das war um Weihnachten rum«, nickte Paul.

»Damals kamen mehrere seltsame Sachen zusammen«, fuhr Oboe fort. »Walter hatte mir einen ganzen Abend lang die Schallplatten von Marlene Dietrich vorgespielt und von ihr geschwärmt. Er ist ihr in den Zwanzigerjahren ja mal nähergekommen.«

»Der Dietrich?«, wiederholte Paul. »Eine bemerkenswerte Frau.«

»Ja, das meinte Walter auch. Und du hättest sehen sollen, wie seine Augen dabei leuchteten.«

»Das hätte ich ihm gar nicht mehr zugetraut«, sagte Paul. »Er ist auf seine alten Tage noch richtig verliebt?«

»War«, verbesserte Oboe. »Jetzt ist er tot.«

»Was?« Paul drehte den Kopf und blickte erschrocken dorthin, wo er seinen Bruder vermutete. »Wie …?«

»Fuchs hat ihn gestern auf der Flucht erschossen.«

»Ach so?«, fragte Paul ungläubig.

»Ursprünglich wollte ich ihn mit Ernas Truppe in den Westen bringen.«

»Erna Paschke? Unsere Erna?«, hakte Paul nach. »Und was für eine Truppe? Diese komischen Gestalten, die manchmal im Ganymed aufkreuzten?«

»Ja, genau die.« Oboe schob den Zeigefinger unter seinen Verband und tastete nach der Wunde. Da war nichts, nur glatte Haut. »Die haben dich übrigens hierhergebracht. Das sind alles Vampire.«

»Vampire? Du spinnst doch.«

»Jaja, dazu komme ich noch«, beschwichtigte ihn Oboe. »Aber eigentlich ging es um dich. Um deine Niere. Die hätten dich bei uns niemals operiert, das wissen wir beide. Deshalb musste ich mir was einfallen lassen. Zufällig kannte ich einen ausgesprochen dämlichen französischen Geheimdienstler, der versucht hatte, mich anzuwerben.« Er riss sich den Verband ab. »Damals hätte ich ihn am liebsten in der Spree ersäuft. Hab's dann aber doch gelassen. Zu diesem Mann habe ich Kontakt aufgenommen und ihm ein Geschäft vorgeschlagen. Das sollte mein letzter großer Coup werden.«

»Ach so?«

Oboe schlug die Bettdecke zurück. »Ich brauche jetzt erstmal einen kleinen Muntermacher. Möchtest du auch etwas?« Ohne eine Antwort abzuwarten stieg er aus dem Bett und kam einen Moment später mit zwei prall gefüllten Infusionsbeuteln wieder. »Hier, trink das!« Er drückte seinem Bruder den Beutel in die Hand.

»Es ist stockdunkel. Kannst du mich etwa sehen?«

»Du mich etwa nicht?«, fragte Oboe. »Die neue Niere müsste doch jetzt langsam ihre Funktion aufnehmen ...«

»Ja und?«, fragte Paul.

»Trink!«

Sie setzten die Schläuche an und tranken.

»Was ist das?«, fragte Paul.

»Eine Stärkung. Tut gut, oder?«

Paul nahm einen zweiten tiefen Schluck. »Ja, tatsächlich. Und was war nun mit dem Franzosen?«, fragte er. »Was war das für ein Geschäft?«

»Deine neue Niere gegen Ulbricht im Westen.«

»Aber Otto!« Es klang vorwurfsvoll.

»Eigentlich wollte ich die Franzosen bis nach der Transplantation hinhalten und sie dann mit Ernas Abteilung V alle plattmachen.«

»Ich erinnere mich verschwommen an ein Pärchen, das mich durch dunkle Gänge führte und dann in einem großen Auto hierherbrachte. Zwei äußerst einschläfernde junge Menschen.«

»Ja, das sind sie«, nickte Oboe.

»Aber was ist das denn nun für eine Truppe?«, beharrte Paul. »Erna war doch mal mit Stalin liiert ...«

»Ich habe das immer für ein Gerücht gehalten.«

»Nein, es stimmt.« Oboe räusperte sich. »Als im Frühjahr 1953 die sozialistische Sache in Gefahr geriet, bat sie Stalin um Hilfe. Der holte sie nach Moskau und gab ihr ein altes Silberkreuz, mit dem sie die Macht über seine geheime Leibwächtertruppe bekam. Er selbst begab sich dadurch in Lebensgefahr. Ich glaube, die Anführerin dieser Leibgarde, eine gewisse Donya, hat ihn kurz darauf umgebracht.«

»Am 5. März 1953«, murmelte Paul.

»Richtig«, nickte Oboe. »Die Truppe, das waren ursprünglich georgische Raubritter, die auf einem Kreuzzug –«

»Raubritter?«, fiel Paul ihm ins Wort. »In den Fünfzigerjahren?«

»Nein, es war der Kreuzzug im Jahr 1099. Nach Jerusalem. Sie waren Raubritter aus Georgien, die durch einen Fluch zu Vampiren wurden.«

Paul schüttelte unwillig den Kopf. »Was faselst du da?!«

Oboe ließ sich nicht beirren. »Es mussten immer zwölf sein. Und da auch Vampire sterben können, musste der Kreis der Zwölf immer aufs Neue geschlossen werden. Nur wenn sie zu zwölft waren, dann waren sie wirklich stark. Und sehr gefährlich.« Er holte tief Luft. »Ich bin der letzte, den sie geholt haben. Die anderen sind gestern alle gestorben.«

»Ach, Otto, du hattest schon als kleiner Junge eine blühende Fantasie.«

Oboe seufzte. »Lass mich weitererzählen. Als ich Erna bat, deinen Transport in den Westen zu organisieren, war sie sofort einverstanden. Sie mochte dich. Aber da war ja noch die Sache mit Walter, und dabei wollte sie nicht mitmachen. Wir haben uns gestritten, sie ist auf dem Läufer ausgerutscht und mit dem Kopf gegen die Ofentür gefallen.«

»Ach, Erna ist auch ...?«

»Ja«, sagte Oboe. »Ich wollte das nicht. Aber sie war sofort tot. Und dann lief alles aus dem Ruder. Sie waren nicht mehr zu bändigen.«

Für einen Moment war es ganz still.

»Ich kann dich sehen«, sagte Paul verwundert.

»Hast du deinen Blutbeutel leer getrunken?«

»Igitt, das war Blut?«

»Es hat dir doch geschmeckt, oder?«

»Tatsächlich. Warum schmeckt mir so was?«, wunderte sich Paul.

»Weil du meine Niere bekommen hast.«

»Ach so«, sagte Paul. »Werde ich jetzt auch ein Vampir?«

18

Oliver rülpste diskret. Zwiebeln und Ouzo. Unangenehme Mischung. Er saß am Kopfende der Tafel im Zeus und hatte einen Durchhänger. Thea hatte ihn und die anderen eingeladen. Olivers Beitrag zur Feier bestand darin, dass er unzählige Ouzos getrunken hatte. Die nikotingelben Plastikfische in dem verstaubten Netz an der Decke begannen vor seinen Augen zu verschwimmen.

Jochen stieß ihn in die Seite. »Hey! Nicht pennen! Schau dir lieber deine Ex an, wie sie strahlt!«

Thea lächelte in die Runde. Zwischen Gyrosresten, einer halbleeren Vorspeisenplatte und diversen Gläsern lagen mehrere Exemplare der neuesten Ausgabe des *Stern*. Thea hatte es tatsächlich auf die Titelseite geschafft. *Ulbrichts Fluchthelfer* prangte dort in großen Buchstaben.

Neben Thea saß Conny, gegenüber Otto Boettcher und sein Bruder Paul. Oliver hatte von Thea gehört, dass die beiden mittlerweile in West-Berlin lebten. Offenbar stammten viele der Informationen, die Thea für ihre *Stern*-Story zusammengetragen hatte, von ihnen.

Links neben Oliver saß Sokolowski. »Ist sich merkwürdiges Prinzip.« Er zeigte auf den Kellner, dessen Brusthaare aus dem Lurexhemd quollen. »Koch muss sich Mütze aufsetzen, damit kein Haar ins Essen kommt. Aber Kellner kann sich rumlaufen behaart wie Affe.«

Der Kellner stellte gerade die nächste Flasche Ouzo auf den Tisch und fragte: »Zwei große Pils?«

»Hier«, meldete sich Paul Boettcher.

»Wer bekommt das andere?«

»Ich«, meldete sich Paul erneut.

Der Kellner sah ihn irritiert an.

»Seit ich meine neue Niere habe, kann ich endlich wieder ordentlich pinkeln«, erklärte Paul ihm aufgekratzt. »Sie glauben gar nicht, welchen Spaß das macht.« Er setzte das erste Bier an und trank es in einem Zug leer. »Ah!« Er wirkte sehr zufrieden.

In diesem Moment nahm Otto einen Stapel Bierdeckel und begann, daraus ein Bierdeckelhaus zu bauen. Conny grinste. Sie bewegte die Hand in dem Rucksack auf ihrem Schoß. Otto begann, die Bierdeckel von den Nachbartischen einzusammeln, schichtete eine Etage auf die andere, vier hatte er bereits fertig, ein beachtliches Bauwerk.

Paul amüsierte sich über ihn. Der Kellner war so beeindruckt, dass er zwei neue Pakete Bierdeckel brachte. Otto hatte mittlerweile die fünfte Etage fertig und versuchte sich an einer Art Plattform. Dann nahm er das volle Bierglas seines Bruders und platzierte es vorsichtig darauf. Prompt krachte die ganze Konstruktion in sich zusammen. Otto badete in einer Mischung aus Bier und nasser Pappe. Conny brach in schallendes Gelächter aus.

»Pscht! Über so was lacht man doch nicht!«, mahnte Thea.

Conny drückte ihr Gesicht gegen den Rucksack. Otto rubbelte mit der Serviette auf seinem Anzug herum. Conny prustete. Paul grinste sie an.

»Otto! Was sollte das denn?«, fauchte Thea.

»Ich konnte nicht anders.« Otto verzog keine Miene.

»Was soll das bedeuten?«

»Oh, ich glaube, ich kann es erklären«, sagte Paul.

»Na, da bin ich mal gespannt.«

»Conny, kipp doch mal deinen Rucksack aus. Am besten direkt hier auf dem Tisch.« Conny zuckte zusammen.

»Was hat Conny damit zu tun?«, fragte Thea.

»Das werden wir gleich sehen. Conny …?« Paul machte eine auffordernde Handbewegung.

Trotzig presste sie ihren Rucksack an den Bauch. Oliver begann zu verstehen. Er langte über den Tisch, nahm Conny mit sanfter Gewalt den Rucksack ab und leerte ihn auf den Tisch. Mit sattem Scheppern fiel das silberne Kreuz heraus.

Otto machte samt Stuhl einen Satz nach hinten.

»Hast du ihm diesen Quatsch etwa befohlen?«, fuhr Thea ihre Tochter an.

»Ich glaube, wir können Conny das nicht verdenken«, schmunzelte Paul. »Schließlich ist dieses Kreuz ein spannendes Spielzeug.«

»Ja, aber das geht doch nicht! Sie kann doch einen älteren Herrn nicht einfach so vorführen!«

Es entstand eine unangenehme Pause.

Paul durchbrach die Stille als Erster. »Wir sollten ihr wirklich nicht verübeln, dass sie das Kreuz benutzt hat, um einen Scherz zu machen. Über Jahre hat dieses Ding nur Unheil und Schaden verursacht. Seinetwegen wurde betrogen und gemordet. Wir sollten uns lieber überlegen, was wir damit anstellen, bevor es wieder in falsche Hände gerät.«

»Du hast recht.« Thea schaute zu Otto. Dann nahm sie das Kreuz und gab es Paul. »Könnt ihr euch darum kümmern?«

»Das ist aber meins!«, protestierte Conny.

»Trotzdem«, bestimmte Thea ungerührt. »Das ist viel zu gefährlich. Für uns alle.«

Es war kurz vor Mitternacht, als sie das Restaurant verließen. Auf dem Parkplatz war es dunkel. Thea kramte in ihrer Handtasche nach dem Autoschlüssel, sie zuckte unwillkürlich zusammen, als Oboe lautlos an sie herantrat. »Ich habe da noch was für dich«, sagte er und schob ein schwarzes Notizbuch in ihre Handtasche.

Sie blickte zu ihm auf. »Woher hast du das?«

»Aus dem Hauptquartier. Ich habe aufgeräumt.«

»Attila hat uns doch daraus vorgelesen.«

»Richtig«, nickte Oboe. »Du wirst verstehen, dass ich ein paar Seiten entfernen musste.«

»Natürlich.« Sie lächelte. »Trotzdem. Du bist ein Schatz! Damit kann ich endlich mein Buch schreiben.«

Hannes Wader hatte gerade das *Lied von den Moorsoldaten* beendet. Aber die Reaktion des Publikums war eher verhalten. Er stand auf der Bühne im Stadion der Weltjugend vor 70.000 Zuhörern und überlegte, ob er als nächstes etwas Fetzigeres spielen sollte. Vielleicht *Kokain*? Als er das Mikrofon packte, ertönte plötzlich ein Quietschen aus den Lautsprechern. Man hörte ein Stöhnen. »Küss mich, Genosse.«

Dann eine Männerstimme: »Ekaterina! Setz dich nicht aufs Schaltpult!«

Irritiert schaute Wader zur Sprecherkabine hoch und rieb sich den Bart.

»*DDR hatte eigene Fluchthelfertruppe!*«, schrie die Männerstimme aus sämtlichen Lautsprechern. »Ja, wo denn bitteschön? Nicht mal Asche oder Knochen sind zu finden.«

Schlagartig war es ruhig im Stadion.

»*Walter Ulbricht hatte seine eigene Fluchthelfer-Truppe, die Abteilung V*«, wiederholte die Stimme jetzt leiser, als würde sie etwas vorlesen.

»Du sollst mich küssen!«

»Hier steht etwas von einer zwölfköpfigen Spezialeinheit, die Menschen zwischen Ost- und West-Berlin hin und her schleuste.«

»Na, stimmt doch auch«, sagte die Frauenstimme. »Aber die Vampire sind tot. Jetzt leg endlich die Zeitung weg. Soll ich dir einen Knutschfleck machen?«

Hannes Wader spürte Unruhe im Stadion aufkommen. In der Sprecherkabine sah er schemenhaft zwei eng umschlun-

gene Menschen. Wieder ein Stöhnen. Dann hastig vorgelese-
ne Worte: »Es waren politisch motivierte Schleusungen ...«
Schweres Atmen und Schmatzen. Ein Kichern. Die Massen
fingen an zu johlen. Jemand brüllte: »Besorg's ihr!« Hannes
Wader überlegte, ob er das nächste Lied anstimmen sollte.
Und wieder die Männerstimme: »Warte doch mal ...«

»Hm ... ah ...«

»Hör zu, was hier steht! Walter Ulbricht wollte die Dienste
der Abteilung V in Anspruch nehmen, um Republikflucht zu
begehen.«

»Soll ich mich umdrehen?«

»Du hast ja gar nichts drunter ...«

»Stört dich das etwa?«

»Das nicht. Aber für die Aktion mit Oboe hätte ich dich
umbringen können!« Man hörte Schmatzgeräusche, dann
wieder die Männerstimme. »Ich glaube nicht, dass er tot ist
wie die anderen.«

»Nein, ist er nicht«, kam die laszive Antwort. »Ich kann
ihn ... spüren.«

»Wen? Oboe?« Wieder ein Stöhnen.

»Den auch.«

Hannes Wader stand reglos hinter seinem Mikrofon und
ärgerte sich. Ein Kerl in der ersten Reihe schrie: »Ficken für
den Frieden!« Eine Mutter hielt ihrem Jungen die Ohren zu.
Die Massen grölten.

»Na, wenigstens ein Problem hat sich dadurch erledigt«,
tönte es aus den Lautsprechern.

Wader ging zum Verstärker und drehte ihn voll auf. Dann
stimmte er seinen von der Zensurbehörde unerwünschten
Hit *Kokain* an. Der Gesang übertönte die Geräusche aus den
Stadionlautsprechern. Für einen Moment war das Publikum
still, dann buhten sie ihn aus. »Mensch, lass uns weiterhören!«

Wader brach ab. »Ihr könnt mich mal!«, brüllte er.

»… und wann wird der Alte endlich beerdigt?«, fragte die laszive Frauenstimme. »Ihr habt ihn doch jetzt schon vier Monate im Kühlschrank.«

»Gleich nach diesem ganzen Hippiekram hier haben wir die Trauerfeier angesetzt, am 7. August …« Schweres Atmen, durchdringendes Pfeifen. Dann nichts mehr.

»So, nun bist du in dem Alter, wo du mehr auf Beerdigungen gehst als zu Geburtstagen.« Frau Helm spannte den Schirm auf, denn der Regen wurde nun doch heftiger.

»Was hast du gesagt?«, fragte Frau Poblotzky.

»Ob du auch einen Schluck willst.«

»Heißen Tee im August?«

Frau Helm grinste. »Du solltest mich besser kennen. Ich trinke nicht mal im Winter Tee. Spezielle Anlässe, spezielle Getränke.« Frau Helm kicherte und drückte Frau Poblotzky die Thermoskanne in die Hand.

»Schiete! Ich sehe nichts«, schimpfte Frau Poblotzky. »Zu viele Leute, zu viele Schirme. Dass es auch noch regnen muss! Dabei haben doch Sozialisten gar keinen Draht zu dem da oben.«

»Hier sind ja auch kaum welche. Für ein Staatsbegräbnis ist das eine magere Beteiligung. Wo ist nur der alte Kampfgeist geblieben? Wo ist die Jugend?«, klagte Frau Helm. »Gestern waren sie noch alle bei den Weltjugendfestspielen. Aber einem altgedienten Kämpfer die letzte Ehre erweisen, das ist ihnen zu viel. Eine Schande ist das!«

Frau Poblotzky gab die Thermoskanne an Frau Pfeiffer weiter.

»Jaja, stimmt!«

»Na, endlich tut sich etwas«, murmelte Frau Helm. Der Lastwagen mit Ulbrichts Sarg kam die Frankfurter Allee entlang.

»Woran ist er denn nun eigentlich gestorben«, fragte Frau

Poblotzky und nahm noch einen Schluck. »Du hast doch das Ohr immer an der Masse.«

»Lungenembolie, heißt es.«

»Ja. Unschöne Sache, nicht wahr? Jedenfalls hat er sich ein tolles Plätzchen zum Sterben ausgesucht, am schönen Dölln-see. Den letzten Blick würde ich auch gerne so genießen.«

Frau Helm trank die Thermoskanne leer und starrte auf den Militärzug. Sie konnte ihren Blick nicht von dem Sarg abwenden. »Schade«, murmelte sie. »Ich hätte ihn gerne nochmal gesehen.«

»Also, ich habe ihn mir heute Morgen im Staatsratsgebäu-de angeguckt«, trumpfte Frau Pfeiffer auf. »Da war er auf-gebahrt. Und er sah nicht gut aus. Gar nicht wie er selbst.«

»Sondern …?«, hauchte Frau Poblotzky.

»Er sah aus, als wäre er aus Wachs.«

»Vielleicht ist er ja auch schon länger tot«, flüsterte Frau Helm hinter vorgehaltener Hand.

»Das habe ich auch gehört«, sagte Frau Poblotzky.

»Jaja, stimmt«, nickte Frau Pfeiffer.

Epilog

Der Kies knirschte unter ihren Schuhen. Es war angenehm kühl, und die Luft hatte den typischen Geschmack von Feuchtigkeit nach einem kräftigen Sommerregen. Kein Straßenlärm drang hier auf den Friedhof. Ein Rotkehlchen zwitscherte irgendwo in der Nähe. Es war kurz vor Sonnenaufgang, und sie waren vollkommen allein.

»Wir sollten uns beeilen. Es wird gleich hell.«

»Wir haben ausreichend Zeit, Paul.« Oboe hielt den Spaten wie einen Spazierstock. Sie liefen schweigend bis zu einem großen Rondell. Aus der Mitte ragte ein ungleichmäßig behauener, mannshoher Stein, auf dem in weißen Großbuchstaben stand: DIE TOTEN MAHNEN UNS. Um den Stein herum waren zehn Grabplatten radial angeordnet. Direkt am Fuß des Steins lagen Kränze und Blumen. Schriftbänder mit kyrillischen Schriftzeichen neben deutschen Beileidsbekundungen. Rote Nelken säumten das Ensemble. »Hier ist es.«

»Und was machen wir jetzt?«

Oboe drehte sich zu seinem Bruder: »Graben!« Er begann, die Kränze sorgfältig zur Seite zu legen. Paul ging ihm zur Hand. Oboe grub schnell. Es dauerte nur einen kurzen Augenblick, bis sie auf die Urne stießen.

Für einen Moment sahen die Brüder sich an.

Oboe nahm die Urne heraus und wischte den letzten Rest Erde herunter, bevor er mit einem entschlossenen Handgriff den Deckel öffnete und sie vorsichtig auf den frischen Erdhaufen stellte.

Paul blickte melancholisch hinein. »Ein Haufen Asche. Das ist alles, was bleibt.«

»Wenn man lebt, ja.«

»Tut mir leid, ich habe nicht daran gedacht –«

Oboe schnitt ihm das Wort ab. »Egal jetzt! Das Kreuz!«

Paul fasste in die Innentasche seines Mantels und holte das glänzende Silberkreuz hervor. Er nahm es am oberen Ende und ließ es in die Urne fallen. Eine kleine Aschewolke stieg auf. »Ist es jetzt vorbei, Otto?«

Es folgte ein Augenblick der Stille.

»Ich denke schon. Jetzt gibt es nur noch mich. Und niemanden mehr, der mich zwingen kann. Hier endet die Geschichte der zwölf Verfluchten. Mach jetzt bitte den Deckel wieder drauf. Ich glaube nicht, dass ich die Urne noch anfassen kann. Ich spüre die Macht des Kreuzes schon so stark genug.«

Paul bückte sich, schloss die Urne und stellte sie zurück in die Erde. Oboe schaufelte das Loch zu, und zusammen legten sie die Kränze wieder an ihren Platz. Oboe korrigierte zweimal die Lage der Gestecke. »So. Jetzt ist alles wieder wie vorhin. Keiner wird merken, dass wir hier gewesen sind.«

»Hätten wir nicht doch lieber versuchen sollen, es zu vernichten?«

»Niemand wird auf die Idee kommen, Walters Urne wieder auszubuddeln.« Er verneigte sich ein letztes Mal vor seinem alten Weggefährten.

Sie gingen über den Kiesweg zurück zum Ausgang, verließen den Friedhof. Oboe schloss das schmiedeeiserne Tor hinter sich.

Auf der anderen Straßenseite öffnete ein Mann die Fensterläden einer dunkelgrünen Holzbude. Er klappte das Brett für die Auslage nach oben und wuchtete einen Stapel Zeitungen darauf.

Ein neuer Tag begann in Ost-Berlin.

Lust auf noch mehr Spannung?

Taschenbuch, 320 Seiten
ISBN 978-3-89773-147-9
Kriminalroman

Alles deutet darauf hin, dass sich die übergewichtige Schülerin Gudrun
Läpple freiwillig aus dem Fenster des vierten Stocks gestürzt hat. Nur
Kriminalkommissarin Loreley Kubitko will nicht an einen Selbst-
mord glauben. Vielleicht weil sie selbst stark übergewichtig ist?
Ein rasanter Krimi mit viel Witz, Lokalkolorit – und Spannung bis
zur letzten Seite!